大港油田公司年鉴
2023

《大港油田公司年鉴 2023》编纂委员会 编

石油工业出版社

图书在版编目（CIP）数据

大港油田公司年鉴 . 2023 /《大港油田公司年鉴 2023》编纂委员会编 . -- 北京：石油工业出版社，2024. 12. -- ISBN 978-7-5183-7232-4

Ⅰ . F426.22-54

中国国家版本馆 CIP 数据核字第 2024AL2148 号

出版发行：石油工业出版社
　　　　　（北京安定门外安华里 2 区 1 号　100011）
　　　　　网　　址：www.petropub.com
　　　　　编辑部：（010）64250213　　图书营销中心：（010）64523633
经　　销：全国新华书店
印　　刷：北京晨旭印刷厂

2024 年 12 月第 1 版　2024 年 12 月第 1 次印刷
889×1194 毫米　开本：1/16　印张：14.75　插页：14
字数：400 千字

定价：208.00 元
（如出现印装质量问题，我社图书营销中心负责调换）

版权所有，翻印必究

《大港油田公司年鉴 2023》

编纂委员会

主　任：周立宏　　刘凤和

副主任：赵平起　　熊金良　　范国权　　刘洪冬　　武　玺

　　　　朱广社　　付永强

成　员：李　强　　佟　江　　赵智勇　　王洪雨　　韩国猛

　　　　曲　岩　　兰谢益　　金凤鸣　　周建生　　蔡明俊

　　　　李东平　　廖兴松　　吕金光　　刘小军　　陈卫兵

　　　　王文革　　宗　杰　　王清东　　付大其　　赵　博

　　　　宋晓萌　　任明军　　杨铁刚　　曹延明

《大港油田公司年鉴 2023》

主编、副主编

主　　编：兰谢益

副 主 编：曹延明

编辑部

主　　任：曹延明

副 主 任：刘朝晖

编　　辑：覃爱群

图片编辑：宋　楠

编辑说明

一、《大港油田公司年鉴 2023》（以下简称《年鉴》）是中国石油天然气股份有限公司大港油田公司分公司组织编纂的企业年鉴，是系统、全面记录2022年大港油田公司发展情况的权威大型资料性工具书。本卷《年鉴》向读者展示大港油田公司一年来在践行企业宗旨，履行政治、经济、社会三大责任，着力推进提质增效与高质量发展等方面的具体举措与实际成果。

二、《年鉴》编纂工作坚持以马克思列宁主义、毛泽东思想、邓小平理论、"三个代表"重要思想、科学发展观、习近平新时代中国特色社会主义思想为指导，运用辩证唯物主义和历史唯物主义的立场、观点和方法，贯彻落实习近平总书记"深挖石油精神蕴含的时代内涵"的重要指示，遵循实事求是的原则，力求客观、系统、科学、真实地反映大港油田公司的发展和成就。

三、本卷《年鉴》分类编纂，点面结合，将综合记述和条目记述相结合，力求言简意赅，简明扼要。全书分类目、分目、条目三个层次，以文字记叙为主，辅以必要的图表。内容包括总述、大事记、油气勘探、油气开发、油气开发工程、质量健康安全环保、科技与信息、辅助生产、企业管理、党群工作、机构与人员、先进集体和先进个人、直属企业、统计资料、附录。

四、本卷《年鉴》所收集的各种数据截至2022年底，虽经反复核对、仔细查验，但因统计角度、收集渠道、专业侧重、来源时间均有差异，难免存在收集不全、统计不精，甚至互相矛盾之处。凡遇此类问题，有关数字、资料均以统计部门的数据为准，统计部门未曾统计的，以油田公司主管部门提供的数据为准。

五、为行文简洁，本卷《年鉴》中对机构名称一般采取首次出现时使用全称，二次及多次出现使用简称的方式。例如"中国石油天然气集团有限公司"简称"中油集团公司"，"中国石油大港油田公司"简称"大港油田公司""油田公司""公司"等。

六、本卷《年鉴》基础稿件、资料由油田公司机关各处室及直属、所属单位有关人员提供，为统一体例，规范编辑，对稿件进行必要的加工整理，但因编辑水平有限，如有疏漏和欠妥之处，欢迎读者批评指正。

2022年1月9日,中国石油大港油田公司十三届一次职代会暨2022年工作会议召开

2022年7月6日,中国石油大港油田公司举办学习贯彻习近平总书记重要指示批示精神座谈会

2022年7月20日,中国石油大港油田公司召开2022年领导干部会暨夺油上产百日会战总结表彰会

2022年8月22日,第十一次全国企业民主管理工作调研检查座谈会在中国石油大港油田公司召开

2022年12月13日，中国石油大港油田公司组织召开干部大会

2022年7月7日，中国石油天然气集团有限公司党组成员、副总经理、安全总监黄永章到中国石油大港油田公司调研

2022年4月26日,中国石油大港油田公司成立融媒体协会

2022年8月1日,天津海滨国防教育训练基地建成启用

2022年5月26日，中国石油大港油田公司举行埕海一号平台试生产运行仪式

2022年9月20日，大港油田公司举行中石油沧东页岩油效益开发示范工程建设暨5号平台压裂开工仪式

2022年11月22日,中国石油大港油田公司48兆峰瓦分布式光伏发电项目正式开工

2022年7月5日,中国石油大港油田公司与天津宝石花物业管理有限公司签署合作协议

2022年8月5日，中国石油大港油田公司与天津市津南区人民政府签订战略合作框架协议

2022年8月12日，中国石油大港油田公司与昆仑数智科技有限责任公司签署战略合作框架协议

2022年11月24日,中国石油大港油田公司与天津食品集团签订战略合作框架协议

2022年6月1日,大港油田公司组织开展2022年防汛综合应急演练

2022年8月4日,中国石油大港油田公司执行董事、党委书记赵贤正为2022年新入职大学生授课

2022年3月10日,中国石油大港油田公司总经理周立宏(中)讲授安全生产公开课

2022年1月27日,中国石油大港油田公司召开2021年度所属单位党委书记抓基层党建述职评议会议

2022年1月28日,中国石油大港油田公司党委八届四次(扩大)会暨2022年党风廉政建设和反腐败工作会议召开

2022年4月27日,中国石油大港油田公司庆祝中国共产主义青年团成立100周年暨"双争双创"活动表彰会

2022年5月16日,中国石油大港油田公司2022年体育健身活动启动仪式

要 目

总述

大事记

油气勘探

油气开发

油气开发工程

质量健康安全环保

科技与信息

辅助生产

企业管理

党群工作

机构与人员

先进集体和先进个人

直属企业

统计资料

附录

Contents
目 录

总 述

大港油田公司综述 ·· 2
特载 ··· 5
 融合创新强党建　凝心聚力促发展
  踔厉奋发引领保障国内一流数智油田建设 ······ 5
 矢志改革转型升级　倾力稳油增气提效
  勇毅谱写国内一流数智油田建设新篇章 ········ 13

大事记

大港油田公司 2022 年大事记 ······························ 24

油气勘探

综述 ·· 30
勘探工作量 ·· 30
 概述 ·· 30
 探井工作量 ·· 30
 试油工作量 ·· 30
 勘探效益 ··· 30
主要勘探成果 ·· 31
 概述 ·· 31
 页岩油理论创新 ······································· 31
 沧东孔二段页岩油 5 号平台效益开发试验 ······ 31
 歧口页岩油探评井试采 ······························ 32
 环歧口勘探认知创新 ································· 32
 千米桥潜山风险勘探 ································· 32
 庄海潜山二叠系取得重要突破 ····················· 33
 斜坡区认知创新 ······································· 33
 唐东 9x2 区块增储建产 ····························· 33
 埕 107x1 建成百吨区块 ···························· 33

 主断裂带挖潜取得新成效 ··························· 34
勘探管理 ·· 34
 概述 ·· 34
 强化勘探全链条精益管控 ··························· 34
 甲乙方联合创新管理 ································· 34
 特殊类型油气层评价技术应用 ····················· 34
 LWD 随钻测井技术首次应用 ······················ 35
矿权管理 ·· 35
 概述 ·· 35
 矿权工作成果 ··· 35

油气开发

综述 ·· 38
油气田开发情况 ··· 38
 概述 ·· 38
油气藏开发水平分类及开采情况 ···················· 38
 概述 ·· 38
 Ⅰ类开发水平油藏 ···································· 38
 Ⅱ类开发水平油藏 ···································· 38
 Ⅲ类开发水平油藏 ···································· 39
分油田（重点油田）开发情况 ······················· 39
 港东油田 ··· 39
 羊二庄油田 ·· 39
 枣园油田 ··· 39
 王官屯油田 ·· 39
 板桥油田 ··· 40
 埕海二区 ··· 40
 港西油田 ··· 40
 孔店油田 ··· 40

油气开发重点工作及成果 …… 40	海洋作业安全 …… 52
老区效益建产 …… 40	概述 …… 52
注水工程 …… 40	海洋石油安全风险专项治理 …… 53
常规油井措施 …… 41	海上建设项目合规管理 …… 53
天然气增产 …… 41	应急管理部专项督查 …… 53
开发管理 …… 41	现场安全监督管理 …… 53

油气开发工程

采油工程 …… 44
　概述 …… 44
　机械采油 …… 44
　分层注水 …… 44
　调剖调驱 …… 44
　三次采油 …… 45
　注气吞吐/驱 …… 45

质量健康安全环保

安全生产 …… 48
　概述 …… 48
　全员责任落实 …… 48
　全员能力提升 …… 48
　全员考核落实 …… 48
　安全生产大检查 …… 48
　重点油气站场评估整改 …… 48
　城镇燃气专项整治 …… 49
　高风险装置检测整改 …… 49
　安全生产三年专项整治 …… 49
　应急管理 …… 50

交通防火 …… 50
　概述 …… 50
　消防安全培训演练 …… 50
　特殊时期消防风险管控 …… 51
　消防重点部位分级管控 …… 51
　消防安全检查和隐患治理 …… 51
　动火作业管理 …… 51
　交通安全 …… 52
　交通安全监督检查 …… 52

环境保护 …… 53
　概述 …… 53
　环境风险管控 …… 53
　建设项目环境保护合规性管理 …… 54
　固体废物合规管理 …… 54
　排污许可和监测 …… 54
　大气污染防治工作 …… 54
　迎接中央环保督察 …… 54
　生态环境保护帮扶督察 …… 55
　海洋环境风险防控 …… 55
　绿色矿山"回头看"复核检查 …… 55
　绿色企业创建 …… 55
　甲烷监测试点 …… 55
　义务植树 …… 55
　环境卫生大清整 …… 55

职业健康管理 …… 56
　概述 …… 56
　职业健康管理 …… 56
　员工健康管理 …… 56
　疫情防控 …… 56

综合体系管理 …… 57
　概述 …… 57
　体系实施与运行 …… 57
　安全生产大检查暨QHSE体系审核 …… 57
　第三方QHSE认证监督审核 …… 57
　基层站队HSE标准化建设 …… 57

技术监督 …… 57
　概述 …… 57
　质量工作 …… 58
　计量工作 …… 58

宣传培训	58
节能节水	59
概述	59
能耗对标	59
监测与考核	59
节能改造	59
基础管理	60

科技与信息

科技信息工作	62
概述	62
重大科技专项验收	62
首批"揭榜挂帅"科技项目	62
企校合作	62
成果转化	62
数智油田 1.0 建设初步完成	63
典型系统深化应用	63
基础设施保障	63
信息化管理提升	63
科技管理机制	64
创新平台建设	64
科研成果质量提升	64

辅助生产

基建工程	66
概述	66
地面工艺管理	66
管道完整性管理	66
土地公路管理	67
概述	67
临时用地办理	67
重点项目协调	67
政企共建	67
井场用地规划	67
危陋自建平房处理	67
海景大道南延工程全面启动	68
创新路东段大修改造竣工通车	68

公有房屋督查	68
遗留问题攻坚	68
增收创效	68
基础管理	69
物资管理	69
概述	69
项目带量采购	69
二级物资采购	69
合规采购	69
库存管理	69
模式创新	70
物资调剂	70
物质量管控	70
招标管理	70
概述	70
招标评审与审批	70
设备管理	70
概述	70
基础管理	71
"百日整修"活动	71
绿色节能	71
规范管理	71
控投降本	71

企业管理

规划计划管理	74
概述	74
主要业绩指标完成情况	74
新能源业务发展规划	74
发展目标对接	74
未上市业务发展规划	74
国土空间规划	74
投资规模管理	74
前期投资管理	75
投资效益管理	75
项目管理	75
外供原油市场化销	75

内供原油销售 …… 76	债务管理 …… 83
燃气与液化气业务移交 …… 76	关联交易 …… 83
制度建设 …… 76	稽查工作 …… 83
合规督查 …… 76	共享服务 …… 83
专项治理 …… 76	

资产管理 …… 84
 概述 …… 84
 油田公司资产情况 …… 84
 大港油田集团有限责任公司资产情况 …… 84
 资产分类评价 …… 84
 资产处置 …… 84
 房租减免 …… 84
 基础管理 …… 85

 海景大道南延切改工程 …… 77
 津潍高铁工程 …… 77
 协调沟通 …… 77

经营管理 …… 77
 概述 …… 77
 改革三年行动 …… 77
 对标管理提升 …… 77
 亏损企业治理 …… 78
 经营业绩考核 …… 78
 "项目自建"和市场管理 …… 78
 合同全过程管理 …… 78
 资本运营管理 …… 78

档案管理 …… 85
 概述 …… 85
 基础管理 …… 85
 人事档案专审 …… 85
 档案微视频制作 …… 86
 疫情应对 …… 86
 信息化建设 …… 86
 破产企业档案管理 …… 86
 人才培养 …… 86

内部控制体系与风险管理 …… 78
 概述 …… 78
 内控体系建设及运行评价 …… 78
 风险管理 …… 79
 规章制度管理 …… 79

党群工作

组织工作 …… 88
 概述 …… 88
 党组织建设 …… 88
 党员管理 …… 88
 人事监督 …… 88
 统战工作 …… 88

依法合规管理 …… 79
 概述 …… 79
 法律风险防控 …… 79
 法律咨询服务 …… 79
 纠纷案件管理 …… 80
 工商登记管理 …… 80
 普法和依法治理 …… 80

工会工作 …… 88
 概述 …… 88
 思想政治引领工作 …… 88
 建功立业活动 …… 89
 民主管理工作 …… 89
 职工素质教育 …… 89
 劳动保护工作 …… 89
 体育健身工作 …… 89

财务管理 …… 80
 概述 …… 80
 年度经营指标完成情况 …… 81
 数智财务 …… 81
 预算管理 …… 81
 资金管理 …… 81
 财务核算 …… 82
 税费管理 …… 83

健康促进工作 ········· 90	自身建设 ········· 101
服务职工工作 ········· 90	
工会自身建设 ········· 90	

机构与人员

纪检监察工作 ········· 91
    概述 ········· 91
    主体责任落实 ········· 91
    重点任务推进 ········· 91
    关键少数履职 ········· 91
    廉洁教育 ········· 91
    巡察全覆盖 ········· 92
    巡查基础管理 ········· 92
    反腐败斗争 ········· 93
    合规监督 ········· 93
    专项监督 ········· 93
    派驻监督 ········· 94
    审计监督 ········· 94
    自身建设 ········· 94

机构管理 ········· 104
    概述 ········· 104
    组织机构现况 ········· 104
    机构设置及变动 ········· 105

领导干部管理 ········· 105
    概述 ········· 105
    领导班子建设 ········· 105
    领导干部管理及考核 ········· 105
    领导干部培训 ········· 106
    年轻干部培养选拔 ········· 106

领导干部（现职局级、正处级或主持工作的
    副处级）名录 ········· 106

共青团工作 ········· 95
    概述 ········· 95
    青年教育 ········· 95
    岗位建功 ········· 95
    青年人才培养 ········· 96
    团组织建设 ········· 96

员工管理 ········· 110
    概述 ········· 110
    劳动力管理 ········· 110
    专业技术人才队伍建设 ········· 110
    职称管理 ········· 110
    培训管理 ········· 110

宣传思想 ········· 96
    概述 ········· 96
    主题教育活动 ········· 96
    思想引领 ········· 97
    意识形态建设 ········· 97
    新闻宣传 ········· 98
    基层建设 ········· 98
    企业文化建设 ········· 99

先进集体和先进个人

先进集体 ········· 112
先进个人 ········· 114

直属企业

勘探开发研究院 ········· 124
    概况 ········· 124
    油气勘探 ········· 124
    油气开发 ········· 125
    提质增效 ········· 125
    民生安全 ········· 126
    党建工作 ········· 126

维稳信访工作 ········· 99
    概述 ········· 99
    "政治护城河"任务 ········· 99
    重大改革维稳 ········· 100
    疑难复杂信访 ········· 100
    民生信访 ········· 100

采油工艺研究院 ········· 126
    概况 ········· 126

夺油上产 ……………………………… 127
攻关创效 ……………………………… 127
QHSE 管理 …………………………… 127
合规管理 ……………………………… 128
主题教育 ……………………………… 128
从严治党 ……………………………… 128
人才强企 ……………………………… 128
党建工作 ……………………………… 129
群团工作 ……………………………… 129
采油院建成大港油田首家天津市企业重点
　实验室 ……………………………… 129
采油院王晓燕获"全国最美家庭"称号 …… 129

石油工程研究院 …………………………… 130
概况 …………………………………… 130
科技创新 ……………………………… 130
专项攻关 ……………………………… 130
技术支撑 ……………………………… 130
提质增效 ……………………………… 131
队伍建设 ……………………………… 131
合规治企 ……………………………… 131
安全环保 ……………………………… 131
党建工作 ……………………………… 132

经济技术研究院 …………………………… 132
概况 …………………………………… 132
提质增效 ……………………………… 132
咨询研究 ……………………………… 132
审计管理 ……………………………… 133
资金结算 ……………………………… 133
造价管理 ……………………………… 133
招标与经济评价 ……………………… 133
碳资产管理研究 ……………………… 133
合规监督 ……………………………… 133
财务与合同管理 ……………………… 133

第一采油厂 ………………………………… 134
概况 …………………………………… 134
油气勘探 ……………………………… 134
油气开发 ……………………………… 134

工艺支撑 ……………………………… 134
提质增效 ……………………………… 135
安全管理 ……………………………… 135
党建工作 ……………………………… 135
企业管理 ……………………………… 135

第二采油厂 ………………………………… 136
概况 …………………………………… 136
生产组织 ……………………………… 136
项目管理 ……………………………… 136
安全环保 ……………………………… 136
提质增效 ……………………………… 137
油藏开发 ……………………………… 137
技术创新 ……………………………… 137
风险合作 ……………………………… 137
人才培养 ……………………………… 137
政治建设 ……………………………… 137
民生普惠 ……………………………… 137

第三采油厂 ………………………………… 138
概况 …………………………………… 138
油田开发 ……………………………… 138
经营工作 ……………………………… 138
工艺技术 ……………………………… 138
管理提升 ……………………………… 138
安全环保 ……………………………… 139
改革转型 ……………………………… 139
政治建设 ……………………………… 139
文化建设 ……………………………… 139
基层党建 ……………………………… 139
队伍建设 ……………………………… 139
党建工作 ……………………………… 140
群团工作 ……………………………… 140
民生保障 ……………………………… 140
采油三厂累产油攀上新高度 ………… 140
采油三厂获油田公司 4 号嘉奖令 …… 140
采油三厂在集团公司首届技术技能大赛获
　佳绩 ………………………………… 140

第四采油厂（滩海开发公司） 141
概况 141
企业管理 141
人才强企 142
产能建设 142
科技创新与成果 142
油田开发 142
工程工艺 142
电力工作 143
电网建设 143
重点项目建设 144
海上生产 144
安全环保 144
党建工作 144

第五采油厂 145
概况 145
油气生产 146
提质增效 146
安全环保 146
技术应用 146
企业改革 146
党建工作 147
和谐稳定 147

第六采油厂 147
概况 147
油气开发 147
党建工作 148
提质增效 148
安全环保 148

对外合作项目部 149
概况 149
安全环保 149
勘探评价 150
产能建设 150
工程工艺 150
技术创新成果 150
经营管理 151

提质增效 151
合规业务 151
党建工作 151
党员管理 152
统战工作 152
精神文明建设 152

天津储气库分公司 152
概况 152
冬季保供 153
储气库建设 153
安全环保 153
科技工作 154
经营工作 154
党建工作 155
队伍建设 155

原油运销公司 156
概况 156
原油储运 156
油品销售 156
"两废"处理 156
提质增效 156
工艺科技 156
QHSE管理 157
基础管理 157
队伍建设 157
党建工作 157

天然气公司 158
概况 158
安全环保 158
生产运行 158
提质增效 158
市场开发 158
重点项目 159
技术创新 159
队伍建设 159
外部市场 159
党建工作 159

测试公司 ……………………………………… 160	评价"选才定级" …………………………… 167
概况 ………………………………………… 160	创新技能培训 ……………………………… 167
科技创新 …………………………………… 160	"蹲苗强骨"培育英才 ……………………… 168
安全环保 …………………………………… 160	提质增效促生产 …………………………… 168
队伍建设 …………………………………… 160	对外技术服务公司 …………………………… 168
党建工作 …………………………………… 161	概况 ………………………………………… 168
思想建设 …………………………………… 161	员工培训 …………………………………… 169
经营管理 …………………………………… 161	党建工作 …………………………………… 169
基层建设 …………………………………… 161	HSE 管理 …………………………………… 169
健康管理 …………………………………… 162	安全巡察工作 ……………………………… 169
检测监督评价中心 …………………………… 162	井筒工程质量监督工作 …………………… 169
概况 ………………………………………… 162	井下作业公司 ………………………………… 169
服务保障 …………………………………… 162	概况 ………………………………………… 169
市场开发 …………………………………… 162	夺油上产 …………………………………… 170
提质增效 …………………………………… 162	安全环保 …………………………………… 170
数智化建设 ………………………………… 163	市场运营 …………………………………… 170
安全环保 …………………………………… 163	经营管理 …………………………………… 170
队伍建设 …………………………………… 163	变革创新 …………………………………… 170
政治生态 …………………………………… 163	队伍建设 …………………………………… 171
消防支队（保卫处）………………………… 163	党建工作 …………………………………… 171
概况 ………………………………………… 163	廉政建设 …………………………………… 171
受理火警情况 ……………………………… 164	维稳工作 …………………………………… 172
党建工作 …………………………………… 164	工团工作 …………………………………… 172
队伍建设 …………………………………… 164	电力公司 ……………………………………… 172
消防监督管理 ……………………………… 164	概况 ………………………………………… 172
执勤战备管理 ……………………………… 164	安全管理 …………………………………… 172
综合治理 …………………………………… 165	经营管理 …………………………………… 173
武装工作 …………………………………… 165	绿电发展 …………………………………… 173
装备管理 …………………………………… 165	运行管理 …………………………………… 173
安全管理 …………………………………… 165	精细管理 …………………………………… 173
党群工作 …………………………………… 166	科技创新 …………………………………… 174
人才开发中心 ………………………………… 166	队伍建设 …………………………………… 174
概况 ………………………………………… 166	职工培训 …………………………………… 174
高端引才引智 ……………………………… 166	电网建设 …………………………………… 174
博士后管理培养 …………………………… 167	疫情防控 …………………………………… 174
引才优质完成 ……………………………… 167	企业文化 …………………………………… 174
英才计划开展 ……………………………… 167	

- 信息中心 ·········· 175
  - 概况 ·········· 175
  - 数智油田建设 ·········· 175
  - 数智化技术应用 ·········· 175
  - 运维管理 ·········· 175
  - 外闯市场 ·········· 175
  - 经营管理 ·········· 175
- 物资供销公司 ·········· 176
  - 概况 ·········· 176
  - 提质增效 ·········· 176
  - 刚性保供 ·········· 176
  - 采购管理 ·········· 177
  - 仓储管理 ·········· 177
  - 质量管理 ·········· 177
  - 安全管理 ·········· 177
  - 疫情防控 ·········· 177
  - 合规管理 ·········· 177
  - 业务归核化 ·········· 178
  - 人力资源 ·········· 178
  - 党建工作 ·········· 178
  - 廉政建设 ·········· 178
  - 群团建设 ·········· 179
  - 维稳安保 ·········· 179
  - 武装保卫 ·········· 179
  - 门户网页2.0版本升级 ·········· 179
  - 房屋场地移交 ·········· 179
- 天津工程职业技术学院 ·········· 180
  - 概况 ·········· 180
  - 职工培训 ·········· 180
  - 教育教学 ·········· 180
  - 安全管理 ·········· 180
  - 经营管理 ·········· 181
  - 党建工作 ·········· 181
- 车务管理中心（客运公司） ·········· 181
  - 概况 ·········· 181
  - 安全环保 ·········· 181
- 提质增效 ·········· 182
- 扭亏解困 ·········· 182
- 党建工作 ·········· 182
- 工业服务公司 ·········· 183
  - 概况 ·········· 183
  - 经营管理 ·········· 183
  - 市场开发 ·········· 183
  - 安全环保 ·········· 183
  - 疫情防控 ·········· 184
  - 重点工作 ·········· 184
  - 队伍建设 ·········· 184
  - 党建工作 ·········· 184
  - 企业文化 ·········· 184
  - 工团组织 ·········· 184
  - 维护稳定 ·········· 185
- 土地管理服务公司 ·········· 185
  - 概况 ·········· 185
  - 转型发展 ·········· 185
  - HSE管理 ·········· 186
  - 经营管理 ·········· 186
  - 组织建设 ·········· 186
  - 队伍建设 ·········· 187
  - 反腐倡廉 ·········· 187
  - 工团工作 ·········· 187
- 新闻文化中心 ·········· 187
  - 概况 ·········· 187
  - 内宣工作 ·········· 188
  - 外宣工作 ·········· 188
  - 新媒体工作 ·········· 188
  - 文化体育 ·········· 188
  - 经营管理 ·········· 188
  - 安全环保 ·········· 189
  - 人才建设 ·········· 189
  - 党建工作 ·········· 189
  - 廉政建设 ·········· 189

公共事务服务中心 ·········· 189
- 概况 ·········· 189
- 安全环保 ·········· 190
- 内控与风险管理 ·········· 190
- 基层建设 ·········· 190
- 政治建设 ·········· 190
- 企业文化 ·········· 191
- 工会工作 ·········· 191
- 党风廉政建设 ·········· 191
- 队伍建设 ·········· 191
- 党建工作 ·········· 191
- 经营管理 ·········· 192
- 公共事务共办管理 ·········· 192
- 生活待遇 ·········· 192
- 政治待遇 ·········· 192
- 社保医保 ·········· 192
- 文化体育 ·········· 193
- 信息化建设 ·········· 193
- 信息化建设 ·········· 193
- 费用管理 ·········· 193
- 信访维稳 ·········· 193

社会保险管理中心 ·········· 194
- 概况 ·········· 194
- 社会保险支付和发放 ·········· 194
- 心血管疾病筛查 ·········· 194
- 健康知识竞赛 ·········· 194
- 待遇调整 ·········· 194
- 援企惠企政策 ·········· 194

统计资料

- 表1 历年总产值、销售产值、增加值 ·········· 196
- 表2 历年原油、天然气产量和商品量及天然气外输量（上市部分） ·········· 197
- 表3 历年原油、天然气产量构成情况（上市部分） ·········· 198
- 表4 历年原油、天然气生产能力（上市部分） ·········· 200
- 表5 历年注水能力、注水量情况（上市部分） ·········· 201
- 表6 历年总投资工作量按大类分（上市部分） ·········· 202
- 表7 大港油田公司概况（2010—2018年） ·········· 204
- 表8 大港油田公司概况（2019—2022年） ·········· 204
- 表9 2022年主要生产能力状况（未上市部分） ·········· 205
- 表10 2022年固定资产投资完成情况（未上市部分） ·········· 205

附　录

- 科研成果获奖情况 ·········· 208
- 文献 ·········· 210
  - 大港油田公司党委、大港油田公司关于贯彻落实中央八项规定精神的实施细则 ·········· 210
  - 大港油田公司QHSE业绩考核管理办法（试行） ·········· 213
  - 大港油田公司关于深化依法合规治企加快建设一流法治企业的实施方案 ·········· 215
  - 加快推动60岁以上老年人接种新冠疫苗工作实施方案 ·········· 221
  - 大港油田公司专项奖励管理暂行办法 ·········· 224

- 索引 ·········· 227
- 编后记 ·········· 236

总述

大港油田公司综述

【基本情况】 中国石油大港油田公司（简称油田公司、公司）是中国石油天然气集团有限公司（简称中油集团公司）所属的以油气勘探开发为主营业务，集储气库及管道运营、井下作业、物资供销、生产电力等业务为一体的地区分公司。勘探开发建设始于1964年1月（时称"六四一厂"），是继克拉玛依油田、大庆油田、胜利油田之后新中国第四个油田。建设之初包括大港、任丘、渤海、冀东四部分。1976—1988年，华北、渤海、冀东相继分立；1999—2000年，大港油田公司、大港油田集团公司、大港石化公司重组分立；2002年以后，原大港油田集团公司物探、海洋工程、钻探、装备、工程建设、天然气销售等业务相继划离，其他业务与原大港油田公司重组整合，统称"中国石油大港油田公司"。

截至2022年底，大港探区地跨津、冀、鲁25个市、区、县，矿权面积14783.45平方千米，油气资源量分别为26.5亿吨和5610亿立方米。累计探明石油地质储量13.14亿吨、天然气地质储量766.9亿立方米，累计生产原油20867.79万吨、天然气275.11亿立方米。设机关部门16个、直属单位5个、所属单位34个，员工2.1万人。

【油气勘探】 2022年，油田公司聚焦寻找整装规模储量，持续强化重点领域高效勘探。庄海潜山甩开预探实现新突破，埕海45井首次在二叠系上石盒子组发现67.6米厚油层，获日产油63.6立方米高产，培育形成一个海上千万吨级效益增储区。歧口页岩油勘探取得新进展，歧页11-1-1井获得高产稳产。滨海斜坡集中勘探收获新成效，接连在唐东地区钻获多口高产高效井，唐东9x5井初期日产油105立方米、气2.8万立方米。千米桥潜山风险勘探再现新苗头，时隔20年再次钻获一口日产百吨以上高产高效井——板深16-21井，整体形成一个百亿立方米天然气规模储量区。全年新增原油三级储量5337万吨、SEC储量286万吨，分别完成计划的106.7%和102%，新增储量区当年贡献原油产量28.1万吨。

【油气开发】 2022年，油田公司针对原油产量跌宕起伏的客观实际，以"十大工程"为抓手，举全员之力扎实推进"为油而战、夺油上产"专项行动。产能建设实现正向拉动，建成中国石油自营区首座海上采修一体化埕海一号平台并当年产油9.5万吨，打造形成唐东9x2、港东东营等6个日产百吨高效区块，赵东油田接连钻获D24-67H等4口日产百吨高产井，整体新建原油产能65万吨、内部收益率达8.1%。老区综合治理见到明显成效，实施老井侧钻、储层改造、二氧化碳吞吐等措施作业770井次，累计增油24.8万吨，油田自然递减降至15%以内，创近10年最低。页岩油效益开发取得实质性进展，沧东5口先导试验井创公司页岩油单井水平段最长（2091米）、含油指标最优（11.6毫克/克）、压裂段数最多（39段）等多项纪录，官页5-1-3H、5-3-6H两口井2毫米油嘴自喷日产均在30吨以上，5口井均有望获得高产稳产，进一步坚定公司页岩油规模效益开发的信心。采油一厂、采油五厂和对外合作项目部分别超产原油4000吨、1509吨和7020吨，采油二厂、采油六厂完成年度产量任务。公司全年生产原油401万吨、超产1万吨，生产天然气6.36亿立方米、超产1.16亿立方米，实现"641"奋斗目标；驴驹河储气库如期建成投产，储气库整体工作气量达到26.1亿立方米，天然气保供两度登上央视《新闻联播》。同时，全面启动油田48兆峰瓦光伏发电项目，建成埕隆1601井区光热利用示范项目，争取清洁电力指标34.8万千瓦，开拓地热供暖市场354万平方米，累计技措节能2.1万吨标煤，能耗总量同比下降5.9%，清洁能源利用率达9.36%，超上级考核指标2.86个百分点。

【提质增效】 2022年，油田公司深入落实中油集团公司"四精"工作要求，坚持从严管理出效益、精细管理出大效益、精益管理出更大效益，着力深挖全业务链提质增效潜力。通过优化投资配置与管控、狠抓项目可研和设计优化、精益完全成本对标压降、加强集约用地等，节约投资成本7.6亿元；通过规范两级物资采购、抓实设备对标管理、争取税收优惠政策、推进内部项目自建等，减少费用支出6.9亿元；通过深化原油市场化与适价销售、强化天然气增产增销、盘活闲置土地房屋资源等，实现增收创效5.5亿元。特别是外部市场全体干部职工，积极克服疫情防控等重重困难，深耕拓展并长期坚守在南方石油勘探开发有限责任公司、中石油煤层气有限责任公司、尼日尔、乍得等国内国际市场，实现外部创收4.78亿元、边际效益2.1亿元，进一步树牢公司市场品牌、助力公司提质增效。全年在资产轻量化44.4亿元的情况下，整体实现账面利润5.6亿元、同比增利4.3亿元；天津储气库分公司、电力公司、信息中心、物资供销公司、接待服务中心5家未上市单位继续保持盈利，整体盈利达1.76亿元；同欣集团连续两年保持盈利，实现利润4696万元、同比增长29%；上市、未上市业务、同欣集团全部盈利态势持续巩固，公司整体经营效益创"十三五"以来最好水平，被评为中油集团公司生产经营先进单位。

【改革创新】 2022年，油田公司突出重点领域、聚焦发展难点，全面深化改革创新，不断提升发展含金量、含新量、含智量。国企改革三年行动圆满收官，"油公司"模式改革、三项制度改革稳步推进，新能源、矿区服务、学前教育、离退休等业务优化调整平稳实施，建成新型采油管理区、作业区22个，累计精简二三级机构41个、压减中基层领导人员职数44个、控减员工总量1185人，控员因素促进全员劳动生产率提升5.4%。中国石油天然气股份有限公司（简称中油股份公司）三期重大科技专项各课题通过验收并获评"优秀"，公司首批7个"揭榜挂帅"项目取得18项标志性成果，天津市级"三次采油与油田化学"企业重点实验室挂牌成立，引进推广新技术、新工艺8项，公司科技成果转化率不断提升。数智云平台、安眼工程等配套工程建设加速推进，建成1.0版数智油田，为老油田高质量发展注入强劲动力。

【安全环保】 2022年，油田公司落实"十五条硬性措施"，全力防风险、除隐患、保安全。建立健全安全环保月度例会、安全总监季度述职机制，深入推进全员安全生产记分管理，全面加强基层安全文化建设，各级领导干部带头讲授安全课105场次、"四不两直"开展安全检查2184次，各级安全环保责任进一步压实。扎实开展安全生产大检查、QHSE管理体系审核，投入7700余万元实施隐患治理项目175个，筹措2300余万元整治城镇燃气隐患285个，弃置封井重大风险长停井218口，管道失效率同比下降35%，根治油区173户危陋自建房历史难题，清理海景大道南延工程两侧违建3.4万平方米。全力抓好大气污染防治、固体废物管理、环境优化美化等工作，改造储罐、锅炉等56具，采油一厂、五厂含油泥砂处理实现"动态清零"，清理各类垃圾4350吨、种植绿植2万余株，公司通过全国绿色矿山企业"回头看"复核验收，并获评中国石油绿色企业。推进健康企业创建，精心做好职业病危害防治和职工健康查体，全面启动职工心血管疾病风险专项筛查，加大重点场所AED除颤仪、血压仪等医疗设备配备力度，建成"心灵驿站"129个，新增职业病继续保持为零，非生产亡

人事件大幅下降32.4%，在疫情全面管控期间牢牢守住公司不发生聚集性疫情的底线。全年未发生一般C级以上生产安全事故，公司连续两年被评为中油集团公司QHSE先进企业，并被确立为上游业务唯一一家绿色企业ESG治理提升试点建设单位。

【合规治企】 2022年，油田公司深入落实中央企业"合规管理强化年"总体部署要求，制定出台一流法治企业建设实施方案，研究明确建设行业法治示范企业的总体目标，并在年中领导干部会上进行专题部署，为公司加快打造"治理现代、经营合规、管理规范、守法诚信"的法治企业提供科学指引。扎实推进"严肃财经纪律、依法合规经营"综合治理等专项行动，全面开展"国有产权管理、会计信息质量"等重点领域排查整治，及时查改各类问题26个，事后合同比例0.4%，远低于中油集团公司4%的考核标准，项目招标实现应招尽招，清理不合格供方124家，公司依法合规经营水平进一步提升。持续深化"一打通六创建"法务管理新模式，依法主动处理各类案件35起、挽回经济损失824万元，有力维护公司合法权益。充分发挥审计监督"经济体检"作用，先后开展经济责任、工程项目等各类审计29项，取得直接经济成果3425万元，有效防范合规风险，避免效益流失。

【和谐稳定】 2022年，油田公司坚持发展为了职工、发展依靠职工，下大力气解决职工群众最关心、最直接、最现实的生活居住、交通出行等问题。坚持发展成果由职工共享，组织开展"喜迎二十大、建功新时代"大型文体活动17项，帮助基层解决实际问题557个，慰问帮扶困难职工6500余人次，安排资金1000万元维修居民住宅3708户，办理完成港西新城13个住宅小区1.27万户的不动产权证，津石高速天津东段、津歧公路油田段、创新路东段竣工通车，海景大道南延工程正式启动，港西新城中学建设项目得到落实，碱蓬草观景长廊二期工程建成投用，12个老旧小区改造成效显著，职工群众的幸福感、获得感进一步增强，公司通过全国厂务公开民主管理示范单位复查。坚持稳定压倒一切，高站位、高标准抓好维稳信访和安保防恐工作，及时协调处置工程项目规划手续办理、农民工薪酬拖欠、危陋自建房治理安置等突出信访问题17个，中油集团公司挂牌督办的重点信访事项和人员全面清零，联合地方公安部门抓获涉油气违法犯罪分子10名，党的二十大等特别重点阶段"护城河"工作受到中油集团公司通电嘉勉，油区和谐稳定局面进一步巩固，公司被认定为中油集团公司平安企业。

【党建工作】 2022年，油田公司注重中心工作与党建工作深度融合，坚定不移加强党的建设、全面从严治党。全面掀起学习宣传贯彻党的二十大精神热潮，如期完成14家党委换届选举，选树基层红旗单位30个，创建优秀党建品牌15个、基层党建示范点15个，建成区域党建联盟353个，第五采油厂职工尤立红当选党的二十大代表，公司党建工作连续4年获评中油集团公司A+档级。充分发挥党员干部示范表率作用，团结带领广大职工群众积极应对疫情冲击、克服各种困难、保障生产经营，特别是采油二厂、采油三厂、采油六厂干部职工始终心系企业、心系发展，舍小家、顾大家，多次连续1个月甚至2个月坚守在生产一线，充分彰显新时代大港石油人不畏艰难、奋发进取、拼搏奉献的责任担当。坚持党管干部、党管人才，持续加强各类人才队伍建设，提拔、交流中层领导人员51人，1人走上中油集团公司所属企业领导岗位，6名青年入选中油集团公司"青年科技人才培养计划"，采油、集输、消防、井下作业等领域技能人才辈出，在各类省部级以上技能大赛中斩获3金4银6铜的优异成绩，公司首次被评为"国家技能人才培育突出贡献单位"，技能人才培养继续领跑中国石油其他油气田。一体推进"三不"机制建设，完成第二轮三年全覆盖巡察，精准处置信访举报、问题线索 96 件，贯通运用"四种形态"处理党员干部 113 人、给予纪律处分 10 人，信访举报同比下降 16.9%，公司政治生态更加清爽清朗。扎实做好宣传思想文化工作，持续狠抓意识形态管控，对外新闻宣传稳居中油集团公司前列，全年在中央及省部级媒体一版发稿 68 篇、再创历史新高，利用新媒体发布各类新闻、视频等 1.3 万余个，充分展示公司良好形象，凝聚公司发展合力。

特 载

融合创新强党建　凝心聚力促发展
踔厉奋发引领保障国内一流数智油田建设
——在公司党委八届四次（扩大）会议上的报告

赵贤正

（2022 年 1 月 28 日）

同志们：

这次会议的主要任务是，以习近平新时代中国特色社会主义思想为指导，全面贯彻党的十九大和十九届历次全会精神，认真落实集团公司党组和天津市委决策部署，总结 2021 年工作，分析当前面临形势，部署 2022 年重点任务，动员公司广大党员干部敢于担当、勇毅前行，融合创新强党建、凝心聚力促发展，踔厉奋发引领保障国内一流数智油田建设，以优异成绩迎接党的二十大胜利召开。

一、2021 年党委工作主要成效

2021 年，是党和国家历史上极具里程碑意义的一年，也是公司开启国内一流数智油田建设新征程的一年。面对严峻的生产经营形势和艰巨的改革发展任务，公司党委深入贯彻习近平总书记重要指示批示精神，全面落实集团公司党组各项决策部署，牢牢锚定建设国内一流数智油田奋斗目标，充分发挥把方向、管大局、促落实的领导作用，扎实推进全面从严治党向纵深发展、向基层延伸，公司党委各项工作取得了新进展、新成绩。

——强化政治建设，党委领导能力持续提升。坚持党的政治建设统领地位不动摇，讲政治、谋全局、抓发展，在攻坚克难、干事创业中淬炼政治品格、磨砺过硬本领。坚决站稳政治立场，严格执行第一议题制度，台账化落实习近平总书记重要指示批示精神，重点围绕坚持和加强党的全面领导、大力提升国内勘探开发力度、高水平科技自立自强等 7 个方面，及时跟进学习习近平总书记重要讲话、重要指示批示、署名文章 11 次、86 篇，"两个维护"更加坚定自觉。坚决强化政治领导，从严执行民主集中制，持续完善"三重一大"决策程序，全年召开党委会 47 次，集体研究通过"三重一大"议题 84 个、搁置否决 1 个，党的领导在公司治理中得到充分体现。坚决扛起政治责任，认真履行党委总揽全局、协调各方职能，着眼公司长远发展，举旗定向、谋篇布局，科学编制公司"十四五"发展规划，优化完善"12345"总体战略部署，务实提出 6 大支撑保障措施，为公司改革转型升级高质量发展指明了前进方向。

——注重思想引领，党史学习教育深入开展。

坚持从党的百年奋斗历史中汲取智慧力量，学史明理、学史增信、学史崇德、学史力行，高站位、高标准、高质量推进党史学习教育。高度重视学党史，用足用好指定学习教材和红色教育资源，通过专题学习、集中研讨、讲授党课、走进红色革命圣地开展主题党日活动等多种形式学习党史，两级党委组织学习研讨855次、主题党日活动2513场次、专题党课1224次，增强了历史自觉、坚定了历史自信。高度重视悟思想，统筹推进党史学习教育和形势任务宣讲，引导全员在学中悟、在悟中学、在学悟的循环往复中提升思想境界，组织"观念怎么转、担当怎么办、高质量怎么干、一流怎么创"大讨论230场次，坚定信心跟党走、共克时艰谋发展成为普遍共识。高度重视办实事，精准聚焦基层所盼、员工所想，以为民惠民的担当扎实开展"我为基层员工群众办实事"实践活动，974路公交快线成功开通，两级领导班子成员深入基层一线开展专题调研368场次，办实事、解难事3511项。高度重视开新局，聚焦国内一流数智油田建设，一体推进党史学习教育及"转观念、勇担当、高质量、创一流"主题教育活动和夺油上产、提质增效专项行动，公司勘探开发、经营管理、改革创新、安全环保等各项工作取得新进展，以"十四五"的良好开局检验了党史学习教育的实际成效，得到了集团公司第一指导组的高度认可。

——突出选育管用，干部人才队伍充满活力。始终秉持党管干部、党管人才原则，着力锻造"三强"领导干部，扎实推进人才强企工程，充分激发高质量发展内生动力。科学建立了一套务实管用的制度体系，全面推行中层领导人员任期制契约化管理和差异化精准激励，构建形成了年度考核与任期考核相结合、目标考核与过程考核相统一、考核结果与奖惩任免相挂钩的考核评价体系，牢固树立了崇尚实干、注重实绩的鲜明导向。精准选拔了一批忠诚干净担当的领导干部，注重在夺油上产、提质增效中考察识别和选拔使用干部，注重德、能、勤、绩、廉多维度考察，注重年轻干部政治历练、实践锻炼、专业训练，全年提拔中层领导人员37名，公司"80后"中层领导人员增至40人，1名年轻干部走上企业领导人员副职岗位，1名年轻干部到兄弟油田挂职交流，干部队伍年龄梯次更加合理、专业匹配更加科学。匠心培育了一支素质优良的技术技能人才队伍，优选增聘企业技术专家和一级工程师24人，靶向引进"高精尖缺"人才12名，公司技能团队在国家级电工职业技能竞赛中取得并列团体第一、个人2金1银1铜的优异成绩。着力营造了一种风清气正的选人用人环境，坚持公开透明、竞争择优、公平正义原则，加大选人用人过程监督力度，加大选人用人专项检查力度，加大听取征询纪委意见的工作力度，坚决防止"带病提拔"。全年征询纪委意见114人次，开展12家单位选人用人专项督查、整改问题62个，公司选人用人满意度提高至97%、稳居集团公司所属企业前列。

——坚持固本强基，基层党建工作成效显著。把重心放到基层、功夫下到基层、资源用到基层，驰而不息抓基层、打基础、固根本，基层党组织的政治功能和组织力持续提升。强化责任落实抓党建，全面推进"第一责任人"和"一岗双责"责任落实落地，不断完善基层党建工作"述评考用"机制，组织10家单位党委书记现场述职，精准奖励排名靠前的16个班子、128人，述出了能力水平、考出了责任担当。强化基层根基抓党建，扎实开展基层党建基础专项提升活动，健全基本组织、建强基本队伍、落实基本制度，督促混合所有制企业同欣集团同步设置党组织，举办党支部书记大轮训8期，《庆祝建党100周年基层党建系列丛书》代表集团公司亮相央企党建工作展。强化融合创新抓党建，扎实推进基层党建"三基本"建设与"三基"工作有机融合，聚焦难点问题开展党建研究，服务中心任务追求创先争优，全年创建党员示范岗、示范区、示范项目1418个，获集团公司党建研究成果一等奖1项、二等奖2项，公司党建工作连续三年获评集团公司A+档级。

——深化从严治党，党风廉政建设稳步推进。坚持系统施治、标本兼治，强化不敢腐的震慑，扎牢不能腐的笼子，增强不想腐的自觉，以永远在路上的执着与韧劲奋力推进党风廉政建设和反腐败工作。坚定不移压紧压实全面从严治党主体责任，及时制定出台公司党委落实全面从严治党的主体责任清单、主体责任考核办法、主体责任考核指标体系，34家单位党组织查改问题228个。坚定不移筑牢廉洁教育防线，扎实开展"葆初心、遵法纪、勇担当"反腐倡廉主题教育活动，逐级签订党风廉政建设责任书、承诺书，开展党风廉政建设例行约谈8479人次，党员干部纪律意识、规矩意识持续增强。坚定不移高悬政治巡察利剑，创新巡察联动方式、规范巡察工作流程、压实巡察整改责任，高质量完成3轮20个党组织的常规巡察，发现问题185个，移交问题线索17个，巡察震慑作用进一步彰显。坚定不移保持反腐高压态势，综合运用监督执纪"四种形态"，持之以恒纠治"四风"问题，精准受理处置信访举报65件、问题线索41件，给予党政纪处分41人，诫勉谈话、组织处理105人次，以强有力的追责问责释放了"越往后越严"的鲜明信号。

——广泛凝心聚力，全员奋进热情更加高涨。突出精神引领、注重文化培育，全面唱响"我为祖国献石油"的主旋律，持续提振干事创业的精气神。坚持外树形象、内聚合力，牢牢把握意识形态领导权、话语权，扎实开展石油精神和大庆精神铁人精神再学习再教育，在省部级以上媒体发表新闻1230篇，"今冬明春天然气保供"亮相央视《新闻联播》，"港五井"入选中国石油首批工业文化遗产名录。坚持党建带工建、带团建，深化无形上产"六比"劳动竞赛增油5万吨，选树全国工人先锋号等省部级以上先进典型4个，打造了青年学术交流等一批"青"字号品牌工程，建功新征程、青春献给党的使命担当充分激发。坚持把维护和谐稳定摆在更加突出位置，持续强化统战联谊、加强保密管理，精心组织庆祝建党100周年大型文艺汇演等文体活动18项，精准帮扶困难职工6545人次，各特别重点阶段"护城河"工作受到集团公司通电嘉勉。

回顾过去的一年，面对异常严峻的生产经营形势和复杂多变的新冠肺炎疫情，公司党委充分发挥把方向、管大局、促落实作用，准确把握新发展阶段、深入贯彻新发展理念、积极融入新发展格局，党的领导全面融入数智化转型、低成本运营、高质量发展的全过程，党的旗帜高高飘扬在夺油上产、提质增效、安全环保等重点工作的最前沿，公司改革发展呈现出新的气象，全年新增原油三级储量7468万吨、SEC储量313万吨，累计生产油气当量444.8万吨，页岩油年产量首次突破10万吨，账面利润、自由现金流双双为正，上市、未上市、同欣集团自重组整合以来首次全面盈利，改革三年行动任务完成率超出集团公司考核指标24.6个百分点，"陆相页岩油地质理论与勘探开发技术"入选集团公司2021年十大科技创新成果，公司被评为2021年度集团公司先进集体、QHSE先进企业和天津市文明单位。

这些成绩的取得，根本在于习近平新时代中国特色社会主义思想的科学指引，也得益于集团公司党组、地方党委政府的正确领导和油田老领导、老同志以及广大职工家属的关心支持，更离不开公司各级组织和广大干部群众的拼搏奉献、苦干实干。在此，我代表公司党委，一并表示最衷心的感谢！

二、面临的形势和任务

当前，全球疫情依然严峻复杂，世界百年变局加速演进，国际国内发展环境不断变化，公司党委

工作面临一系列的新形势、新任务、新要求、新挑战。我们必须保持清醒头脑、增强战略定力、积极有效应对。

新的一年，我们要更加毫不动摇地坚持和加强党的全面领导，在引领保障高质量发展上持续发力。站在"两个一百年"奋斗目标的历史交汇点，党的十九届六中全会确立习近平同志党中央的核心、全党的核心地位，确立习近平新时代中国特色社会主义思想的指导地位。中共中央办公厅专门出台指导意见，提出要加快完善中国特色现代企业制度，把党的领导落实到公司治理各环节。集团公司党组制定实施党委在公司治理中发挥领导作用的评价办法，致力推动所属企业党委发挥把方向、管大局、促落实领导作用规范化、制度化、具体化。作为党领导下的国有企业，我们要坚决落实"两个一以贯之"，始终树牢在经济领域为党工作的理念，深刻认识公司当前面临的"三大挑战、三大机遇"，聚焦稳油增气提效、绿色低碳转型、科技自立自强、全面深化改革等重点工作，持续提升党委科学决策能力、组织协调能力、推动落实能力，把党的政治优势、组织优势更好转化为企业发展优势、竞争优势。

新的一年，我们要更加持之以恒地坚持党管干部、党管人才，在抓好后继有人根本大计上持续发力。中央人才工作会议强调，要深入实施新时代人才强国战略，加快建设世界重要人才中心和创新高地。集团公司党组着眼高质量发展和建设基业长青的世界一流企业，专题研究部署新时代组织人事工作和人才强企工程，发出了锻造一流干部人才队伍的动员令。对标新时代党的组织路线及集团公司目标要求，油田公司干部人才队伍梯次结构还不尽合理，高精尖人才储备相对不足，人才引领支撑作用发挥还不够充分。千秋基业，人才为本。我们要深刻认识加强组织人事工作和实施人才强企工程的极端重要性和紧迫性，聚焦建设国内一流数智油田长远需要，以工程思维强力推进"八大人才工程"，着力打造忠于石油事业、勇于创新创造的高素质专业化干部人才队伍，全力支撑和保证公司改革转型升级高质量发展。

新的一年，我们要更加旗帜鲜明地大力推动一切工作到支部，在建强筑牢基层党的组织上持续发力。党的十八大以来，以习近平同志为核心的党中央高度重视基层党组织建设，强调必须扎实做好抓基层、打基础工作。集团公司党组专门对基层党建"三基本"建设与"三基"工作有机融合作出重要部署，着力强弱项、补短板、固根基、促融合。对标上级要求、立足自身实际，公司基层党建工作与生产经营"两张皮"现象依然存在，部分单位对"党建工作抓实了是生产力、抓强了是竞争力、抓细了是凝聚力"的理解与实践不深不透，推进有机融合的思路还不够宽、措施还不够精准。我们要充分认识基层党建工作的独特优势、政治功能和有形价值，牢固树立大抓基层的鲜明导向，把着力点放在基层、放在基层党支部，找准党建工作与业务管理有机融合的最佳结合点，推动基层党建与基层管理全面融合、全面进步、全面过硬。

新的一年，我们要更加坚定不移地落实全面从严治党战略方针，在巩固良好政治生态上持续发力。习近平总书记在"七一"重要讲话中强调，要坚定不移推进党风廉政建设和反腐败斗争，确保党不变质、不变色、不变味。十九届中央纪委六次全会提出，要坚持严的主基调不动摇，坚持不懈把全面从严治党向纵深推进。集团公司纪检监察组出台案件处理纪法适用若干问题的指导意见，明确指出2020年7月1日后受到刑事责任追究的，应当给予开除党籍、开除处分。全面从严治党要求越来越高、惩处越来越严。总体来看，公司政治生态持续改善向好的基本面没有变，但从2021年巡察审计、监督执纪情况看，"私车公养"等"四风"问题依然存在，物资采购等领域合规管理问题较为突出，酒驾、赌博、诈骗等涉法问题有所抬头，全面从严治党还有很长的路要走。我们要自觉运用党的百年奋斗历史经验，永葆自我革命精神，坚持全面从严治党战略方针，持续深化不敢腐、不能腐、不想腐一体推进，惩治震慑、制度约束、提高觉悟一体发力，继续打好党风廉政建设和反腐败斗争这场攻坚战、持久战。

三、2022年公司党委工作部署

2022年，是党的二十大召开的政治大年，也是公司全力推动改革转型升级、加快建设国内一流数智油田的关键之年。公司党委工作的总体思路是：以习近平新时代中国特色社会主义思想为指导，弘扬伟大建党精神，坚持稳字当头、稳中求进，完整、准确、全面贯彻新发展理念，坚决落实集团公司党组各项决策部署，大力实施"五坚持、五增强"工作举措，推进融合创新，引领企业发展，为建设国内一流数智油田提供坚强保证，以优异成绩迎接党的二十大胜利召开。

具体部署是：

（一）坚持以维护核心为根本，增强党的政治领导力，把好建设国内一流数智油田的前进方向

充分发挥各级党组织政治功能，坚守自我革命根本政治方向，不断增强捍卫"两个确立"、做到"两个维护"的坚定性、自觉性。要持续强化政治理论武装。把学习宣传贯彻党的十九届六中全会和党的二十大精神作为重大政治任务，着力推动党史学习教育常态化长效化，从伟大建党精神中汲取奋进力量，用党的百年奋斗重大成就、历史经验和创新理论成果武装头脑、指导实践、推动工作。充分发挥公司党校主阵地和大熔炉作用，大力实施思想政治能力提升计划，确保新员工入职教育、各级各类管理能力提升培训班思想政治课程不少于总学时的20%。党员领导干部要发挥表率作用，紧密联系公司"十四五"发展规划和建设国内一流数智油田面临的新形势新任务新要求，带头开展宣讲、带头讲授党课，推动党的十九届六中全会和党的二十大精神进厂站、进班组、进岗位。要严肃开展党内政治生活。坚决尊崇和维护党章，深入开展党章再学习、再教育，引导广大党员干部始终牢记第一身份是党员、第一职责是为党工作，始终在党章允许的范围内活动。严格落实双重组织生活会、"三会一课"、谈心谈话等制度，健全完善民主生活会列席指导、整改通报等机制，常态化用好批评与自我批评武器，使党员干部得到更加严格的党性锻炼、更加深刻的思想洗礼。扎实做好党的二十大、天津市第十二次党代会代表推荐选举工作，高质量推动各级党组织按期换届选举，尊重党员主体地位、保障党员民主权利。要充分发挥党委领导作用。聚焦把方向，深入学习贯彻习近平新时代中国特色社会主义思想，严格执行第一议题制度，健全完善贯彻落实习近平总书记重要指示批示台帐，坚决贯彻党的理论和路线方针政策，确保改革发展始终朝着正确方向前进。聚焦管大局，立足公司转型升级高质量发展，谋全局、议大事、抓重点，督促各单位细化量化"三重一大"决策事项，加强调查研究、推进科学决策，全面履行经济责任、政治责任、社会责任。聚焦促落实，坚持集体领导、分工负责、一岗双责、共同发力，用政治视野和全局眼光谋划推动公司稳油增气、提质增效、人才强企、改革创新等重点工作落地见效。

（二）坚持以德才兼备为标准，增强人才队伍战斗力，厚植建设国内一流数智油田的第一资源

牢固树立"人才是第一资源"的理念，以强烈的历史担当大力推进实施人才强企工程，着力培养和打造高素质专业化干部人才队伍。要大力选优配强领导班子。统筹落实"5846"目标要求，把夺油上产、提质增效、数智油田建设的主战场作为干

部大考场，更加注重在急、难、险、重任务中考察识别、培养锻炼干部，让想干事者有机会、能干事者有舞台、干成事者有位子。围绕"五个强化"要求，着力加强对"一把手"和领导班子的监督，严格执行任职回避和公务回避制度，促进各级领导人员慎重决策、秉公用权，管好班子、带好队伍。坚持抓两头、促中间，注重强化新提拔年轻干部和临近退职干部的教育管理，持续加大正向激励和反向约束力度，末等调整和不胜任退出不低于3%，做到德不配位就去位、才不适岗就调岗、状态不佳就换人。要大力推进干部资源增值。以习近平新时代中国特色社会主义思想和党的十九届六中全会精神为重点，分级分类开展干部赋能培训、集中轮训和管理实训，推动干部提素增质。聚焦优化干部队伍结构，扎实推进"提质扩量"计划，跟踪掌握中基层优秀年轻干部50名，确保各专业路近期有人用、远期有人接。全面启动青年马克思主义者培养工程，着力培养一批具有忠诚政治品格、扎实理论功底、突出能力素质的石油青年政治骨干。要大力实施人才价值提升。聚焦国内一流数智油田建设和高质量发展需求，精准引进急需紧缺专业和关键核心技术领域成熟型人才10名以上，打造智力高地、助力企业发展。深入推进专业技术岗位序列改革，全力打造由企业首席技术专家、企业技术专家领衔的科技创新示范团队5个，持续开展基础前沿研究、瓶颈技术攻关和创新技术应用，努力攻克一批重大生产难题、掌握一批特色核心技术。主动适应数字化转型、智能化发展新形势，持续加强技能领军人才队伍建设，培养省部级以上石油名匠5人，历练和成长一批结构合理、规模适度、充满活力、技能行业领先的能工巧匠。

（三）坚持以大抓基层为导向，增强基层党建组织力，筑牢建设国内一流数智油田的坚实堡垒

扎实推进基层党建"三基本"建设与"三基"工作有机融合，固堡垒提质量、抓创新强管理，把基层党组织建设成为实现党的领导的战斗堡垒。要高站位落实党建责任制。加大党委书记述职评议和党建责任制考核力度，持续改进考评方式、刚性运用考评结果，形成"一次述职考评，全年狠抓落实"的完整闭环。细化完善各级党组织委员"一岗双责"责任清单，不断提升行政干部抓党建的意识和强党建的能力，一级抓一级、层层抓落实，切实构建起"大党建"工作格局。严格落实"两个1%、一个平均数"要求，坚决防止以改革为名压减党建工作机构和人员，畅通拓宽党务干部职业晋升和职称评审通道，着力建设政治上专诚、工作上专职、落实上专责、精力上专注、能力上专业的党务工作者队伍。要高水平建强基层党支部。坚持"应专必专、宜兼则兼"的原则，以"三懂三会三过硬"为标准，选优配强党支部书记，适当配备专职党支部副书记或专兼职党务工作岗位，着力打造"五心"党支部书记队伍。扎实开展党员岗位讲述和"党课开讲啦"活动，充分发挥党员在落实岗位责任制上的示范带动作用，做到人人有专责、事事有人管、过程受控制、工作高标准。将争创HSE标准化建设示范队站纳入基层党支部重要工作范畴，发挥基层组织和党员在隐患排查整治、安全文化建设等方面的作用，促进基层党建更好融入安全生产，评选表彰示范党支部30个。深入推进党支部标准化规范化建设三年行动计划，用好基层党建系列丛书，强化达标晋级管理，精准开展"六位一体"量化考评，以考促学、以考促改、以考促建。要高质量打造党建特色品牌。探索构建党建区域联盟，采取甲方乙方互联、企业地方互联、机关基层互联等方式，开展党建互联共建活动，做到组织联建、思想联抓、资源联用、效益联创。扎实推进"一党委一品牌、一支部一特色"创建工作，深入开展党建创新实践案例征集，充分发挥党建与思想政治工作研究会"智库"作用，圆满完成集团公司基层党支部

书记培训教程编撰任务。持续开展基层党建工作全覆盖指导服务，聚焦公司党委巡察发现的基层党建系统性、条带性问题，面对面谈、手把手教、点对点帮，促进基层党组织固牢底板、补齐短板。

（四）坚持以从严治党为主调，增强拒腐防变免疫力，强化建设国内一流数智油田的纪律保障

坚持把严的主基调长期坚持下去，打好党风廉政建设的"加强针"，培育预防腐败的"新抗体"，以自我革命精神推动全面从严治党向纵深发展。要落实全面从严治党责任。坚持正面教育与反面警示相结合，持续深化"六个一"廉洁教育，大力实施全员法治素质提升工程，加大违纪违法典型案例通报力度，引导广大党员干部不断增强纪法意识、纪法思维、纪法素养。坚持党风党纪一起抓、正风肃纪一体抓，紧盯重要节点、关键环节，坚持不懈反"四风"，弘扬正气树新风。坚持把落实全面从严治党主体责任扛在肩上、抓在手上，大力推动主体责任检查考核结果与各单位业绩考核挂钩，对履责不力的从严从快处理，以严肃的考核兑现和强力的追责问责倒逼主体责任落实。要全面完成党内巡察任务。聚焦"四个落实"监督重点，对20个党组织开展常规巡察，对2021年巡察反馈问题整改开展专项督查，高质量推进巡察全覆盖。扎实做好巡察"后半篇文章"，持续加大巡察整改监督力度，对巡察整改不闻不问、敷衍塞责的党委班子及成员严肃追责问责。严格执行"三位一体"巡察成果运用机制，严肃巡察问题反馈，精准处置移交线索，堵塞制度漏洞、完善体制机制、增强巡察实效。要持续保持反腐高压态势。严肃查处数智油田建设、提质增效工作中的不担当不作为行为，坚决惩治"靠企吃企"及职工群众身边"微腐败"问题，精准高效减存量、遏增量、控变量，实现自办案件当年结案率100%。统筹分析合规监督、派驻监督、巡察监督中发现的苗头性、倾向性问题，贯通运用监督执纪"四种形态"，惩前毖后、治病救人。坚持纪法情理贯通融合，深化"三个区分开来"，精准研判适用容错纠错的各类情形，及时澄清正名不实举报和恶意诬告陷害，理直气壮地为担当者负责、为干事者撑腰。要加强改进两级机关作风。不断深化简政放权，优化审批流程，把该放的权放到底、把该管的事管到位，力戒形式主义官僚主义，着力提升两级机关管理效能和办事效率。大力推行首问负责制和限时办结制，在解决基层急难愁盼问题上，主动为基层解难事做好事、谋实策出实招，让服务多跑路、让基层少跑腿。持续精简文件简报，切实减少对基层单位索要报表和检查考核的频次，不得简单将是否制发配套文件作为考核评判工作落不落实的指标，确保真减负、减真负。

（五）坚持以融入中心为原则，增强企业文化软实力，汇聚建设国内一流数智油田的强大力量

聚焦稳油增气提效中心任务，持续深化宣传思想工作，充分发挥工团组织作用，汲取文化力量、点燃奋斗激情，形成最大公约数、画出最大同心圆。要提升宣传思想工作感召力。全面落实"两个所有"要求，建立健全信息联动、重大事件新闻应急沟通和"一媒一策"对接合作机制，持续加强意识形态8大阵地管理，让主旋律更加响亮。扎实开展"转观念、勇担当、强管理、创一流"主题教育活动，特别要把强化企业管理作为贯穿全年的重点工作之一，坚持从严管理出效益、精细管理出大效益、精益管理出更大效益的理念，党政工团齐抓共管，突出问题导向、查找差距不足，建立管理提升长效机制、防范化解各类风险挑战，大力提升管理的科学化、规范化、法制化水平，不断夯实高质量发展根基。同时，要充分发挥传统媒体与新兴媒体资源优势，组织"巡回+精准+网络+一线班组"宣讲60场以上，在省部级以上媒体一版发表新闻34篇。深入细致做好一人一事的思想政治工作，严

格落实维稳保密、安保防恐责任制，强化舆情研判，突出源头治理，最大限度地把问题化解在基层、解决在萌芽状态，坚决完成"护城河"政治任务。要提升精神文明建设影响力。持续开展石油精神和大庆精神铁人精神再学习再教育再传播，扎实推动"三个四"特色文化理念融入创先争优和"五型"班组创建的各个环节，充分发挥"港五井"等企业文化教育阵地作用，不断增强员工队伍的企业归属感、文化认同感。深入开展"企业形象提升"系列活动，组织天津市其他行业劳模、石油战线劳模与干部员工面对面座谈，传播石油形象、厚植石油情怀。广泛开展"点赞最美劳动者"活动，选树一批政治过硬、作风优良、业绩突出、群众信服的先进典型，大力营造"劳动光荣、创造伟大"的浓厚氛围。要提升群团统战工作凝聚力。切实强化党对群团工作的政治领导，严格落实党建带团建工作要求，筹备召开公司工会第八次代表大会，持续加大政治动员、政治引领、政治教育力度，把群团组织建设得更加充满活力、更加坚强有力。聚焦提质增效、夺油上产，扎实开展"喜迎二十大、建功新时代"系列劳动竞赛、青年"双争双创"、统战联谊交友等活动，激发广大职工群众积极建言献策、同心共谋发展的热情。深入推进健康企业建设，精心组织第二届职工运动会等文化体育活动，着力搭建"鹊桥联谊"婚恋服务平台，真心解难事、全心办实事，不断提升员工群众的获得感、幸福感、安全感。

同志们，战鼓雷鸣催人进，风鹏正举再出发。让我们更加紧密地团结在以习近平同志为核心的党中央周围，全面贯彻习近平新时代中国特色社会主义思想，真抓实干、攻坚克难，不断提高党建工作质量，勇毅谱写国内一流数智油田建设新篇章，以优异成绩迎接党的二十大胜利召开！

名词解释

（以报告中出现先后为序）

1."三强"：政治坚强、本领高强、意志顽强。

2."三大挑战、三大机遇"：最突出的是原油增储稳产，最迫切的是亏损企业治理，最关键的是大局安稳和谐；国际油价正处于宽幅震荡的高位调整期，石油行业迎来了大有可为的战略机遇期，公司发展已进入破局突围的加速转型期。

3."5846"：到2025年，40岁左右的中层领导人员达到中层领导人员总数的1/5，40岁左右中层领导人员正职达到中层领导人员总数的1/8；40岁以下的基层领导人员达到所属单位基层领导人员总数的1/4，40岁以下的基层正职达到所属单位基层领导人员总数的1/6。

4."五个强化"：强化对"一把手"和领导班子对党忠诚，践行党的性质宗旨情况的监督；强化对贯彻落实党的路线方针政策和党中央重大决策部署，践行"两个维护"情况的监督；强化对立足新发展阶段、贯彻新发展理念、服务新发展格局，推动高质量发展情况的监督；强化对落实全面从严治党主体责任和监督责任情况的监督；强化对贯彻执行民主集中制、依法依规履职用权、担当作为、廉洁自律等情况的监督。

5."两个1%、一个平均数"：按照不低于上年度职工工资总额1%的比例落实党建工作经费，按照不低于职工总数1%的比例配备专职党务干部；各级党务部门编制不低于同级部门平均编制。

6."三懂三会三过硬"：懂党务、懂业务、懂管理；会解读政策、会疏导思想、会解决问题；政治过硬、作风过硬、廉洁过硬。

7."五心"：全心干事业、精心抓管理、用心带队伍、贴心爱员工、信心创佳绩。

8."六位一体"：基本组织建设、基本队伍建设、基本制度执行、群团工作、现场文化建设、基层经营管理工作情况。

9."四个落实"：落实党的理论和路线方针政策以及上级重大决策部署和油田公司党委重要部署要求情况；落实全面从严治党战略部署情况；落实新时代党的组织路线情况；落实巡察、审计、主题教育整改情况。

10."两个所有"：所有从事新闻信息服务、具有媒体属性和舆论功能的传播平台都要被纳入依法管理范围，所有新闻信息服务和相关业务从业人员都要实行准入管理。

矢志改革转型升级　倾力稳油增气提效 勇毅谱写国内一流数智油田建设新篇章
——在公司十三届一次职代会暨2022年工作会上的报告

赵贤正

（2022年1月9日）

各位代表、同志们：

今天，我们召开公司十三届一次职代会暨2022年工作会，主要任务是：以习近平新时代中国特色社会主义思想为指引，深入贯彻党的十九大和十九届历次全会以及中央经济工作会议精神，全面落实集团公司各项决策部署，动员和组织广大干部职工，认清严峻形势、强化使命担当，矢志改革转型升级、倾力稳油增气提效，勇毅谱写国内一流数智油田建设新篇章，以优异成绩迎接党的二十大胜利召开！

现在，我代表公司向大会报告工作，请予审议。

一、2021年主要工作成果

刚刚过去的2021年，是公司推进"十四五"规划的开局之年，也是公司建设国内一流数智油田的起步之年。面对异常严峻的生产经营形势，广大干部职工始终高举习近平新时代中国特色社会主义思想伟大旗帜，紧紧围绕"12345"总体战略部署，勠力同心、砥砺前行，统筹推进党史学习教育及"转观念、勇担当、高质量、创一流"主题教育活动和夺油上产、提质增效专项行动，各项工作扎实有效开展，经营指标持续改善向好，公司改革发展呈现出新的气象，被评为2021年度集团公司先进集体。

——大力实施高效勘探，预探评价再获新突破。以地质认识创新为引领，全力推动预探突破和效益增储。在滨海斜坡唐东地区东营组发现新的含油气层系，唐东9X2等多口井喜获高产油气流，落实整装优质储量4000万吨，有望形成一个亿吨级规模增储战场；在歧北斜坡沙二段发现单层50米的厚油层，埕107X1井初期日产原油238立方米、天然气15万立方米，刷新了大港油田陆上探评井单井日产最高纪录；在歧口凹陷沙一段实施的页岩油风险勘探取得重大成果，歧页1H井连续高产稳产超过200天，标志着黄骅坳陷三套页岩油层系勘探实现全面突破；在沧东凹陷开展的页岩油评价建产取得重要进展，接连钻获4口日产百吨以上高产井，其中官页5-1-1L井日产峰值达到208立方米，创造了我国页岩油单井日产新高，实现了当前油价下断陷盆地页岩油效益开发。全年新增原油三级储量7468万吨、SEC储量313万吨，分别完成年度计划的115%和120%。

——群策群力夺油上产，油气开发呈现新格

局。面对年初原油产量持续下滑、开发形势十分严峻的不利局面，公司上下众志成城、为油而战、夺油上产。加大新老区产能建设力度，在勘探新区新建产能13.2万吨，在开发老区新建产能50万吨；加大老区综合治理力度，扎实推进精细注水、"二三结合"、老井复查、二氧化碳吞吐等专项工程，治理区块自然递减同比下降1.8个百分点，实现纯增油10万吨；加大非常规油气生产力度，页岩油年产量首次突破10万吨，受到业界和媒体的广泛关注；加大海上油田开发力度，赵东自营项目连获4口日产百吨以上高产井，埕海1-1平台也有望在今年3月底投产运行，油气开发整体呈现"新老并重、常非并举、海陆并进"的新格局。全年累计生产石油天然气444.8万吨当量，储气库周期累计采气量等多项指标均创历史之最，"大港油田储气库群今冬明春京津冀天然气保供"亮相央视《新闻联播》。

——持续深化提质增效，经营管理实现新提升。针对企业经营一度出现严重亏损的困难局面，公司上下牢牢扭住"两利四率"这个"牛鼻子"，全面贯彻集团公司"四精"工作要求，扎实推进提质增效"升级版"专项行动，多措并举控亏减亏、千方百计解困扭困。着力加强投资成本管控，严格项目前期研究论证、优化PD储量控降折旧折耗，累计控投降本14.6亿元；着力加强市场开源创效，推行原油市场化适价销售、强化天然气增产增销、加大闲置土地盘活力度、规范公有房屋租赁、拓展外部市场增利空间，累计实现增收4.3亿元；着力加强内部节支挖潜，深化项目自建运行管理、争取财税政策支持、规范研发费加计扣除、强化物资集中采购、推广低成本压裂等新技术，累计节支增效5.3亿元。公司全年实现营业收入246.52亿元，账面利润、自由现金流均保持为正，上市业务、未上市业务、同欣集团自重组整合以来首次实现全面盈利，尽最大努力确保了职工收入普遍增长。

——精准推进改革创新，企业发展焕发新活力。以国有企业改革三年行动为主线，抓住关键、精准施策。全力推进以构建"油公司"模式为统领的重点领域改革，第五采油厂探索形成"四部四中心"的扁平化组织架构，厂办大集体混改走在集团公司前列，工程技术服务市场化取得实质性进展，退休人员社会化管理圆满收官，累计精简二三级机构54个、盘活各类用工661人，企业发展活力进一步显现；全力推进以股份公司"三期"重大科技专项为统领的科技创新攻关，"陆相页岩油地质理论与勘探开发技术"入选集团公司2021年十大科技创新成果，地震储层预测、低渗储层高效改造等多项技术成效显著，全年荣获省部级以上科技成果奖19项、授权发明专利76件，科技创新实力的提升为公司发展注入了新的活力；全力推进以数智油田建设为统领的信息化建设，数智决策中心顺利建成投用，数智油藏、数智井筒、数智地面、数智管理四个工程建设全面展开，油田数字化转型智能化发展呈现新的活力。公司改革三年行动任务完成率达94.6%，超出集团公司考核指标24.6个百分点。

——压紧压实全员责任，绿色安全成为新常态。牢固树立绿色、安全的发展理念，坚持一抓到底、一严到底，强力推进安全生产和反违章专项整治行动。从严落实各级责任，大力宣贯新《安全生产法》，创新建立安全总监常态化"双述双评"机制，深入推行全员常态化安全生产记分管理，以责任归位促进了各级责任到位；从严狠抓监管整治，组建成立质量健康安全环保巡察中心，以"第三方"身份常态化开展安全环保专项巡察和井筒质量监督检查，筹措6515万元治理城镇燃气、交通消防等重点领域安全环保隐患108项，"四不两直"查改问题2万多项，管道失效率同比下降20%，固井质量合格率同比提升5个百分点，顺利通过集团公司QHSE管理体系审核；从严推进清洁生产，率先建成中石油首个浅层地热绿色开发利用示范区，中心区光伏项目并网发电1275万度，采出液沉积物处理实现"动态清零"。全年技措节能1.2万吨标煤、节水7万方，四类污染物全部达标排放，安全环保始终受控运行，公司被评为2021年度集团公司QHSE先进企业。

——着力增进民生福祉，和谐油区展现新面貌。深入开展"我为基层员工群众办实事"实践活动，在生产经营极为困难的情况下，坚定不移持续保障改善民生、推进发展成果共享。大力开展健康企业创建，扎实做好常态化疫情防控，职工非生产亡人事件持续下降，全程疫苗接种率达97.3%，油区继续保持"零疫情"；大力改善油区生活环境，两级党委及时解决民生问题149个，协调地方政府成功开通三号院至滨海文化中心974路公交快线，津石高速天津东段即将通车，建成天津首个碱蓬草"红海滩"观景长廊，提前3年完成港内3.6万余户居民住宅的"两证合一"，华幸等14个老旧小区纳入地方改造范围，群众反映强烈的道路照明、住宅维修等问题得到有效解决；大力构建和谐平安油田，精心组织庆祝建党100周年大型文艺汇演等文体活动18项，精准帮扶困难职工6500余人次，集团公司挂牌督办的历史信访积案提前销号，连续两年保持"零进京"越级访，涉油气案件同比减少47%，各特别重点阶段"护城河"工作受到集团公司通电嘉勉，广大职工家属幸福指数持续提升。

——突出强化政治引领，党的建设迈上新台阶。以党史学习教育及"转观念、勇担当、高质量、创一流"主题教育活动为载体，毫不动摇坚持党的领导、加强党的建设、从严管党治党。持续强化理论武装，认真制定落实"第一议题"制度，及时跟进学习习近平总书记重要讲话和指示批示精神，思想政治根基更加牢固；持续建强基层组织，全力推动基层党建"三基本"建设与"三基"工作有机融合，举办党支部书记大轮训8期，选树基层支部示范阵地25个，基层战斗堡垒不断夯实；持续优化干部结构，全面推行中层领导人员任期制契约化管理，交流调整干部85人，选优配强班子17个，1名"80后"年轻干部走上企业领导人员副职岗位，干部队伍活力明显增强；持续深化从严治党，始终保持反腐败高压态势，高质量完成20个党组织的常规巡察，精准处置信访举报、问题线索106件，给予党政纪处分41人，干事创业环境风清气正；持续加强宣传引导，意识形态管控扎实有力，对外新闻报道再创历史最好水平，青年学术交流等群众性建功立业活动成果丰硕，企业发展合力全面凝聚。

上述成绩，是在集团公司党组的坚强领导下，在兄弟单位、地方党委政府的大力支持下，在老领导、老同志和广大职工家属的关心关注下，公司上下和衷共济、拼搏奋斗、无私奉献的结果，凝聚着广大干部职工的辛勤汗水和无穷智慧。在此，我代表公司党委、公司，一并表示最诚挚的感谢，并由衷地给艰苦奋战在各个岗位的干部职工点赞，大家辛苦啦！

虽然过去一年我们取得了一定成绩，但对比上级要求和群众期待，工作中仍有一些问题和差距，主要是：原油生产全年整体处于被动局面，提质增效"上热、中温、下冷"的现象依然存在，个别单位仍未走出严重亏损的困境，安全生产"三违"行为久治不绝，基层职工"八小时外"涉法问题多发频发，等等。我们必须引起高度重视，尽快加以解决。

二、当前面临的形势任务

展望全新的2022年，公司内外部形势依然严峻复杂，完成全年任务仍有较大压力，必须把困难和挑战估计得更充分一些、把机遇和优势分析得更透彻一些，因势利导、顺势而为、靶向发力，稳步推进老油田改革转型升级高质量发展。总体来看，新的一年公司主要面临三大挑战、三大机遇。

三大挑战：首先，最突出的是原油增储稳产。近几年，大港油田勘探对象愈发隐蔽复杂，寻找整装规模储量的难度越来越大，可供效益升级动用的优质储量越来越少，新井产能贡献率、到位率整体处于较低水平。同时，受注采不均衡、井网不完善等因素影响，油田自然递减持续加剧，2021年已升至16.2%，比集团公司平均水平高6.7个百分点，已成为制约公司原油稳产上产的主要矛盾。此外，国家规范临时用地管理、地方加强用电运行调控也将对公司勘探开发生产造成一定影响，在今年目标计划较2021年实际产量增加6万吨的情况下，我们完成全年原油生产任务面临巨大挑战。其次，最迫切的是亏损企业治理。尽管在各部门、各单位的共同努力下，公司2021年提质增效和亏损治理都取得明显成效，上市、未上市业务均实现账面盈利，但上市业务资产规模居高不下、效益提升基础薄弱，未上市业务过度依赖政策扶持、"自我造血"能力不足等问题依然十分突出，部分单位持续亏损的局面仍未得到实质性改善，特别是第三采油厂、车务管理中心、新闻文化中心、土地管理服务公司等单位亏损比较严重，个别扭亏单位还面临较大"返困"风险。如果我们不尽快采取革命性举措，早日推动各单位从根本上扭亏解困，公司极有可能再次陷入整体亏损的境地。第三，最关键的是大局安稳和谐。今年，党的二十大要召开，冬奥会、冬残奥会和全国"两会"也将于一季度在京举行，大事要事多、敏感节点多。作为承担着拱卫首都"护城河"政治重任的中央企业，无论安全环保、还是和谐稳定，都绝对不能出现任何问题。必须把维护大局安稳和谐摆在更加突出的位置，以更高的站位、更大的担当、更实的举措，全力防范风险、坚决守牢底线、确保万无一失，为党和国家一系列重大会议活动圆满举行营造良好环境。

三大机遇：一是，国际油价正处于宽幅震荡的高位调整期。2021年，受世界经济逐步复苏、能源需求稳步增长等因素影响，国际油价一路震荡走高，布伦特原油期货价格甚至一度突破85美元/桶关口，创造了近3年来的新高。尽管前段时间以美国为首的部分国家释放原油战略储备、南非发现新冠病毒变异株等利空因素导致油价出现短暂下滑，但随着各国逐渐强制接种新冠疫苗，特别是受欧佩克及主要产油国大幅增产意愿不强，取暖季天然气价格居高不下衍生原油替代需求等各种因素叠加影响，预计一定时期内国际油价仍将保持中高位震荡运行，这是公司持续改善生产经营效益、确保实现全年利润目标的重大利好。二是，石油行业迎来了大有可为的战略机遇期。以习近平同志为核心的党中央高度重视国家能源安全，继去年首次在《"十四五"规划和2035年远景目标纲要》中提出"油气核心需求依靠自保"这一思想后，习近平总书记在胜利油田考察调研时再次强调："解决油气核心需求是我们面临的首要任务，必须把能源的饭碗端在自己手里。"下步，随着国家大力实施能源资源安全战略、深入推动能源革命，还将针对完善产供储销体系、推动油气增储上产出台一系列配套政策，包括构建碳达峰、碳中和"1+N"政策体系等，这些都会给老油田进一步加大勘探开发力度、加快优化能源结构、不断拓展生存发展空间带来难得机遇。三是，公司发展已进入破局突围的加速转型期。经过近几年的不懈探索实践，我们在沧东、歧口地区初步落实页岩油资源36.2亿吨，在滩海地区有望整体建成一个百万吨级现代化油气田，在成熟区精细勘探、老油田提高采收率、低渗透储量开发上也大有潜力，这些都是我们推动油气增储上产、保障国家能源安全的底气所在。同时，集团公司加快推进"数字中国石油"建设，着力完善数字化转型智能化发展体制机制，持续加大政策支持力度，必将对公司国内一流数智油田建设产生积极推动作用。此外，随着企业办社会职能逐步剥离、新能源业务加快发展，以及工程技术服务市场化、储气库业务合资合作、厂办大集体改革的有序推进，也都为公司加速优化产业布局、全力破解瓶颈障碍、推进改革转型升级高质量发展创造了有利条件。

科学审视面临的困难与挑战，综合研判潜在的机遇和优势，公司2022年工作的总体思路是：以习近平新时代中国特色社会主义思想为指引，大力弘扬伟大建党精神，坚持稳字当头、稳中求进，统筹发展、安全两件大事，突出稳油、增气、提效三大目标，深入实施"12345"总体战略部署，强力推动公司改革转型升级高质量发展，勇毅谱写国内一流数智油田建设新篇章，以优异成绩向党的二十大献礼！

根据上级下达的业绩指标和"十四五"规划安排，公司2022年工作的主要目标是：

——资源增储。新增原油探明储量1000万吨、控制储量2000万吨、预测储量2000万吨、SEC储量280万吨。

——油气产量。生产原油400万吨、天然气5.2亿立方米，并力争超产天然气0.8亿立方米以上。

——经济效益。按62美元/桶油价预算，全年实现税前利润4.02亿元。其中：上市自营业务3.42亿元，对外合作业务0.58亿元，未上市业务（含矿区）0.02亿元。

——安全环保。杜绝一般A级及以上生产安全事故和环境事件，杜绝新增职业病，综合能耗、主要污染物排放全面达标。

——和谐稳定。杜绝内部较大及以上规模性群体访和进京津越级群体访，杜绝极端恶性事件和重大网络舆情炒作事件。

三、2022年重点工作部署

2022年，是党的二十大召开的政治大年，也是公司建设国内一流数智油田的关键之年。公司上下务必统一思想认识、汇聚磅礴力量，咬定目标、铆足干劲，从现在开始、从年初抓起，以前所未有的决心和力度，全力确保全年各项生产经营目标任务圆满完成。

（一）聚焦本质安全，以专项整治为抓手，严防死守深入推进安全发展

牢固树立"生命至上、安全第一"的理念，遵循"四全"原则，落实"四查"要求，坚持严监管、动真格、狠问责，深入开展安全生产专项整治三年行动，常态化推进反违章专项整治，着力提升公司本质安全和清洁生产水平。要全覆盖狠抓责任落实。认真制定两级党委落实年度安全环保责任重点工作清单，健全完善安全生产述职、约谈等工作机制，深入实施全员安全生产责任考核和记分管理，全力推动安全环保由"被动管理"向"主动履责"转变；加快推进安全实训基地和班组安全文化建设，扎实开展全员安全生产能力考评，全面加大职工安全生产法律法规、实操技能培训力度，积极营造人人"讲安全、懂安全、会安全、能安全"的浓厚氛围；坚持"外防输入、内防反弹"，压实"四方"责任，落实"四早"要求，科学精准做好常态化疫情防控工作，持续扩大疫苗接种范围，加快推进加强针接种，全面构筑油区"免疫屏障"，牢牢守住"零疫情"底线。要零容忍狠抓安全监管。坚持从严监管与指导帮促相结合，滚动式推进QHSE管理体系审核，常态化开展"四不两直"监督检查和安全环保专项巡察，及时查处纠正各类违章行为，让安全生产成为不可触碰的红线；持续深化安全生产"双重预防机制"建设，全面推进井控、危化品、海上生产、城镇燃气等重点领域专项整治，从严承包商准入审查和监督考核，强化"双高"、Ⅰ类管道和场站完整性管理，狠抓重大风险长停井永久封井处置，切实把风险隐患消除在萌芽状态。要高站位狠抓环境保护。全面启动VOC_s达标治理和管道完整性评价治理，大力控减挥发性有

机物、氮氧化合物、二氧化碳等污染物排放，努力改善油区空气质量，为国家大气污染防治作贡献；持续加强环境风险防控，规模推广带压作业、连续油管作业等清洁工艺技术，动态抓好采出液沉积物"清零"处理，坚决杜绝环境污染事件发生；深入开展能效对标管理，严格控制高耗能项目，加快推动第三采油厂电泵井、板桥油田集输系统等节能改造工程实施，努力实现节能减耗、降本增效。

（二）聚焦能源保供，以稳油增气为核心，毫不放松深入推进夺油上产

油气勘探开发是公司的生存之基、发展之本、效益之源，必须坚持"新井提产量、老井控递减、全面增可采"不动摇，深入实施夺油上产"十大工程"，加快推进绿色清洁能源开发，不断提升公司能源综合保障能力。要注重规模效益增储求突破。认真落实高效勘探总体要求，坚持增储建产一体化，层次开展重点领域预探评价，努力寻求新的规模突破和重大发现。精心组织千米桥潜山、板桥次凹等新领域风险勘探，力争落实天然气规模储量500亿立方米以上；大力实施埕海潜山、孔西斜坡等新区带甩开预探，努力培育千万吨级规模增储区；持续深化板桥－北大港、孔东等成熟区精细勘探和滚动评价，力争新增效益可动用储量1000万吨以上；全力抓好滨海、歧北等斜坡区集中勘探，加快推动埕海1-1平台投产运行，努力打造3个10万吨级高效产能新区；深入推进页岩油效益评价建产，确保歧口凹陷新增预测储量4000万吨以上，并在沧东凹陷打造大港油田首个页岩油效益开发示范区，力争"十四五"末整体增储5亿吨以上、年产原油50万吨。要强化老区稳产增产夯基础。认真落实低成本效益开发战略，重点在控制递减和效益建产上下功夫，全力确保老区产量"硬稳定"。目前，公司原油日产水平已达到11105吨，比全年平均线高146吨，实现了"高起步"。下来，要继续大力开展老井控递减专项行动，坚持精细注水、有效注水，加大枣园、埕海二区等区块集中治理力度，把老井自然递减控制在15%以内；坚持"技术进步提单产、管理创新提效率"，聚焦港西六区、赵东C/D油田等重点区块，着力狠抓层系井网完善，积极培育高产高效井，力争老区建产50万吨、贡献率45%以上；按照"短、平、快、好"的要求，强力推进油层复查、老井侧钻、长停井恢复等"N个百口井"增产工程，努力实现措施增油21万吨以上。要加快增气控碳步伐调结构。认真落实国家碳达峰、碳中和重大决策部署，大力发展天然气和新能源业务，多措并举"减碳、用碳、替碳、埋碳"，加快构建清洁低碳、安全高效、多源互济、多能互补的能源体系。持续加大板桥、北大港等地区天然气评价建产力度，力争生产天然气6亿立方米以上；加快推动驴驹河、白15储气库建成投产，全面启动板深37储气库建设，超前开展唐家河、千米桥储气库以及浅层水藏建库研究，力争2025年储气库工作气量达到35亿立方米以上，并争取早日实现50亿立方米的目标；高效率推进港西新城光伏发电、华隆片区中深层地热供暖等清洁能源项目实施，高水平开展板64等CCUS-EOR示范区和碳驱油、碳埋存先导试验区建设，确保全年碳埋存5万吨以上、清洁能源利用率6.5%以上；深入开展铀矿、氦气等伴生矿潜力分析评价，积极落实新的战略接替资源。要加强工程技术管理提水平。突出创新驱动、聚焦措施升级，着力打造体积压裂、储层酸洗等工程技术利器，全力助推勘探开发提速提产提效；充分发挥"甲方"主导作用，严把石油工程技术资质关口，加大工程质量监督管控力度，全面开展井筒质量、套损套变井、页岩油气井、入井材料和流体质量四大专项治理，确保固井质量、井身质量合格率达到85%和98%以上，在册套损套变井控制在815口以内。

（三）聚焦效益提升，以亏损治理为重点，多措并举深入推进提质增效

把追求效益、提高效率、创造价值作为永恒目标，深化落实集团公司"四精"工作要求，全面深挖提质增效潜力，精准推进亏损企业治理，持续巩固公司经营效益向好态势。要强化控投降本提效。坚持"计划外无计划、计划内再优化"，持续加强投资计划"一本账"管理，全力保障效益增储建产、安全隐患治理等重点项目投入，严格控制"三不达"项目，坚决杜绝计划外和超计划投入，确保投资规模不超和效益最大化；坚持"预算外无预算、预算内再细算"，深入实施完全成本压降行动计划，大力推行以油藏为中心的成本管理模式，严控高成本措施作业和非生产性支出，狠抓材料费、维修费等费用管控，想方设法减轻资产包袱、降低折旧折耗，坚定不移走低成本运营之路。要强化增收节支创效。持续深化原油、轻烃市场化适价销售，大力推进天然气增产增销，最大限度提高油气销售收益；持续优化物资采购策略，深入推行内部项目自建运行管理，统筹抓好土地资源保护利用、地面系统优化简化等工作，千方百计增加收入、压减支出；大力弘扬"四心"精神，深耕拓展油区外部市场，力争创收4.5亿元以上；充分发挥未上市业务和同欣集团技术服务优势，深化构建上市、未上市、同欣集团三方"互惠互利、合作共赢"新模式，科学谋划团泊洼产业布局，探索开展设备设施租赁使用，着力缓解主业成本压力、提高整体经营效益。要强化控亏减亏增效。坚持问题导向、目标导向和市场导向，"一企一策"持续加大亏损单位精准帮扶力度，科学运用"加减乘除"四字工作法，着力在创新经营模式、控减人工成本、盘活存量资源、拓展创收空间上做文章，真正止住"出血点"、厚植"造血点"，确保2024年全部消灭亏损、实现本质扭亏。要强化精益管理促效。扎实推进以业财融合为核心的生产经营一体化管理，优化完善财务资源配置机制，做精做实内部利润中心模式，着力提升全业务链价值管理水平；持续优化"一挂两定"工资总额决定机制，深入推进分档、分类差异化考核，切实加大油气超产、利润超值和油区外部市场创收精准激励力度，牢固树立"以业绩论英雄、凭贡献挣工资"的鲜明导向；大力开展法治建设和普法教育，持续强化重大事项法律审核论证，从严抓好合同、招标、财会、资本运营等重点领域管理，全面提升公司依法合规经营水平。

（四）聚焦改革转型，以数智创新为驱动，积极稳妥深入推进发展升级

坚决落实集团公司科技与信息化创新大会精神，紧紧抓住数字化转型智能化发展首批试点建设的难得机遇，持续开展改革三年行动攻坚，全力助推公司产业转型升级和整体价值增长。要有序推进重点领域改革。持续深化以新型采油管理区作业区为核心的"油公司"模式建设，大力推进两级机关"大部门制"改革，力争压减二三级机构、中层和基层领导人员职数10%以上，着力构建更加扁平精简、集约高效的组织体系；全面加强用工总量控制，探索推行目标定员管理，试点开展用工方式转型，持续加大富余人员和二三线冗员盘活力度，力争提高全员劳动生产率3%以上；深入推进工程技术服务市场化，有序开展储气库合资合作，探索建立内部模拟市场运行机制，充分释放高质量发展的市场活力和内生动力。要全速推进数智转型发展。坚持同步开展、适度超前，对照股份公司智能油气田建设要求，围绕"主营业务智能协同、生产运行智能优化、经营管理智能决策、安全环保智能管控"四个重点，加快推动羊三木智能油藏、港西智能井丛场建设，统筹推进"安眼工程"、无纸化办公等项目实施，年底前全面建成1.0版数智油田；坚持业务主导、信息支撑，持续优化数智决策中心

功能，升级完善"两化"融合管理体系，加快构建横向协同、纵向联动、上下一体、数据共享的工作机制，为数智油田建设提供坚强保障。要强力推进技术创新升级。认真总结完善"三期"重大科技专项成果，确保顺利通过股份公司验收；坚持科研生产一体化，用好"揭榜挂帅"创新机制，大力开展低渗油藏改善开发效果、高精度储层预测等关键技术攻关，持续深化斜坡区岩性油气藏富集规律、页岩油提产提效等基础理论技术研究，扎实推进老油田稳产综合治理等专项技术创新应用，努力攻克一批重大生产难题、掌握一批特色核心技术，全力支撑油气高效增储上产；持续加强与相关兄弟单位、高等院校的密切合作，加快推进"陆相页岩油规模效益开发"国家重点实验室等平台建设，为深化科研攻关、促进成果转化搭建高层次、高水平、高效率载体。

（五）聚焦职工关切，以保障民生为根本，企地协同深入推进和谐共建

深入贯彻以人民为中心的发展思想，充分尊重职工主体地位，全面落实职工各项权益，着力构建企业与职工和谐共融的良好局面。要真心关爱职工健康。深入实施健康企业创建"十大行动"，持续加强职业健康管理，严格落实建设项目职业病防护措施"三同时"制度，坚决杜绝新增职业病；全面开展职工健康状况大摸底、大调研，科学安排健康查体，强制推行带薪休假，精心组织开展"送健康"系列活动，尤其要充分发挥工程职业技术学院心理健康促进中心和体质测试指导中心作用，进一步加大职工身心健康疏导干预力度，引导广大职工切实养成科学、健康的生活方式。要扎实抓好惠民工程。坚决落实集团公司"交得出、接得住、可持续"的工作要求，着力加强与地方政府、专业公司的沟通协调，全力确保矿区服务标准不降、质量不减；加快协调津歧公路拓宽改造工程完工通车，稳步推进海景大道南延和创新路东段大修改造工程实施，积极争取津石、津港、西外环3条高速快速路互联互通，择机启动碱蓬草观景长廊二期工程，着力改善油区交通出行条件和生活居住环境；坚持"四个必到""四个面向"，深入开展岗位慰问活动，持续加大困难帮扶力度，加快推动二厂、六厂机关和三厂"两所"回迁办公，切实解决好基层"急难愁盼"问题，真正把组织的关心关怀送到职工心坎。要坚决维护大局稳定。全面开展保密意识和保密常识宣传教育，建立健全商业秘密保护管理体系，着力加强定密、网络保密和涉密人员管理，坚决杜绝失泄密事件发生；坚持关口前移、紧盯重点领域，全力做好消防动态监管、火灾应急救援等工作，坚决防止重特大火灾爆炸事故发生；大力弘扬新时代"枫桥经验"，着力攻坚化解历史信访积案，及时妥善处理各类舆情信息，突出加强重点领域、重点问题、重点群体、重点人员管控，坚决筑牢油区和谐防线；持续强化警企、企企联防联动，全面加强内部治安管理，着力狠抓安保防恐工作，严厉打击涉油气违法犯罪，坚决确保油区社会治安稳定。

（六）聚焦从严治党，以融合创新为牵引，一以贯之深入推进党的建设

认真落实全面从严治党主体责任，把抓好党建与推动发展有机结合起来，以改革创新精神扎实推进党的建设新的伟大工程。要全面提升党建工作质量。严格落实"第一议题"制度，常态化、长效化推进党史学习教育，以党的十九届六中全会和二十大精神为重点，深入开展党的创新理论大学习、大宣贯，不断巩固拓展党史学习教育成果；充分发挥公司党委党校作用，持续加大党性教育培训力度，全面实施全员思想政治能力提升计划，新员工入职教育、各级各类管理能力提升培训班思想政治课程不少于总学时的20%，教育引导广大干部职工进一步坚定理想信念、砥砺优良品格；全面推动基层党建"三基本"建设和"三基"工作有机融合，持续深化基层党支部标准化规范化建设，大力推进基层党组织互联共建，切实抓好统战联谊工作，着力夯实高质量发展的基层基础。要大力实施人才强企工程。坚持事业为上，突出"三强"标准，强力推动干部资源增值，加快促进年轻干部成长，更加注重在改革发展、增储上产、科技创新、提质增效和急、难、险、重任务中考察识别、培养锻炼干部，着力打造敢于担当、善于作为的高素质专业化干部队伍；坚持高端引领，着眼长远发展，健全完善"生聚理用"人才培育机制，全力推进"精英聚集""工匠培育""专才赋能"等专项工程，突出加大紧缺技术人才、拔尖技能人才和卓越专项人才培养引进力度，为数智油田建设提供坚强人才支撑。要从严推进正风肃纪反腐。持续加强党风廉政建设，着力狠抓监督执纪问责，切实做到"查处一案、警示一片、规范一域"，一体推进不敢腐、不能腐、不想腐；同步开展对21个党组织的常规巡察和选人用人专项检查，扎实做好巡察整改"后半篇文章"，确保第二轮次3年全覆盖巡察圆满收官；持续健全"大监督"工作格局，探索构建巡察、执纪、审计、合规一体化监督运行平台，全面加强对各单位"一把手"和领导班子的监督，切实管好关键人、管住关键事；严格落实中央八项规定精神，持续改进两级机关作风，驰而不息为基层松绑减负，坚决惩治发生在群众身边的"微腐败"和不正之风，进一步巩固涵养良好政治生态。要持续加强思想文化建设。深入践行社会主义核心价值观，大力推进石油精神、大庆精神铁人精神再学习再教育，持续丰富"三个四"特色文化理念内涵，广泛开展精神文明建设和职业道德建设，积极培育健康向上的企业风尚；牢牢把握意识形态工作主动权，持续加强媒体阵地建设、加大内外宣传力度，深入开展"巡回＋精准＋网络"形势任务宣讲，传播大港好声音、凝聚发展正能量；注重发挥群团组织桥梁纽带作用，以"喜迎二十大、建功新时代"为主题，精心组织无形上产劳动竞赛、青年"双争双创"等群众性创新创效活动，充分调动广大职工夺油上产、提质增效的积极性和主动性。

各位代表、同志们，道阻且长，行则将至；行而不辍，未来可期。让我们拿出"咬定青山不放松"的韧劲，保持"不破楼兰终不还"的拼劲，踔厉奋发、笃行不息、勇毅前行，以建设国内一流数智油田的新成绩向党的二十大献礼！

名词解释

（以报告中出现先后为序）

1. 两利四率：两利，指净利润、税前利润；四率，指资产负债率、营业收入利润率、研发经费投入强度、全员劳动生产率。

2. 集团公司"四精"工作要求：经营上精打细算、生产上精耕细作、管理上精雕细刻、技术上精益求精。

3. "双述双评"机制：所属单位安全总监既要参加中层领导人员年度工作述职、也要参加安全总监阶段工作述职，公司分别进行综合考核评价和履职专项评价。

4. 两证合一：原"国有土地使用证"和"房屋所有权证"合并为"不动产权证书"。

5. 四全：全员、全过程、全天候、全方位。

6. 四查：查思想、查管理、查技术、查纪律。

7. "四方"责任：疫情防控属地、部门、单位、个人责任。

8. "四早"要求：早发现、早报告、早隔离、早治疗。

9. "双高"管道：处于泄漏后会危及公众安全或对财产、环境造成较大破坏的高后果区，同时风险评价结果又为高风险级的管道。

10. "三不达"项目：不达标、不达产、不达效

项目。

11. "四心"精神：雄心闯市场、贴心为甲方、匠心铸品牌、同心共成长。

12. 一挂两定：工资总额与效益挂钩，按发薪人数核定基本工资，按岗位定员核定绩效奖金。

13. 安眼工程：安全生产智慧眼可视化智能化识别工程。

14. "两化"融合：信息化和工业化高层次深度结合，以信息化带动工业化、以工业化促进信息化。

15. 健康企业创建"十大行动"：健康理念宣传行动，健康知识普及行动，全员健身行动，体检优化行动，心理健康促进行动，合理膳食行动，控烟限酒行动，健康站队创建行动，女工保护行动，心脑血管防治行动。

16. 四个必到：生产攻坚必到、高产突破必到、急难险重必到、酷暑严寒必到。

17. 新时代"枫桥经验"：在开展社会治理中实行"五个坚持"，即坚持党建引领，坚持人民主体，坚持自治、法治、德治"三治融合"，坚持人防、物防、技防、心访"四防并举"，坚持共建共享，做到矛盾不上交、平安不出事、服务不缺位。

18. 生聚理用："生才"有道、"聚才"有力、"理才"有方、"用才"有效。

大事记

大港油田公司 2022 年大事记

1 月

3 日　大港油田职工心理健康促进中心和体质测试指导中心投用。

9 日　油田公司组织召开十三届一次职代会暨2022年工作会议。会议听取审议油田公司工作报告、财务预决算报告和职代会工作报告，表彰2021年度特别贡献奖单位及2021年度公司示范党支部（红旗单位），组织职工代表对公司党政领导班子及班子成员进行民主评议。公司执行董事、党委书记赵贤正，总经理、党委副书记、安全总监周立宏，党委副书记、工会主席赵平起，党委委员、副总经理熊金良，党委委员、总会计师范国权，党委员、总地质师武玺，以及公司总经理助理、首席技术专家，职代会正式代表、列席代表等300余人参加会议。

11 日　油田公司参选项目"勘探开发梦想云三次采油模块"获中国石油数字化创新大赛二等奖，"大港油田数智决策中心平台""油井含水率在线检测仪自主研发与应用"获优秀成果奖，其中"油井含水率在线检测仪自主研发与应用"获"最佳人气奖"第一名，油田公司获优秀组织奖。

19 日　油田公司被评为中油集团公司"党建信息化平台2.0建设应用优秀单位"。

20 日　油田公司被评为"2021年度中国石油天然气集团有限公司先进集体"，9名个人被评为"2021年度中国石油天然气集团有限公司先进工作者"。

28 日　油田公司组织召开油田公司党委八届四次（扩大）会暨2022年党风廉政建设和反腐败工作会议。会议回顾总结公司党委、纪委2021年工作，分析当前面临形势，部署2022年重点任务，动员公司广大党员干部敢于担当、勇毅前行，融合创新强党建、凝心聚力促发展，踔厉奋发引领保障国内一流数智油田建设，以优异成绩迎接党的二十大胜利召开。公司执行董事、党委书记赵贤正，总经理、党委副书记、安全总监周立宏，党委副书记、工会主席赵平起，党委委员、副总经理熊金良，党委委员、副总经理刘洪冬，党委委员、总地质师武玺以及公司总经理助理、首席技术专家，职代会正式代表、列席代表等300余人参加会议。

2 月

10 日　天津市滨海新区工信局副局长张兴华一行到油田公司，就企业运行情况进行调研。

3 月

4 日　中央广播电视总台天津总站站长方钢一行到油田公司，深入了解公司数智油田建设和高质量发展情况。公司执行董事、党委书记赵贤正，党委副书记、工会主席赵平起陪同座谈调研。

11 日　大港油田培训中心被评为"天津市职工教育培训示范点"称号，并获天津市总工会专项奖励5万元。

同日　油田公司4项党建研究成果被评为中油集团公司"2021年度优秀党建研究成果"。

30 日　油田公司召开领导干部会议，宣布中油集团公司党组关于公司领导班子的调整决定，李炯任油田分公司党委委员、纪委书记。

4 月

15 日　作为天津市唯一一家通过绿色矿山遴

选的单位，油田公司接受天津市规划和自然资源局有关领导及专家开展的绿色矿山"回头看"复核检查。

22日　唐东6x1井东三段油组射孔后，6毫米油嘴自喷，日产油66.6立方米、天然气1.17万立方米。

24日　油田公司企业技术专家、勘探开发研究院何书梅被评为"天津市2021年突出贡献专家"。

26日　油田公司融媒体协会正式挂牌成立。

27日　全国示范性劳模和工匠人才创新工作室宫艳红劳模创新工作室的2项创新成果在首届大国工匠创新交流大会亮相展示。

同日　油田公司庆祝中国共产主义青年团成立100周年暨"双争双创"活动表彰会。

28日　油田公司第一采油厂输注作业区原油外输班获中华全国总工会表彰。

29日　油田公司勘探开发研究院沧东油气勘探研究所获"天津市工人先锋号"；第六采油厂第二采油作业区采注一组副组长周洋洋获"天津市五一劳动奖章"。

同日　油田公司执行董事、党委书记赵贤正签发2022年2号《嘉奖令》，对唐东9x5井各参建单位通令嘉奖或提出表扬。

5 月

14日　歧南斜坡埕122x1井沙一段试油获高产，5毫米油嘴自喷，日产油81.4立方米，不含水。试采6天，累计产油298立方米。

同日　油田公司采油工艺研究院王晓燕家庭被评为"2022年全国最美家庭"。

17日　天津市滨海新区区委常委、街镇工委书记张福旺一行到油田公司调研指导工作。

同日　油田公司周忠军、李永梅、刘永保3名员工被评为"天津市技术能手"。

27日　中油股份公司勘探与生产分公司发来贺信，祝贺油田公司埕海1-1投产运行。

同日　油田公司执行董事、党委书记赵贤正签发2022年3号《嘉奖令》，对第四采油厂（滩海开发公司）及埕海一号平台各参建单位通令嘉奖或提出表扬。

6 月

1日　油田公司执行董事、党委书记赵贤正签发2022年4号《嘉奖令》，对第三采油厂通令嘉奖。

2日　油田公司首口小井眼三开井——枣1504-12井完钻。

4日　页岩油效益开发试验平台官页5-3-6H井完井，该井水平段长度2010米，创大港油田水平井进尺最长、水平段最长、机械钻速最快等多项纪录。

29日　油田公司与浙江油田公司签署战略合作协议，双方将就信息化建设、油气藏研究、工程工艺、井站运维、物资供应、工业服务等领域开展全方位深入合作。

7 月

5日　油田公司与宝石花物业公司签署合作协议，并为天津宝石花物业管理有限公司正式揭牌。公司执行董事、党委书记赵贤正，党委委员、副总经理刘洪冬；海峡能源有限公司总裁刘自强，宝石花家园公司、宝石花物业公司相关人员出席协议签署仪式。

7日　中国石油天然气集团有限公司党组成员、副总经理、安全总监黄永章到油田公司调研。

19日　油田公司获第四届全国油气开发专业采油工职业技能竞赛团体第二名，4名参赛选手获2金1银1铜奖牌。

27日　油田公司被评为"中国石油2021年度业绩考核A级企业"。

28日　油田公司代表队获中国石油首届消防战

斗员职业技能竞赛团体三等奖，4名参赛选手获1银3铜奖牌。

8 月

1日 天津海滨国防教育训练基地在天津工程职业技术学院（大港油田培训中心）正式揭牌启用。

5日 油田公司与天津市津南区人民政府签订战略合作框架协议，在新能源开发利用、石油设备制造、工程技术服务等方面深入开展合作。

12日 油田公司与昆仑数智科技有限责任公司签订战略合作协议，在数智油田建设、信息化产品研发、人才共享、成果推广等方面开展深度合作。

9 月

6日 2022年油田公司首口风险预探井——千探1井，完成酸压施工，标志着公司在超深、超高温储层改造领域走在国内领先行列。

13日 油田公司《车辆管理运行风险分析模型》获中油集团公司第一届审计数据仓库建模大赛一等奖。

25日 油田公司尤立红当选中国共产党第二十次全国代表大会代表，成为此次天津市石油石化企业当选的唯一代表，也是继党的十八大、党的十九大后第三次当选中国共产党全国代表大会代表。

29日 油田公司执行董事、党委书记赵贤正签发2022年6号《嘉奖令》，对勘探开发研究院、勘探事业部及埕海45井各参建单位通令嘉奖或提出表扬。

10 月

6日 天津市滨海新区副区长陈波一行到油田公司检查指导燃气安全排查整治工作。

16日 油田公司承担的中油股份公司重大科技专项"大港油区效益增储稳产关键技术研究与应用"及7个子课题通过中油股份公司验收评审。

同日 通过多重上产措施，油田公司长停井张海28-34日产原油103吨、天然气16.4万立方米。

21日 天津储气库分公司车辆管理业务移交车务管理中心（客运公司）。

26日 油田公司新投产井C25-35H井，日产原油118吨、天然气1.1万立方米，进一步证实大港滩海地区效益建产潜力。

28日 油田公司49个技能参赛项目获2022年中国创新方法大赛（天津赛区）暨第七届天津市创新大赛奖项，其中一等奖、二等奖获奖数量在分赛区占比27.6%，创公司参加创新大赛成绩新纪录。公司连续四届获"天津赛区优秀组织奖"。

11月

3日 油田公司执行董事、党委书记赵贤正，党委委员、副总经理、安全总监朱广社率队到海南与南方石油勘探开发有限责任公司领导进行座谈交流，签订《全面深化战略合作框架协议》，并慰问市场一线干部员工。

7日 油田公司总经理、党委副书记周立宏，党委委员、副总经理熊金良一行到山东省济南市参加"第五届中国企业论坛签约仪式"，并与菏泽市市长张伦座谈交流，双方就合作开发新能源、实现绿色低碳转型发展达成共识，同时与相关企业签订战略合作协议。

8日 天津市科学技术局总工程师王凤云一行到油田公司，就清洁能源发展和低碳项目建设进行实地调研，进一步促进科技成果转化，助力企业绿色低碳发展。

22日 油田公司执行董事、党委书记赵贤正和天津销售公司执行董事、党委书记李向宇共同为天津销售公司培训基地揭牌，标志着中国石油天津销售公司培训基地在天津工程职业技术学院（大港油田培训中心）正式启用，双方将在人才培养、培训资源共享等方面开启新的合作模式。

同日　油田公司举行48兆瓦分布式光伏发电项目开工仪式，标志着大港油田绿色清洁能源发展开启新篇章、迈入新阶段。

24日　油田公司与天津食品集团签订战略合作框架协议，双方在市场拓展、项目运营等领域进行系统、深入地合作，实现优势互补、互惠双赢。

28日　官页5号西平台2口井完成74段的压裂施工任务，标志着中国石油沧东页岩油效益开发平台压裂工程全部完工。

12月

1日　在中油集团公司首批数字化转型、智能化发展试点示范单位实施进展汇报会上，油田公司工作成果获得中油集团公司肯定："大港油田试点建设工作做法亮点突出、特色鲜明、值得学习借鉴"。

13日　中油集团公司以视频形式召开部分企业干部大会，作出调整大港油田公司领导班子的决定：周立宏任大港油田公司执行董事、党委书记，大港油田集团有限责任公司执行董事、总经理，中国石油驻天津地区企业协调组组长；刘凤和任大港油田公司总经理、党委副书记。免去赵贤正大港油田公司执行董事、党委书记，大港油田集团有限责任公司执行董事、总经理，中国石油驻天津地区企业协调组组长职务；免去武玺大港油田公司党委委员、总地质师职务。

28日　油田公司获"国家技能人才培育突出贡献单位"，是中国石油唯一一家获评单位。

29日　油田公司技能专家赵常明、尤立红在第16届北京发明创新大赛创新人物专项奖暨第六届创新大工匠大赛上获奖。

油气勘探

综 述

2022年,中油股份公司给油田公司下达的油气勘探计划工作量是部署实施探井59口,进尺22.71万米,其中油气预探部署实施井位30口,进尺11.98万米;油藏评价部署实施29口,进尺10.73万米。储量任务指标新增石油探明储量1000万吨、控制储量2000万吨、预测储量2000万吨。

通过精细组织实施,2022年油田公司完钻探井53口,进尺21.58万米,分别完成年度计划的90%和95%,获工业油气流井37口,正、待试油井8口,探井成功率69.8%。其中油气预探完钻27口,进尺11.26万米,分别完成年度计划的90%和94%;油藏评价完钻井26口,进尺10.32万米,分别完成年度计划的90%和96%。新增石油探明地质储量1087万吨,完成年度计划的109%;新增石油探明可采储量244万吨,完成年度计划的136%;新增SEC储量290万吨,完成年度计划的104%;新增控制储量2022万吨,完成年度计划的101%;新增石油预测储量2228万吨,完成年度计划的111%。

2022年,油田公司探井成功率69.8%,连续4年保持在65%以上;2022年新增探明储量当年动用率56.2%,探明储量区块当年产油19万吨。储量当年动用率、产油量均为2018年至今最高水平。

勘探工作量

【概述】 2022年,油田公司完钻探井53口、试油井40口、获工业油气流井33口。

【探井工作量】 2022年,油田公司完钻探井53口:F25-16、板162x1、板163x1、板168x1、滨117-8、滨129x1、滨131x1、滨132x1、滨135x1、埕107-28L、埕107x2、埕109、埕110、埕122x1、埕130x1、埕海3-2-6、埕海45、埕海603、风44-25、官1-45、官1-47、官73-29、官东115X、官页7-3-3H、官页7-3-4H、家33-58、女101x1、女105x1、女107x1、女96x1、女98x1、歧151、歧北117x1、歧页11-1-1、歧页12-1-1、唐东13x3、唐东1x1、唐东20x2、唐东20x3、唐东6x1、唐东6x2、唐东9x4、唐东9x5、唐东9x6、西130x1、杨2x1、枣120x1、枣86、枣98x1、张海32-32、张海506、张海508、庄5-6-8,完成年度计划的90%。

【试油工作量】 2022年,油田公司完成试油井40口:板162x1、板163x1、滨131x1、滨132x1、埕107x2、埕109、埕110H、埕122x1、埕130x1、埕海304、埕海3-2-6、埕海45、风44-25、官1-45、官1-47、官73-29、官东115x1、官页7-3-3H、官页7-3-4H、家33-58、牛古1x1、女101x1、女105x1、女107x1、女98x1、歧北117x1、歧页11-1-1、歧页12-1-1、唐东13x3、唐东1x1、唐东20x2、唐东20x3、唐东6x1、唐东6x2、唐东9x6、西130x1、枣120x1、枣86、张海506、庄5-6-8。

获工业油气流井33口:板162x1、板163x1、滨131x1、滨132x1、埕107x2、埕109、埕110H、埕112x1、埕122x1、埕海45、风44-25、官1-45、官1-47、官73-29、官东115x1、官页7-3-3H、官页7-3-4H、家33-58、女101x1、女105x1、女107x1、女98x1、歧北117x1、歧页11-1-1、歧页12-1-1、唐东20x2、唐东20x3、唐东6x1、唐东9x6、西130x1、枣120x1、张海506、庄5-6-8。

【勘探效益】 2022年,油田公司页岩油日产油量实现台阶式上升，最高日产油409吨，初步建成年产15万吨能力。截至12月8日，累产油28.8万吨。桶油完全成本逐步下降，由初期110美元降至69美元，实现当期油价下有效益，坚定页岩油效益开发的信心。

成熟区主断裂带挖潜取得新成效。张东断裂带内幕发现张海506高效区块，当年新增探明储量100.28万吨，当年建产3万吨，当年产油2.43万吨，产气428.3万立方米，内部收益率26%。孔西断裂准确归位发现家33-58高效区块，当年探明113万吨、区块日产油60吨，当年建产2.1万吨，内部收益率10.2%。

主要勘探成果

【概述】 2022年，面对老探区勘探程度高、圈闭更加隐蔽、资源品位劣质化明显的现状，油田公司积极解放思想，转变观念，深化成藏研究，突出经济可采，强化创新驱动，全力提质增效，油气勘探在页岩油、潜山、斜坡区、成熟区等领域取得重要成果。

【页岩油理论创新】 黄骅坳陷发育沧东凹陷孔二段、歧口凹陷沙三段、沙一段三套主力烃源岩，既是常规油气成藏提供资源基础，也是页岩油气富集层段。3套层系多甜点纵向叠置厚度大，分布稳定，叠合面积2100平方千米，累计厚度200—500米，其中沧东孔二段划分C1—C7共7个甜点层（R_o：0.7%—1.2%、S_1：3—25毫克/克、TOC：4%—6%），单层厚度10—37米，累计厚度100—200米；歧口沙三段划分C1—C6共6个甜点层（R_o：0.7%—1.7%、S_1：2—15毫克/克、TOC：2%—3%），单层厚度20—60米，累计厚度150—400米；歧口沙一下划分上、下2个甜点层（R_o：0.5%—0.9%、S_1：2—10毫克/克、TOC：2%—5%），单层厚度6—20米，累计厚度20—40米。三套层系应用体积含油率法计算页岩油资源量36.15亿吨。

大港沧东、歧口复杂断陷湖盆三套页岩油岩性以泥级细粒岩为主，纹层发育，脆性指数高，具有典型页岩型页岩油特点。自2013年开始，油田公司页岩油通过10年的深化研究与探索实践，实现直井发现、水平井突破和效益开发试验3个阶段的跃升，率先完成复杂断陷湖盆陆相页岩油整体解剖，创新形成页岩型页岩油效益勘探开发理论技术体系，形成3项富集理论认识、3项甜点评价方法、3项关键提产提效技术，实现三套页岩油全面突破，建成年产10万吨能力，成为油田稳产的重要依靠。

三套页岩油勘探突破证实，页岩油水平井产量与含油指标（S_1）、Ⅰ类甜点（S_1 > 3毫克/克、TOC > 2%）长度正相关。结合相关理论，2022年，油田公司转变页岩油勘探开发观念，由新领域突破探资源向评价建产提效益转变，精细评价甜点选准钻探箱体，优化轨迹设计打长水平段，为页岩油效益勘探开发提供理论支撑。

【沧东孔二段页岩油5号平台效益开发试验】 2022年，油田公司精细开展甜点评价，优选沧东5#平台C1、C3两个甜点层，先期实施官页5-3-1L、官页5-1-9H两口水平井。其中C1甜点层代表井官页5-1-9H井，水平段Ⅰ类甜点钻遇率90%，S_1平均7.1毫克/克，总液量37820立方米，总砂量2380立方米，6毫米油嘴求产，最高日产油192立方米，目前44毫米泵抽日产油24.8吨，含水率21%，返排率19.37%，累产油15821吨，预测单井EUR可达3.13万吨；C3甜点层代表井官页5-3-1L，水平段Ⅰ类甜点钻遇率92%，S_1平均9.31毫克/克，总液量31293立方米，总砂量1986立方米，3毫米油嘴日产油58吨，平均日产油34吨；44毫米泵抽日产油17.16吨，含水率45.8%，返排率19.77%，累计产油13606吨，预测单井EUR可达3.05万吨。

2022年,精细落实甜点分布,优选含油指标S_1高、构造相对简单的5#平台区,开展效益开发先导试验,针对C1③、C3⑧箱体实施长水平段精准钻探,部署试验井5口。

5口井井距300米(以往井距160米),水平段长1851—2091米(以往平均880米),平均长度是以往井的2倍。Ⅰ类甜点钻遇率95%(以往73%)。平均单井压裂液5.6万立方米(米液量31.1立方米)、加砂4430立方米(米砂量2.5立方米)、CO_2 2793.7吨,压裂规模创页岩油水平井新高。其中官页5-3-6H井在C3⑧6米箱体内精准钻探2010米,含油指标S_1最高24.6毫克/克,平均12.7毫克/克,优于同甜点层高产井官页5-3-1L。5口井均已压完,3口井开始放喷,当天见油,展示良好生产态势。官页5-1-3H井2毫米油嘴放喷,日产油12.6吨,含水95%,压力31.63兆帕,返排率0.27%;官页5-1-4H井2毫米油嘴放喷,日产液62.3立方米,日产油5.2吨,含水94.3%,压力31.9兆帕,返排率0.91%;官页5-3-6H井2毫米油嘴放喷,日产液71立方米,日产油3.9吨,含水94.5%,压力32.74兆帕,返排率0.95%。预计单井峰值日产油45—50吨,单井EUR4.34—4.47万吨,内部收益率6%。

【歧口页岩油探评井试采】 在沙三段页岩油方面,进一步精选钻探箱体20米,部署实施歧页11-1-1井,获得高产。该井压裂水平段1417米,总液量47707立方米,总砂量1860立方米,CO_2用量1791.5吨,放喷当天见油,最高日产油45.8吨,已自喷生产209天,3毫米油嘴,压力19.6兆帕,控压生产,日产油24.5吨,累计产油6488吨,返排率20.27%。沙一下页岩油方面,风险探井歧页1H井,13米箱体内钻水平段1206米,S_1最高16.75毫克/克,平均4.42毫克/克,压裂17段/125簇,总液量46834立方米,总砂量2753立方米,CO_2液量775.3吨,试油最高日产49.86吨,连续自喷477天,截至目前下泵生产65天,返排率21.6%,单井EUR2.38万吨。针对沙一下页岩油部署实施歧页12-1-1井,水平段长1062米,压裂液35100立方米,加砂1617立方米,CO_2 1162.9吨,12月8日,2.5毫米油嘴放喷,生产28天,日产油16.05吨,压力20.5兆帕,日产液47.2立方米,含水率66%,具备高产的潜力。采用体积含油率法计算,歧北沙一下25口页岩油直井、水平井预测储量2228万吨,通过中油股份公司审查。

2022年,油田公司页岩油日产油量实现台阶式上升,最高日产油409吨,建成年产15万吨能力。累计产油28.8万吨。桶油完全成本逐步下降,由初期110美元降至69美元(折旧占56.62%),实现当期油价下有效益,坚定页岩油效益开发的信心。

【环歧口勘探认知创新】 大港探区古生界潜山历经50余年艰苦探索,以风化壳找油为主,实施钻井173口,几乎遍布所有潜山带,发现千米桥、埕海、乌马营、王官屯等潜山规模气藏,新增储量421亿立方米并逐步动用。大港探区中生代处于负向构造区,古生界保存齐全,受印支、燕山、喜山多期不均衡构造运动叠加,环歧口凹陷潜山中生代构造反转,古斜坡顺层岩溶改善潜山内幕碳酸盐岩、碎屑岩储集性能,深大断裂源储对接,具备形成多层系内幕油气藏的地质背景。2022年,油田公司转变思路,勘探重点由风化壳向潜山内幕转移,优选环歧口主凹大供烃窗口、强充注、多层系潜山内幕油气富集带进行风险勘探与甩开预探。

【千米桥潜山风险勘探】 千米桥潜山位于歧口凹陷中央隆起带,为中、古生界地层构成的潜山。按照潜山内幕层状油气成藏模式,明确千米桥潜山风化壳及内幕三套储层通过大张坨、滨海大断裂与古近系优质烃源岩对接充注成藏,供烃窗口达300—1200米,具有网毯式运聚、层状成藏、规模富集的特点。通过精细落实潜山内幕构造,明确伸展断层控山、形成3排潜山构造,逆冲断层控圈、落实4个背斜与2个断鼻,有利圈闭面积61平方千米,资源量218亿立方米。在油气和新能源公司领导专家的指导帮助下,风险勘探潜山内幕部署实施千探1、千探2井,评价奥陶系产能部署实施板深

16–21井。

千探1、千探2井试气证实,寒武系、亮甲山白云岩储层相对致密,下马家沟组储层发育,具备内幕成藏条件,千探1井试气日产4.2万立方米。板深16-21井风化壳获高产稳产,最高日产气17.2万立方米,日产凝析油80吨,证实潜山具有较好的产能。初步计算新增天然气储量74亿立方米,圈闭资源量83亿立方米,形成100亿立方米天然气规模储量区。

板深16-21井完钻井深4943米,完钻层位上马家沟组,奥陶系测井解释Ⅰ类储层6米/2层、Ⅱ类储层27.4米/7层、Ⅲ类储层133.5米/19层;流体评价气层28.8米/6层,差气层92米/16层。板深16-21井峰峰组酸压后,8毫米油嘴日产气17.2万立方米、日产凝析油80吨;目前5.5毫米油嘴,日产气9.96万立方米,日产油43.77吨,累计产气1375万立方米、产油5898吨。板深16-21井试油高产带动千米桥整体动用建产。

【庄海潜山二叠系取得重要突破】 庄海潜山为歧口凹陷南缘台阶带高位潜山,距有效生烃层8千米。2022年,油田公司构建"断层+不整合面+内幕储层联合运聚、优势砂体富集"的成藏模式,于二叠系落实有利圈闭面积21平方千米,资源量3376万吨,整体部署预探井3口,优先钻探高台阶埕海45井。埕海45井首次钻遇二叠系上石盒子厚油层67.6米,单层厚度28米,埋藏浅(1700—1900米),利用钻井船原钻机试油,试油段1844—1907.9米,37米/4层,液氮连续气举日产油63.6立方米、不含水,累计产油126.74立方米,突破盆缘碎屑岩潜山效益勘探关。埕海45区块二叠系上石盒子组含油面积2.2平方千米,新增控制储量670万吨,形成千万吨级效益增储区,为滩海上产提供高效资源。

【斜坡区认知创新】 黄骅坳陷发育歧口、沧东两个箕状断陷,凹多坡广,主要发育八大斜坡,面积占比70%。按照斜坡区地层岩性油藏找油模式,重点刻画岩性尖灭带,在歧北、埕北、南皮等斜坡获得规模发现,但单井产量有高有低,富集高产规律不清。钻探实践表明,主砂体带油层厚度大、产量高,翼部油层薄、产量低,实现效益增储建产,必须转变找油思路,由以往沿砂体尖灭带找油向砂体带内部主相带厚砂体找高产转变,实施精细勘探。细化重点斜坡区五级层序沉积微相研究,应用地震沉积学解释和多尺度相控储层预测技术,开展五级层序优势相砂体精细描述,编制工业化图件35层,明确三角洲水下分流河道、湖湾区厚层坝砂、远岸扇扇中水道等优势相砂体展布,支撑效益勘探部署,多个斜坡获高产。

【唐东9x2区块增储建产】 滨海斜坡位于中部滩海、歧口主凹区,为一东倾斜坡构造,高斜坡已发现唐家河、马东油田,中低斜坡勘探程度低、潜力大。

2022年,油田公司强化主砂体带与断砂耦合成藏研究,明确滨海斜坡发育来自燕山物源的大型辫状河三角洲沉积,水下分流河道主砂体厚度大(10—16米),物性好(孔隙度19.5%—32.3%、渗透率为94.6—240.1毫达西),与东西向断层构成有利的断砂耦合带。采用井丛场模式集中勘探中部砂体带唐东9x2区块,增储建产一体化部署,规划建产9万吨,投产5口井,采用临时管线控压生产,回压4.0兆帕,区块日产油77.6吨,气0.45万立方米,累计产油2.78万吨、产气624万立方米。其中唐东累计产气460万立方米。2022年,唐东9x2区块新增探明储量342万吨。

【埕107x1建成百吨区块】 2022年,油田公司针对歧北斜坡沙二段,建立底平顶凸、丘状反射厚层坝砂空间展布模型,攻关滩坝砂体识别刻画技术,精细落实沙二段厚层坝砂9个,有利圈闭面积11.5平方千米,圈闭资源量885万吨,部署实施井4口,均获工业油流。其中埕107x1区块实施井2口,埕107x1井沙二段单油层厚度47.5米,10毫米油嘴放喷,日产油324立方米、日产气19.7万立方米;埕107x2钻探水平段451米,油层300.8米,8毫米油嘴放喷,日产油47.65立方米、日产气10631立方

米。2口井产油2.12万吨、产气1989.8万立方米，实现高效建产。2022年，埕107x1区块新增探明储量93万吨。

【主断裂带挖潜取得新成效】 2022年，油田公司转变找油方式，由以往避断层防断缺向断裂带内幕找油转变，成熟区挖潜取得新成效。在张海506区块开展地震精细处理，提高地震资料信噪比，改善断层成像质量。创新应用蚂蚁体脊线增强切片和断面构造建模技术，明确张东断层分段活动、雁列侧接，精细刻画张东断裂内幕圈闭5个，面积3.2平方千米，圈闭资源量510万吨，增储建产一体化部署实施井位4口，探井张海506获高产，试油射开3118—3179米，25.6米/10层，5毫米油嘴，日产油50.04吨、产气3072立方米；7.5毫米油嘴，日产油40.96吨、产气4602立方米，生产345天，累计产油0.97万吨、产气113.8万立方米。新增探明储量100.28万吨，产油2.43万吨、产气428.3万立方米，内部收益率26%。在家33-58区块利用新处理地震资料精细解释、准确刻画孔西断裂，新发现断层下降盘家33-58区块小型扇体，增储建产一体化实施井位7口，获工业油流，其中家33-58井，测井解释油层48.6米/15层，试油射开2212.51—2310.91米，日产油6吨，累计产油2242吨。探明地质储量113万吨、建设产能2.1万吨，产能达标率100%；区块日产油46.3吨，累计产油1.5万吨，内部收益率10.2%。

勘探管理

【概述】 面对规模增储、效益建产的迫切需求，2022年油田公司紧扣"控投、降本、节支、降耗"主题，打造提质增效升级版，细化举措，明确责任，实施取得明显成效。

【强化勘探全链条精益管控】 2022年，油田公司实施勘探全过程精益管理，论证井位126口，其中18口井单井效益、控储规模不达标，审查未通过；探评井成功率69.8%，持续保持较高水平；实施5口水平井，油层钻遇率90%以上。井位研究注重4个精细：精细构造解释（测网密度10米×10米）、精细砂体刻画（单砂体厚度6—8米）、精细油藏研究（探评成功率70%以上）、精细效益评价（产能方案符合率88%）；投资管控突出3个环节：井位方案设计管控、压裂层数管控、超深井管控；过程管理做到建设方主管领导现场到位、地质主要设计人现场到位、工程设计人员现场到位；方案审查划定3条红线：目标审查红线（单井控储高于30万吨）、单井效益红线（内部收益率大于8%）、井位审核红线（单井日产量大于8吨）。

【甲乙方联合创新管理】 2022年，油田公司秉承"一家人、一条心、一股劲、一起干"的理念，甲乙双方保持密切沟通协作，一体推进重点工程。成立页岩油平台开发联合指挥部，配置双方平台经理，统领驻井监督协调现场各项工作，抓安全、促工期、保质量；选聘高水平监督，加大监督考核力度，明确奖惩内容，充分发挥监督现场职责；建立双方联席会议、联合办公、联合驻井、联合攻关、联合验收等"五联"措施，强化现场管理，页岩油效益开发水平井钻井提速效果显著，建井周期较2020年缩短22.8%。

【特殊类型油气层评价技术应用】 2022年，油田公司出台油层复查和SEC储量激励两项管理办法，将特殊岩性及低阻层老井复查作为突破重点，实施井39口，增油3.16万吨、气1057万立方米，新增效益储量401万吨，SEC储量8万吨。其中张海27-10井，创新灰质砾岩测井变骨架逐步迭代孔隙度计算方法，重新评价解释油层19.8米/2层，压后5毫米油嘴日产油29.9吨，并稳定在20吨/日，证实灰质砾岩体能够获得高产，为2023年准备重点勘探战场。

【LWD随钻测井技术首次应用】 奥陶系潜山因其地质成藏特点，较易发生钻井漏失。岩屑录井记录显示，在风化壳卡扣过程中，当延迟深度超过10米时，漏失风险大幅加大。2022年，油田公司在千探1井创新应用LWD技术，利用随钻近钻头GR及Rt曲线卡层，延迟深度缩短到5米时即可卡准风化壳，大幅降低恶性漏失风险。

矿权管理

【概述】 油田公司截至2022年底矿权总面积14783.4518平方千米。探矿权项目3个，面积12589.1137平方千米。采矿权项目29个，面积2194.3381平方千米。

油田公司探矿权分布在津、冀、鲁三省市及渤海海域，其中天津—河北1个，面积4601.172平方千米；河北—山东1个，面积2741.8801平方千米；河北—山东1个，面积5246.06平方千米。油田公司采矿权项目均分布在渤海湾盆地黄骅坳陷，地理上位于天津市和河北省，其中天津市5个，面积695.484平方千米；天津—河北3个，面积144.091平方千米；河北省21个，面积1354.7631平方千米。

【矿权工作成果】 2022年，油田公司根据自然资源部及勘探与生产分公司要求，按时完成油田公司矿权年检工作，及时上报自然资源部勘查开采信息公示系统。根据自然资源部2022年全国油气勘查开采监督检查工作部署，油田公司积极配合自然资源部北海局、天津市规划和自然资源局及河北省自然资源厅油气督察组，完成板桥油田、埕海三区、扣村、段六拨合作区、长芦、周清庄油田6个采矿权项目，给予"拟不列入异常名录"的结论。组织开展探矿权内探明储量区转采工作，完成《河北渤海湾盆地黄骅坳陷莲花油气开采》《河北渤海湾盆地黄骅坳陷友谊石油开采》新立采矿权工作，新增采矿权面积158.5481平方千米。按照自然资源部要求，完成南大港、孔南油气勘查项目延续核减工作，核减探矿权面积2008.708平方千米。

油气开发

综 述

2022年,油田公司紧密围绕"建设国内一流数智油田"战略目标,紧握"新井提产量、老井控递减、全面增可采"工作主线,推动实施"百口井"工程,聚焦关键指标夯实稳产基础,强化源头控制提升管理水平,各项工作有序推进,完成年度各项任务指标。2022年,油田公司计划生产原油400万吨,实际生产原油400.02万吨;计划生产天然气5.2亿立方米,实际生产天然气6.36亿立方米。新井产油32.47万吨,措施增油24.86万吨,年注水量4918万立方米。油井开井率81.3%,水井开井率71.7%;注采对应率69.3%,与2021年持平;水驱控制程度74.2%,同比上升0.1个百分点;地层压力18.13兆帕,同比上升0.27兆帕;阶段注采比1.02,同比上升0.08;累积注采比0.9,同比下降0.05;核实平均单井日产油量2.5吨,单井日注水量79立方米,同比减少1立方米;自然递减率15%,阶段含水上升率为–0.1%。

油气田开发情况

【概述】 截至2022年底,油田公司累计探明石油地质储量13.36亿吨,探明石油可采储量3.26亿吨。投入开发22个油田,开发动用含油面积525.49平方千米,动用石油地质储量99494.15万吨(其中原油98245.08万吨,凝析油1249.07万吨),可采储量26492.53万吨(其中原油26112.61万吨,凝析油1249.07万吨),采收率26.63%。开发区有油井5285口,注水井2350口,油井开井4296口,日产油水平10957吨,综合含水率91.33%,年产油400.02万吨,累计产油20867.62万吨,采油速度0.4%,采出程度20.37%。可采储量采油速度1.51%,可采储量采出程度78.77%,剩余可采储量采油速度6.72%;注水井开井1685口,总日注水平13.2万立方米,月注采比1.02,年注水量4918万立方米,累计注水130008.5万立方米,累计注采比0.9,开发储采比13.11。

油气藏开发水平分类及开采情况

【概述】 2022年,根据中油股份公司油藏开发水平分级标准,结合2022年各油田(开发区)的开发状况,对已开发的33个开发区进行开发水平评价,其中Ⅰ类开发水平油藏8个、Ⅱ类开发水平油藏17个、Ⅲ类开发水平油藏8个。

【Ⅰ类开发水平油藏】 2022年,油田公司Ⅰ类开发水平油藏8个。其中中高渗注水砂岩油藏2个(孔店和羊三木油田);复杂断块油藏5个(北大港油田港东、港西、港中、唐家河开发区、枣园油田沈家铺开发区);天然能量开发油藏1个(羊二庄油田)。8个油藏可采储量12365万吨,占大港自营区总可采储量的52.9%;2022年年产油193.6万吨,占大港自营区总产量的55.4%。

【Ⅱ类开发水平油藏】 2022年,油田公司Ⅱ类开发水平油藏17个。其中中高渗注水砂岩油藏1个(小集油田);碳酸岩盐油藏1个(王徐庄油田）；低渗透砂岩油藏6个（北大港油田马西深层开发区、马东深层开发区、六间房开发区和段六拨油田、联盟油田和南港油田）；复杂断块油藏7个（枣园油田风化店开发区、自来屯开发区、舍女寺油田、叶三拨油田、王官屯油田、关家堡油田的埕海自营和刘官庄油田）；天然能量开发油藏1个（扣村油田）；特殊类型油藏1个（板桥凝析油气田）。17个油藏可采储量10496万吨，占大港油田可采储量的44.9%。2022年生产原油149.6万吨，占大港自营区原油产量的42.8%。

【Ⅲ类开发水平油藏】 2022年，大港油田Ⅲ类开发水平油藏共8个。其中碳酸岩盐油藏2个（高尘头油田、周清庄油田）；低渗透砂岩油藏1个（滨海油田滨海一区）；复杂断块油藏3个（张巨河油田、长芦油田、塘沽油田）；天然能量开发油藏1个（乌马营油田）；特殊类型油藏1个（千米桥古潜山开发区）。8个类开发水平油藏可采储量523万吨，占大港油田开发区可采储量的2.2%。2022年生产原油6.1万吨，占大港油田自营区原油产量的1.7%。

分油田（重点油田）开发情况

【港东油田】 港东油田位于黄骅坳陷中区、北大港潜山二级构造带的东南部，是港东主断层下降盘的逆牵引背斜构造，分为一区和二区。主要开发层系为明化镇组、馆陶组和东营组，油藏埋深1035—2926米。港东油田累计动用石油地质储量9037万吨，可采储量3482万吨，开发储采比9.63，储量替换率1.36。截至2022年12月，油井总井628口，开井率83.6%，平均单井日产油1.9吨（实产），综合含水93.8%，年产油37.1万吨，可采储量采出程度89.7%。注水井总井307口，开井率86.3%，日注水量1.66万立方米，年注水630万立方米；自然递减14.8%，综合递减7.5%。

【羊二庄油田】 羊二庄油田是赵家堡北断层下降盘的逆牵引背斜。主要开发层位为明化镇组、馆陶组、东营组和沙河街组，油藏埋深1339—2991米。羊二庄油田累计动用石油地质储量2755万吨，可采储量1289万吨，开发储采比9.02。截至2022年12月，油井总井203口，开井率86.2%，平均单井日产油2.8吨（实产），综合含水93.6%，年产油18万吨，可采储量采出程度87.4%。注水井总井80口，开井率93.8%，日注水量7237立方米，年注水243万立方米；自然递减9.9%，综合递减4.3%。

【枣园油田】 枣园油田位于黄骅坳陷孔店凸起中部到南部，构造主要为背斜、断块鼻状及地堑、地垒等。主要开发层位自下而上分别为中生界、孔二段、孔一段和沙河街组，油藏埋深1440—3050米。枣园油田累计动用石油地质储量14052万吨，可采储量2348万吨，开发储采比16.33。截至2022年12月，油井总井541口，开井率89.3%，平均单井日产油2.4吨（实产），综合含水85.6%，年产油40.6万吨，可采储量采出程度71.8%。注水井总井320口，开井率67.5%，日注水量11016立方米，年注水421.8万立方米；自然递减12.2%，综合递减3.3%。

【王官屯油田】 王官屯油田位于黄骅坳陷孔东断裂带两侧，是被断层复杂化的背斜构造。主要开发层位自下而上分别为中生界、孔二段、孔一段和沙河街组，油藏埋深1510—3130米。王官屯油田累计动用石油地质储量12261万吨，可采储量2624万吨，开发储采比9.97，储量替换率0.91。截至2022年12月，油井总井650口，开井率82.9%，平均单井日产油2吨（实产），综合含水91.6%，年产油44.7万吨，可采储量采出程度83%。注水井总井350口，开井率65.4%，日注水量15699立方米，年注水599万立方米；自然递减13.6%，综合递减8.3%。

【板桥油田】 板桥油田位于黄骅坳陷北大港构造带东北倾没端，是被断层复杂化的背斜构造。主要开发层位为馆陶组、东营组和沙河街组，油藏埋深1750—4158米。板桥油田累计动用石油地质储量4230万吨，可采储量1064万吨，开发储采比3.86，储量替换率18.1。截至2022年12月，油井总井295口，开井率60.3%，平均单井日产油3.1吨（实产），综合含水90.5%，年产油20.8万吨，可采储量采出程度92.5%。注水井总井119口，开井率56.3%，日注水量5318立方米，年注水171万立方米；自然递减24.4%，综合递减14.6%。

【埕海二区】 埕海二区位于黄骅坳陷埕北断阶区低台阶块上，是被断层控制的断阶构造。主要开发层位为馆陶组和沙河街组，油藏埋深1820—2957米。埕海二区累计动用石油地质储量1612万吨，可采储量305万吨，开发储采比6.1。截至2022年12月，油井总井92口，开井率54.3%，平均单井日产油10吨（实产），综合含水76.3%，年产油15万吨，可采储量采出程度70%。注水井总井45口，开井率64.4%，日注水量1968立方米，年注水67万立方米；自然递减28.7%，综合递减15.5%。

【港西油田】 港西油田构造上位于黄骅凹陷中部、北大港构造带西段，是被断层复杂化的披覆背斜构造。主要开发层系为明化镇组、馆陶组和东营组，油藏埋深602—1914米。港西油田累计动用石油地质储量8712万吨，可采储量3557万吨，开发储采比10.54，储量替换率1.26。截至2022年12月，油井总井907口，开井率82.9%，平均单井日产油1.9吨（实产），综合含水91%，年产油51.1万吨，可采储量采出程度84.9%。注水井总井411口，开井率77.9%，日注水量1.75万立方米，年注水630万立方米；自然递减12%，综合递减4.8%。

【孔店油田】 孔店油田位于孔店凸起构造带的东北坡，是被断层切割的背斜构造。主要开发层位为馆陶组，油藏埋深1207—1445米。孔店油田累计动用石油地质储量2592万吨，可采储量757万吨，开发储采比12.91。截至2022年12月，油井总井190口，开井率90.5%，平均单井日产油2.3吨（实产），综合含水94.7%，年产油15.9万吨，可采储量采出程度73%。注水井总井71口，开井率90.1%，日注水量6995立方米，年注水260万立方米；自然递减11.5%，综合递减8.6%。

油气开发重点工作及成果

【老区效益建产】 2022年，油田公司牢固树立"方案优化是最大效益"理念，持续强化方案源头设计，突出抓好精益过程管控，发挥产能建设对产量、效益的正向拉动作用。老区实施新井182口，新建产能44.15万吨。突出"十大方案"，夯实方案设计源头，审查通过区块方案18个，实施新井达标率85%。其中枣34区块试验"增能水驱＋动态调配"技术思路，实现连续稳定注入，有效改善常规低渗透注水困难、驱替不均衡现状。依托精细油藏描述成果，加强整装综合治理，精细刻画砂体，优化层系井网，强化注采同步，打造港东东营、沈家铺官128等高效建产区块，产能建设贡献率达到49%。其中港东东营投产新井33口，初期平均单井日产油10.6吨，区块目前日产油224吨，实现百吨区块持续稳产。践行"老区不老"理念，寻找可动用优质拓展储量，加快优质储量快速转化。其中家35-56井区新增拓展储量84万吨，实施新钻井9口，注采同步开发，建产能1.2万吨。坚持赵东一体化建产模式，持续深化赵东"5I"油公司效益建产模式，强化全过程油层保护，2022年在赵东油田接连斩获D24-67H等4口日产百吨以上高产井，实现海上高效开发。

【注水工程】 2022年，油田公司根植"注水就是控递减、提采收率、增可采"理念，打造枣园、港东整装治理示范区和欠注停注井恢复、分注、调剖3个"百口井"工程，实施治理工作量676口，治理区块水驱控制程度提高1.2个百分点，注采对应率提高1.5个百分点，自然递减同比下降1.6个百分点。针对枣园、港东一区、埕海二区、港西二区等递减较大的区块分类施策，推广以"四个精细"为主的"孔店精细开发新模式"，加强构型级注采井网完善，提高注采对应率和油层动用程度。以高产井为对象，建立"稳升井组"制度，创建开发单元、采油厂、油田公司三级注水治理进度和效果监控评价制度及图版，根据实施状况及时优化方案，确保整体目标实现。加强枣园和港东两个注水示范区整体建设建设，瞄准"增点、稳面、强体"3个方向，重点采取转注修复、分注和周期注水、调剖调驱等举措，提升整体水驱开发效果；深化分注、调剖、欠注停注恢复3个"百口井"工程的单井优选与设计审核，以示范区建设带动注水工作再上台阶。

【常规油井措施】 2022年，油田公司坚持地质工程一体化，规模实施措施增产工程，注重停产井恢复提高开井率。全年实施油井措施工作量800井次，措施增油23.5万吨，比计划超产2.5万吨，公司年度综合递减控制在9%以内。特别是规模恢复长停井盘活存量资产，全年治理工作量384口，增加日产能力579吨，累增油5.4万吨，在高油价下实现增产增效。

【天然气增产】 2022年，油田公司围绕"稳油增气"整体思路，强化气藏分类综合治理，天然气产量完成6.3亿立方米以上，超产1亿立方米。特别是在深化千米桥整体攻关研究与实践方面，坚持问题导向，创新地质认识，开发前期评价井板深16-21日产气10吨，日产油50吨，为千米桥未动储量开发奠定基础。

【开发管理】 2022年，油田公司坚持"管理出效益、精益管理出大效益"的理念，强化开发对标管理，按月度在开发处主页上公示各单位开发指标，通过对标先进、促进指标提升；开展19项开发技术培训，特别是首次举办动态分析培训和竞赛，效果明显；同时组织开展油水井管理大检查，查出10类问题，制定有效措施，以查促改，持续提升油藏管理水平。

油气开发工程

采油工程

【概述】 2022年，油田公司持续开展注采专业研究攻关，加大现场实施规模，不断提升注采工艺技术水平，机采、注水工艺、三次采油技术适应能力不断加强。

【机械采油】 大港油田自营区采油工艺以机械采油为主，机采井分别占总井数及开井数的94.6%、95.0%；举升工艺方式主体以抽油机有杆泵、电动潜油离心泵、电动潜油螺杆泵为主，分别占机采井开井数的84.8%、7.7%、5.1%。机采井检泵周期达1097天，较2021年提高31天，纯抽泵效和系统效率保持稳定，分别为52.01%、29.2%。机采井检泵周期1099天，纯抽泵效52.05%、系统效率29.3%。

一是规模应用低产液井间抽提效技术。形成合理启停机时间确定方法、基于动液面恢复和泵充满系数两种间抽方法、错峰用电方法；拓展试验电潜螺杆泵智能间抽和不停机智能间抽技术；优化形成间抽管理合理工作参数制度。截至10月底，累计实施人工间抽井259口，平均单井节电率39%以上，累节电238万千瓦·时；新增不停机智能间抽井14口，节电率41.5%，累计节电约15.9万千瓦·时。预计2022年累计实施间抽井280口，节电290万千瓦·时，节约电费238万元。

二是创新应用电潜螺杆泵技术。创新形成高扭矩高转速永磁同步电机+宽液量高扬程螺杆泵配套技术，成功替代高能耗潜油电泵技术，并在采油三厂官72-34试验成功，节电率77.4%。成功开展油管内置投捞电缆技术先导性试验，取代传统外敷电缆，大幅提升电缆重复利用率，降低生产成本。截至2022年10月底，总体实施220口井，节电2984万千瓦·时，增油9.74万吨，高效节能效果显著。

三是持续推进短周期井治理。坚持杆管偏磨、腐蚀、出砂等短周期井分类治理，规模应用油管内衬、杆体扶正等成熟集成技术，积极推广环氧树脂杆体防腐技术，实施短周期井综合治理532井次，减少维护作业177井次，节约生产成本1416万元，机采井生产时效稳步提升。

【分层注水】 截至2022年底，大港油田自营区有水井2350口，其中分注井有966口，总井分注率为41.1%，分注合格率为87.5%，平均单井分注层段数为2.53段。完成油藏动态调配487井次，测调成功率提升10个百分点，达到82.3%，累注水40.8万立方米，受益油井实现纯增油2384.91吨。一是强化测调管理工作和扩大分注调剖一体化应用等措施，不断改进完善桥式同心分注技术，助力孔南地区分注工艺转型，2022年累计完成分注15口，油藏动态调配136井次，测调成功率高达96.7%，实施井累增油8114吨。二是加快第四代分注为主体技术的集成研究和集中实施，2022年现场实施完成32口井，动态调配283层次，调配成功率93%，第四代分注井累计实施112井次，在井数达到105口。其中建成沈家铺无缆智能分注示范区官18-50断块（6注10采），断块分注率达到83.3%，分注合格率100%，断块平均动液面提升243米，双多向受益率由38.5%提高到82.4%，通过先期注水培植，提升低能油井供液能力，下电提液4口后，日产油112吨，较措施前日增油近80吨。针对在用不同分注技术，按照A11规范，开展实时数据的统一采集和集成应用，开发具有大港油田特色的《智能分注测控标准化平台》，具备分层数据采集、信息实时传送、远程监控和注入数据分析等功能，实现智能分注井集约化标准化管理。

【调剖调驱】 2022年，油田公司以"调剖百口井工程"为抓手，以"五转变、五提升"（治理时机由水窜事后治理向水窜提前预防转变，提升对产量和控水的贡献度；治理思路由"堵调"结合向"疏堵调驱"结合转变，提升实施效果；治理油藏由常规油藏向低渗、灰岩和双重介质油藏转变，提升技术适应油藏范围；治理区域由陆上油田向陆上+海上油田转变，提升技术实施领域；治理重点由常规调驱向大剂量深部调驱转变，提升对采收率的贡献）为指导，深化设计优化技术，完善调剖调驱工程技术系列，助力老油田治理无效低效水循环控递减提采率。全年实施常规调剖94井次，当年纯增油1.94万吨、控递减增油3.70万吨。

【三次采油】 2022年，油田公司遵循"在注区块整体效果不变、效益为先"的原则，研发低成本驱油新体系，构建驱—调—堵一体化提效新模式，创建重调流场治理低效井新方法，以"三精"工作法为抓手优化调整提效方案，全年注入药剂365万立方米，实施井网维护89井次，年产油量40.2万吨，实现单方综合成本降低12.2%，高效支撑中高渗油藏化学驱稳产。为充分发挥大港油田纳米化学重点实验室平台优势，联合中石油勘探开发研究院纳米驱油团队，以常规低渗油藏典型代表枣34区块为工程依托，完成适应的纳米改性水驱驱油体系优选，可将"常规水"变成"小分子水"，降低注入启动压力梯度，改善低渗油藏开发效果。在枣34断块优选井组试注，注入压力降低5兆帕，4口油井见效，最高日增油5吨、含水降低6个百分点，阶段净增油153吨，阶段投入产出比1∶4.14，初步证实技术经济有效。

【注气吞吐/驱】 2022年，油田公司聚焦底水稠油油藏、深层低渗稀油油藏和页岩油藏3类低品位油藏低效井增产需求，持续攻关底水稠油油藏CO_2吞吐多轮次提产技术、普通稠油和深层低渗油藏天然气吞吐/驱增产及提高采收率技术、页岩油藏CO_2吞吐/驱提产技术。全年累计实施注气吞吐/驱60井次，注碳2.48万吨，注天然气605万立方米，阶段增产原油2.46万吨、降水5.22万立方米，高效支撑3类低品位油藏提产工程。优选板桥油田板60-31H井组，在油田公司首次试验成功以清洁型能源天然气为工作介质的天然气吞驱增产技术，注入天然气38万立方米，日产油由实施前15.3吨最高增至30.1吨，含水由96.02%降至91.06%，井组阶段增油1376吨，降水7838立方米，阶段投入产出比为1∶3.83，技术经济效果良好。

质量健康安全环保

安全生产

【概述】 2022年，油田公司安全管理工作全面落实上级安全工作部署，牢固树立红线意识，狠抓"四全、四查"的过程管控，保持"严字当头、一严到底"的高压态势，不断强化HSE责任履行落实，突出加强重点领域风险管控，深入开展隐患排查整治，保持了安全形势的持续向好转变，未发生一般B级及以上生产安全责任事故。

【全员责任落实】 2022年，油田公司组织机关、直所属单位层层分解、签订安全环保责任书3220份。组织局、处、科职等三级领导干部制定《年度个人安全行动计划》2093份，修订全员安全生产责任清单24825份，全面推动岗位安全生产责任落实，全员安全生产责任体系持续健全。

【全员能力提升】 2022年，油田公司组织9名安全总监进行业务述职，强化安全管理交流学习，促进安全总监队伍素质稳中有升；举办安全管理信息平台使用培训、非煤矿山企业主要负责人和安全管理人员取证（复审）和再教育培训、专职安全监督人员培训等，参培人员600人次；围绕危化品管理、承包商管理、风险分级防控管理等重点管控内容，开展安全培训105期，培训人员约8520人次，有效提升全员安全能力。

【全员考核落实】 2022年，油田公司推动全员安全生产记分制度、"四不两直"监督检查，全年记分1446人次，记1810分。公司及所属单位领导班子"四不两直"检查1876次，处罚145人次，处罚金额71850元，有效推动全员安全生产责任制落实。

【安全生产大检查】 2022年，根据中油集团公司与勘探与生产分公司部署，油田公司印发《关于印发大港油田公司安全生产大检查的通知》（港油〔2022〕95号），成立以执行董事、党委书记赵贤正，总经理周立宏为组长的领导小组，统筹督导推进安全生产大检查。成立工作专班和专项巡察组，协调推动重点工作落实，对安全大检查典型问题、重复性问题整改开展专项巡察。公司结合10项重点工作和15项硬性措施，检查机关部门19个、生产经营及辅助单位34家、基层单位235个、油气站场301个、钻井现场13个、井下作业现场44个、工程建设现场85个。开展动火、吊装等作业许可模拟签票48次，查验工作前安全分析、作业许可签批、作业风险管控等重要环节。开展管式加热炉、离心泵、高级孔板阀清洗作业等操作规程模拟操作57次，检验183名岗位人员岗位技能熟知程度。开展储罐原油泄漏着火、井控防喷等重大突发事件应急演练370次，动员2753人次，验证现场指挥、处置能力、设备完好性，多方联动协调性。公司强化重点领域、重点时段安全风险管控，通过安全生产大检查，发现问题隐患5696项，明确责任部门、治理方案、治理资金、治理时限，全面落实隐患问题整改工作，保障安全风险有效受控。

【重点油气站场评估整改】 2022年，根据国家应急管理部、中油集团公司、勘探与生产分公司要求，油田公司成立以总经理周立宏为组长的油气站场评估工作领导小组，抽调工艺、设施、电气、生产、安全等专业24名专家，全面开展油气站场对标评估工作。评估工作组成员通过视频教学、现场培训、沟通交流等方式，解读《评估方案》《评估细则》标准要求，本着"严、细、实"的态度对17座三级及以上油气站场进行现场检查、资料查验、现场交流、应急演练，核查站场布局、设备设施、电气仪表、生产运行、安全生产责任制落实等8方面173项内容，发现整改132项风险隐患。勘探与生产分公司专家组到油田公司开展为期15天的深度评估工作，访谈干部员工300余人，查阅技术资料800余份，开展应急演练17次，并对自评132项问题进行复核验证，发现天然气处理装置再生气换热器-01顶部阀门因外力导致阀杆严重变形、女一联合站干燥器分液罐设置在地井内部未安装可燃气体及硫化氢探测器、西二联合站储罐自动监测液位系统故障数据异常等问题隐患230项，有效做到油气站场全方面、立体化体检。油田公司及各单位结合对标自评和深度评估发现的362项问题隐患，积极筹措资金，协调工艺、设备、技术等多个部门，提出整改方案，每周跟进问题整改进度，督促落实整改措施，举一反三，组织制定"一场一策"管理提升方案，全面查改隐患，确保重要油气站场风险可控受控。

【城镇燃气专项整治】 2022年，油田公司推进制度建设，编制印发《关于印发〈大港油田公司城镇燃气安全排查整治方案〉的通知》（石油港QHSE办字〔2021〕35号），《关于进一步加强城镇燃气安全排查整治的通知》（港油〔2022〕103号），进一步指导和规范城镇燃气业务管理工作。开展专项排查。贯彻习近平总书记关于燃气安全重要指示精神，深刻汲取湖北十堰"6·13"、辽宁沈阳"10·21"等燃气爆炸事故教训，开展用气生产设备设施安全风险隐患排查，公共场所、居民小区、外租场所燃气安全再排查再整治，检查25家所属单位，发现285项问题隐患。强化隐患治理，公司严格落实城镇燃气安全隐患整改工作，能立即整改的、必须立即整改，不能立即整改的、限期挂牌督办整改，存在重大安全风险隐患的，绝不手软、一律关停，排查整治发现的285项问题全部整改完毕。同时为油区64个小区的7.26万户居民的免费安装"丝扣管、自闭阀"，为1200余户"四失五类"免费更换带熄火保护功能的灶具，进一步夯实油区城镇燃气安全管理基础。广泛开展宣传，公司聘请城镇燃气专家讲授城镇燃气政策宣讲、标准解读、管理与实践、日常维护维修及使用业务知识，有效提升183名城镇燃气从业人员业务履职能力。联合海滨街道办事处在居民小区悬挂138条燃气安全标语，开展入户燃气安全宣讲，发放宣传资料71000余份，普及城镇燃气安全知识，提高用户安全用气意识、燃气安全隐患识险避险能力。

【高风险装置检测整改】 2022年，油田公司以中国石油高风险装置检查为契机，践行问题导向，切实整改提升，确保高风险装置风险受控。中国石油东北检测评价中心到大港油田开展高风险装置检测工作，检测第一采油厂等5家单位36台锅炉/加热炉燃烧器及安全联锁保护装置，发现安全切断阀BV1前端外漏、保护功能失效等44项不符合项（14项一般不符合、30项关键不符合）。油田公司结合地面系统改造，利用生产设备更新等机会，对44项锅炉加热炉隐患进行全面治理，有效确保锅炉加热炉高风险装置风险受控。中国石油西北检测评价中心到大港油田开展高风险装置检测工作，检测天津储气库分公司等3家单位30口注采井、采油井、注天然气驱井，发现法兰连接螺纹密封处微渗漏、安全阀系统仪表未启动、17104井5#阀阀底壁厚异常等问题247项。公司结合问题举一反三，全面整改高风险井口阀门开关隐患，加密Ⅱ级和Ⅲ级缺陷井口检测频次，更换失效井口关键设施，确保高风险井口装置风险受控。中国石油华北检测评价中心石油储罐附件检测工作，检测第二采油厂等7家单位150套呼吸阀、安全阀、阻火器，发现存在阻火芯表面锈蚀、液压安全阀液位异常等问题隐患10项。公司严把安全附件入门关，优选供应商，筛选性能优产品，强化关键设施质量管理，确保石油储罐附件安全有效，坚守安全管控红线底线。

【安全生产三年专项整治】 2022年，按照国家应

急管理部、中油集团公司要求，油田公司组织制定《安全生产三年专项整治工作方案》，成立以公司执行董事、党委书记赵贤正，总经理周立宏为组长的安全生产专项整治三年行动领导小组，明确13个处室牵头的90项工作任务。学习贯彻习近平总书记关于安全生产重要论述，处级及以上领导干部开展学习943次，受教育8375人次，编制《安全生产法》等法规解读10项，录制《联合站放空系统安全监督检查要点》教学课件8个，"云宣讲"视频28个，开展安全培训教育2500余场次，组织8300余人完成"港油E宣讲"答题，29800余人观看《生命重于泰山》事故案例警示片，778家承包商2334名关键人员接受作业前安全培训考核，受教育人数57984人次，提升全员安全生产素质能力。持续梳理16个处室、5个直属单位主要职责，发布《安全生产与环境保护管理职责规定》，推动安全环保管理职能归位。制定《特殊敏感时期升级管理办法》，实行值班值守管理、生产受控管理、突发事件应急处置等6项升级管理要求。实施《生产安全事故事件责任追究管理办法》，开展"6·23""10·18"事故调查问责，有效惩处生产安全违纪违规行为。按照国务院安委会、中油集团公司要求，制定下发《生产安全风险分级管控管理办法》《生产安全风险分级管控工作指南》，明确管控要求，规范前期准备、危害因素辨识、风险评价、制定实施控措施、风险告知等重要环节，确定重大生产安全风险16项，重要危险和有害因素118项，设置安全风险分级四色告知栏178个，发放岗位风险告知卡1453张，推动安全风险管控机制有效落实。

【应急管理】 2022年，油田公司践行未雨绸缪的预防理念，组织开展泄洪区油气管道泄漏突发事件、重大危险源火灾突发事件、海洋石油勘探开发突发事件三项油田公司级综合应急演练，组织各所属单位开展各类应急演练400余次，应急演练计划完成率100%。克服疫情影响，采取线上培训方式，组织应急培训1次，所属各级单位组织应急培训400余次，应急培训完成率100%。完善7支专兼职应急队伍，健全涉及7个重要领域的39人应急专家库，及时补充、更新井控、防汛等公司级物资库房各类应急物资装备，公司整体应急资源及装备物资储备能力符合国家、上级标准。组织处置"1·21"强降雪、"7·13"上游泄洪、"8·18"强降雨、"鲁宁原油长输管道冻堵"等极端天气、突发事件和应援任务，应急响应及时率持续保持100%。油田公司严格汛期值班值守，强化预警信息收集，提高风险预判能力，切实做好极端天气强降雨预防及应急处置，有效应对多起极端天气和突发事件，大港油区汛期降雨30天，降雨量467.2毫米，未发生人员伤亡事故和次生环境污染事件的底线。

交通防火

【概述】 2022年，油田公司以《消防法》《交通法》为根本遵循，贯彻落实系列规章制度，组织开展各类宣传教育和检查活动，以文化人、以查促改、以改促进，油田公司防火安全和交通安全基础进一步夯实。

【消防安全培训演练】 2022年，油田公司全面开展油气站场、易燃易爆区域、施工作业项目、人员密集场所、高层建筑、办公场所的火灾案例宣传教育工作。在此基础上，组织岗位员工结合生产作业、项目施工、承包商管理的风险防控实际，开展有针对性的岗位消防知识培训2万余人次，提升全员消防安全意识和火灾防控能力。在此基础上，按计划在油气场站、高层建筑、人员密集场所等消防重点部位开展了火灾事故应急演练。在天津市应急管理局的指导下，组织开展陆上石油天然气企业危化品重大危险源火灾突发事件综合应急演练，展示公司应急保障实力和综合处置能力，演练取得良好效果。

【特殊时期消防风险管控】 2022年，油田公司在法定节假日、党的二十大等特殊敏感时期，要求各单位领导班子成员必须24小时在岗带班，做到电话、地点、人员"三固定"；动火作业严格升级管理，落实双"监护"措施；各岗位人员值班值守到位，加大加密岗位巡查频次，确保关键岗位、关键工序、关键人员监督到位、防范应急到位。针对冬春时期火灾防控工作，成立由质量健康安全环保处、消防支队相关防火专业人员20余人组成的检查组，编制易燃易爆场所消防系统、高层建筑、工业动火、燃气设施、作业现场5类专项检查表，分四路围绕"消防安全责任制落实情况""消防系统运行情况""消防隐患排查整改情况""消防培训演练开展情况"等内容实施消防专项检查，累计检原油运销公司、天然气公司、井下作业公司、工业服务公司、土地管理服务公司等所属单位20余家，检查"高层建筑""人员密集场所""动火及修井作业现场""易燃易爆现场"等场所（项目），查改问题166项。

【消防重点部位分级管控】 2022年，油田公司按照《消防安全重点单位（部位）防火管理办法》（GY01/G10.62），对油田消防重点部位进行全面排查评估，界定消防重点部位294个，其中一级防火重点部位42个、二级防火重点部位66个、三级防火重点部位186个。建立、健全294份消防档案，细化管理层级，确定管理职责，明确管理内容，有效加强防火重点部位监控。

【消防安全检查和隐患治理】 2022年，油田公司加强日常检查。结合季节火灾特点和"两会""国庆"等重要时期防火要求，开展属地范围杂草清除、易燃易爆、人员密集、大型综合体、外租外借等重点场所消防安全检查，检查消防重点部位200余个，全力推进消防安全问题隐患整改，有效促进重点部位消防安全整体管理水平。加强燃气消防隐患排查治理。深刻汲取天津宝坻"6·21"燃气爆炸等事故教训，对所属单位30余个重点部位开展燃气安全消防专项检查，发现食堂液化气未更换不锈钢软管或金属包覆管软连接、食堂燃气具无熄火保护装置、餐厅燃气报警控制器未定期自检等41项安全隐患问题。同时，结合重点部位抽查发现的问题隐患，组织对公司范围内燃气使用场所的燃气气源、用气部位、燃气管道、设备设施、泄露报警装置、紧急切断装置、消防系统开展全面排查，对于发现的各类安全隐患，能整改的必须立即整改，不能够立即整改的，明确整改期限、整改措施、整改负责人，限期整改，共计整改安全隐患199项，全面抓实燃气消防安全风险管控。加强高层建筑火灾隐患排查治理。深刻吸取新疆乌鲁木齐吉祥苑小区高层住宅楼等火灾事故教训，切实防范化解高层建筑重大火灾风险，结合天津市滨海新区政府相关文件要求，公司组织实施高层建筑重大火灾风险专项整治，组织各单位完善高层建筑基本信息台账，围绕消防安全责任制、日常管理、施工作业、防火巡查、外保温材料、消防通道、消火栓系统、自动报警灭火系统等内容进行全覆盖排查，查改隐患问题69项。

【动火作业管理】 2022年，油田公司修订完善《动火管理办法》。根据天津市新发布实施的《危险化学品特殊作业安全管理规范》（GB 30871—2022），进一步修订完善动火作业安全职责、动火作业等级划分、动火作业安全管理要求、监督检查等具体管理内容，确保现场作业合法依规。加强作业过程管控。深刻吸取河南省安阳市凯信达商贸有限公司火灾事故教训，严格落实中国石油安全生产"四条红线"和油田公司"十条保命法则"要求，定期组织动火作业现场监督抽查，确保动火作业现场人员、机具、监督、防护措施全面到位。突出抓好法定节假日、国家重大活动、会议期间等特殊敏感时期及双休日、夜间的动火作业升级管理，严格落实"双监督（监护）""双区长"措施，实行作业审批升级、监督防范升级、应急措施升级。全年监督抽查331起动火作业项目，发现整改消防隐患80项，动火风险全面受控。

【交通安全】 2022年，油田公司严格内部准驾人员能力审验评估。在各单位严格审验驾驶员日常遵纪守法、安全驾驶、健康状态等业绩指标的基础上，组织车务中心驾驶员能力评价站对所有内部准驾人员进行再培训、再审验，重点培训道路交通安全法律法规、车辆日常维护保养、车辆巡回检查操作、车辆故障排除、事故应急处理等技术能力。对2056名内部准驾人员、108名新取证人员的专业理论知识和实际操作技能等情况进行审验评价，考核合格取得个人内部准驾证后方可从事驾驶员岗位。狠抓驾驶员培训教育。结合驾驶员能力审验评估结果以及油田公司道路气候环境实际，组织各单位利用每日班前会、周安全例会等平台针对职业驾驶员开展"防御性驾驶""道路风险识别及防控措施"等内容的交通安全培训教育。在此基础上，针对非职业驾驶员开展"特殊天气安全行车注意事项"等内容的交通安全培训教育2万余人次，提升全员安全驾驶能力。

【交通安全监督检查】 2022年，油田公司突出特殊重要时期检查。在狠抓日常交通安全检查工作的基础上，组织各单位及时制定节日期间交通安全保障措施、开展机动车辆安全技术状况检查、加强驾乘人员交通安全教育、严格落实"三交一封"制度和值班车辆通行许可制度。同时，开展节日期间值班车辆运行情况监督抽查，累计查处9家单位、27台车辆动用封存车辆或在安排车辆在非值班时段运行等违规行为，在予以公开通报、严肃追责整改的基础上，举一反三，堵塞管理漏洞。强化车辆动态监控系统应用。按照"分级管理，逐级监督检查"的原则，组织各二级单位及基层车队对所属车辆实施全覆盖动态监控，及时提醒纠正"行车超速、疲劳驾驶、超时段、偏移规定行驶路线、违规停放"等违法违章行为。通过每日填写"车辆监控日志"，定期汇总分析车辆监控情况，及时核查违章原因并严肃处理。全年核实查处超速等交通违章行为99台次，均依照《交通安全管理办法》《违章管理办法》对相关责任人实施批评教育与经济处罚。加强生产道路交通风险管控。结合生产道路路质路况条件差、道路交通设施不完备的特点，及时提示各单位做好本单位生产道路风险评估，采取危险区域路段加装必要的防护隔离、主动限速装置或警示标识，严禁非生产需求的大中重型车辆驶入生产道路，合理限制非生产需求其他车辆驶入数量，优化人车交汇数量较多的生产道路路口，加大宣传非生产任务车辆严禁驶入生产道路等相关工作，促进油区交通安全规范化运行。

海洋作业安全

【概述】 2022年，按照国家应急管理部、中油集团公司关于海洋石油安全管理的总体工作部署，油田公司海洋作业严格执行现场作业安全监督检查，初步完成海洋石油安全风险专项治理的阶段性任务，取得安全生产"零伤害、零事故、零污染"的既定目标，持续保持油田公司海上油气生产平稳运行。

【海洋石油安全风险专项治理】 2022年，油田公司组织完成8座有人值守平台（设施）安全风险的企业自评估和总部深度评估，评分全部在900分以上（满分1000分），均判定为低风险，查改问题129项。按期完成赵东OPA、ODA两座即将到达设计年限的老龄化平台延寿评估，经评估可延期使用5年。初步完成海洋石油安全风险监测预警系统建设，被列为中国石油涉海企业的试点建设单位。

【海上建设项目合规管理】 2022年，油田公司组织完成埕海一号平台试生产资料备案审查和试生产前安全检查，查改各类问题92项，取得海油安办中油分部下发的生产设施试生产备案通知书。分两个阶段完成赵东油田二次开发和二三结合项目的详细设计审查以及埕海2-2人工岛井口槽扩建项目的前期安全合规管理工作，保障海工建设项目稳步推进。

【应急管理部专项督查】 2022年8月，油田公司迎接国家应急管理部海洋石油安全风险专项治理督导核查和防台风工作专项督查、海油安办中油分部专项督查等两级专项督导检查，检查发现问题119项，无否决项和严重扣分项。其中对外合作项目部（赵东作业分公司）作为中油集团唯一一家迎接部级督查的作业公司，在中国石油、中国海洋石油、中国石化所属的12家所属单位检查评分中，排名第二，得到中油集团公司充分肯定与认可。

【现场安全监督管理】 2022年，油田公司开展春季开复工、井控管理、船舶交通等专项安全检查50次，节假日及敏感时期专项检查20次，查改问题590余个。开展作业设施备案现场核查9次，守护船登记现场检查1次，完成现场执法检查26次，查改问题180余项。组织涉海单位每周开展HSE检查及全员隐患排查，查改问题1400余个。针对埕海一号平台试生产、中油海6号平台钻井、埕海2-2人工岛井口槽扩建等重点作业现场，加密检查频次与力度，确保检查中发现的问题切实闭环销项，保障现场高风险作业安全风险可控受控。

环境保护

【概述】 2022年，油田公司严格落实中油集团公司、中油股份公司各项部署要求，以环境风险管控为核心，坚持贯彻"在保护中开发，在开发中保护，环保优先"的要求，着力抓好清洁生产，完成上级公司下达的各项减排指标任务。

2022年，油田公司氮氧化物、二氧化硫、二氧化碳、甲烷2022年排放量分别为361吨、31吨、133.2793万吨、2216吨，全面完成中油集团公司下达的氮氧化物450吨、二氧化硫35吨、二氧化碳150.4万吨、甲烷2350吨年度指标任务。油田公司1个工业废水、2个生活污水国控源外排达标率保持100%。废弃泥浆随钻和集中回收不落地处置率100%；含油泥砂综合处置率100%。上半年公司产生的危废全部按照地方政府及中油集团公司要求统一管理，合规处置率100%，含油污泥全部有效处置。加热炉废气达标率100%。废水环保设施完好运行率98%以上，在线监测设施运行率100%，数据传输有效率达到99%以上。

【环境风险管控】 以项目管理为切入点，推进大港油田公司2022年VOCs治理工程、第三采油厂2022年度管道泄漏污染防治工程。落实国家《企业突发环境事件风险评估指南（试行）》《企业突发环境事件隐患排查和治理工作指南》有关要求，开展环境风险评估工作，对10个主要生产单位各生产单元进行环境风险物质识别、风险受体排查等一系列基础工作，通过合理有效的评估方法排查油田公司环境风险源，从而有效落实风险防控措施，同时将隐患治理与风险评估进行有效的衔接，做好环保隐患治理的总体规划，进一步提升公司环境风险管控水平。落实中油集团公司《关于开展2022年度生态环境隐患排查工作的通知》要求，对照《生态环境隐患排查治理实施规范（试行）》中管理上的缺陷、不合规的行为、污染防治和风险防范措施、设施设备的缺失、不完善或危险状态3个方面进行排查，发现隐患21项，对专项排查出的生态环境隐患，全部落实责任单位和责任人进行销项整改。

【建设项目环境保护合规性管理】 严格执行建设项目"环评"和"三同时"制度。2022年，油田公司采油产能开发建设项目、勘探评价项目竣工验收等大中型建设项目环评"三同时"执行率100%。没有中油集团公司一类建设项目，也没有中油集团公司和中油股份公司通报要求限期督办的建设项目。组织开展建设项目"三同时"专项检查，要求各建设单位严格做好建设项目环评管理工作，避免未批先建、边批边建、未验先投等环保违法事件发生。组织建设项目自主验收，并建立完备档案。在第一采油厂试点开展产能建设项目环境影响后评价工作。

【固体废物合规管理】 2022年，油田公司编制印发《关于加强固废管理工作的通知》，全面摸排固废（特别是危废）产生情况，按照国家有关要求制定危废管理计划，并在国家及天津市固废管理平台上制定危废管理计划并备案。与天津市政府、河北省部分地区政府依法合规签订危废处置合同，从贮存、运输到处置进行全过程精细化管理，不留隐患。落实油田公司油气生产现场油泥砂减量化措施，持续推广带压作业、连续油管作业、在线管杆清洗等清洁作业技术应用。落实废弃泥浆及含油污泥的合规化处置，油田特征固废综合利用率100%。

【排污许可和监测】 2022年，油田公司落实天津市政府和中油集团公司要求，对排污许可监测工作的开展情况、环境管理台账的建立情况、执行（守法）报告、信息公开4个方面进行自查。按照中油股份公司《中国石油天然气股份有限公司实施排污许可管理办法》，编制《大港油田公司实施排污许可管理办法》，确保油田公司排污许可工作合法合规。

【大气污染防治工作】 油田公司生产经营范围处于天津市划定的重点保障区，根据天津市政府、中油集团公司整体工作要求，2022年，油田公司编制《大港油田公司冬奥会、冬残奥会空气质量保障工作方案》《夏季臭氧污染防治空气质量保障工作方案》《大港油田公司十月份空气质量保障工作方案》，对挥发性有机物管控、移动源管控、施工现场管理、应急管控措施作出了明确要求。完成33台锅炉低氮改造工作，严格工艺运行，加密监测频次，确保氮氧化物排放符合国家标准要求。完成重点场站挥发性有机物泄漏检测与修复工作。

【迎接中央环保督察】 2022年，油田公司编制《大港油田公司迎接第二轮第六批中央生态环保督察工作方案》，并组织河北辖区内各相关单位党政一把手及安全总监召开视频会部署安排迎检工作。对照中央生态环保督察要求，从依法合规许可、管理制度规程、生产工艺流程、作业环节过程等环节入手，组织对本单位存在的生态环保风险进行全面排查。紧密围绕公司年度HSE工作安排，落实污染防治、清洁生产、固定源和移动源管控，完善各项环保管理基础台账，加强各类环保突发事件的应急处置，确保督察期间公司环保形势平稳有序。

【生态环境保护帮扶督察】 2022年，油田公司根据《中国石油天然气集团有限公司生态环境保护督查工作规范》，对标基础管理、建设项目环境保护、清洁生产、污染防治、生态保护红线管控、温室气体排放控制、环境监测、环境信息管理、环境隐患排查治理与环境风险防控9个方面115项内容进行逐项自评和落实。督察组对油田公司绿色矿山建设、环境保护工作合规情况、清洁生产、生态保护和环境风险防控、温室气体减排、大气污染防治工作、固废与含油污泥资源化利用、环境敏感地区防污染监管方面给予肯定。截至2022年9月30日，督察组发现的87项问题全部整改完毕。

【海洋环境风险防控】 2022年，油田公司针对海上溢油风险，确定涉海油气水海底管道、钻修井平台、采油平台、人工岛、平台油气设备和陆岸终端集输联合站6个重点高风险源，开展钻井、采油生产设施溢油风险专项检查，使各个生产环节可控受控；严格执行海上石油平台、油气管线、陆域终端等重点风险源突发环境事件风险评估制度、隐患排查和治理制度，确保海上油气生产设施溢油风险均可控受控。

【绿色矿山"回头看"复核检查】 根据《天津市规划资源局关于开展绿色矿山"回头看"工作的通知》要求，天津市规划和自然资源局于2022年4月6—15日，对油田公司进行绿色矿山"回头看"核查工作。油田公司作为天津市唯一一家通过绿色矿山遴选的单位，在立足自身实际的基础上，参照《非金属矿行业绿色矿山建设规范》《绿色矿山建设评价指标》及有关标准，编制《大港油田绿色矿山2022年"回头看"工作实施方案》，结合矿区环境、资源开发方式、资源综合利用、节能减排、科技创新与智能矿山、企业管理与企业形象六项绿色矿山评价指标，进行对标落实，并最终以932分的高分通过国家自然资源部绿色矿山复核验收。

【绿色企业创建】 根据集团公司创建要求，结合《中国石油天然气集团有限公司油气田绿色企业评价规范》，油田公司作为绿色企业创建试点，完成绿色产品、清洁替代、减污降碳、节能节水、环境保护、绿色生产、绿色文化与责任各项量化考核指标，自评总分1108分，其中基础性指标全部符合条件，基础性指标600分、激励性指标508分，通过中国石油质量安全部门考评并被评为"中国石油绿色企业"。

【甲烷监测试点】 中国石油集团公司印发《油气田企业甲烷监测试点实施方案》，将油田公司选作监测试点企业。为确保碳监测试点工作稳步开展，油田公司从组织保障、确定试点实施范围等多方面进行全面部署，并选取港东联合站、官一联合站、板一联合站、孔大站及天然气处理站5个站场进行此次试点监测工作。2022年，5个站场完成监测工作，为中油集团公司碳监测试点各项技术分析提供支持。

【义务植树】 2022年，油田公司组织开展春季义务植树活动。注重思想发动，广泛开展绿化宣传，向广大职工群众宣传植树造林的意义、环境绿化美化知识和绿化法律法规，提高职工群众的绿化意识；给予全面指导，从苗木选择、运输、栽植管理的各个环节进行手把手帮扶指导。2022年，油田公司3500余名职工参加义务植树活动，栽植各类乔木、花灌木5700多株，草皮7000余平方米，绿篱5万余株，超额完成任务目标。

【环境卫生大清整】 2022年，油田公司开展春秋季环境卫生大清整工作，对油区道路两侧荒地、空地、居民小区、农贸市场、生产场（井）站周边、单位办公区院内及周边及油区沟渠内等范围内堆放的垃圾、渣土等废物进行治理，累计清理1060处，清理建筑垃圾2722吨、渣土4127立方米、废弃物（杂物）4883吨、沟渠内垃圾杂物217吨。持续强化油田公司环境保护工作，彻底解决垃圾污染环境问题。

职业健康管理

【概述】 2022年，油田公司新发职业病为零，接害人员千人职业病发病率低于上级下达的控制指标，职业病危害因素检测率和职业健康体检率均达到100%；推动健康企业建设，指导公司各单位开展了员工健康查体工作，为单位和职工个人提供了健康报告，并组织了针对性的解读；根据上级要求开展新冠疫情防控工作，进行深入细致的排查，对重点人员采取有效管控措施。配合地方政府推动疫苗接种工作，动员60岁以上老人接种疫苗，筑牢防疫屏障。

【职业健康管理】 2022年，油田公司围绕职业病防治主题，开展主题宣讲137次，各级专项培训103次，警示教育100次，突发公共卫生事件应急演练或桌面推演61次，开展"送健康到基层"活动，组织健康素养摸底调查，张挂宣传横幅115条，发放材料1110份，11291人参与，取得良好效果。强化有毒有害场所现场管理，18个涉及职业病危害因素单位均按要求申报危害项目，对职业病危害因素场所601个点位进行现场检测，并在醒目位置设置公告栏、警示标示，公布所在场所可能接触的职业病危害因素的种类、危害以及检测结果和发生职业病危害事故时应急救援措施等内容。组织开展职业健康查体工作。20个单位2550余名接害人员进行职业健康查体，对体检异常人员进行跟踪管理，职业禁忌人员得到合理安排处置。严格建设项目职业病防护措施"三同时"管理。对新改扩和技术改造、技术引进项目可能产生职业病危害的，做好职业病危害预评价、职业病防护设施设计、职业病危害控制效果评价及相应的评审工作，组织职业病防护设施验收，有效预防、控制和消除可能产生的职业病危害。

【员工健康管理】 2022年，油田公司规范员工健康体检管理，修订《员工健康管理办法》，提升体检标准、优化体检项目，满足员工个性化选择需求，完成公司机关及所属43个单位的在职员工非职业健康体检19463人次。持续推进健康企业创建活动，建设占地900余平方米的职工心理健康促进中心和128个职工心灵驿站，同时组建一支80人组成的心理健康管理师队伍、30人的本土健康讲师团。强化员工健康管理培训。结合各单位员工健康管理现状及后疫情时期特点，完成公司年度计划培训4期，为各单位进行员工健康培训班10期。完成健康讲师培训2期。

【疫情防控】 2022年，油田公司细致排查，每天转发疫情风险区变化情况，组织各部门、各单位严格进行归来人员、外来人员的排查、防控工作。配合天津市滨海新区对221人进行集中隔离、对3819人次采取居家隔离措施。配合天津市滨海新区海滨街道组织志愿者10500余人，开展47轮、92万余人次核酸检测。发动1376名老人完成首针疫苗接种。强化重要时间节点的防控工作。元旦、春节、五一、十一等节日期间，对重点场所和人员加强疫情管控。在疫情发生的重点时段对办公场所、生产区域、超市、市场、食堂开展3次防疫工作的督导和检查，对查出的问题督促整改。在新冠感染高峰期，成立医疗联络、安全保障、困难救助等6个工作专班，因时因势优化调整疫情防控政策，合理储备发放防疫物资，确保员工群众有困难第一时间联系得上、反映到位。全年快速处置疫情风险事件55起。

综合体系管理

【概述】 2022年，油田公司QHSE体系管理工作以体系审查和体系认证审核为重点，深化开展QHSE体系内部量化审核、基层站队HSE标准化建设等工作，体系管理基础持续夯实牢固。

【体系实施与运行】 强化QHSE重点工作督办推动。按时召开公司年度质量健康安全环保工作会、QHSE委员会议以及月度安全环保形势分析会，及时协调解决重大问题，督办重点工作。完善公司QHSE业绩考核机制，加大过程考核力度（70%），实施月度考核、通报、追责，倒逼各级责任有效落实。

【安全生产大检查暨QHSE体系审核】 2022年5月10—19日，对第五采油厂、原油运销公司等12家主要生产单位进行QHSE体系全要素量化审核，发现问题350项（严重问题5项），其中管理问题182项，占比52%；专业问题150项，占比42.9%；基层站队级问题98项，作业区级问题72项，有针对性地提出7个方面的整改建议。8月23日—9月4日，中油股份公司副总裁、勘探与生产分公司执行董事、党委书记张道伟率领审核组（勘探与生产分公司质量健康安全环保处处长黄山红为组长，煤层气公司、长庆油田公司、西南油气田、煤层气公司等单位专家为成员）到大港油田公司开展全要素量化审核和环境保护帮扶督导审核。发现问题305项，其中管理问题182项，占比59%，专业问题93项，占比30%，发现严重问题4项。主要问题集中在生产运行、设备设施、承包商管理、环境保护、质量管理、职业健康等方面。

【第三方QHSE认证监督审核】 2022年11月19—25日，北京中油认证有限公司对油田公司进行为期7天的体系认证监督审核。现场审核质量健康安全环保处、生产运行处、油气开发处、工程技术与监督处等部门，以及第四采油厂、第五采油厂、井下作业公司、采油工艺研究院、石油工程研究院、电力公司等9个所属单位及作业区、基层场站，开具不符合项4个，均在规定时间内完成整改。审核组对油田公司QHSE体系运行的符合性和有效性给予确认。

【基层站队HSE标准化建设】 2022年，油田公司全面推动基层站队HSE标准化建设工作，通过专题培训、抽查验收、指导推动，实现基层站队建设达标率100%，促进标准化建设与风险管控、基层建设、现场管理等重点工作有机融合。加大班组安全文化建设力度，优选13个试点单位，推进10项创建举措，建成25个安全文化室，形成以电力安全"三字经"、井下作业"流动安全室"等为特色的安全文化。

技术监督

【概述】 2022年，油田公司技术监督工作以党的二十大精神为指引，围绕"转观念、勇担当、高质量、创一流"主题教育活动与夺油上产、提质增效专项行动，在公司全力推动改革转型升级、加快建设国内一流数智油田的带动下，进一步夯实基础管理工作，严格质量管控，推动群众性质量活动创效，筑牢计量基础，推广计量新技术应用，充分发挥技术监督工作对有质量、有效益、可持续发展的

支撑作用,为打赢夺油上产、提质增效攻坚战提供基础保障。

【质量工作】 2022年,油田公司严格要求各油气生产单位对照最新国家标准组织生产,强化工艺管控、落实质量责任,将质量考核指标分解到各油气生产单位,以月度为单位,对原油、天然气等自产产品进行质量监督抽查,发现质量波动及时分析原因,确保产品质量始终保持在可控范围。抽查原油23批次(包括内部交接8批次),其中外输原油15批次,质量合格率100%,外输原油质量基本可控;抽查外输天然气15批次,质量符合一类气标准。抽查稳定轻烃1批次,检测结果合格,确保完成集团公司产品质量考核指标。落实井筒质量三年整治行动方案中的入井材料和流体质量集中整治行动的实施,重点突出对影响井筒工程质量的入井材料,做到质量监督全覆盖;采取定期和不定期两种方式,开展"四不两直"的监督抽查,监督抽查采购的各类物资产品284批次,发现不合格6批次,质量问题发现率2.1%,维持在较低指标范围。对不合格的产品处理实行零容忍,处理率100%,并要求相关单位停止采购和使用;未发生采购产品引发的质量事故,为提升井筒工程质量、减少安全环保隐患提供保障。

评选2021年度的QC小组优秀成果9项;上报参评中油集团公司优秀成果3项和质量信得过班组2个,2022年获中油集团公司QC小组优秀成果三等奖3项,质量信得过班组2个。

在第四十一次全国石油和化工行业质量管理小组代表大会上,获"2022年度全国石油和化工行业优秀质量管理小组一等奖"1项。2022年度QC小组注册立项31个课题,4月聘请国内知名质量管理专家,对57名QC小组活动骨干成员进行系统培训,使员工能够运用质量管理的工具和方法开展活动,同时与相关专业主管部门一起,做好活动过程管理和技术支撑,全面提高群众性质量活动效果和水平,培育和打造一批质量先进基层站队,实现"降低成本、提质增效",充分发挥群众性质量管理活动对公司提质增效的助推作用,实现创可计算的直接经济效益600万元的工作目标。

【计量工作】 2022年,油田公司夯实基础,保持计量技术机构能力。建设29项计量标准通过政府计量行政部门的复查考核,取得《计量标准考核证书》;检测监督评价中心等3家认证/认可实验室通过中国国家认证认可监督管理委员会和中国合格评定国家认可委员会的2022年度监督审核,保持认证认可资质的持续有效,夯实公司检定和检验工作的基础。强检器具按时检定,确保油气交接计量数据准确可靠按照油田公司每年计量器具强制检定计划安排,对油田公司大港石化交油点、与泛华公司的2个交接点及内部交接的8个交接点,共计11个交接点的48台次原油交接流量计进行维修、在线检定,同时检定用于外部贸易交接的天然气、压缩天然气、液化气计量器具63台,确保贸易交接计量数据的准确性,减少计量隐患,维护公司利益。深入现场,推广原油自动化交接计量装置的使用。跟踪比对8个厂级原油交接站点原油自动化交接计量装置使用效果,对交接油生产运行数据(流量、温度、压力、含水率、密度等)开展自动采集、计算、存储、查询和工况报警进行调试,对产生的数据误差进行现场取样分析,协调相关部门、单位和供应商及时调试设备,帮助生产单位解决计量误差问题,8套装置计量误差均达到标准要求。

【宣传培训】 2022年,油田公司加强培训,提高基础管理。2022年5月9—13日举办注册计量师考前培训班,11个单位的72人参加培训,10月24—28日举办测量管理体系内审员培训班,11个单位44人参加培训。9月与天津市滨海新区质量培训中心联合举办质量检验人员取证培训班一期,有76人参加;通过培训提高油田公司质量、计量检定、检验人员业务素质,保证人员持证上岗,使公司质量、计量检定、检验数据依法合规。主题活动,增强工作意识在"5·20 世界计量日、9 月份质量月"活动期间，开展专题宣传活动 5 次，客户体验日活动 3 次，新闻报道 15 篇，开展质量攻关项目 52 个，31 个 QC 小组开展群众性质量活动，工程直达料和乙供物资入库验收质量回头看抽查产品 194 批次，井身质量回头看监督检查 19 井次，完成整改各类质量问题 61 项，全面质量管理竞赛答题 3911 人，通过开展主题活动和专项工作，让广大一线职工积极参与质量、计量管理工作，不断提高员工的意识和责任。

节能节水

【概述】 2022 年，油田公司以节能降耗提质增效工作为重点，持续完善考核机制、强化能效对标、推广节能低碳技术，加大节能监测力度，实施节能优化改造等措施，取得显著成效。公司 2022 年能源消耗 33.20 万吨标煤、新鲜水 376.69 万立方米，分别比 2021 年减少 2.08 万吨标煤、3.02 万立方米；单位商品量综合能耗 68.70 千克标煤/吨，比 2021 年同期下降 5.8%；实现技术措施节能 1.16 万吨、节水 6.36 万立方米，完成中油集团公司和天津市政府下达的节能节水任务目标。

【能耗对标】 2022 年，油田公司在 159 个油气生产对标单元全面开展能效对标工作。成立节能降耗工作组，以季度为单位总结主要生产系统、重点用能设备的能耗及运行状况，针对单耗指标完成情况，分析变化原因及存在问题，采取适用的节能技术和管理措施，提高能效水平。2022 年，油田公司制定并实施提效改进措施 1964 项，节电 2715 万千瓦·时、节气 131.3 万立方米，主要生产单耗均比持续下降（见下表）。

【监测与考核】 2022 年，油田公司进一步加强对重点耗能设备的节能监测力度，监测抽油机、加热炉、输油泵、注水泵、变等重点耗能设备 1263 台，合格率 50.2%。组织开展监测不合格设备的整改工作，逐台分析不合格设备的原因，从管理和技术方面制定并实施改进措施。按照油气和新能源分公司 2022 年节能监测工作安排，开展输油泵专项节能监测工作，测试 45 台输油泵，平均机组效率 45.44%，优于上一周期（2018 年）输油泵机组平均效率 42.87%。

【节能改造】 2022 年，油田公司针对王徐庄、板桥油田接转站场站布局不合理、系统运行效率低、能耗高以及南部油田部分油井套管气无法回收问题，实施油气集输系统节能优化改造工程。通过优化场站布局，实现一级布站，停运接转站 7 座、

大港油田公司 2022 年能耗对标表

指标名称	单位	2021 年	2022 年	同比
单位油气当量生产综合能耗	千克标煤/吨	81.63	76.59	−5.8%
单位油气当量液量生产综合能耗	千克标煤/吨	8.368	8.065	−3.62%
单位油（气）集输综合能耗	千克标煤/吨	45.97	42.88	−6.72%
单位油（气）生产用电单耗	千瓦·时/吨	256.57	251.9	−1.82%
单位注水用电单耗	千瓦·时/米^3	7.19	7.18	−0.14%
单位（油气当量）商品量综合能耗	千克标煤/吨	72.94	68.7	−5.81%

注水站 2 座，安装定压放气阀 230 套，项目全部实施后，年节电 625.9 万千瓦·时，节气 122 万立方米，综合节能 3713.1 吨标准煤。

【基础管理】 2022 年，油田公司根据《大港油田公司经营业绩考核办法》要求，针对不同的生产情况和能耗重点，制定不同的能耗指标，建立节能指标考核体系，核定 26 个主要能耗单位的能源和新水考核指标，所属单位将指标层层分解落实，实现压力层层传递。结合公司实际情况，统筹控递减、降能耗、降碳排、降成本，开展小集低碳示范区建设，计划实施机采系统节能提效、稠油冷输停掺、空气源热泵应用、零散天然气压缩回收、供注水系统工艺优化、拉油井及联合站密闭改造、能源管控系统建设、太阳能光伏应用等内容，年节电 1263 万千瓦·时、年新增光伏发电 348.8 万千瓦·时、回收零散天然气 599 万立方米，综合节能 1.2 万吨标煤、减排二氧化碳 3.4 万吨。编制《大港油田公司碳达峰实施方案》《低碳生产方案》，依据能耗历史数据和预测的油气产量，分析能源消耗变化趋势，制定节能瘦身规划，预计到 2025 年，能源消费总量控制在 39.04 万吨标煤，并同步实现碳达峰。按照天津市生态环境局要求，编制《2021 年度碳排放报告和监测计划》，通过第三方机构现场碳核查，完成 2021 年度碳配额履约工作。2021 年度大港油田公司碳配额指标 140.04 万吨，实际碳排放量为 139.74 万吨，实现碳配额盈余 0.3 万吨。

科技与信息

科技信息工作

【概述】 2022年，油田公司科技信息工作遵照油田公司党委和公司整体部署，按照技术应用抓"揭榜挂帅"、理论研究抓企校合作、成果转化抓技术创效、数智转型抓业务规范、工作流程抓无纸化办公的总体工作思路，在技术攻关与成果推广、数智油田建设、创新机制优化等方面，开展系列工作并取得一定成果，为公司原油产量和提质增效行动提供支持。

2022年，油田公司重大科技专项课题全部通过验收并获评"优秀"；争取上级单位科研投入5400万元；申报专利180件（申报发明专利174件），申报中油集团公司专利奖3件；申报科技成果转化创效奖励453万元；完成中油集团公司、河北省、天津市等渠道14项科技成果奖励申报；新技术引进和推广6项；高质量完成数智油田1.0建设，形成以一体化协同、智能化管控为核心特征的数智油田1.0转型阶段成果；完成公安部组织的"HW2022"网络攻防演练和党的二十大网络安全保障任务。

【重大科技专项验收】 2022年，油田公司组建秘书团队和课题组，进一步梳理总结项目和课题的创新成果，编制完成各类验收材料。总结形成以4项理论认识和18项关键技术为主体的"4-18"复杂断块油田效益勘探开发技术成果，原创页岩型页岩油"优势组构相—滞留烃超越效应"富集理论和古生界多层系潜山内幕油气成藏理论；发展断陷盆地多类型斜坡区断砂耦合优势相油气成藏理论和复杂断块油藏高含水期"二三结合"提高采收率理论认识；创新研发斜坡区地层—岩性圈闭精细刻画、斜坡区"五全"提高分辨率处理、低成本压裂液配套等18项关键技术方法，高效支撑大港油区效益增储稳产，成果突出，成效显著。与中油集团公司科技管理部沟通，高质量完成验收材料审查与验收会议筹备等工作，7个课题于2022年10月16日通过中油集团公司专家组验收，均获评优秀。

【首批"揭榜挂帅"科技项目】 2022年，油田公司聚焦稳油、增气、提效三大目标，加快实现高水平科技自立自强，为进一步定型和成熟特色核心技术，加快实现工业化应用，围绕页岩油、低渗透和千米桥潜山等重点领域，实施首批7个"揭榜挂帅"科技项目，并针对该类项目特点，下发《关于加强大港油田公司"揭榜挂帅"项目运行与管理工作举措的通知》，明确总监负责、单位分工和过程管控等管理机制，强化项目运行与管理，实行关键节点控制、阶段进展推动与检查评估验收等运行机制；同时，采用阶段进展检查和定期出简报的方式加强项目过程管控，为加快实现特色核心技术工业化、助力公司"夺油上产·百日会战"专项行动方案实施提供强力支撑保障。

【企校合作】 2022年，油田公司以国家、中油集团公司、上游板块和直属科研院所的科研立项方向及重点为导向，持续加强与清华大学、天津大学和西安交通大学等国内一流院校和科研院所的沟通交流，开展更高层次、更多形式、更宽领域的战略合作，联合推进瓶颈技术攻关。与中国石油大学（北京）、西南石油大学等高校合作，设置7个校企合作项目开展联合研究；与中国地质大学（武汉）联合申报国家重点研发计划"地球系统与全球变化"重点专项《地质资源精准开发风险预测的大数据智能分析技术及平台建设》。争取中油集团公司级科研项目，2022年争取新开科研项目/课题11个，参与《陆相页岩油规模增储上产与勘探开发技术研究》《中高渗油田特高含水期大幅度提高采收率技术研究》2个科技专项的联合攻关，每年增加中油股份公司拨付科研经费3000余万元。

【成果转化】 2022年，油田公司修订完善《新技术推广项目管理办法》，实行"归口管理、协同组织、集体决策、分工负责"的管理思路；优选8项新技术（外部6项、内部2项）进行现场验证，其中3项完成验证并纳入集采目录管理，打通管理环节壁垒，建立顺畅的新技术推广渠道。组织开展技术推介与交流，采用线下+线上相结合的方式，分钻完井工艺、注采工艺、地面工艺3个专场，优选19项技术在会上进行推介和交流，反响良好。持续推动4项技能成果现场试验和推广，其中周氏耐用阀座在大港油田第一采油厂、第四采油厂等量产推广应用近千套，实现综合效益800万元，初步探索"智慧转化为成果、成果转化为产品、产品转化为效益"专利技术转化创效途径，形成"职能处室统一推动，成果单位、市场单位分环节明晰责任，密切协作"转化创效工作新模式。

【数智油田1.0建设初步完成】 2022年，油田公司围绕"主营业务智能协同、生产运行智能优化、安全环保智能管控、经营管理智能决策"4个重点方向，全力推动油田方案研究、现场作业、生产运行、经营管理全方位业务数字化转型，形成以一体化协同、智能化管控为核心特征的数智油田1.0转型阶段成果。高质量完成数智云平台1.0建设，为数智油田1.0建设提供软件应用支撑。持续推进安眼工程、A11项目等配套工程建设，重点井场站场的100%视频覆盖，完成39个中小型站场的自动化升级改造；开展原油含水分析仪推广，在第五采油厂560余口井进行安装，减少取样次数6万余次；完成第一采油厂和第五采油厂共计52口油井的智能化升级改造；启动大港油田2022年油井低成本物联网建设，完成150口低产低效井的升级改造；推动数智决策中心平台应用升级，搭建统一的数据可视化基础平台。全力推动页岩油数字化、港西二号智能井丛场、羊三木数智油藏等示范工程建设，为数智转化升级提供了可复制、可推广的样板。

【典型系统深化应用】 2022年，油田公司按照"数智油田"建设总体规划部署，以"边建边用、以用促建"工作思路，选取"无人机系统""油气井生产视频监控"等对公司核心业务促进大的典型信息系统，组织各生产单位，召开重点信息系统应用推动会，围绕系统应用在提高劳动生产率，降低劳动强度，改变劳动方式等方面产生的重要意义进行针对性推动，全面促进思想转变和意识提升。先后发布《油气生产物联网系统运行维护管理细则》《关于进一步加强工业生产视频监控系统应用的通知》等制度文件和应用考核通知，通过明确系统运维机制，建立考核奖励制度，激励典型应用代表，推动信息系统在油田公司范围内的深化应用，促进各层级管理流程和生产方式转变，助力油田公司数智化转型。

【基础设施保障】 2022年，油田公司加快数据湖建设，构建区域数据湖，通过统一主数据，实现结构化、非结构化、时序数据于一体的数据环境；推动IPV6项目建设，构建"油田公司—生产单位—作业区—生产站场—边远井场"纵深覆盖网络，实现端到端的生产"一张网络"。完成自油田公司至第一采油厂、第二采油厂等十余家生产单位的网络覆盖，全面承载生产数据采集、工业视频监控等生产相关业务，为新型采油作业区管理模式以及边缘计算、智能分析、现场预警等新型应用构建新型、高速、安全的网络传输通道。启动边缘计算平台建设，开展典型应用场景建设，实现数据、模型、应用的云边协同，编制完成大港油田边缘计算平台配套建设项目可行性研究报告，并通过中油集团公司审核。

【信息化管理提升】 2022年，油田公司完成两化融合管理体系升级贯标，达成油田公司AA级体系评定目标，打造具有大港特色的数字化转型能力分级分类体系，为建设国内一流数智油田提供科学全面的体系化管理保障。网络安全持续保驾护航，完成公安部组织的"HW2022"网络攻防演练和党的二十大网络安全保障工作，防守工作连续两年零通报。持续加强数据治理，发布《大港油田数据管理办法》，逐步构建全领域数据治理体系。推进软件合规化管理，开展Win10神州网信政府版系统替换，完成3230台终端的替换工作；妥善应对CentOS停服带来的安全风险，对油田公司云设施中涉及的50套系统服务器制定迁移方案。

【科技管理机制】 2022年，油田公司加强制度层面科技创新建设，修订完善《大港油田公司科学技术奖励办法》等6项管理办法。立项管理方面，在中油集团公司明确的ABCD四级项目管理层级基础上，增设专门适用于公司所属单位自主负责科技项目立项管理的E级项目；级分类优化部署三类科研项目，"揭榜挂帅"项目注重加快推进公司特色核心技术工业化应用，技术基础类项目着力培育新理论、新方法和新技术，科技专项聚焦解决生产难题并快速转化为生产力。经费管理方面，深入推行各层级科技项目"一本账"管理、全成本核算，持续强化"三新"鉴定，最大限度提升加计扣除和节税增效额度，实现节税3942万元。科研评奖方面，设立技术创效奖，专门用于奖励解决生产一线"难点、卡点、堵点"问题的自主创新成果，充分调动基层单位参与科技创新的积极性和主动性，助力科研生产一体化；减弱评奖和立项的连带关系，破除"唯专利"论，取消对知识产权类型、数量的硬性要求，持续优化奖励产生方式，评优创先的激励导向作用更加鲜明。

【创新平台建设】 2022年，油田公司持续加强与国内知名高等院校、科研院所的战略合作，强力推进联合研究院、数智研究中心等科研创新联合体建设，挂牌成立天津市首个"三次采油与油田化学"企业重点实验室，与大庆油田联合申报的"陆相页岩油规模效益开发"国家重点实验室进入试建设阶段，与中国石油大学（北京）联合共建的滩浅海工程试验室项目稳步有序推进。

【科研成果质量提升】 2022年，油田公司更加注重中油集团公司、天津市、河北省等高层级成果申报，2022年申报省部级奖励14项，均进入会评或网评阶段。持续规范知识产权ABC分类管理，着力打造专利群技术树，全面提升核心发明专利占比，申报专利180件，其中申报发明专利174件，发明专利申报比例达到96%；申报中油集团公司专利奖3件，通过对专利、软件著作权等的转让、许可，申报中油集团公司科技成果转化创效奖励453万元。

辅助生产

基建工程

【概述】 2022年,油田公司实施工程项目87项,投资26.22亿元,完工投产56项,正点运行率90%;投资油田公司重点工程22项,投资20.58亿元,完工12项,试投产一次成功率100%;工程质量合格率100%。实施工程质量监督87项,开展专项及联合检查4次,发现各类质量问题371项,整改重大质量隐患5项,竣工工程质量合格率100%。

2022年,对照中油股份公司《油气田地面工程技术经济指标手册》中39项指标,油田公司27项指标优于先进值;12项处于较低水平。

【地面工艺管理】 2022年,油田公司践行"冲、抢、稳、保"四字方针,主动与勘探开发部门结合,超前谋划完成各类地面配套方案45个,按照急事急办的原则,加强协调立项、对接基层推动,确保"千16-16风险合作井地面工艺完善、沧东页岩油5号平台地面配套"等重点保产工程及时投产,有力支撑公司夺油上产。中北部油田站场布局优化初步完成,持续开展以"取消接转站"为核心的地面工艺深度优化研究与实践,率先在港西、王徐庄、板桥等中北部油田推广。完成王徐庄、板桥油田优化简化后,取消接转站11座,停运设备65台,年节电251万千瓦·时、节气538万立方米、优化用工97人、节约综合费用3571万元,实现地面系统再瘦身,优化简化实现新的突破。厂级原油交接实现革命性变革。按照"先导试验、技术升级、规模推广"路线,完成公司全部8个厂级原油交接点的数智化建设,2022年5月,厂级原油全部实现自动交接,大港油田成为第一家实现厂级原油自动交接的地区公司。按照"绿色低碳、示范引领"思路,应用"光热+储热+空气源热泵+电辅热"多能互补技术,在埕隆1601特稠油区块建成首个光热替代示范工程,实现地面、井筒燃气加热停运,年节电270万度,节气29.8万立方米,减少CO_2排放2150吨。聚焦地面系统卡脖子难题,发挥专家支撑作用,以"页岩油开发地面关键技术"揭榜挂帅项目为引领,承担股份公司级课题4个,设立油田公司级科研课题23个,一系列研究成果有力支撑地面系统的保障能力。

【管道完整性管理】 2022年,油田公司强化完整性管理,推动隐患专项整治。完成《大港油田管道和站场完整性管理办法》修订,加大管道检测和修复资金投入力度,完成管道检测501千米,修复管道267千米,更换管道105千米。开展采油三厂管道失效专项治理,建成南排河流域无泄漏示范区,启动舍女寺油田高含水内腐蚀泄漏减缓控制示范区建设,2022年公司管道失效率为0.12次/(千米·年),较2021年下降13.6%。调查梳理大港油田城镇燃气业务基本情况,明确公司有关部门和所属单位的管理职责。重点围绕"燃气专业管理、餐饮和食堂等公共场所、住宅小区、燃气工程和燃气管道设施"等5个方面开展燃气安全排查整治,组织3次城镇燃气安全检查。与公司工会联合举办"百日行动"劳动竞赛活动,精心组织燃气安全培训,全面提升专业人员的履职能力。开展油田集输管道腐蚀综合防治技术研究,以极化曲线测试结果中电流密度作为响应值进行主控因素及耦合因素筛选,编制形成第三采油厂管道失效治理和腐蚀防控方案,指导无泄漏示范区工程建设。

(张春格)

土地公路管理

【概述】 2022年，油田公司土地管理工作落实油田公司整体决策部署，紧紧围绕夺油上产，把"转观念、勇担当、强管理、创一流"主题教育活动和提质增效价值专项行动贯穿始终，结合土地工作实际，统筹推动各项工作取得积极进展和阶段成效。

【临时用地办理】 2022年，油田公司面对国家及地方政府用地政策调整，临时用地审批层级提高，新的实施政策未明确、报批暂缓的不利局面，一方面，召开用地报批专题部署推动会，督促生产单位加快井位选址落地、开展土地复垦方案编制及论证工作，提前完成前置工作，完善报批要件。另一方面，客服克服疫情防控影响，先后对接省厅加快出台配套管理办法，协调沧州市、县局同意简化程序审批，最终历时9个月，成功取得沧州市第1宗临时用地批复，也是2022年中油集团公司在华北地区临时用地推动办理的首个成功案例。全年办理新增临时用地34宗，钻井188口。

【重点项目协调】 2022年，油田公司针对唐东地区上产区块围填海问题，通过与自然资源部、国家发改委、能源局以及天津市各级政府协调落实，历时2年多的南港地区用海问题得以解决，取得唐东地区8个井场33.83公顷用海批复，海域使用获得永久"身份证"，为油田公司在南港地区油气勘探开发生产、上产奠定基石；力保驴驹河储气库"井站一体"标准数智化合规用地建设，靠前组织协调海晶集团，从合规用地、节约用地、土地补偿、控减投资、手续办理等环节同力，保障项目如期试注投产。此外，重点协调埕海一号、埕海45、唐东9x5等重点项目的用海手续办理，助推油气勘探开发"早见产、见高产"成效显著。

【政企共建】 2022年，油田公司推进与天津市、河北省等区市政府部门党政主要领导座谈交流，促进公司油气战略布局、新能源事业发展等重点业务取得各级政府支持与认可，双方友好互利合作关系进一步巩固提升。逐级落实"直线责任、属地责任、主体责任"，加强与区县政府、部门沟通对接，紧盯产能建设支撑、新能源开发合作、疫情防控联动、企地共建等双方关注事项，互惠互利、和谐共赢，形成企地关系新高度。

【井场用地规划】 2022年，油田公司抓住国土空间调整的关键时期，梳理公司规划勘探开发井位、数量、面积等内容，精准规划储备油气井场200余个。与天津市发改委深入沟通，将公司用地规划纳入2020—2035年地方国土空间规划之中，为公司未来15年勘探开发用地预留充足空间。与天津市南港开发公司达成共识，对位于该公司绿化区域的生产平台配套管廊项目用地手续进行简化办理，破解该区域原油外输瓶颈，形成公司在南港地区油气生产重要的保障；落实油田公司在南港地区油气勘探开发战略发展，协调破解在南港工业区B02线以东无规划井场的难题，精准落实井位选址，超前编制控规方案，规划形成G73、G78两个平台，保障公司重点探井海探1、海探2钻井依法合规顺畅施工，为油田公司在南港地区的长远发展提供重要支撑。与天津市静海区人民政府多次协调对接，将团泊洼石油基地划入静海区国土空间总体规划，最终确定2.04平方千米的城镇开发边界。在此基础上，开展城镇开发边界内的控制性详细规划编制工作，协调各类交通市政基础设施落位，同步形成功能协调、品质优越的空间环境。抓准天津市种业发展窗口期，深化与天津市农业农村委的战略合作关系，加密对接，在畜牧渔业种业、耐盐碱农作物种业、蔬菜种植等方面开展务实合作，发展农业种植项目，为后期整体产业布局奠定坚实基础。

【危陋自建平房处理】 2022年，油田公司针对危陋自建平房住户软硬不吃、顽固抵抗的问题，通过

摸查平房现状、梳理历史资料，多次沟通请示，取得中油集团公司政策文件批复支撑。并与天津市滨海新区区委政法委、海滨街道等部门对接，制定合法合规、切实可行的平房治理安置方案。攻破治理重重阻力，直面住户多次集访、闹访的巨大维稳压力，历经3个多月不间断攻坚治理，6处平房区域37栋173套房屋整体封闭工作全部按时完成，安置平房住户101户，安置率约91%。杜绝因恶劣天气可能引发的房屋倒塌、触电、火灾等安全事故，解决天津市政府久攻不下的历史难题。

【海景大道南延工程全面启动】 2022年，油田公司落实公司党委书记赵贤正在天津市人民代表大会上提出并通过的"方便油区居民出行，解决港八井路口交通拥堵的问题"提案要求，与天津市滨海新区交通运输局对接研究，完成海景大道南延与滨海北路、创业路连通工程的立项和选址工作，历时6个月，清理违规自建房48处、房屋794间，建筑面积约24964平方米，收回土地约13.36万平方米，为海景大道南延工程顺利施工扫清障碍，实现津歧公路以东违建清零，为后期土地盘活利用创造基础。

【创新路东段大修改造竣工通车】 2022年，油田公司自筹资金，推进创新路东段（光明大道至津歧公路）道路大修改造，解决损坏严重，坑槽连片，大面积龟裂的状况，并于10月7日竣工通车，减少生产货运车辆在光明大道、红旗路等市政道路的通行，主城区内道路的交通压力得以缓解，油气生产运输和主城区的社会交通通行功能有效发挥。

【公有房屋督查】 2022年，油田公司在公有房屋管理常态化检查的基础上，深刻吸取湖南长沙居民自建房倒塌事故教训，将自建房安全专项整治工作与合规监督检查活动相结合，以安全隐患、违规租赁、房屋占用、私搭违建、低效负效房屋等为检查重点，联合相关处室对房屋管理情况进行检查，对前期合规监督问题整改情况进行抽查，进一步推进公有房屋管理公开透明、全程受控、依法合规。通过反复沟通、法律诉讼等形式收回八大家、个人等不合规使用房屋60余项，约1.13万平方米，避免或挽回经济损失460余万元。

【遗留问题攻坚】 2022年，油田公司与各级地方政府及自然资源主管部门精准对接，加快解决历史遗留用地取证工作，通过线上去函、线下沟通等多种方式，对接症结问题、提出意见建议，打通办理路径，逐步推动"530"土地取证工作、公建房"两证合一"、K1L1地块土地收储、港北地区土地取证工作、沧县地区三权换证、"三供一业"土地权属变更、滨90历史遗留合规用海问题等工作，均取得积极进展。

【增收创效】 2022年，油田公司结合地块区域、现场条件差异、未来发展趋势差异等因素，对公司中心区域96平方千米土地进行分类，并制定发布《大港油田矿区范围内土地租赁指导价格》，完善土地租赁价格体系；强力推行矿区打井有偿用地，配套井场平整，土方拉运"挖、装、运、卸、平"一条龙服务，固稳服务增效业务；以街道政府招商引资形式，吸纳企业进驻，推进项目落位。进一步通过土地租赁、房屋租赁等方式"以地养土"，增加收益5745余万元。坚持保障生产、依法合规处置原则，研判项目用地可行性，提前储备土地盘活计划，发挥土地对强化企地关系、落实区域发展共识的支撑作用，通过积极沟通对接，完成回津歧公路拓宽、南港石化管廊、津潍高铁项目等8个项目土地处置，收益1.49亿元。在争取公司利益最大化的前提下，创造条件盘活土地资源。树立"一切成本均可降"的理念，针对驴驹河储气库项目用地，通过政策研究，问题梳理，对策研判，与供地方对接，结合项目用地面积、电力、管道等线性用地范围统筹规划，优化方案设计，减少土地补偿费1800万元。与天津市政府沟通对接，加快办理用地手续，推动土地增值税及时减免工作，节约资金1200万元。最大限度减少新井井场、道路新增占地，提高土地资源利用效率，利用井丛场建设新井25口，利用老井场建设新井33口，节约用地费用3839.8万元。

【基础管理】 2022年，油田公司统筹地质研究进展情况、钻井计划情况、地方关系协调情况、井场道路准备情况等因素，等井位源头前期筹备工作，科学部署谋划，精心开展前期筹备，确保钻完井的整体联动。2022年，全年开钻256口、交井266口、进尺73.04万米，钻机协调到位率100%。动用试油动力18台，试油完成324口井。动用压裂动力1套，作业488段。井下作业动力日均开启96台，完成各类工作量3922口。对标合规监督管理要求，对公司用地用海工作问题进行系统梳理、归纳汇总，编制形成《关于进一步加强用地用海合规管理工作的通知》文件及配套表单，在公司相关用地单位内进行宣贯推广，增强执行力度，为公司合规用地用海管理工作提供标准化制度体系。同时发挥业务监察督导职能，针对勘探事业部、新项目事业部等8家具有代表性单位用地用海问题进行督导检查，有效推进合规用地用海管理全程受控、依法合规。

（李文华）

物资管理

【概述】 2022年，油田公司聚焦重点项目物资供应保障职责任务，持续优化物资采购管理，加强物资质量过程控制，压降库存及提升仓储物流服务水平，不断提高物资采购质量和效益，保障油田公司生产经营和重点项目建设。公司物资两级集中采购度99.9%，物资采购资金节约率9.53%，招标率100%，期末库存降低率0.06%（库存周转17.21次）。

【项目带量采购】 2022年，油田公司部署实施大项目带量采购，将涉及采购金额2亿余元的新能源、安全隐患治理、燃气设施改造等11个重点项目纳入带量采购范畴，委派专人全程跟进指导，强化各相关方的协调联动，及时发现处理各类问题，并严格执行标准化采购相关规定要求，确保采购工作合法合规。

【二级物资采购】 2022年，油田公司扎实推进二级物资集中采购，编制《大港油田公司二级物资管理目录》，根据物资的资源情况、使用情况及质量因素，制定不同采购策略，深化"一物一策"理念，有针对性的指导各类物资采购细化方案；引入专家集中评审良性机制，整合工程、企管、安全、基建、生产等多部门专家，成立物资采购方案评审专家小组，完成57个项目方案集中评审，形成公开、合规、高效评审机制；扩大集采管理小组组长单位职责范围，秉着管理集约化、品类标准化、技术专业化的原则，全权授权组长单位代表公司推动集采项目实施。实现两级物资采购资金节约金额13239万元。

【合规采购】 2022年，油田公司全面推动物资谈判采购项目公开，规定所有物资谈判必须在"中国石油招投标网"公示采购行为，进一步推进阳光化采购；全面推动成品油、钢材目录采购，通过确定合理基准价格，明确规范目录实施操作原则，提高公司目录采购率10%以上；全面推动外部市场电子采购2.0系统线上委托业务，禁止使用关联交易单位纸质委托单采购计划，采用线上电子全流程操作，全面促进外部市场业务合规运作。

【库存管理】 2022年，油田公司统筹部署682万元低负效物资处置，优化库存结构，强化库存账龄3年以上的物资的管理，要求各相关单位采取替代使用、调剂、进场交易等举措，对库存账龄3年以上的物资进行库存清零。强力推行"零库存"管理，将工作目标纳入各单位的管理考核指标，考核权重由2021年的0.2调整到0.5，库存指标管控力度进一步加强。低负效处置、调剂利用节约费用1841万元。

【模式创新】 2022年,油田公司持续推进异地代储及厂现直供业务,在大港油区内外部地区分别设置物资集中储备基地和分储中心,推动仓储业务和资源共享,实现部分物资集中储备、集中质检、集中配送,物资配送及时率98.7%以上。厂现直供节约费用406万元,代储代销、异地代储节约费用669万元。

【物资调剂】 2022年,油田公司加强闲置物资调剂利用,节约采购成本,降低库存,对各单位上报的闲置库存物资进行公告,同时对公告涉及的物资在油田公司范围内暂停采购。公司首次实现各单位之间闲置物资账、物的调剂。

【物质量管控】 2022年,油田公司对必检物资目录明细开展梳理与分析工作。采取将中国石油公共数据编码平台中查询到必检物资物料组八位编码和物资名称与《物资供应质量管理办法》中"必检物资目录"表进行对比,详细梳理必检物资目录3691项。

(姜海平)

招标管理

【概述】 2022年,油田公司针对招标管理依法合规,聚焦招投标管理工作的难点问题,推出有针对性、实用性强的管理措施,持续净化招投标市场环境,实现采购行为的阳光透明,进一步做精做专招标业务。

【招标评审与审批】 2022年,油田公司突出项目单位主体责任和技术引领,强化专业技术部门职能作用,严格落实招标管办分离,推进项目差异化管理,明确依法招标项目和非依法必招项目差异化事项,规范标准化模板应用。严控招标转谈判项目数量,提升招标方案编制质量,规范招转谈项目审批,招转谈数量降幅明显。优化项目评审流程,细化初审条款,简化评标流程,节约招标项目资金1130万元。强化辅助评标手段,采用清标工具查验缺项漏项,借助辅助评标系统实现评审全过程留痕,提升评标质量。开展招标项目后评价,梳理项目组织流程,评价招标质量及效果,分析异议与投诉,严厉打击各种失信行为,促进招投标活动更加规范。

连续3年承接中油集团公司招标数据统计分析工作,为中油集团公司专业管理提供辅助决策和数据支持。发挥招标中心业务优势,配合项目建设单位完成全流程电子化招标,保障公司招标、谈判项目高效运行。促进评标专家能力提升,开展招标评审专家培训,加强专家履职考核与追责,实施专家库动态管理。研发谈判项目线上审批和谈判方案在线编辑模块,固化审批流程和表单,以信息化手段辅助谈判项目线上管理,提升谈判组织效率和谈判采购合规性。开展招标业务突出问题专项整治,有效遏制招标投标活动中的违法违规行为,全链条、全流程提升招标依法合规管理水平。

(王爱民)

设备管理

【概述】 2022年,油田公司围绕"现场精细管理水平提升目标",持续完善制度管理体系,树立设备全生命周期管理理念,从源头选型、运行维护、维修保养和挖潜再利用等全过程各环节,持续提升统筹协调能力,以高质量的设备保障为油气生产保驾护航。2022年,油田公司设备综合完好率99.51%,

设备综合利用率81.06%。

【基础管理】 2022年，油田公司强化设备基础管理，制定发布《大港油田公司车辆管理办法》，进一步规范车辆维修和油料管理；新制定16项通用及特殊阀门的操作保养规程，修订完善通用型设备操作保养规程138项；强化设备维修费用率指标考核力度，推动各单位加大设备维修保养和隐患治理费用投入比例。为提升设备技术状况，实现标准化操作和维护奠定坚实基础。

【"百日整修"活动】 2022年，油田公司组织开展设备管理"百日整修"活动，聚焦设备数据库管理、操作保养规程管理、加热炉专项治理、抽油机专项治理、防爆电气专项治理、各单位自立项专项治理"六大治理领域"，消减设备安全隐患风险，提升现场设备本质安全。各相关单位通过全覆盖、深摸排，暴露问题；通过强协作、明责任，落实资金；通过调资源、勤督办，攻坚克难，累计发现和解决现场设备问题3869项，取得显著成效。建立设备管理长效机制，成立防爆电气、加热炉隐患专项治理小组，以低碳发展、绿色节能、环保优先为主线，完成35台加热炉的更新改造和653项防爆电气的销项工作，彻底解决困扰公司多年的防爆电气隐患问题，有序治理问题频发的加热炉隐患。

【绿色节能】 2022年，油田公司与中国石油济柴动力公司、渤海装备制造公司、中国石油海洋工程公司达成合作意向，在埕海1-1平台等项目上全面应用新能源、新技术设备。推动新能源加热炉替代、VOCs治理、压力容器等一批节能环保项目实施，实现绿色产品采购比率40%以上。推进绿色企业建设，完成72台加热炉低氮燃烧器及安全联锁保护装置改造，推动27台网电修井设备规模应用，节约燃料费用50%。

【规范管理】 2022年，油田公司发挥设备专业化管理小组作用，解决制约机采效率和生产时效的设备关键因素两大科研课题攻关，实现新型阀座阀片等6项科技成果转化；首批开展抽油机、注水泵再制造试点项目；围绕自主维修、科研攻关、设备再制造等重点开展工作，形成设备再制造规范、潜油电泵电缆接头规范、防腐抽油杆选型规范、防爆电气选型规范、打印机配置规范、机油更换周期等六大管理规范。

【控投降本】 2022年，油田公司深挖潜力，落实设备提效举措，设备调剂利用919台、自主维修243台、国产化配件替代1000余项、设备租赁653台；规范车辆维修及油料管理，加大设备新能源替代和推进设备全生命周期精益管理三项管理提效措施，降低设备维护成本；推进"再制造+预知维修+维修集采"三项举措，设备全生命周期对标管理节约资金5221万元。

（姜海平）

企业管理

规划计划管理

【概述】 2022年,是党的二十大召开的政治大年,也是油田公司建设国内一流数智油田的关键之年。面对新冠疫情频发、恶劣天气频现给生产经营带来的严峻挑战,规划计划管理工作紧紧围绕油田公司"冲、抢、稳、保"整体部署,深入践行严谨投资、精准投资、效益投资的管控理念,坚持计划外无计划、计划内再优化的管控原则,突出质量效益和合规管理,助推生产经营形势持续向好。

【主要业绩指标完成情况】 2022年,油田公司计划投资585310万元,其中上市业务528745万元、未上市业务56565万元;实际完成投资568219万元,其中上市业务515547万元、未上市业务52672万元。全年投资完成率97.1%,完成上级考核指标。勘探开发石油工程类项目投资占比85.02%;基建工程投资节约率12.69%;原油销售市场化增收3321万元。

【新能源业务发展规划】 2022年,油田公司全面分析综合能耗及分布、土地资源、电力系统情况,深入研究风光资源、消纳能力、并网条件等指标,经过先6轮次论证优化,编制形成以"节能瘦身、清洁替代、固碳减碳"为实现路径、以"十四五"末清洁能源利用率达到25%为奋斗目标的新能源业务发展规划。

【发展目标对接】 2022年,油田公司持续与中油集团公司相关部门沟通衔接,及时反映油田公司新能源业务在政府并网指标、规划审批等方面存在的实际风险和难题,争取理解和支持。经过反复对接和持续优化调整,确保规划风险可控。针对油田公司新能源业务发展规划晚于地方政府业务发展规划和国土空间规划的实际,多轮次主动与天津市、滨海新区主管部门沟通协调,如实反映油田公司诉求。经过反复对接、优化调整方案,将新能源业务发展规划纳入天津市滨海新区新能源规划和国土空间规划,为新能源规划落位、新能源项目落地奠定坚实基础。

【未上市业务发展规划】 2022年,油田公司针对未上市业务解困扭亏难度大的实际,在充分吸收借鉴未上市业务亏损治理行动方案和业务归核化发展方案的基础上,结合未上市业务差异化大、与主业协同关系复杂的实际,逐单位、分业务一对一组织论证,摸清问题、找准潜力、明确路径、制定目标。经过反复研究论证,编制完成未上市业务中长期高质量协同发展规划,得到中油集团公司规划部门的赞同与认可,为油田公司未上市与上市业务高质量协同发展指明方向。

【国土空间规划】 2022年,油田公司把握天津市政府编制国土空间规划契机,主动跟进编制动态,主动申诉油区发展需求,维护公司发展空间和利益。经过不懈努力和反复争取,天津市政府同意城市边界取消北穿港路南侧200米防护区和南港工业区1000米绿化隔离带,增加油区建设用地12平方千米。针对南港工业区周边土地规划安全控制线防护目标问题,主动与南港管委会对接协商,消除油田公司位于南港工业区约8.5平方千米土地开发利用的不利影响。编制完成了港西港中地区控制性详细规划和油田高铁站周边重点区域城市设计规划,并与天津市政府国土空间规划衔接,促进生产建设与城市建设协调发展,提升城市服务功能。

【投资规模管理】 2022年,油田公司坚持按照中油集团公司严控投资规模刚性要求和油田公司抑制资产规模增长硬性需求,严格执行资金预算计划,践行"计划外无计划、计划内再优化"理念,量入为出、刚性管控,除生产应急外,未列入年初计划的项目不安排、不直接增产创效的项目不安排,确保投资总量不超中油集团公司下达规模,无计划外和超计划项目,完成中油集团公司投资控制考核指标。结合生产建设实际，持续优化勘探开发方案部署，优化实施产能侧钻井32口，实现投资不超、任务完成、效益达标；切实加强投资实施过程监管，严格设计变更管理，严把投资结算关口，严肃审核投资支出，坚决杜绝投资浪费。2022年新增油气净资产49.7亿元，同比减少4.16亿元，4类自主项目在投资不超中油集团公司既定规模的前提下，多实施老油气田改造项目3项。

【前期投资管理】 2022年，油田公司在年初充分开展拟建项目调研的基础上，统筹资金盘子和生产建设需求，严格控制列入前期工作计划项目数量和投资总量。结合项目建设必要性和生产紧迫性，按照"宜快必快、宜缓则缓、该停就停"的原则，有序推动项目前期研究论证工作。暂缓、取消"官二联采出水处理系统调整改造"等6个项目，节约投资2800万元；推动2023年安全环保隐患治理项目的可研工作，较2022年提前完成6个月；超前谋划天然气深冷提效工程政府审批手续的办理工作，为2023年项目实施奠定基础。坚持严把前期研究论证"四道关口"：严把审批流程关，坚持执行所属单位—机关业务部门—公司主管领导三级立项机制，严格履行审批程序，实现源头控制投资；严把前置条件关，项目所需的规划、土地、专项评价等前置条件不具备的，不批复可研、初设，不列入投资计划；严把风险控制关，坚持关键技术经济指标核准确认制度，加强项目市场资源、技术、安全环保、依法合规等关键事项评估论证，制定风险防控措施，严控项目投资风险；严把造价审核关，充分发挥经济技术研究院的经济技术支撑作用，坚持可研估算和设计概算审核机制，有效控减投资。2022年，审查各类项目可研和初步设计70项，报审投资66612万元，批复投资58158万元，审减8454万元，前期优化审减率12.69%。

【投资效益管理】 2022年，油田公司坚守效益标准、坚持效益优先，列入投资计划项目效益排队、优中选优，高效项目优先实施、低效项目持续优化、无效项目不予安排，切实打造精品工程。产能建设项目深入落实"建设单位初审+专家队伍复审"二级审查制度和"项目池"管理模式，切实做到四个"实"，即写实单井产量、核实单井投入、靠实单井效益、做实一井一策，严把单井设计效益关，按效益优化设计、按效益倒逼成本。2022年，安排油气产能井217口，经济评价覆盖率100%、效益达标率100%。通过强化管控，油气产能建设项目方案质量和实施效果不断提升，原油产能建设共在39个区块实施，区块达标率87.2%，单井达标率81.5%，较计划提升1.5%。

【项目管理】 2022年，油田公司坚持瞄准增储目标和油气产量任务，全力保障增储建产投入，完成石油工程类投资48.99亿元，投资占比保持在85%以上；筹措投资12350万元，优选实施压裂、酸化、二氧化碳吞吐、智能注水等措施62井次，预计当年累增油12000余吨，助力油气产量目标完成。按照滩海快建产的整体部署，优先安排投资3.5亿元实施埕海1-1平台及赵东CP3平台海工建设，并实现当年投产，为后续产量接替打下坚实基础；针对唐东重点勘探开发区域，筹措投资8209万元办理海域使用，实现唐东地区8个井场、32.83公顷海域永久用海手续落地，积蓄发展动能。始终坚持安全是最大效益、环保是最大降本的理念，全力保障安全环保投入，在优先安排安全环保隐患治理资金11252万元的基础上，再次千方百计筹集资金2179万元，实施防爆电器、加热炉、压力容器等隐患治理专项工程，有效提升本质安全水平。紧紧围绕油田公司做强做大储气库业务和新能源业务的规划部署，向中油集团公司争取投资58773万元，安排驴驹河储气库工程、板南东块白15库扩容工程、大张坨储气库隐患治理工程、板深37储气库等项目，为持续提升储气库调峰保供能力提供资金保障；争取投资9560万元，部署实施港东联8兆峰瓦分布式光伏发电、港东作业区20兆峰瓦分布式光伏发电项目，实现新能源业务发展稳健起步。

【外供原油市场化销】 2022年，油田公司深化推行"四精"管理。精密谋划，多轮次研究讨论、深层次对比分析,确定"储油、销售、交付"三集中和"竞价4万吨+定向3.3万吨从价从量"销售策略,编制市场化销售方案和竞价销售实施细则,确保市场化销售目标实现提供制度保障。精心选商,以2021年竞价老用户为基础,以"双权"用户为重点,积极宣传、严把资质,在符合资质的10余家用户中选定4家意向客户,进一步增加竞争能力。精准施策,综合国内外市场信息,抓住国内地方炼油厂原油供应形势紧张、需求旺盛有利局面,大幅提升竞标底价205元/吨;先后经过17轮激烈线上竞价,最终以超内供价450元/吨竞标成功,较2021年竞标价238元/吨高出212元/吨,在中油集团公司各油田原油市场化销售中成为最大销售价差。抓住高油价黄金期和中油集团公司上半年政策窗口期,6月以5808元/吨(合125美元/桶)价格销售原油5808元/吨,销售价格创油田公司历史新高。精细实施,超前制订原油储备计划,严把合同关口,细心组织协调拉运事项,完成外供原油市场化7.3万吨目标任务,创效3321万元,较2021年增长1900万元。原油市场化销售在2021年"零突破"基础上"创新高"。

【内供原油销售】 2022年,油田公司结合原油价格调整规律,超前预测原油价格波动趋势,抓住价格差和时间差,月度间高销低储,适时优化月度销售计划,结合油价上涨态势,先后调整销售计划4次涉及油量4万吨;月度内实行分价分输,打破均衡输油,结合价格区间波动,调整输油量5.87万吨。2022年创效1830万元,较2021年增长1157万元。

【燃气与液化气业务移交】 2022年,油田公司按照统一安排,组织成立城镇燃气业务移交小组,在多家企业中优选昆仑能源天津分公司作为合作对象,经过多轮次谈判协商,就移交方式、人员划转、资产评估等具体内容达成一致意见,签订《大港油田城镇燃气业务移交框架协议》,并于11月11日与合作对象深度沟通交流,进一步明确后序移交的路线图和时间表,城镇燃气业务进入实质性移交轨道。液化气移交方面,坚持从合规管理和维护油田公司利益出发,本着互惠双赢的原则,理清历史根源与现状,编制多套实施方案,争取集团公司的理解支持,并与天津市同欣集团公司、中国石油昆仑能源公司等相关方反复沟通协商,力争2024年实现统购统销,从而彻底解决液化气销售与上级统购统销政策不一致的问题。

【制度建设】 2022年,油田公司按照中油集团公司投资计划管理办法,及时组织修订大港油田公司《投资计划管理办法》《投资项目可行性研究管理办法》《建设项目初步设计管理办法》等管理制度;围绕原油、轻烃、液化气、零散气等产品销售,健全完善《原油销售管理办法》《轻烃液化气乙烷销售管理办法》《管输天然气销售管理办法》《零散天然气销售管理办法》《原油和天然气产量核算管理办法》等8个管理办法,管理体系进一步健全规范。

【合规督查】 2022年,油田公司按照"资质合格、去向清晰、程序规范"原则,严格开展销售合规督查。根据中央企业合规管理强化年活动以及中油集团公司销售业务的新要求、新部署,针对原油、天然气、轻烃、液化气销售业务,组建计划、审计、财务、质量安全等专业小组对6个采油厂、2个销售单位进行立项督查。按照集团公司销售管理办法和有关规定,围绕"用户资质、资源流向、销售流程"三重点内容和"价格、质量、数量"三关键指标,通过"查资料、查现场、查人员"三查方式,先后召开摸底调查会8次、访谈80人次、检查现场站点12个,现场核实相关生产设备仪表40余台(套)、调取资料80余份。通过全方位督查,发现用户管理、销售管理、定价管理、QHSE管理4个方面18个问题。针对发现问题组织相关单位及时制定整改措施并跟踪落实。截至年底,除液化气未实现统购统销外,发现问题全部整改完毕,有效防范风险。

【专项治理】 2022年,油田公司根据中油集团公司"严肃财经纪律、依法合规经营"综合治理专项行动部署,集中开展投资问题专项治理。梳理现行投资管理制度4项，确保与中油集体公司投资管理要求保持一致。开展项目前期管理，自查各类项目687项、涉及投资324.56亿元，项目均按照相关程序要求进行委托、审查、批复，不存在违反规定程序或超越权限决定、批准和组织实施行为。梳理2016—2021年投产项目246个、投资207.3亿元，自查发现2019—2021年实施的油气产能建设项目中56个原油产能区块、1个天然气产能区块未达到方案设计产量和效益目标，针对发现问题开展深入剖析并制定提升投资效益措施。通过投资问题专项治理，进一步完善投资管理体制机制，切实防范化解各类投资风险，提升投资计划的经济性、科学性、规范性。

【海景大道南延切改工程】 海景大道南延工程是经油田公司主要领导多次反映、积极争取促成的民生工程。2022年，按照与天津市政府达成的协议，油田公司具体负责海景大道南延涉及生产设施切改工程。在工程实施过程中，油田公司全面踏勘周边现场，优化论证切改设计，优化调整路由，最大限度避让管线集中带，大幅度减少切改工程量，压减切改资金3000余万。反复与天津市政府沟通协调，增加拓宽滨海北路西段（津岐公路—海景大道）工作量，打通滨海北路西段津岐公路至海景大道南延的交通瓶颈，提高油田对外交通能力。在基础上，通过积极争取，切改工程相关手续由天津市政府统一办理，并协调解决1400万元的非油田生产设施切改的资金问题。

【津潍高铁工程】 2022年，油田公司开展地面设施切改现状调查，配合工程设计单位编制完成津潍高铁天津段地面设施切改初步设计方案，并获国家发改委批复。全力开展赔偿协商有关事宜。经油田公司测算，拆迁赔偿资金39亿元，但国家发改委仅批准24亿元，并明确资金缺口由天津市政府承担。根据国家发改委有关要求，与天津市滨海新区津潍高铁拆迁单位沟通，确定土地以及地上建筑物、油气设施切改费用的计算标准、赔付方式、审批流程等有关内容，并签订相关协议。最大限度争取油田公司土地和在用设施切改的足额赔偿，维护公司合法利益。

【协调沟通】 2022年，油田公司以用海用地规划、空间发展布局等业务沟通为纽带，不断加强与天津市、滨海新区政府部门的沟通协调，构建和谐亲密的政企关系。板深37储气库扩容达产工程列入天津市重点建设项目，风光发电并网指标、地热等多种清洁能源耦合供热等新能源业务得到天津市政府部门支持。油田公司接收天津市发改委、滨海新区政府感谢信，并获评"国家统计局评为优秀报表企业""集团公司评为统计工作先进单位"。

经营管理

【概述】 2022年，油田公司企业管理工作以建设国内一流数智油田目标，推进"稳油、增气、提效"三大工程，深化实施三年改革行动、对标管理提升、亏损企业治理等专项工作，取得较好工作成效。

【改革三年行动】 2022年，油田公司落实中油集团公司有关要求，编制《大港油田公司改革三年行动实施方案》，细化任务分解，做到处室有指标、员工有责任。创建"整体任务销项法、重点工作节点法"，扎实落实"月组织、月推动、月讲评、月上报"督察督办工作机制，并于2022年5月提前完成37项改革任务，通过中油集团公司检查验收。

【对标管理提升】 2022年，油田公司按照"寻标杆、查标准、摆差距、定措施、促提升"工作思路，采取"月收集、月总结、季评价、季推动"方式，围绕确定的26个三级对标指标，推动《对标提升行动计划》《对标提升工作清单》，将对标提升行动与主题教育相结合，横向上全面对标、纵向上

重点对标，实施指标对标和管理对标一体化推进，26项指标达标和整体管理水平切实提升。编制《大港油田公司年度对标成果报告》通过中油集团公司评审。

【亏损企业治理】 2022年，油田公司根据中油集团公司亏损企业治理总体安排，结合油田公司实际，组织编制并推进落实亏损治理方案和未上市6家重点单位亏损治理三年行动方案。成立精准帮扶领导小组和6个工作推动组，"一企一策"开展精准帮扶。2022年未上市业务利润1446万元，连续两年扭亏为盈。

【经营业绩考核】 2022年，油田公司持续优化"大效益"指标体系，突出对内部利润与原油产量的正向激励；强化"差异化"与"多维度"精准考核，健全完善"1+N"考核机制。督导各单位建立考核体系，督导指标分解到岗位、到人头；适时推出"原油产量月度考核激励政策"，助力"夺油上产"；激发全员增产创效活力，考核"指挥棒"作用明显。

【"项目自建"和市场管理】 2022年，油田公司坚持"谁使用、谁负责、谁监督、谁评价"原则，采取"单位推荐、业务把关、集中审核"相结合方式，持续落实"评审与准入、监督与评价、分析与处置"全过程管控，全年准入供方337家，处置供方459家，剔除不良供方124家。坚持"自己能干的活自己干"，完善"自建项目清单"，发动和鼓励各单位"内部挖潜"，加强外委审批，减少业务外流，两年来同比减少对外支出1.4亿元，成为最具价值的提质增效措施之一。

【合同全过程管理】 2022年，油田公司进一步明确合同管理工作链中"选商与谈判、履行与监督、验收与结算"全过程节点责任，特别加强变更审查，使业务发生中"重选商签约、轻履行监督，重办理结算、轻验收把关"现象得到明显改善。推进"合同文本、审查审批、履行监督"3个精细化，全年推送合同文本100多个，提出各类审查建议5000余条，节约资金1000多万元。加强合同专项检查和问题合同治理，事后合同比例始终保持在0.4%以内，低于中油集团公司2%的考核标准。

【资本运营管理】 2022年，油田公司重点对3家参股企业规范行使股东权利，确保分红权和投资保值增值。国泰君安证券分红409万元、累计分红3310万元，华泰保险分红264万元，累计分红3431万元。组建天津市大港油田同欣集团，完善管理章程，健全"四会一层"，签订委托管理协议，明确受托管理权限，完善制度体系和考核政策，厘清经济研究院与工程咨询公司、石油工程院与钻采技术开发公司、团泊洼开发公司与团泊新业公司、天津市滨海新能公司与天然气公司等单位的"人、财、物、业务"界面，促进双向协同发展。特别是在全力推进厂办大集体改革工作中，成立专项领导小组和日常工作推进组，采取"日碰头、日推动""5+2""白+黑"的非常规举措，对积存近20年的业务分歧进行法律论证和账物分析，做到合规处置，提前完成"厂办大集体改革"的"三无"工作目标。

（王爱民）

内部控制体系与风险管理

【概述】 2022年，油田公司内控与风险管理工作以"强内控、防风险、促合规"为工作目标，着力深化内控与风险管理体系的维护、运行和监督，通过优化、简化业务流程，健全完善内控风险动态监测机制，强化内控监督检查，加强培训宣贯和队伍建设，实现公司重大风险受控、内控体系持续有效，为公司合规运营、稳健发展提供有力保障。

【内控体系建设及运行评价】 2022年，油田公司按照中油集团公司要求，结合公司管理实际，持续优化完善内控管理制度，按期保质完成《内部控制管理手册》《权限手册》（2023版）、《内控流程文档》（2023版）编制及发布工作，指导公司开展内控体系建设，保持内控体系设计稳定性和延续性，确保内控体系设计动态合规、持续有效。2022年，公司内控体系自我测试，测试内容包括公司层面、业务活动层面和信息系统控制层面，测试覆盖12个机关处室、3家直属单位、32家所属单位，测试共抽取样本资料20560项，实物现场抽查盘点32次，发现例外事项173个。8月，接中油集团公司管理层测试，测试发现例外事项16个，未发生国资监管关注问题和屡查屡犯情况。12月，公司组织进行改进测试，对例外事项的整改情况进行验证。截至12月31日，管理层测试、自我测试发现所有例外事项全部按要求整改落实到位。

【风险管理】 2022年，油田公司两级领导班子成员、16个机关处室和35个所（直）属单位技术专家和业务骨干共计1000多人参与风险识别、分析、评价等工作。公司机关本部发放风险评估调查问卷246份，经评估确定老区原油产量风险、安全风险、老区原油产能建设效果风险、财务预算指标风险、环保风险、井控风险、经济可采储量风险、网络安全风险、维护稳定风险9个风险为2023年度重大风险。32家所属单位结合自身主营业务实际，识别风险731个，评估确定重大风险82个。落实"谁主管业务，谁管控风险"工作要求，强力推动重大风险管控落实，各级风险主责部门通过专项检查、重点核查、实物检查、听取汇报等多种方式，做好各项管控措施落实情况的监督检查，确保管控措施落到实处、见到实效，防范化解重大风险。

【规章制度管理】 2022年，油田公司持续强化规章制度建设，对在用的1295项规章制度〔其中国家级法律法规222项、地方性法规147项、中油集团（股份）公司规章制度377项、油田公司级规章制度549项〕进行效力评价，严把规章制度立项、发布、废止程序，严格制度合规性、结构性和程序性审查，各项制度依法合规、相互配套、有序衔接。2022年，发布新建制度23项、修订完善制度71项、废止不适应制度111项。

（张　静）

依法合规管理

【概述】 2022年，油田公司深入贯彻习近平法治思想，落实中油集团公司党组"四个坚持"兴企方略、"四化"治企准则，紧密围绕公司中心工作，全面深化依法治企、纵深推进合规管理，固牢企业管理基础，在公司范围内开展"合规管理强化年"和经营业务合规专项治理等各项工作，着力打造高质量发展的"健康体魄"，为建设国内一流数智油田提供坚实保障。

【法律风险防控】 2022年，油田公司坚持把强化风险监管排查和监督管理作为依法合规管理的关键一环。以"合规管理强化年"及综合治理专项行动为契机，加强全过程合规监管，开展法律风险大检查，未发现违反国际规则被制裁，以及违反国资监管要求的风险和问题。调整优化两级法律工作机构，选优配强法律专业人员，构建形成事前预防、事中控制、事后处理全过程发挥作用的法律组织体系。公司局、处级领导班子成员深入基层、下到一线，查摆制约发展的问题短板，制定切实可行的方法举措，切实防控法律风险。对照公司合规规范清单，持续深入开展全级次、全领域、全方位的合规风险排查，动态更新风险清单，深入剖析问题根源，有针对性地制定应对举措、及时整改销项，确保各类风险始终可控受控。

【法律咨询服务】 2022年，油田公司坚持"决策先问法、违法不决策"，持续完善、严格执行"三重一大"决策制度，落实总法律顾问列席党委会、执行董事办公会参与讨论研究涉及法律合规相关议题，以及参加总经理办公会等重要决策会议制度，将合法合规审查和重大风险评估作为决策重大事项的必经前置程序，从源头上强化论证把关、防范决策风险。加强重大事项法律合规审核工作，提升法律审核质量水平。搜集资料、查清实施、寻找依据，助力推进港西新城K1、L1地块遗留问题及医疗卫生机构移交遗留B座住院楼相关问题的解决。在自建危陋平房治理中提出认定危房的解决思路，推动问题解决。累计发布法律合规风险提示2份，针对厂办大集体改革、土地处置等重大决策事项出具法律意见8份，审核各类涉法决策议题18个。

【纠纷案件管理】 2022年，油田公司严格按照"减存量、控增量"总体要求，切实加强争议纠纷事前防范和协调处理，推进未结案件妥善处置和历史遗留案件"动态清零"，依法主动解决侵害矿权、盗抢原油、债务追偿、权利保护、违建清理、维稳信访等事项，处理各类案件35件，诉讼金额1357万元；累计避免或挽回经济损失824万元，维护公司合法权益和生产经营秩序。2022年，公司未发生行政处罚事项，实现重大法律诉讼案件为"零"的目标。突出安全环保、项目投资、财务金融、工程建设、合同招标、物资采购、勘探开发用海用地等重点领域和重点事项，持续加大专项治理力度，彻底解决历史遗留的、长期积累的、情况复杂的违法违规问题。坚持以案促管、以案促改，编制《法律诉讼典型案例汇编》第4册，发布涉及买卖合同、工程建设、劳动争议等典型案例等，注重用身边人、身边事影响并警示教育广大干部员工。

【工商登记管理】 2022年，油田公司适时完成公司及所属经营单位企业信用信息公示及相关变更登记工作。研究吊销公司清算注销方式，推进煤层气公司、世通制衣公司清算注销工作。研究赵东项目终止、孔南项目延期等问题，提出建设性的法律建议，助力工作推进，有效发挥法律有力支持保障职能。

【普法和依法治理】 2022年，油田公司加强公司法治建设组织推动，细化合规经营考核细则，突出法治建设责任落实，谋划制定法治建设示范企业创建行动方案，积极协调落实。注重抓领导干部"关键少数"，将学习掌握必备法律知识作为干部能力培养的重要内容，将依法依规、从严治企、遵规守纪、廉洁自律作为考察使用干部的重要条件，将履行法治建设职责情况作为党员干部述职述廉和业绩考核的重要依据，两级党委理论学习中心组开展集中学法研讨，组织中层以上领导干部参加普法学习、考试610人次，学法、懂法、用法逐步成为党员干部行动自觉。注重抓业务导向。全面加强与公司实际工作密切相关的法律法规知识培训，制度化、常态化、多样化开展法治宣传教育，举办《宪法》《民法典》《安全生产法》等各类法律法规培训300余期、1.6万余人次，年度全员合规培训率保持100%，广大干部员工法治观念、合规意识、契约精神、法律素质稳步提升。组织开展法律知识答题和"法治在我心中"演讲比赛，营造浓厚的学法守规氛围。

（房四利）

财务管理

【概述】 2022年，油田公司财务系统以习近平新时代中国特色社会主义思想为指导，全面贯彻新发展理念，围绕公司"十四五"战略规划，充分发挥财务管理在企业管理中的中心作用，以推动高质量发展增强价值创造能力为主题，以推进数智化转型提升决策支撑能力为主线，以深化低成本发展有效防控经营风险为主调，加快构建和完善与国内一流数智油田相适应的财务运营管控体系，为公司全年各项经营目标任务的完成做出重要贡献。在资产轻量化44.4亿元的情况下，公司上市业务实现账面利润5.47亿元，未上市（含矿区）业务实现账面利润0.14亿元，账面利润、自由现金流为正，上市、未上市业务保持账面"双盈利"。

【年度经营指标完成情况】 2022年，油田公司整体实现账面利润5.61亿元，较预考核利润增利5.48亿元，其中上市业务实现账面利润5.47亿元，较预考核利润增利5.39亿元；未上市（含矿区）业务实现账面利润0.14亿元，较预考核利润增利0.09亿元。公司整体实现收入253.04亿元，较调整预算增加15.36亿元，其中上市业务实现收入193.17亿元，较调整预算增加11.29亿元；未上市（含矿区）业务实现收入59.87亿元，较调整预算增加4.07亿元。公司整体发生成本费用247.43亿元，其中上市业务发生成本费用187.70亿元，未上市（含矿区）业务发生成本费用59.73亿元，公司成本费用总体受控。油气完全成本方面，自营区账面油气综合桶油完全成本84.43美元/桶，对外合作区66.27美元/桶；剔除石油特别收益金、资产减值报废等因素，自营区考核口径实现桶油完全成本62.96美元/桶，对外合作区54.06美元/桶。公司整体安排投资计划62.34亿元，完成60.78亿元，其中上市业务安排投资计划56.68亿元（含跨年计划），完成55.21亿元，包括：预探9.03亿元、评价4.43亿元、开发41.75亿元；未上市（含矿区）业务安排投资计划5.66亿元（含跨年计划），完成5.57亿元，包括：基本建设0.3亿元、安全环保隐患治理0.05亿元、储气库4.85亿元、其他0.37亿元。

2022年，油田公司"两金"压控指标超额完成上级下达的任务。公司民营企业欠款实现无争议款项全额支付，贯彻中央部署，支持民营经济发展。

【数智财务】 2022年，油田公司按照"建设国内一流数智油田"整体规划安排，以现代信息技术、数字技术为依托，推动内部资金管理模块、印花税管理模块等一批财务系统模块的建设，公司财务管理数智化水平不断提升。搭建内部资金管理模块，实现资金数据的统一归集、动态管理、预警提示、实时分析、线上审批，提高资金管理工作效率和水平。完成税务平台印花税模块建设工作，实现税务平台的风险管控及合规化管理，成为中油集团公司首家提出印花税管理模块试点研究建设的单位，并得到中油集团公司财务部认可。结合上市租赁系统上线经验，提前梳理工作难点，指导各单位积极开展业务处理，实现未上市租赁系统平稳上线运行。

【预算管理】 2022年，油田公司持续完善预算管控机制。在预算管理机制建设上，健全内部市场化商务模式，出台原油增产支持政策、风险作业支持政策和资金有偿使用政策，发布井下作业市场化定额，实施科研项目全成本预算全成本核算，充分发挥预算管理的引领作用、导向作用。在预算过程管控上，强化预算动态管控，通过实施"三个三"滚动预测、强化效益约束型资金配置、深化重点要素对标分析、推进资产轻量化、规范弃置费用管理、"一企一策"精准帮扶三厂降本和井下减亏等重点举措，有效化解部分经营风险，确保年度经营目标的完成。在预算考核评价上，增设成本利润率目标和人均管理经费改善目标，进一步加强各单位全成本管控意识，增强各单位树牢"过紧日子"思想，强化公司经营理念。

【资金管理】 2022年，油田公司通过完善资金管理制度建设、健全市场化资金配置政策、强化资金计划管理与控制、细化现金流运行与分析，有效确保资金运行安全、平稳、受控。

完善市场化资金配置政策，突出资金引领作用。为全面适应公司"内部利润中心"的管理模式，持续推进"内部银行"有效平稳运行，引导各单位自主强化营运管理，提高资金周转效率、控制资金占用规模、优化资金占用结构，制定并下发《大港油田公司内部资金配置及借款政策实施细则》。根据各单位的业务角色定位，结合资金配置管理需求，将各单位划分为经营型利润中心和支撑型利润中心。进一步明确不同利润中心下资金的上收、下拨政策;对内部借款,参考各单位资产负债率指标,实行差异化融资管理。为确保资金能够投入到回报高、效益好的项目,发挥资金导向作用,公司以各单位当年自有资金为限确定投资资金来源,投资资金来源不足时需在批次计划下达时履行内部长期借款,借款利息需资本化。进一步强化各单位算账意识,提高资金使用效益。通过建立市场化资金运行和借贷机制,有效引导各单位自觉坚持"以收定支、量入为出"的理念,实现按效益导向加强资金管控目的。

强化资金运行过程管理,确保现金流持续向好。从计划编制、审批与调整、计划执行、考核与控制等方面进行规范管理。在资金计划安排上,以年度自由现金流指标和收入计划为限倒排年度支出计划;以年度支出计划为限管控累计月度支出计划,以月度资金流入倒排资金支出,强化资金计划"以收定支、量入为出"的管理原则。在执行过程中,建立资金计划调整与审批程序,并严格落实,强化资金计划执行的严肃性。在计划管控上,以月度资金计划考核结果、现金流状况、内部结算进度、两金占用等情况对各单位资金计划实行管控,充分发挥资金计划的引领、约束作用。按月关注现金流运行状态,从横向、纵向分别开展资金运行分析,深入摸清公司以及各单位现金流运转特点,查找资金运行过程中各个关键环节存在的问题,影响公司现金流动的主要因素,进一步明确资金管理方向,提高资金周转速度,确保现金流持续向好。

持续压降"两金"占用,提升流动资产运营质量。两金高位运行,不仅会影响企业资产质量、运行效率、盈利能力,也会加大企业的经营风险。为此,公司制定"一事一策"压降方案,重点分类清收历史账款,加快处置历史非正常存货,构建完善常态化清欠管控机制,强化存货采购源头控制,夯实资产、资金运营质量。完善激励约束机制。结合上级下达的"两金管控"指标,科学合理分解下达年度指标,制定"两金"压降管理考核政策、"两金"管控双向计息政策,有效提高资金周转效率,减少资金占用,提升资金使用效益。挂牌督办减两金关键事项。财务处单独或联合物资装备处,向相关单位下达重点陈欠、积压物资督办通知书,予以挂牌督办,并按月收集进展情况、紧盯清理进度,推动相关单位对两金关键事项尽快清理处置。一事一策压两金存量。结合资产分类评价管理,组织开展应收款项分类评价工作。对梳理出的低效、负效应收款项逐项确认形成原因、分析清收难度,制定清收方案。

【财务核算】 2022年,油田公司持续完善会计核算流程,健全财务管理制度体系建设,财务核算基础愈加稳固。

按照会计核算质量提升专项工作实施方案,加强顶层设计,根据准则、中油集团(股份)公司会计手册变化,出台公司内部核算指导意见,分业务类型、分单位性质完成21项《分业务类型核算指导手册》和6项《分单位性质核算指导手册》的编制工作,陆续制定《现金流管理办法》《内部资金控制管理办法》,修订完善《井下作业市场化定额》《油气产品价格管理办法》《报废资产处置办法》《资产租赁管理办法》等规章制度,进一步完善财务体系的系统性、合规性、适用性和有效性,科学、严密、规范的财务管理制度体系正在逐步形成。

按照中油集团公司统一报表平台推广上线要求,结合未上市报表上报现状,按期完成系统配置、权限初始化、报表架构的核对与确认等工作。组织财务处各科按时完成3—5月报表数据验证,并上报中油集团公司财务部数据验证确认表及并行验证情况报告,确保平台按时上线运行。

结合上市租赁系统上线经验,提前梳理工作难点,现场组织基层单位进行系统操作培训,配置系统顾问完成初始化配置,指导各单位完成2021—2022年业务处理,核实与FMIS系统之间数据差异形成的原因及调整工作，实现未上市租赁系统平稳上线。

【税费管理】 2022年，油田公司争取各项税收优惠政策。从生产经营活动前端入手，全面落实国家减税降费普惠政策，精细谋划业务活动与税收内在联系，重点研究资源税、土地使用税、印花税等税费政策空间，全年预计节税2.4亿元，较2021年增长38%。牢牢抓住中油集团公司高度重视绿色低碳发展的有利时机，研究编制《大港油田公司新能源项目涉税节税情况报告》，通过大量比对，筛选出涉税设备40余种，涉及投资额8.3亿元，实现新能源节税129.4万元。加快科技管理市场化商务模式创新和核心技术攻关，扩大研发经费范畴，用足用好国家税收优惠政策，实现研发费用加计扣除节税3942万元。

【债务管理】 2022年，油田公司加强应付款项管理，规范应付款核算，防范应付款支付风险，编制印发《关于开展清理长期挂账应付款项的通知》，组织开展长期挂账应付款项的清理工作，通过分析长期挂账应付款项的情况，逐笔制定清理方案，全年清理并转营业外收入4954万元。要求各单位建立民营企业欠款管理台账，对民企欠款进行线下动态管理，对达到合同约定或付款合理时限的及时办理付款手续，避免无分歧逾期款项的发生。通过强化降杠杆减负债，资产负债率得到有效控制。日常加强资金计划管理和现金流量分析，压降"两金"占用，防范资金链断裂风险，保障公司生产经营有序运行。

【关联交易】 2022年，油田公司向关联方销售产品和提供劳务交易金额共计2.23亿元，其中产品类0.0001亿元、生产服务类0.13亿元、工程技术服务类1.02亿元、其他1.08亿元。全年向关联方采购产品和接受劳务交易金额53.66亿元，其中工程技术服务类42.46亿元、生产服务类8.62亿元、物资供应类0.47亿元、生活服务类1.53亿元、社会服务类0.06亿元、土地租赁0.38亿元、房屋租赁0.15亿元。

【稽查工作】 2022年，油田公司严格落实财会监督职责，持续严肃财经纪律，陆续开展"会计信息质量巩固提升专项行动""税收自查自纠专项行动""债务风险问题专项治理行动""虚假贸易业务专项整治行动"等一系列财务问题专项治理行动，基本做到"严排查、严整治、严追责、不回避、不遮掩、不护短"，守住公司不发生重大风险的底线。持续完善财务稽查制度，研究制定《大港油田公司财务监管问题考核实施细则》，进一步传递财务合规监管要求，为公司财会监督的有力执行打下坚实基础。持续营造全员合规氛围，大力开展合规宣讲和"案例"式合规培训，进一步提高各级财务人员制度执行能力和经营风险防控能力，使规章制度深入人心、监督监管更加有效。

【共享服务】 2022年，油田公司按照中油集团公司全面深化管理体制改革的整体部署以及西安中心业务承接工作安排，编制《大港油田共享业务移交工作方案》。

与西安中心对此次拟移交业务进行全面沟通，确定各项业务移交方案，配合系统顾问完成新业务表单的配置。组织所属各单位开展业务培训及全业务测试，协调解决测试过程中发现的问题。推动问题管理平台上线，加强地区公司与共享中心人员业务沟通，切实提高业务处理效率及准确性。

按照中油集团公司财务部《关于明确电子会计档案应用有关事项的通知》，组织完成系统凭证类型调整、物资发放及初始化信息填报，同时组织各单位对所有凭证类型进行梳理，对于无附件的凭证进行电子归档，尽可能减少邮寄工作量。为提高工作效率，编写《档案邮寄操作手册》指导基层开展工作，自2022年7月起，油田公司会计档案全面移交大庆共享中心集中管理。

资产管理

【概述】 2022年末，油田公司有固定资产（油气资产）原值9495126万元，同比下降1.06%；净值3765436万元，同比下降3.75%。大港油田集团有限责任公司固定资产原值629170万元，同比上升11.51%；净值393017万元，同比上升19.64%。

【油田公司资产情况】 截至2022年底，油田公司有固定资产原值9495126万元，净值3765436万元、净额3611366万元。其中提足折旧资产原值622563万元、净值35305万元，净额9877万元；闲置资产原值3316万元，净值405万元、净额405万元。有油气水井设施的数量7932口、原值7582973万元、净值3128482万元、净额148341万元。其中在用油气水井设施7892口，原值7546040万元，净值3117382万元，净额2969041万元；待报废油气水井设施40口，原值36933万元，净值11100万元，净额11100万元；联合站29个、原值294855万元，净值73883万元，净额73883万元。计配站139个、原值69553万元、净值21787万元、净额21787万元。

【大港油田集团有限责任公司资产情况】 截至2022年底，大港油田集团有限责任公司有固定资产原值629170万元、净值393017万元，计提减值准备94401万元，净额298616万元。其中提足折旧资产原值220928万元、净值88949万元，减值准备83810万元。闲置资产原值274万元，净值29万元、净额19万元。有井下作业设备123台套、原值15188万元、净值8153万元、减值准备3140万元；工程施工机械297台套、原值3471万元、净值498万元、减值准备236万元。

【资产分类评价】 2022年，油田公司统一部署开展资产清查工作，明确各单位按照"以账对物"方法，采取从下而上'清'，自上而下'查'方式，做到见物就点，不重不漏，不留死角，填写"固定资产清查盘点表"。通过清查做到资产分类构成清、资产存放位置清、资产使用现状清、资产管理使用人清。

在2021年资产清查基础上，按照中油集团公司、中油股份公司工作部署，扎实开展公司资产分类评价工作，编制《大港油田分公司资产分类评价管理工作方案》，制定《大港油田分公司资产分类评价标准》，成立以总会计师范国权为组长、副总经济师曲岩为副组长的油田公司领导小组，组建评价工作办公室和各相关业务处室参加9个工作小组，历时两月余，克服新冠疫情影响，优质、高效完成资产效益情况全面评价，确认低负效区块14个，低负效资产100余亿元，促进资产管理人员从追求"资产数量、规模"到追求"资产回报、效益"的观念转变，明确公司今后"优化增量、盘活存量、管控总量"资产管理工作方向。

【资产处置】 受俄乌冲突、沙特阿拉伯等产油国减产等国际环境和疫情影响，2022年油价高位运行，为油田公司资产轻量化提供宝贵机遇。公司充分利用资产分类评价结果，聚焦低负效资产，预先筹谋，开展三次资产报废工作，签订、审核固定、油气资产报废近1.2万台套，实现资产轻量化20.4亿元。抓住钢铁上涨机会，督促天津华夏金信评估公司加快报废资产评估速度，协调中油资产管理公司、炼达集团公司加大报废资产处置力度，对外处置各类资产60余批次，处置收入4000余万元，所有处置资产都委托中油集团公司入网的中介机构进行评估。拓展租赁市场，盘活闲置资产，全年出租资产1700余项，原值5.4亿元、净值2.5亿元，扣除减免租金后，实现租赁收入3000万元。

【房租减免】 2022年，油田公司落实中油集团公司、中油股份公司的中小微企业和个体工商户房租减免政策，推动各单位宣贯减免政策，克服自身困难，主动对接租户，做到广大租户对于减免政策应知尽知；制定减免工作流程，依法合规，公开公正，稳妥有序做好减免工作，确保减租红利及时惠及符合条件的租户，切实帮助中小微企业和个体工商户渡过难关；组织各单位提前预计房租减免情况，预测对企业生产经营影响，尽早制定对策，确保公司生产经营指标完成；开展房租减免政策落实情况自查工作，要求各单位提高站位，对发现问题立查立改，起到以查促落实，以查促督，以查促改作用，做好迎接上级部门检查准备。

【基础管理】 2022年，油田公司研究巡视巡察、审计等工作中发现问题，追根溯源，举一反三，以问题为导向，结合公司资产管理工作实际情况，重新修订《报废资产处置管理办法》《固定资产租赁管理办法》，并纳入公司体系文件，进一步规范资产租赁、报废资产处置等业务。坚持"提升实际工作能力，学以致用"原则，举办资产管理业务培训班，对74名资产管理人员进行培训，通过培训提高资产管理人员对上级部门资产管理政策认识，加深对公司资产管理制度和内控流程理解，提升资产业务处理能力和资产信息管理、使用水平。

档案管理

【概述】 2022年，油田公司档案中心以《档案法》为根本遵循，以《中国石油档案工作十四五发展规划》为方向指引，紧密围绕公司高质量发展和数智油田建设核心目标，全力推进档案治理体系、资源体系、安全体系、利用体系建设，为油田公司档案工作高质量发展作出积极贡献。截至2022年底，大港油田馆藏勘探开发类档案88.18万件、管理类档案16.19万件、会计类档案6.77万卷、建设项目类档案9432卷，科研类档案5432卷，声像类档案1.2万件、实物类档案4764件。

【基础管理】 2022年，档案中心严格落实自然资源部有关要求，扎实开展油气地质资料补交汇交工作，汇交矿权14个、145井口、资料22735件；补交矿权26个、井826口、资料60903件。历时2周，协助滨海新区规自局，多方挖掘查找民宅、公建、道路等民生档案7000余份。结合《中国石油档案管理手册》规定要求，结合油田公司机关处室实际，全面梳理明确归档范围材料1100余条。着力开展历史档案征集，归档欠交档案1000余件。落实档案八防管理制度，并以油田公司安全生产大检查活动为契机，开展档案安全检查活动，查隐患、补短板、保安全。档案工作实现全年"零事故""零泄密""零丢失"目标。结合新形势、新要求，修订大港油田公司档案体系文件10个，大幅提升档案规范化管理水平。高质量编纂《大港油田公司年鉴2022》，出版发行《大港油田公司年鉴2021》，文字量90万字；分别向中国石油年鉴编辑部、全国实物地质资料中心、天津市信息化和工业局报送大港油田公司入鉴稿件，并均一次性过审；手把手、经常性指导采油工艺研究院编辑出版首部年鉴，成为油田公司第四家编纂印刷年鉴的单位。围绕资料的齐全性、填写的规范性、组卷的合理性三个关键要素，验收老旧小区改造、大港油田调度中心等油田公司重点建设项目11项、查阅资料2000余卷，提出整改意见500余条，出具不合格报告3份，严格把好建设项目资料关，切实做到资料不合格、验收不通过。深入12家单位进行指导、培训与检查，有效发挥服务指导职能。

【人事档案专审】 2022年，档案中心根据中油集团公司人事部关于人事档案专审工作的系列指示要求，协调骨干人员15名，历时6月之久，深入32家所属单位查阅档案412余人，档案956卷，发现6大类问题500余个，并督促问题整改销项闭环；编制《大港油田公司人事档案专审工作报告》并一次性通过油田公司把关和集团公司审查。

【档案微视频制作】 2022年，档案中心响应中国石油档案馆号召，围绕"641建厂、冬季保供、扶贫抗疫、绿色矿山"等大港优势与特色，挖掘照片千余张、文件数百份，高质量制作庆功党的二十大档案微视频《抚今追昔忆往事 继往开来谱新篇》，客观展现大港油田公司央企担当与辉煌成绩，获"中国石油优秀档案微视频二等奖"。

【疫情应对】 2022年，天津疫情多发散发、形势严峻，经常性的筛查与较为严格的管控给档案工作带来较大不便。针对此种情况，档案中心创新工作方式，搭建视频会议系统，通过视频的方式进行业务的沟通交流与指导检查。同时也为参加上级部门组织的大量视频业务培训创造有利条件。对于必须进行实体接触的工作，克服畏惧情绪，做好防护措施，多次前往所属单位进行综合档案检查、人事档案专审、建设项目验收等工作。特别是在河北疫情暴发期间，以一周两日、一日三检的密度，到第二采油厂、第三采油厂、第六采油厂开展工作，将疫情的影响降至最低，确保各项档案工作如期开展。

【信息化建设】 2022年，围绕数智油田建设目标，锁定档案信息化发展方向，多途径、广渠道组织人员开展历史档案数字化工作，扫描报到证等高频利用档案2.6万余件、梳理历史档案资源2万余条。组织勘探开发研究院开展《大港油田油气地质资料数字化建设及规范化整理》《大港油田油气地质资料矿权图形数据库建设与数字管理系统研究》，助推大港油田地质资料规范化、信息化水平提升。梳理排查油气实物地质资料10万余件，并编制形成《大港油田公司油气实物地质资料调查报告》上油气和新能源公司。通过多种途径协调督促信息中心开放下载电子地质档案1.7万余件，为油气地质资料电子档案汇交提供保障。合同管理系统与档案管理系统对接完成并上线运行，梳理组织机构859个，搭建映射通道108条，传输数据9000余条，协调解决问题400余项，实现合同的在线流转与归档。

【破产企业档案管理】 2022年，档案中心把握油田公司多元企业产权清算的关键节点，本着对国有资产高度负责的原则态度，主动跟进、全程介入，按照"归什么、存在哪、如何管"3个层次，并以"周一部署、中间指导、周末总结"的工作强度，高效归档8家产权清算企业各类档案5778卷/件，其中管理类档案1669件、会计类档案4069卷、实物类档案40件；结合产权清算企业实际，创新实施"电子档案系统管理+纸质档案单独存放"的管理模式，确保国有参股企业档案流向明确、数量清晰、管理规范、利用便捷。

【人才培养】 2022年，档案中心注重人才培养，深入分析员工优势与短板，针对性组织培训学习，实现不同人才的差异发展与错位成长。1名员工晋升副研究馆员、2名员工被评为中油集团公司档案与史志工作人才骨干。突出专业学习，参与国家档案局、中国石油档案馆组织的各类培训6人次、1200余学时；组织开展大港油田公司档案史志工作培训，创油田公司重组整合以来，档案培训时间最长、课程种类最多、讲师层次最丰富3个之最，并首次聘请中国石油档案馆、年鉴编辑部专家授课，进一步提升培训的高度与深度，获得参训人员的一致好评。

（覃爱群）

党群工作

组织工作

【概述】 2022年，油田公司以习近平新时代中国特色社会主义思想为指引，全面深化主题教育成果转化，坚决落实中油集团公司党组和公司党委各项决策部署，以"深化改革提升 赋能人才增值"为主线，用工程思维横向延展"高质量党建深度融合、高素质干部队伍建设、高层次人才队伍赋能、高效能组织体系提升、高效益人力资源盘活、高水平精准考核激励"，为公司"五化"转型"五更"发展作出新的更大贡献。

【党组织建设】 2022年，油田公司完成党的二十大代表推荐、天津市第十二次党代会代表选举工作；组织学习宣贯党的二十大精神，党员轮训完成率达到78%；组织召开机关第三次党代会，开创机关高质量党建工作新局面。

【党员管理】 2022年，油田公司制定"三基本"建设管理办法，召开提升基层党建工作质量推进会，制修订《党建工作责任制考核评价实施细则》等6项制度，指导14家党委按期换届，发展党员125人；创建党员示范岗、党员责任区等2735个，开展主题党日550余次，建立区域党建联盟353个，开展党员志愿服务286次，评定示范党支部34个、优秀党支部108个。

（张 阳）

【人事监督】 2022年，油田公司对14个领导班子和98名中层领导人员进行奖励，对7名领导干部提醒谈话；开展4家单位选人用人专项检查，审核批复基层领导干部调整117批次，督导整改问题32项，公司选人用人工作好评率达到96.77%，在集团公司排名十七、油气田企业第三。

（杜胜辉）

【统战工作】 2022年，油田公司致力凝聚统战力量，推荐确认5名无党派人士，推选天津市政协委员正式人选1名，建成党外代表人士建言献策工作室，选派优秀代表参加市国资系统党外人士奋斗心得分享会，组织党外代表人士研究形成《新能源业务顺利加快发展的调研报告》，并入选国务院国资委统战成员优秀调研报告。

（马 帅）

工会工作

【概述】 2022年，油田公司各级工会组织深入学习贯彻习近平新时代中国特色社会主义思想，落实"转观念、勇担当、强管理、创一流"主题教育活动、夺油上产专项行动、提质增效价值创造行动的安排部署，融入中心，担当作为，有效发挥桥梁纽带作用，为公司提质增效高质量发展做出积极贡献。

【思想政治引领工作】 2022年，油田公司深入学习宣贯党的二十大精神，制定下发《关于认真学习宣传贯彻党的二十大精神的举措》，开展劳模、工会干部宣讲51场次，覆盖职工2467人。组织学习近平总书记致首届大国工匠创新交流大会贺信，召开"夺油上产我当先、提质增效建新功"劳模和工匠人才创新工作室交流座谈会，引导劳模工匠不断强化担当意识，迸发创新活力；开展"点赞最美劳动者"活动，挖掘宣传奋战在一线、奉献在基层的先进典型78名。牢牢把握正确的意识形态导向，持续加大宣传力度，全年在新华网、《工人日报》

《中国石油报》《天津工人报》等外部媒体刊发文章72篇,展示大港石油人坚定的理想信念和良好的精神风貌。

【建功立业活动】 2022年,油田公司围绕稳油、增气、提效三大目标,两级工会开展"喜迎二十大、建功新时代"主题系列劳动竞赛53项次;以"争星夺旗"为载体,开展无形上产"六比"劳动竞赛,投入经费43万元,表彰奖励季度上产之星313名、流动红旗班组72个,助力增油5.8万吨;联合专业部门开展增储建产系统"双百"工程、页岩油夺油上产百日会战、设备管理"百日整修"等专项劳动竞赛6项。深入发掘广大职工和一线班组的智慧,评选"金点子"合建、优秀班组和工作室攻关项目150个。充分发挥劳模和工匠人才创新工作室作用,攻关难题324个;推动工作室之间横向交流合作,探索成立工作室联盟,制定《工作室联盟运行管理规定(试行)》;宫艳红和冯萌萌劳模创新工作室被命名为首批中油集团公司劳模和工匠人才创新工作室;宫艳红劳模创新工作室作为天津市8家代表之一,精彩亮相首届大国工匠创新交流大会。组织开展第二届"金管家"班组降本增效大赛,评选金牌班组10个、金管家10名,推广典型案例34个,营造"人人都是成本员、个个争当'金管家'"的浓厚氛围。

【民主管理工作】 2022年,油田公司落实中油集团公司要求和部署,组织7700余人参与职工队伍状况调查。精心筹备召开油田公司十三届一次职代会,推动12项提案有序落实;组织召开代表团长联席会,审议通过优化调整薪酬结构、员工假期管理办法等3项议案。总结推广基层先进经验,征集优秀实践案例42篇。油田公司厂务公开民主管理工作得到天津市总工会高度关注和充分认可,8月,代表天津市承办第十一次全国企业民主管理工作调研检查座谈会,井下作业第一修井分公司作为天津市2家迎检现场之一,通过调研检查组验收;10月,油田公司通过全国厂务公开民主管理示范单位复查,市总工会党组书记、副主席杨春武给予"领导有力、工作扎实、特色鲜明、作用突出、创新发展,尽显时代特征,是天津市厂务公开民主管理工作典范"的高度评价。工作经验在《天津工人报》头版宣传推广。

【职工素质教育】 2022年,油田公司持续深化全员读书活动,新建职工书屋2个,配送图书1万余册,编印《班组学习简明读本(第二十一册)》4000册,开展"4·23世界读书日"主题阅读、"学读本、提素质"知识竞赛等活动60余场次,参与职工1.2万余人。扎实推进"女职工提升素质建功立业工程",打造"心海护航""油海红蘘草"等女职工活动品牌6个。与人才开发中心联合开展"学贺信、强技能、勇担当、促上产"学习实践活动,评选"我和我的师傅"优秀短视频39个。与相关专业部门联合开展《宪法》《民法典》《安全生产法》《信访工作条例》等法律法规宣教活动,组织网上答题、演讲比赛等活动6次。发挥班组长协会作用,开展班组长心理疏导、安全生产、成本分析等系列活动,覆盖一线班组长2000余人。

【劳动保护工作】 2022年,油田公司以"安康杯"竞赛为载体,开展安全生产和职业病防治宣教活动,发放宣传资料300套、安全知识问卷5000份;与质量健康安全环保处联合开展"学安全、强理念、压责任、筑防线"知识竞赛,覆盖全体职工。注重恶劣天气职工安全健康防护工作,开展"夏送清凉"活动,发放101万元暑期慰问品,发放防暑清凉套装18786份,以及一线班组防蚊虫健康用品4655盒;开展"冬送温暖"活动,为野外一线作业职工发放暖脚垫4.5万双、暖身贴9万片。推行"人人都是安全员"理念,持续开展群众性安全生产"两个一"活动,累计收到《事故隐患报告书》1620份,整改事故隐患1723项,纠正违章243起。

【体育健身工作】 2022年,油田公司制定体育活动HSE职责和大型活动危害识别清单,培训体育骨干300余人。以"喜迎二十大、建功新时代"为主题,

举办油田公司2022年体育健身活动启动仪式，利用工余时间先后举办五人制足球、篮球、排球、羽毛球、油区乒乓球友谊赛等大型赛事活动7项，组织比赛830余场次，参与职工5000余人次，各项赛事均创造了参赛单位最多、参赛队伍最多、参赛人数最多、比赛场次最多的历史记录；立足"群众性、参与性、趣味性"，基层工会体育健身活动蓬勃开展，组织各类活动100余项次，"我运动、我健康、我快乐"氛围日益浓厚。加大宣传力度，各项赛事抖音平台现场直播410小时，观看超过10万人次；"港油e家"微信公众号发布系列报道59期，浏览超过5万人次，对内凝聚夺油上产、提质增效的热情和干劲，对外展现广大职工奋勇争先、昂扬向上的精神风貌。

【健康促进工作】 制定油田公司工会2022年助推健康企业建设14项工作举措，建设活动场地14个，配置健身器材198件，举办网络健步走活动2次，参与职工1万余人次。在"港油e家"开设"健康生活加油站"专题，发布科学运动、健康生活、心理疏导等图文知识32篇；与社会保险管理中心联合举办"社保杯"健康知识竞赛，参与职工8300余人。举办两期心理健康管理师培训班，着力培育组建一支76人的专业队伍。充分发挥职工心理健康促进中心和体质测试指导中心作用，开展活动143场次，服务职工6074人次；开展女性保健知识讲座、团体辅导、沙盘等活动47场次。制定2022年职工"心灵驿站"创建方案，组织召开2次现场推动会，建设"心灵驿站"128个，并向外部市场延伸，在海南项目部建设"心灵驿站"1个，为其他外部市场配备身心健康促进物品19件，深受广大职工欢迎。

【服务职工工作】 2022年，油田公司践行"我为职工群众办实事"活动要求，持续开展"面心实"活动，为77个基层单位解决实际问题600余个。紧盯重点时段、重点工程、重点项目以及疫情防控形势，开展专项慰问53次。精心组织节日送暖、季送关爱、金秋助学等帮扶助困活动8次，发放慰问金、慰问品共计1493万元，惠及困难家庭900余户；及时为151名职工发放互助补充保险金19.16万元；为1603名职工办理天津市总工会专享救助、大病救助等慰问金237.37万元。持续关心关爱先进人物，慰问劳模280人次，组织健康查体169人，发放慰问金、慰问品共计42万元。以"大港人石油情"为主题，用心用情开展临退休职工"四个一"暖人心工作，组织召开欢送会，赠送感谢信、服务卡和纪念品，为1084名职工职业生涯画上圆满句号。

【工会自身建设】 2022年，油田公司组织召开工会主席专题宣贯会和工会干部专题培训班，深入学习党的二十大精神。开展"学好全会精神，当好工会干部"主题调研活动，评选优秀调研论文30篇。深化职工之家建设，修订完善《基层工会工作实施办法》《文化体育工作管理办法》，评选表彰基层模范职工之家50个；立足树标杆、立典型、促提高，开展典型案例征集活动，评选优秀案例47篇。加强合规管理，履行监管责任，坚持新任工会副主席廉洁合规谈话制度；持续开展"五个统一"集中审计行动，审计所属单位工会15个，严格督促整改问题13项；落实新《工会会计制度》，专题培训工会会计33人，制定下发《工会会计科目规范化使用一览表》，推动工会财务管理再上新水平。严格落实油田公司党委巡察工作安排部署，针对巡察问题，深入剖析原因，制定整改方案。落实中油集团公司消费帮扶工作要求，制定《大港油田公司2022年消费帮扶工作实施方案》，完成650万元消费帮扶指标，在助力乡村振兴中彰显了国企的社会责任和担当作为。开展2021—2022年油田公司先进评比表彰工作，激励广大干部职工建功新时代、展现新作为。

纪检监察工作

【概述】 2022年，油田公司纪委坚持以习近平新时代中国特色社会主义思想为指导，严格落实中央纪委、中油集团公司纪检监察组、党组巡视办、审计部及公司党委各项部署要求，一体推进"三不腐"体制机制建设，充分发挥监督保障执行、促进完善发展作用，持续推动纪检工作高质量发展。

【主体责任落实】 2022年，油田公司督促两级党委贯彻落实《全面从严治党主体责任清单》，将中央、中油集团公司党组党风廉政建设和反腐败工作新精神、新要求纳入本单位全面从严治党工作部署。印发《关于组织签订2022年度党风廉政建设责任书廉洁从业承诺书和家庭助廉承诺书的通知》，逐级组织签订党风廉政建设责任书8642份，明确各级党员干部管党治党政治责任、政治纪律、政治要求。强化全面从严治党责任落实，梳理执纪审查、巡察审计等发现的问题，编制谈话手册，逐级组织开展党风廉政建设谈心谈话8579人次，督促落实责任、担当作为。

【重点任务推进】 2022年，油田公司围绕国之大者、党之大计、企之要情，梳理政治监督年度工作重点，紧扣履行"能源的饭碗必须端在自己手里"政治使命、"第一议题"制度落实、党中央重大决策部署等8个方面任务，制定并落实政治监督工作方案。着力找准制约重点任务贯彻落实的堵点和风险点，组织召开提升政治监督质效座谈会，编制党风廉政建设和反腐败工作协调小组工作规则，成立6个监督推进组，实施"一项专项任务、一名领导牵头、一套方案部署、一个专班推进"落实和督办机制，与机关各部门同频共振、同向发力，督促推动各级党组织把准政治方向、积极履职尽责。针对老油田点多面广疫情防控难、提质增效困难多、安全生产压力大等现实问题跟进监督，深入一线检查18次、座谈交流170余人次、发现问题95个、下发《纪检监督建议书》8份、向公司党委提出管理建议7项，助推重点任务落实落地。

【关键少数履职】 2022年，油田公司落实中油集团公司党组《关于加强对"一把手"和领导班子监督的实施细则》，指导所属单位纪委书记通过本单位参加党委会、经理办公会、工作例会等方式，监督"一把手"履行从严治党责任、执行民主集中制等情况，促进规范用权、科学决策。利用党风廉政建设谈心谈话途径，公司领导班子成员采取"一对一、面对面"方式与各单位、各部门党政"一把手"及班子成员进行情况沟通、意见交换，督促履职尽责、廉洁自律。组织所属单位党委、纪委、纪检组、机关部门、处级领导人员分别报告履行主体责任、监督责任、监管责任和"一岗双责"情况，开展领导班子及成员"画像"评价、政治生态分析研判，让领导干部感受到监督、习惯被监督。

【廉洁教育】 2022年，油田公司注重正面引导。录制党风廉政建设形势任务宣讲专题视频，通过"港油E学"平台，从纪检、巡察、审计3个方面工作2022年面临的形势任务及重点工作部署要求等方面进行宣讲，教育引导党员干部领会全面从严治党的最新形势、要求，增强贯彻落实的思想自觉、政治自觉、行动自觉。围绕公司党委与"转观念、勇担当、强管理、创一流"主题教育活动，结合公司反腐倡廉建设实际，以"七个一"系列活动为载体，在全体党员干部中开展"担当强管理 廉洁促合规"反腐倡廉主题教育活动，组织撰写合规管理案例80余篇，优选23篇开展讲述评比活动，实行管理提升承诺践诺6521人次，征集展示廉洁文化作品150余篇，进一步教育引导党员干部廉洁从业、合规工作。召开廉洁教育专题座谈会，把脉教育难点问题，组建专班研究制定提升廉洁教育质效工作方案，形成关于加强新时代廉洁文化建设的实施意

见，进一步推进廉洁教育入脑入心。加强企地协同联动，与天津市检察院第三分院、天津市滨海新区纪委开展检企、监企共建活动，打造"廉洁文化建设共同体"，在警示教育、法制宣传、风险防控等方面实现资源共享。在元旦春节、五一端午、中秋国庆3个关键节点前夕，起草3个纠治"四风"、廉洁过节工作通知，发送廉洁短信837条，组织公司领导干部观看学习中油集团公司警示教育片《利剑啸歌》第四集《贪欲之殇》，学习中油集团公司《党员领导干部违纪违法典型案例警示录（2021）》，征集心得体会84篇，在公司门户网站、《大港石油报》开辟"以案为鉴 警钟长鸣"清廉大家谈专栏，做到以为戒、免蹈覆辙。节日期间，对8个单位节日期间"四风"纠治等情况进行"四不两直"检查，发现并督促整改管理类问题8个，在纪委相关工作会议上问题情况做通报，对廉洁从业进行再叮嘱、再提醒、再要求。针对违规吃喝问题变化较多、容易反弹等现象，在全公司范围内深入开展违规吃喝问题专项治理工作。督促公司两级党委通过理论学习中心组围绕习近平总书记作风建设论述、中央八项规定精神实施细则等要求，结合典型案例进行研讨交流，深刻领会中央八项规定精神是长期有效的铁规矩、硬杠杠。聚焦违规吃喝问题新表现新趋势，组织机关部门、纪检系统、所属单位分别召开座谈会，找问题找关键、谋思路议措施，深化风险防控。针对性制定隐秘场所违规吃喝、影响公正执行公务吃喝、风腐一体等8个方面靶向纠治的具体工作措施，将违规吃喝具体表现细化为16项，创新制定《大港油田公司违规吃喝"十禁止"纪律规定》，提炼研判违规吃喝的"六个是否"，引导党员干部摒弃陋习、营造新风。

【巡察全覆盖】　2022年，油田公司突出政治属性，紧紧围绕"四个落实"，结合上级决策部署和公司重点任务，适时动态调整巡察内容，将提质增效、疫情防控、营造"三个环境"、防范重点领域"围猎"风险等纳入巡察重点，有效提高巡察针对性和实效性，全年巡察党组织44个，发现问题160余个，实现公司党委第二大轮次全覆盖目标。进一步压实整改主体责任，制定印发《被巡察党组织落实巡察整改主体责任实施细则（试行）》，总结形成《大港油田公司党委巡察反馈问题整改情况专项督查工作规范》，严格把好反馈问题整改方案、报告审核关，统筹运用列席民主生活会、巡察反馈问题整改专项督查等方式开展经常性督促检查，2021年巡察反馈的185个问题，完成整改155个，党风廉政建设约谈241人，提醒谈话、批评教育等组织处理191人，挽回经济损失1088.49万元。针对系统性、条带性问题形成巡察意见建议书3份，开展专项治理5项，完善规章制度74项，达到"发现一类问题、堵塞一批漏洞、规范一个领域"的目的。

【巡查基础管理】　2022年，油田公司系统梳理现有巡察工作制度，研究制度体系整体框架，明确基本制度清单，汇编形成政治巡察工作手册（2022年版），根据公司各专业路制度制修订情况，编印完善巡察工作学习资料汇编（2022年版），确保做到巡察员人手一册、标准统一、执行有度。健全完善巡察人才库建设，进一步整合人才资源，制定印发《关于充实油田公司党委巡察人员库的通知》，从政治素养、业务能力、责任担当等方面进行综合考量，新增48名优秀干部入人员库，使巡察人才队伍结构不断优化。强化巡察业务培训，对2022年所有巡察人员开展集中培训，邀请巡察工作领导小组成员、巡察组专员和机关职能部门相关同志作专题辅导，实施"理论学习+研讨感悟"模式，提高培训的权威性、针对性、实效性，组织2021年巡察组成员交流心得、传授方式方法，提高巡察成员从政治高度分析把握问题的能力。充分运用"一网一微"平台，在公司门户网站、集团党组巡视办内网等媒体刊发各类信息8篇，精准解读巡察工作部署和目标任务。提炼形成《巡察机关部门党组织工作规范》《巡察反馈问题整改情况专项督查工作规范》，深化对巡察工作规范化建设的认识。围绕"同题共答、同频共振、同向发力"，深入勘探开发研究院、第三采油厂等10个单位开展座谈交流，探索改进巡察方式方法。

【反腐败斗争】 2022年，油田公司注重政治效果、纪法效果、社会效果的有机统一，坚持纪律标尺，精准施策，将核查调查、处理处置、追责问责相结合，震慑各级干部不越雷池、不碰红线。畅通举报渠道，回应群众关切，切实解决问题，主动化解矛盾，受理信访举报51件，继续保持稳步下降态势。紧盯群众身边微腐败和作风问题，统筹推进执纪监督，开展执纪审查实践锻炼，处置信访举报问题线索93件，立案10件，给以（拟给以）党政纪处分10人，收缴违纪款39万元，挽回直接经济损失200余万元，公司良好的政治生态得到巩固发展。聚焦"反围猎"专项行动，深化落实"四个一批"，梳理重要"围猎"风险9类，制定实施防范举措17项，立案查处"围猎"问题1件，建立"黑名单"严厉惩戒失信"三商"5家，向重点领域"三商"发送廉洁提醒函、廉政征信函100份，制修订相关制度15项，持续压缩"围猎"与被"围猎"的空间。坚持抓早抓小、靶向治疗，践行"三个区分开来"，正确把握严明纪律规矩、严格执纪与鼓励改革创新、激励担当尽责、保护干事创业积极性的关系，宽容对待在推进生产经营过程中因大胆探索、担当作为造成的失误和错误。深化运用"四种形态"，提醒教育帮助干部65人次。其中第一种形态49人次，占总人次的75.4%，上升13%，成为绝大多数；第二种形态12人次，占18.5%；第三种形态3人次，占4.6%；第四种形态1人次，占1.5%。坚持正风肃纪与鼓励担当作为并重，开展受处分人员回访教育、谈心谈话32人次，回访率达100%，引导干部消除顾虑，重新轻装上阵。与公司党委同时、同向综合发力，注重从违规违纪问题中对制度缺陷和管理漏洞进行追根溯源，坚持标本兼治、举一反三、以点带面，提出高质量的整改建议，督促案发单位、责任部门做到问题"四不放过"（问题不处置不处理不放过、相关责任人不受教育不放过、指出的问题不解决不放过、防范制度没有清晰制定不放过）。针对二氧化碳吞吐项目、油料管理、合同变更等方面发现的管理问题，制发纪律监督建议书22份，督促制修订相关制度26项，并通过问题整改"回头看"、调研监督、专项检查等方式，落实整改问题36个，确保彻底整改、见到实效，促进管理体制机制持续优化提升。

【合规监督】 2022年成立油田公司党风廉政建设和反腐败工作协调小组，编制印发工作规则，召开协调会议，促进各类监督贯通融合，积极构建业务监督、职能监督、专职监督"三道防线"，创新方式方法、注重资源整合，强化协同配合、形成监督合力。按照指导立项、整体实施与分别运作相结合的原则，围绕公司投资项目、建设工程项目、物资采购、车辆维修、油料使用、运费、现金收费等55个管理方面开展合规自立监督项目，发现问题96个，提出整改建议29条，修订完善制度6项，避免及挽回经济损失245.9万元。充分发挥电子监察实时监督、精准监督优势，加大疑似问题筛查、核查力度，做到发现一起、核查一起，筛查物资采购业务7597笔、工程技术业务100笔、工程建设业务192笔、科研及技术服务业务160笔，对招标谈判结果、合同相对人、主要工作量、合同履行情况等内容与基础数据逐一比对，确保对在运行板块业务的动态监控与实时监管。

【专项监督】 2022年，根据油田公司"转观念、勇担当、强管理、创一流"主题教育活动及合规管理强化年工作部署要求，对第一采油厂、井下作业公司、检测监督评价中心等9家单位2019—2021年变更次数多、变更金额大的134个合同进行抽查，发现未履行变更手续、变更内容超出原合同约定范围、变更滞后、提前签订变更协议等问题45个。通过对问题进行分类汇总，剖析原因，编撰完成合同变更专项检查工作报告，为公司领导决策提供依据。开展公司提质增效专项行动落实情况合规监督，对落实情况进行检查监督，发现部分单位提质增效阶段目标设定与进度预算目标不匹配、提质增效的成效未能充分体现出"提"与"增"，工作重点、亮点不突出，主要生产、效益指标改善不显著等情况，下一步将推动整改落实。

【派驻监督】 2022年，油田公司靶向监督强化"第一议题"制度执行，列席综合监督单位"三重一大"相关会议24次，对53项议案讨论情况进行监督。为综合监督单位班子和领导干部"画像"40份，形成政治生态分析报告10份，审核管党治党自评价报告9份及领导人员目标责任报告书41份。审核、指导综合监督单位签订责任书520份、廉洁从业及家庭助廉承诺书188份。为拟提拔人员、遴选人员、试用期满人员出具廉洁从业鉴定、党风廉政情况回复34人次。督促指导综合监督单位开展勘探开发建设临时用地用海、试油费用、工业物业服务费用等8个合规监督项目。对综合监督单位执行民主集中制情况、反腐倡廉主题教育活动、疫情防控等开展专项跟踪监督，针对发现的14个问题，提出整改措施15项。

【审计监督】 2022年，油田公司审计项目立项30项，实施完成7项，其中财务审计2项、专项审计2项、工程审计3项。发现问题191个，提出审计意见及建议175条，移交线索3件，促进完善规章制度4项，取得直接经济成果3425万元，完成审计创效1000万元的提质增效目标。开展审计项目全过程管控，注重审前准备，抓好审前调查，科学编制实施方案，带着线索和疑点进入现场；注重现场实施，对发现问题查实查透，准确定性，加强项目督导，到现场督导300余人次，进一步规避风险、强化工作客观性和准确性；坚持按照职能部门主导、被审计单位整改落实、审计部门督促检查的联动整改工作机制，有效压紧压实整改责任，进一步提高审计整改效率。深化运用大数据审计模式，结合当前大数据审计发展趋势，在已有成果与经验上继续深入运用信息化手段开展审计项目，充分利用数仓系统和数据清洗技术，有效节约审计资源，提高审计效率。借助运用大数据开展审计项目的成功经验，建立车辆运行风险管控模型，在中油集团公司首届建模大赛上排名第一。完成中油集团公司审计部委托轻烃液化气乙烷销售管理、原油销售管理专项审计自审工作，完成中油集团公司安全生产费用、能耗管理2项专项审计现场迎审配合工作以及商业财产保险投保操作专项审计远程审计项目。完成设租寻租问题专项整治、违规经营投资责任追究等审计部部署的专项工作。严格按照《中国石油天然气集团公司审计购买服务管理暂行办法》等规定，面向社会公开招标购买审计服务，确保审计资源满足工作开展需求。按照公司《合规管理实施办法》规定，严格落实"管业务必须管合规"要求，系统梳理审计业务适用的法律法规、规章制度，形成规范清单，为合规开展审计业务提供制度保障。全面培养审计人员综合业务能力，举办审计业务培训班，邀请大学教授、业务专家等从文件解读、案例学习、公文写作等多方面进行讲授，进一步提升审计人员业务能力。

【自身建设】 2022年，油田公司切实加强思想政治建设、强化理论武装，全系统深学笃行党的二十大精神，坚持学原文、悟原理，领会"六个坚持"，坚定捍卫"两个确立"、坚决做到"两个维护"，运用党的新论断、新思想、新要求，推动各项工作高质量发展。精准研判党风廉政建设和反腐败斗争形势，自觉把纪检工作置于改革发展大局中谋划、部署和推动，清醒辨别行为是非，有效抵御风险挑战，在履职尽责中提高政治判断力、政治领悟力、政治执行力。相继选派4名同志参加中油集团公司党组巡视、2名业务骨干参加中油集团公司纪律审查、案件审理工作，在学习中提高理论水平，在实战中练就业务本领，边学边干、补足短板。与大港石化公司联合举办所属单位纪委书记培训班，汇总发布《纪委书记学习心得体会》，举办纪检、巡察、审计干部培训班5期，全面学习如何紧扣权力运行这条主线，紧盯关键人员、关键岗位，对公司生产经营管理过程涉及的人、财、物、产、供、销等业务环节，依据纪律要求、制度规定、工作职责、工作权限，分业务领域梳理职权底数，排查廉洁风险，制定防控措施，优化管理流程，健全完善好履职行权的约束机制。修订完善《所属单位纪委书记（派驻纪检组组长）履职专项考核办法》，进一步优化考核指标，梳理考核流程，细化考核方式，明确结果运用，督促履职尽责。及时掌握纪检干部的思想、工作、作风状况，发现苗头性倾向性问题及时提醒约谈。组织开展"学理论、上讲台、讲业务""开卷有益·书香致远"读书等活动，领导干部带头精讲业务课程5次，为纪检干部配发书籍200余册，促进业务素质与人文素养同步提升。注重关心关爱纪检干部的心理健康和个人成长，为纪检干部担当作为、干事创业营造良好环境、创造有利条件。

共青团工作

【概述】 2022年，油田公司共青团干工作围绕公司"转观念、勇担当、强管理、创一流"主题教育活动和"夺油上产 百日会战"工作部署，公司团委带领全体团员青年紧跟公司党委步伐，在服务大局中充分发挥生力军和突击队作用，以实际行动为助推公司转型升级高质量发展作出积极贡献。

【青年教育】 2022年，油田公司全面实施青年精神素养提升、青年马克思主义者培养、青年讲师团"三大工程"，加强青年对习近平新时代中国特色社会主义思想的理论武装，"两个维护"更加自觉。牵头举办中国石油华北协作区大型党的二十大精神宣讲报告会，邀请党的二十大代表尤立红面向广大团员青年宣讲党的二十大精神；覆盖各级团组织配备《论党的青年工作》《习近平的七年知青岁月》等学习材料上千本，组织集中学习研讨"四个专题"160余场次，追随核心更加主动。启动实施公司第一期青年马克思主义者培养工程，与党委组织部共同遴选30名学员，与中国石油华北协作区各单位联合举办"青马工程"第一期示范培训班；组建公司首批青年讲师团，聘任冯萌萌、王小芳等10名优秀青年作为成员，深入基层扎实开展"青春心向党""学习二十大"等主题团课，重点围绕习近平总书记在党的二十大、建团百年会议上的讲话精神，各级团干部、青年讲师团成员、青马工程学员带头宣讲253场次，跟党初心更加坚定。精心策划一部专题片、编撰一本荣誉录、举办一场图片展等公司庆祝建团百年"十个一"系列活动，组织参观图片展巡展3200余人次，2271名团员青年参与"百年团史百题竞赛"线上答题，创新推出10期"红色故事青春讲述"云上电台，依托企地红色场馆、石油精神教育基地等开展沉浸式学习62次，红色情感更加深厚。牵头举办中国石油驻津单位"石油青年心向党"主题团日活动，对标"三个问题"寻找差距不足160余场次，聚焦"佛系""躺平"自省奋斗态度近千人次，担当作风得到厚植。邀请中油集团公司团委书记张劲、赵红波参加六厂团委青年思辨会，整体工作得到中油集团公司团委充分肯定。

【岗位建功】 2022年，油田公司注重"号手"联动，开展"双争双创"评选活动，评选表彰50名青年岗位能手、20个青年文明号集体和15个优秀青年创新创效项目。注重工作创新，聚焦稳油增气提效和数智油田建设，首次举办青年油水井分析大赛和青年无人机大赛，评选产生12名油水井管理能手和10名优秀青年飞手。注重融汇提升，以青年突击队为单元深入各级团组织，广泛开展"提质增效首创项目"竞赛和"五小攻关一团一品"活动，为老区稳产、新区上产、天然气保供、外闯市场等急难险重新任务提供助力支持，形成68个务实举措，评选出20个最佳典型做法，产生创效项目94个。注重安全保障，聚焦"识风险 写风险 讲风险 控风险 避风险"，扎实开展安全示范展示、主题团日等青年安全生产行动177场次，考核认定公司级青年安全生产示范岗30个，评选产生"十佳

最美青年安全员"，上推3家单位参评全国级（1个）和天津市青年安全生产示范岗（2个）。注重社会公益，走向社会开展"宝石花"志愿行动，143支青年志愿队活跃在助力冬奥、疫情防控、抗洪抢险等关键领域，开展义务植绿护绿50场次共建"美丽中国"，在志愿服务中充分彰显了社会担当。

【青年人才培养】 2022年，油田公司深入开展"知、懂、爱——党委书记谈培养青年"活动，公司党委主要领导对青年人才培养专门做出批示、讲授首次主题团课、发表署名文章，29家二级单位党委书记作为第一责任人与青年面对面对话交流35场、撰写体会文章19篇，把指导激励融入关心关爱全过程。组织官全胜、刘永保等青年典型与公司新入职大学生座谈交心，动员公司"青年讲师团"成员与来自中国石油11家单位的234名新入职大学生分享成长经历，将心的归属定格在石油新起点。深入开展"青年文明承诺"活动，通过线上投票活动广征意见并选出最贴近生活文明的10条承诺，全覆盖组织公司3464名团员青年签署承诺，并通过创意鼠标垫、笔筒等创新载体督促团员青年知诺践诺，提文明素质、育社会风尚。广泛开展青年文化作品创作大赛，评选产生短视频、摄影、漫画、文学以及红色故事类青年原创文化作品211个，上报的9幅优秀作品在中油集团公司层面获奖，挖特长潜力丰盈精神世界。搭建公司官方单身青年线上联谊平台，开展暖心贴心活动解决青年实际问题150余个，疫情期间组织开展主题医药物资共享行动，广征退烧药物396粒、抗疫物资500余份，切实帮助广大职工家属解决缺药问题，建温馨家园激发更足干劲。邀请从公司共青团系统走出的技术、技能、管理领域的青年典型代表105人，召开典型榜样座谈会36次，依托团属新媒体平台播展先进事迹和奋斗故事61期，用榜样之光照亮成长之路。

【团组织建设】 2022年，油田公司制度化建设基层组织，研究制定党建带团建、提升团的组织力、公司共青团奖励制度等重要文件，配强配齐各级团青组织负责人64人，整合合并团支部、青工组39个，开展支部风采展示等活动80场次，推荐4个单位成为天津市、中石油红旗团委。标准化教育培训，成立大港油田团校，引入资金140万与天津团市委及驻津企业建立培训合作，开展团干部综合素质能力提升线上培训班，以"给党委一封信"和述职评议、基层调研的方式加强工作考核，切实增强团干部战斗力、精气神。功能化管理团青组织，成立5个共青团工作协作区，建设完善共青团活动阵地38个，推动联合各部门、各组织开展活动110次，进一步促进基层团组织的优势互补和工作互融。数字化提升团建水平，用活用好"智慧团建""铁人先锋"应用平台，确保246个团青组织3464名团员青年的量化统计、团费收缴、团籍转接等共青团业务全面线上掌握。持续化增强团青先进性，认真落实"三会两制一课"制度，抓好团的组织生活质量，提炼总结16种石油青年品格特质，推荐102名团员青年入党和到重要岗位，选举产生2名优秀青年代表参加天津第十五次团代会。

宣传思想

【概述】 2022年，油田公司宣传思想文化工作以习近平新时代中国特色社会主义思想为指引，深入学习贯彻党的二十大精神，全面落实公司党委、公司各项决策部署，强力推动"主题教育、思想引领、意识形态、新闻宣传、基层建设、企业文化"六项重点工作，守正创新、踔厉奋发，为公司建设国内一流数智油田提供强有力的宣传思想文化保证。

【主题教育活动】 2022年，油田公司坚持将主题教育活动与提质增效价值创造和管理提升专项行动通盘考虑、一体推动，组建成员交叉担任、信息交流共享的领导小组办公室，建立"日碰头、周总结、月简报"等沟通协调机制，创新编印《一图读懂宣传册》《电子知识读本》《工作指导卡》"一册一本一卡"便携式材料3套，制作网页专题2个，协同举办提质增效、油水井分析等活动3场，编发信息简报18期，集团公司刊发公司简报4期，其中《大港油田强化依法合规治企，推动实现"四个转变"》在第28期简报中单独刊发，取得"一融、一同、两促进"的成效。突出"强管理"这个关键主题词，逐项完成10个阶段任务和25个具体目标，组织召开公司党委"依法合规治企和强化管理"对照检查专题会，组织"补短板、强管理"专题调研并形成报告224篇、查摆问题短板566个、制定方法举措770条，销项落实对标提升行动问题清单516个，提炼党、工、团组织岗位实践做法1650余条，新华网、半月谈同步刊发公司党委署名文章《以现代化治理支撑保障建设国内一流数智油田》，通过党建工作责任制、党内巡察、党组织书记抓基层党建述职评议、专项检查、党建三基本（三基工作）等五层督导检查落实情况，典型做法在中油集团公司新闻宣传通气会上做经验交流。教育引导注重"全覆盖"。两级领导班子成员"面对面宣讲"180余场次，采取"你点我讲"的方式开展"订单式宣讲"50余场次，采取"视频录制＋网络电视播出"的方式录制"云宣讲"视频14个，创新采取"在线学习＋答题考试"的立体式闭环方式推出"港油E宣讲"、80分以上及格人数达8300余人，刊发"管理提升大家谈"32篇，组织解放思想大讨论262场次、征集意见建议860条，联动选树先进集体18个、典型个人156名，中央级媒体、省部级媒体一版刊发报道35篇，坚定了打赢提质增效攻坚战、夺取效益开发主动权的必胜信心。

【思想引领】 2022年，油田公司严格落实"第一议题"制度，紧扣学习贯彻党的二十大精神和习近平总书记重要指示批示精神这两个重点，同步推进《关于推动党史学习教育常态化长效化的实施方案》，明确"五贴近"原则，制定"六有"学习标准，完善以专题学习为主的个人自学、集中导学、专家辅导、专题讲座、专题研讨、专题党课和体会交流的"七位一体"学习模式，开通"中心组专题网页"九大功能并刊载信息380余篇，学习的组织、考勤、建档、检查、考核全流程监督更为科学。研究更加深入。专题印发《大港油田公司2022年思想政治研究工作要点》，编撰专题研析摘要3期，确定"深入学习贯彻二十大精神，全面加强和改进新时代企业思想政治工作新思路新举措的研究与实践"等12个年度重点研究课题，组织实施57个政研课题，获省部级政研成果一、二、三等奖各2项，《矢志改革转型升级，倾力稳油增气提效，谱写国内一流数智油田建设新篇章》《奋力在滩海与页岩油两个新领域求突破》分别在《求知》《国企管理》登载。结合"建功新时代、喜迎二十大"习近平总书记重要指示批示精神再学习再落实再提升主题活动，组织公司两级党委理论学习中心组学习研讨25期、撰写理论文章268篇，其中公司党委理论学习中心组集中学习15次、自学10次、研讨交流40人次、公开刊发文章26篇，《全面落实文化引领战略》《运用"五种思维"做好高质量发展"五篇文章"》分别被《中国石油企业》《中国石油石化》刊载。

【意识形态建设】 2022年，组织召开油田公司党委会专题研究意识形态工作2次，修订并印发《大港油田公司党委意识形态工作责任制实施办法》，完善《大港油田公司新闻发布管理办法》，首次提出意识形态阵地管理"八个严禁"，首次将落实意识形态工作责任制检查纳入合规监督检查项目，首次通过九大项52条考核细则对所属单位党委进行全方位专项检查，发现并督促整改各类问题366项，排查清理敏感书籍、资料162册，意识形态工作基础显著夯实。优化完善《大港油田公司新闻媒体突发事件专项应急预案》，进一步细化应急处置机制，组织排查整改意识形态阵地隐患32处，修订完善网络意识形态责任制、舆情管理等工作机制8项，建立口径库31条，特别在党的二十大这一重

大时间节点,开展特殊时期的新闻应急响应,组织副科级以上人员开展为期一个月"7×24"小时不间断舆情监控,提前准备新闻通稿和新闻口径,迅速应对处置网络敏感信息7起,有效应对特别重点阶段的舆情风险。印发《关于新形势下进一步推进油田公司网络评论队伍建设的指导意见》,对接完成"满天星"系统和宣传考核管理办公平台,将网评员队伍由280人扩充至646人,发布网评任务17.54万条次,审核并发布精品留言10950余条,任务完成率高达95%,公司被评为中油集团公司十佳优秀网评单位,3人获中油集团公司优秀网评员称号。落实新闻发言人和新闻报道审核制度,加强同油区活跃的新媒体和百度贴吧的沟通联系,重要新闻报道专项审核313篇,处置网络不实信息182起、发布正面引导性评论3.23万条次,营造稳定向好的舆论环境,全年未出现任何舆情事件。

【新闻宣传】 2022年,油田公司制定下发公司党委《关于按照党中央统一部署认真学习宣传贯彻党的二十大精神的通知》,超前谋划"喜迎二十大,岗位建新功"专题宣传方案,组织"喜迎二十大"线上"云开放日"+线下媒体开放日活动,重磅推出"喜迎二十大系列报道"5期,开设"深入学习贯彻党的二十大精神"专题网页,组织公司党委理论学习中心组开展专题学习3次,公司领导宣讲13场次,干部员工、劳模典型挂点宣讲1450余场次,三届党代表尤立红先进事迹在中央广播电视总台"中国之声"播出、被全国100余家媒体刊发,策划推广"四微"宣传,即"微宣讲"推送解读、典型代表"微分享"、在线知识"微竞答"、岗位员工"微展示",迅速掀起了全员学习热潮,促进党的二十大精神在公司落地生根。做实内部宣传。围绕党委扩大会、夺油上产百日会战、科技创新大会等不同时期重要会议、重点工作、重大活动,推出宣传专题10个,开设专栏76个,发布信息2930余篇,制作视频300余部,累计点击阅读量达"1000万+",实现重点工作集中统一发声,营造"咬定目标不动摇,凝心聚力为油战"的良好氛围。做优外部宣传。坚持"巩固优势、突破高端"的思路,持续加强与中央级、省部级媒体沟通交流,中央广播电视总台天津总站、新华社天津分社领导分别到油田座谈交流,打通国内最高级别媒体联络渠道,外部媒体刊发报道1530篇,同比增长12.5%,其中中央级媒体发稿34篇、省部级一版发稿34篇。"大港油田圆满完成京津冀天然气保供"报道首次实现人民日报、人民日报海外版、新华每日电讯"三头并进",并在央视"朝闻天下""新闻联播"播出,阅读量超2300万;"驴驹河储气库试注成功"报道在中央电视台4个频道、5个栏目播发,并被新华社全国通稿刊发,累计阅读量超1000万;"大港油田实干奋进喜迎二十大"报道再次被新闻联播采用,以创纪录的47秒时长播出。公司外宣工作在中油集团公司"媒体眼"排名中位列第7。做亮新媒体宣传。大港油田融媒体协会正式建立并运行,融媒体选题议题能力、优质内容"孵化"效应得到极大提高,港油灵通推出特别策划208篇、"5000+"爆文96篇,官方微博发布作品1万余条、评论转帖数提升5倍,官方抖音发布短视频3000余个、浏览量超10万次,同时组织"永远跟党走,赋能新时代"第七届新媒体内容创作大赛,征集图文、摄影、动漫、微电影、短视频等作品230部,微电影《惟有爱不可忘记》网络观看量超100万,新媒体影响力在集团公司126家单位中月均排名第13名,同比前进7名。

【基层建设】 2022年,油田公司落实中油集团公司《关于推进基层党建"三基本"建设与"三基"工作有机融合的指导意见》的相关要求,高标准研究制定相关工作程序与工作标准,联合制定下发《党建"三基本"建设("三基工作")管理办法》,组织5个部门修订完成7个相关作业文件,完善四大项20余条制度规定,举办新修订体系文件培训班,基层管理制度支撑得到完善。有力推动提档升级。下发《基层建设红旗单位验收工作情况通报》,逐一分析存在问题260余项,面对面指导50余次,组织互听互评19场,验收30家基层队站,凝练25个特色做法，开展"我说我岗"260余场次，全力筑牢公司高质量发展根基。有力推动"六小"创建。按照《基层场站美化绿化标准化考核标准》要求，以HSE标准化建设和现场提升改造为重点，联合质量健康安全环保处等部门深入13家单位42个基层队站，开展"六小"创建工作检查验收，整改共性问题12个，创建"六小"项目40余个，基层环境明显改善，公司生态文明建设基础不断巩固。

【企业文化建设】 2022年，油田公司推动文化引领专项行动，制定印发《大港油田公司党委文化引领专项行动方案》，将石油精神和大庆精神铁人精神再学习再教育再实践再传播与弘扬伟大建党精神有机融合，并作为新员工入职培训第一课、员工日常培训重点课、干部晋职培训必修课，组织开展相关宣讲40余次；组织信息中心、新闻文化中心等单位初步编制形成《文化数字化规划》，以厂史厅为试点，探索搭建数字云展厅；精心收集整理近年重要事件和发展成果等资料，制作发放《"建功新时代，喜迎二十大"文化引领百题问答手册》"口袋书"，提升企业文化的向心力。持续丰富以"四精""四创""四增"为特色的新时代油田企业文化内涵，将特色文化理念融入数字化转型调研、碳达峰实施方案编制等工作，加强对石油精神教育基地的管理建设，接待上千人次参观交流，同时以港5井为重点，挖掘公司企业文化根源、打造"云上"展示平台、推动改扩建工程和工业遗产数字化建设、编撰展陈文案15000余字，为公司特色文化走向社会公众打下坚实基础，港5井被评为国家高校思政课实践教学基地。组织千余名党员团员开展全国文明城区志愿服务活动，对油区30余个单位机关院墙创文宣传展板进行维护，在窗口单位、场站、街道、居民小区电子屏等区域，制作悬挂播出标语口号近百条。充分发挥大港油田文联作用，组织开展"送万福进万家""送文化下基层""建功新时代喜迎二十大"等职工喜闻乐见的歌咏比赛、美术书法摄影展近百场，特别是克服疫情影响，因地制宜组织职工歌咏比赛27场次、参演职工近千人，营造"建功新时代、永远跟党走"的浓厚氛围，充分发挥精神文明鼓舞人心、凝聚力量的作用。履行中国石油美协主办单位职责，按照中国石油文联要求以视频形式组织召开第六次会员大会并完成换届工作，组织完成石油职工美术作品云展览活动，展览作品115件，展现石油职工的良好政治素养、浓厚的家国情怀和昂扬的精神风貌。

维稳信访工作

【概述】 2022年是极其特殊、任务极其艰巨的"政治大年"。面对保障冬奥会冬残奥会、党的二十大和谐稳定的重大考验，油田公司维护稳定工作实现年初确定的"四个为零"工作目标；集团公司和天津市挂牌督办、跟踪督办的信访积案取得重大突破；保障自建房安全隐患治理等专项行动成效显著；完成北京冬奥会冬残奥会、党的二十大等特别重点阶段工作目标，两次受到中油集团公司通电嘉勉。

2022年，公司维护稳定办公室接待群众来访79件、182人次，同比分别下降45.1%、48.7%，其中集访7件、81人次，公司机关门前访33件、80人次；受理天津市"12345""8890"便民服务热线927件，同比上升44.6%；受理群众来电69件，同比上升53.3%；受理群众来信28件，同比上升47.4%。

【"政治护城河"任务】 2022年，针对北京冬奥会、冬残奥会、全国两会、党的二十大，以及中油集团公司工作会议等特别重点阶段，油田公司维稳信访系统坚守中油集团公司"三个绝不允许"政治红线，明确公司"五个不发生"目标底线，坚决打赢拱卫首都"护城河"保卫战。特别重点阶段前夕,精心组织开展拉网式排查,先后排查出79个重点领域、问题、群体和个人,建立重点风险稳控责任清单,逐一明确稳控举措,压实包保责任;特别是将其中12项"四重"问题作为公司级重点事项,明确"五级责任人",公司主要领导亲自挂帅包保稳控,稳控责任全面升级。由公司党委向全部所属单位党政主要领导下达《维稳信访特别重点阶段责任令》68份,明确阶段目标、工作责任、防控重点和具体要求,确保维稳责任全面部署、有效落实。坚持企警联动,克服年终生产经营压力大、人员紧张的困难,首次选派16个所属单位60余名员工参与党的二十大特别重点阶段4个属地派出所重点人员盯防,确保大港油区所有重点人员可控受控,开启企地联防联控新模式。

【重大改革维稳】 2022年,油田公司针对市场化员工薪酬调整、托幼业务划转、"三供一业"移交和同欣集团改制后出现的新情况新问题,开展实施前稳定风险评估,超前精细做好不稳定风险和隐患排查,建实台账;及时精准做好稳定风险评估,开展专项检查督导,做到应评尽评、风险尽控。实施过程中,加强舆情信息监控,充分发挥基层网格员队伍作用,做好全天候维稳信访网情监测,多渠道、全方位、广角度搜集情报信息,发现问题及时预警、立即上报,有效回应。实施后,开展稳定风险后评估,多方收集新情况新问题,及时向相关部门及单位预警,有效促进重大改革事项实施后相关工作及群体平稳有序。围绕公司"合规管理强化年"部署,及时转办调处港西新城小区业委会改选、工程项目规划手续办理、农民工薪酬拖欠、危陋自建平房治理安置和海景大道南延相关区域违规圈占清理整治等突出信访事项,督促业务部门和责任单位依法合规进行处置;同时,会同业务部门、责任单位、政府部门,统一答复口径,坚持法治思维和原则底线,坚决守住维护公司合法权益红线,有效促进公司依法合规治企。

【疑难复杂信访】 2022年,油田公司发扬"钉钉子"精神,成立工作专班,主动做工作、想办法、出举措,攻坚化解历史积案。变"被动应访"为"主动关心",坚持用心感化、用情帮扶、用智解危,维护稳定办公室负责人多次前往中油集团公司二级重点稳控对象于某某夫妇家中,进行关心关怀和沟通劝导,最终实现破冰,信访人同意协调帮其改善居住环境,接受公司提出的安置政策,并自愿填写息诉罢访承诺书,历时22年的信访积案实现圆满化解,公司近年来首度实现中油集团公司挂牌事项和人员阶段性清零。严防小事拖大、大事拖炸,引入政府矛调机制,加强部门联动,迎难而上化解邓某退休工龄认定、张某补办房产证、高某退休工龄认定、庄某补办退伍档案等关系员工切身利益的重点问题10余项。发挥片区组长单位作用,协助做好中油集团公司和兄弟单位重点人稳控化解工作,协助中油集团公司处置海洋物探处武某进京访事件,配合渤海装备制造公司做好重点人员亲属安抚工作,按照滨海新区政法委要求劝返渤海钻探工程公司1名员工进京到国家信访局上访事件,得到中油集团公司认可。

【民生信访】 2022年,油田公司持续深化"我为基层和员工群众办实事"活动,坚持随有随办,首办负责,遇有涉及民生的信访事项第一时间转交办理,第一时间督促协调解决,尽量争取让信访群众"最多访一次"。开展专项整治,会同生产运行处牵头组织相关部门研究拟定便民热线涉及民生信访事项专项治理工作方案,明晰工作职责,理顺解决渠道,进一步完善与政府的沟通对接机制。坚持聚力攻坚,针对油区群众持续反映的雨污排水、井盖破损、路灯损坏、公厕未投用等焦点难点问题,加大协调处置力度,会同海滨街、滨海新区城管委和公司相关部门多次召开联席会、现场会,进行专题研究,有效解决群众身边的"急难愁盼"问题。特别是注重发挥党建引领作用,先后以"加快推动解决便民热线反映集中的民生信访问题""保障平稳推动危陋自建平房安全隐患治理"为主题,开展特色主题党日活动,全体党员共同分析研判,共同研究商讨对策，有效汇聚集体智慧，发挥党员的先锋模范作用。公司受理处置海滨街转办的天津市"8890""12345"便民热线927件，化解各类民生问题230余项，热线数量和重复热线上升势头得到有效遏制，油区居民的满意度持续提升。

【自身建设】 2022年，油田公司全面加强《信访工作条例》宣讲培训，组织专题调研座谈会，由公司党委副书记进行讲解，同时采取印发学习材料、组织知识答题、制作微视频等多种形式，推进条例学习宣贯，帮助维稳信访干部准确把握条例精神内核和具体要求，营造办事依法、遇事找法、解决问题用法、化解矛盾靠法的良好信访环境。举办维稳信访业务培训班，邀请天津市国资委信访处、南开大学马克思主义学院、海滨街人民调解中心专家就党的二十大精神、社会主义意识形态、维稳信访工作形势与实务、维稳信访工作难点等内容进行宣讲答疑，首次采取情景剧互动模式开展信访接待实务及技巧培训，有效提升维稳信访干部和基层网格员的综合能力。改版维稳信访工作月度通报、周工作汇报，强化态势研判和风险预警功能，为公司及各单位决策提供参考。主动深入重点单位开展调研座谈和业务指导，特别重点阶段期间针对重点问题进行一对一重点指导，有效增强基层稳控能力。安排专人加强信息收集，定期了解各单位维稳信访工作动态，在月度通报中增加"基层工作动态"栏目，分享工作经验，展示特色做法，推动各单位相互学习、共同提高，全面提升维稳信访工作水平。

（邹伯安）

机构与人员

机构管理

【概述】 2022年，油田公司组织机构管理围绕公司高质量发展目标，在管理体制优化、组织模式创新、机构编制控减上想实招、做实功、见实效，为公司深化"油公司"模式改革和扭亏解困做出积极贡献。

2022年，油田公司制定组织体系优化提升方案，建立健全新能源、井筒质量监督等管理体制，推动公务用车、学前教育和离退休业务专业化管理，完成矿区业务剥离收尾工作，为高质量发展蓄势添能。持续推动新型采油管理区作业区建设，建立新型采油管理区2个，新型采油作业区20个；建立核心技能岗位体系，试点单位精简作业区岗位设置60%。着力提升机构编制资源配置效益，统筹推动机构编制压减工作，累计精简二三级机构41个，减少各类领导职数44个，超额完成上级任务。

【组织机构现况】 截至2022年底，油田公司机关设16个机关职能部门、1个机关附属、5个直属单位、34个所属单位。

（1）机关部门（16个）

综合办公室（党委办公室）

规划计划处

财务处

人力资源处（党委组织部）

资源评价处

油气开发处

生产运行处

工程技术与监督处

物资装备处

质量健康安全环保处（海洋石油安全生产监督管理办公室中油分部大港监督处）

科技信息处

企管法规处（内控与风险管理处）

纪委办公室（审计处）

企业文化处（党委宣传部、团委）

工会

维护稳定办公室

（2）机关附属（1个）

档案中心

（3）直属单位（5个）

勘探事业部

油气藏评价事业部

新能源事业部

基建工程部

土地公路管理部

（4）所属单位（34个）

勘探开发研究院

采油工艺研究院

石油工程研究院

经济技术研究院

第一采油厂

第二采油厂

第三采油厂

第四采油厂（滩海开发公司）

第五采油厂

第六采油厂

对外合作项目部（赵东作业分公司）

新项目事业部

天津储气库分公司

原油运销公司

天然气公司

测试公司

检测监督评价中心（HSE监督评价总站）

消防支队（保卫处）

人才开发中心

对外技术服务公司

井下作业公司

电力公司

信息中心

物资供销公司

天津工程职业技术学院（大港油田培训中心）

接待服务中心

车务管理中心（客运公司）

工业服务公司

土地管理服务公司

新闻文化中心

团泊洼开发公司

公共事务服务中心

社会保险管理中心

港油资本运营中心

【机构设置及变动】 3月，为贯彻落实国家碳达峰、碳中和重大决策部署和中油集团公司关于完善新能源组织体系的相关要求，加快推进公司新能源产业发展，经2022年第6次党委会研究并请示集团公司人力资源部同意，整合规划计划处、新项目事业部的新能源业务职能和人员，决定成立新能源事业部，列公司直属机构管理，作为公司新能源业务的归口管理部门，负责推动风电、光伏发电、地热等新能源业务发展。4月，为加强工作协调管理，经公司2022年第3次执行董事办公会研究决定，基建工程部为公司城镇燃气业务的归口管理部门，负责贯彻落实国家、地方、上级有关城镇燃气管理的法律法规和方针、政策，负责组织制定公司城镇燃气相关管理制度，负责组织编制公司城镇燃气业务中长期规划、年度计划并组织实施，负责与勘探与生产分公司城镇燃气业务主管部门的沟通联络，负责公司所属城镇燃气管道的完整性管理，负责公司城镇燃气工程项目建设的监督管理。6月，为落实中油集团公司全面深化改革、全力开创高质量发展新局面的有关部署要求，更好保障和改善油区民生，将驻区企业改革发展成果更多更广泛地惠及油区百姓，经研究决定，将土地管理服务公司的学前教育业务、资产、机构、人员调整到离退休管理中心，离退休管理中心更名"公共事务服务中心"。

（孙　涛）

领导干部管理

【概述】 截至2022年底，油田公司有企业领导人员10人。在职中层领导人员291人，其中二级正职91人，按二级正职管理2人，二级副职181人；保留二级正干部身份7人，保留二级副干部身份10人。

【领导班子建设】 2022年，油田公司始终坚持好干部标准不走样，把政治标准放在首位，严格履行干部选拔任用程序规定，创新实践年轻干部专项考评，注重从实干实绩、群众口碑中识别和发现干部，选拔使用学专业干专业、政治过硬、本领高强、意志顽强的高素质干部。始终坚持事业为上不动摇，聚焦主责主业，紧扣夺油上产、提质增效等工作需要，统筹用好各单位、各专业、各年龄段干部，把事业发展需要的人用起来，把合适的人放到合适岗位上，切实以正确用人导向引领干事创业方向。全年提拔24人，其中"80后"二级正职3人、副职6人，岗位交流27人，1名中层领导人员走上企业领导人员岗位，优化调整所属领导班子12个。

【领导干部管理及考核】 2022年，油田公司始终把制度建设作为选准用好干部的重要保障、贯穿干部队伍建设全过程，结合中油集团公司要求和公司改革发展实际，持续推进干部人事制度改革，研究起草《大力发现培养选拔年轻干部实施方案》《推进干部能上能下工作实施细则》《中层领导人员任期制和契约化管理实施细则》《中基层领导人员任职和公务回避实施细则》4项制度文件，干部管理监督制度体系更加系统完备。坚持激励与约束并重，做实"绩效考核+履职测评+日常考核"三位一

体考核评价,实施"三类九档五级"精准激励,奖励优秀班子14个、干部98人,提醒谈话6次,营造激励干部担当作为的浓厚氛围。坚持严管与厚爱结合,落实干部生病住院慰问、日常谈心谈话等制度,成立公司两级员工内部违规处理工作领导小组,加强干部因私出国(境)审批、请销假、经济责任审计等日常管理,推动从严管理干部成为常态。坚持监督与指导同步,精准做好组工干部业务指导培训,强化所属单位干部选拔任用报告报批报备审核,结合党委巡察同步完成4家单位选人用人专项检查,持续巩固集团公司党组巡视反馈问题整改成果,营造风清气正的选人用人环境。

【领导干部培训】 2022年,油田公司围绕打造高素质专业化干部队伍,克服疫情影响,采取"政治+业务""理论+实践""内培+外送""线上+线下"相结合的方式,分层分类推进"三强"干部"赋能计划",全年举办干部培训70班次,选派300余名干部参加外部培训,干部队伍整体素质显著提高。围绕加快优秀年轻干部培养,启动公司"青马工程"第一期示范培训项目,常态化开展青干班学员和挂职干部政治理论测试,高质量完成第四批干部挂职交流工作,动态调整完善中层后备人才库,及时发现和掌握一批优秀年轻干部,年轻干部培养实现提速增效。

【年轻干部培养选拔】 2022年,油田公司坚持老中青梯次配备,着力解决干部队伍年龄结构老化问题和"储层薄、盖层厚、断层深"的矛盾,科学统筹配置干部资源,优化年龄结构、专业结构。经过几年努力,公司形成一套"政治+业务""理论+实践""内培+外送""线上+线下"健全完善的干部教育培训体系,锻造青年干部党校培训班、年轻干部挂职交流两个品牌工程,培养选拔一大批优秀年轻干部,"80后"中层领导人员占38%。

领导干部(现职局级、正处级或主持工作的副处级)名录

表1 油田公司党委领导名录

序 号	职 务	姓 名
1	党委书记	周立宏
2	党委副书记	刘凤和
3	党委副书记、工会主席	赵平起
4	党委委员	熊金良
5	党委委员	范国权
6	党委委员	刘洪冬
7	党委委员	武 玺
8	党委委员、纪委书记	李 炯
9	党委委员	朱广社
10	党委委员	付永强

表 2　油田公司总经理班子成员名录

序　号	职　务	姓　名
1	执行董事	周立宏
2	总经理	刘凤和
3	副总经理	熊金良
4	总会计师	范国权
5	副总经理	刘洪冬
6	总地质师	武　玺
7	副总经理、安全总监	朱广社
8	总工程师	付永强

表 3　大港油田公司班子成员名录

序　号	职　务	姓　名
1	执行董事、总经理	周立宏

表 4　中国石油驻天津地区企业协调组名录

序　号	职　务	姓　名
1	中国石油驻天津地区企业协调组组长	周立宏

表 5　油田公司总经理助理人员名录

序　号	职　务	姓　名
1	总经理助理、安全副总监	李　强
2	总经理助理	佟　江
3	总经理助理	赵智勇
4	总经理助理	兰谢益
5	总经理助理	王洪雨
6	总经理助理	韩国猛
7	副总经济师	曲　岩

表 6　油田公司首席专家名录

序　号	职　务	姓　名
1	企业首席技术专家	金凤鸣
2	企业首席技术专家	周建生
3	企业首席技术专家	蔡明俊
4	企业首席技术专家	李东平
5	企业首席技术专家	廖兴松

表7　所属二级单位党政主要领导名录

序号	单位	姓名	
		党委正职	行政正职
1	勘探开发研究院	张家良	陈长伟
2	采油工艺研究院	赵郁文	葛党科
3	石油工程研究院	梁海臣	张高峰
4	经济技术研究院	李幼强	李海军
5	第一采油厂	杨俊良	李彦普
6	第二采油厂	贺国军	陈尚红
7	第三采油厂	侯立朋	李晓良
8	第四采油厂（滩海开发公司）	马晓东	王宏伟
9	第五采油厂	张晓刚	任瑞川
10	第六采油厂	王平	王建柱
11	对外合作项目部（赵东作业分公司）	马乔	高志勇
12	新项目事业部	闻国峰	姜文亚
13	天津储气库分公司	王德东	李才雄
14	原油运销公司	邵长军	陈少亮
15	天然气公司	邢永琦	王大星
16	测试公司	倪天禄	赵爱青
17	检测监督评价中心（HSE监督评价总站）	/	张宇哲
18	消防支队（保卫处）	高运仓	王强
19	人才开发中心	赵明	赵秋来
20	对外技术服务公司	胡俊刚	温爱国
21	井下作业公司	孙长旗	周华兴
22	电力公司	信国超	夏艳铎
23	信息中心	/	龙涛
24	物资供销公司	/	王海涛
25	天津工程职业技术学院（大港油田培训中心）	王志红	戴映湘
26	接待服务中心	徐家福	徐家福
27	车务管理中心（客运公司）	于林生	王建兵
28	工业服务公司	薛善福	金宁
29	土地管理服务公司	万勇	孙泽新
30	新闻文化中心	康德昌	
31	离退休管理中心	侯志	陆纪林
32	社会保险管理中心	贾全喜	王英瑞
33	团泊洼开发公司	张强	孙泽新
34	同欣集团（改制企业、外派干部）	赵智勇（兼）	赵克春

表8 油田公司机关处室领导名录

序号	职务	姓名
1	综合办公室（党委办公室）主任	兰谢益（兼）
2	规划计划处处长	刘小军
3	财务处处长	曲　岩（兼）
4	人力资源处（党委组织部）处长（部长）	陈卫兵
5	资源评价处处长	王文革
6	油气开发处处长	宗　杰
7	生产运行处处长	王清东
8	工程技术与监督处处长	付大其
9	物资装备处处长	赵　博
10	质量健康安全环保处（海洋石油安全生产监督管理办公室中油分部大港监督处）处长	李　强（兼）
11	科技信息处处长	/
12	油田公司总法律顾问 企管法规处（内控与风险管理处）处长	吕金光
13	油田公司纪委副书记 纪委办公室（审计处）主任（处长）	宋晓萌
13	油田公司纪委副书记 党委巡察办公室主任	车正吉
14	企业文化处（党委宣传部）处长（部长） 油田公司团委书记	刘计超
15	油田公司工会常务副主席	任明军
16	维护稳定办公室主任	杨铁刚

表9 油田公司直属单位领导名录

序号	单位职务	姓名
1	勘探事业部、油气藏评价事业部经理	韩国猛（兼）
2	勘探事业部党总支书记	柴公权
3	新能源事业部常务副经理	李建良
4	基建工程部主任	王　军
5	土地公路管理部主任	孙海松

（喻利刚）

员工管理

【概述】 2022年底，油田公司员工总量19267人，其中合同化员工14775人、市场化用工4492人。2022年新增本科及以上毕业生74人。

【劳动力管理】 2022年，油田公司严格落实中油集团公司公开招聘工作要求，高质高效引进高校毕业生74人、成熟人才23人。扎实开展目标定员，推进员工市场化退出工作，净减员1185人，员工市场化退出比例1.2%，控员因素促进全员劳动生产率提升5.4%。盘活存量提高效益。牢固树立"一盘棋"理念，持续加大内部转岗、外创市场盘活工作力度，全年优化盘活人力资源921人，累计节支创效1840万元。选取第一采油厂第二采油作业区及井下作业公司的3个基层队开展用工方式转型试点，通过优化整合内部业务和岗位，单位经营效益和劳动效率均有不同程度提升，其中第一采油厂第二采油作业区人均管井数由8.3口提升到18.5口、劳动效率提升123%。

（朱 猛）

【专业技术人才队伍建设】 2022年，油田公司完善并下发《大港油田公司专业技术岗位序列管理办法（试行）》（港油〔2022〕213号）。专业技术岗位序列共设置3层8级，依据层级，打造形成一支以5名企业首席专家为领军，20名企业高级专家、55名一级工程师为核心，541名二三级工程师为骨干、56名公司级青年科技人才为后备的规模适度、素质优良的专业技术人才队伍。

【职称管理】 2022年，油田公司根据中油集团公司职称工作最新要求，结合公司实际，修订完善《大港油田公司职称评审管理办法》（GY01/G4.9）。结合中油集团公司和天津市有关要求，调整"学历学位参评"条件；取消"毕业年限"条件，新增"专业工作年限"条件；调整"软破格"条件；新增"硬破格"；调整转岗后的职称转评政策；扩大职称水平考试人员范围。2022年，确定副高级晋升人选178人，晋升比例20.77%；确定中级职称晋升人选99人，其中操作岗大学生6人，晋升比例50%；确定初级职称晋升人选42人，其中操作岗大学生4人，晋升比例50%。

（王 赛）

【培训管理】 2022年，油田公司坚持以习近平新时代中国特色社会主义思想和党的十九届六中全会及2022年全国两会为重点，集中开展4期专题培训，中层领导人员全覆盖；通过E学平台全员集中开展十九届六中、两会、八五普法、依法合规、安全履职教育等全员培训任务，培训达6万余人次；开展专业技术人员培训70期达5000余人次，其中重点开展专业技术人才前瞻性培训，集中开展石油地球物理及时新进展等技术专题讲座11期，达1200余人次；开展科级管理能力提升培训4期200人次；开展新能源专项人才培养；着力开展风光发电、地热开发利用等培训4期培训120余人次；开展数字化转型培训 主要围绕数智油藏、数智井筒、数智地面和数智管理4个方向9个模块应用培训7期，达500余人次；开展新入职大学生培训，完成中油集团公司11家所属单位的234名新员工培训任务；打造数智技能人才队伍，强化技能等级认定前培训，持续推进"名师高徒"活动，打造一支"一岗精、多岗通、全岗懂"大工种复合型人才队伍。

（肖 敏）

先进集体和先进个人

先进集体

表1　油田公司2022年获省部级（区级）先进集体荣誉名录

序号	被授予单位（全称）	授予机关（全称）	称号
1	井下作业公司工会	中华全国总工会	"职业健康达人"show短视频征集活动优秀作品二等奖
2	第一采油厂输注作业区原油外输班	中华全国总工会	全国工人先锋号
3	勘探开发研究院	中国地质学会	地质工作诚信单位
4	大港油田公司	中国石油和化学工业联合会	创新团队（高含水老油田"二三结合"提高采收率理论技术研究与实践）
5	新闻文化中心	中国视协企业电视分会	全国最佳企业电视台
6	新闻文化中心新媒体视频工作部	中国视协企业电视分会	全国企业电视2022年度优秀团队
7	新闻文化中心电视总编室	中国视协企业电视分会	全国企业电视2023年度优秀团队
8	大港油田天然气公司天然气处理站	中国创新方法大赛（天津赛区）	第七届天津市创新方法大赛三等奖（项目名称：火炬区放空产生黑烟问题）
9	消防支队（保卫处）	中国石油天然气集团有限公司	第四届全国油气开发专业职业技能竞赛暨中国石油首届技术技能大赛团体成绩（消防战斗员）三等奖
10	大港油田公司	中国石油天然气集团有限公司	2022年度油气勘探重大发现成果三等奖（渤海湾盆地歧口凹陷滨海斜坡区碎屑岩潜山勘探取得新进展）
11	大港油田公司	中国石油天然气集团有限公司	组织史资料编纂工作先进单位
12	井下作业公司团委	共青团中国石油天然气集团有限公司委员会	集团公司五四红旗团委
13	井下作业公司团委	共青团中国石油天然气集团有限公司委员会	中油集团庆祝建团100周年青年文化作品创作大赛视频作品优秀奖
14	第三采油厂集输作业区官一联合站	中国石油天然气集团有限公司HSE（安全生产）委员会办公室	中国石油天然气集团有限公司2021年度节能计量先进基层单位
15	第三采油厂第六采油作业区	中国石油天然气集团有限公司HSE（安全生产）委员会办公室	中国石油天然气集团有限公司2021年度质量先进基层单位
16	南方石油勘探开发有限责任公司花场油气处理中心	中国石油天然气集团有限公司HSE（安全生产）委员会办公室	中国石油天然气集团有限公司2021年度节能计量先进基层单位
17	天津储气库分公司	中国石油天然气集团有限公司维稳信访安保工作领导小组	党的二十大中国石油天然气集团有限公司维稳信访安保防恐工作特别贡献集体
18	第一采油厂	中国石油天然气集团有限公司维稳信访安保工作领导小组	党的二十大中国石油天然气集团有限公司维稳信访安保防恐工作特别贡献集体
19	消防支队（保卫处）	中国石油天然气集团有限公司维稳信访安保工作领导小组	党的二十大中国石油天然气集团有限公司维稳信访安保防恐工作特别贡献集体

续表

序号	被授予单位（全称）	授予机关（全称）	称号
20	大港油田公司	中国石油天然气集团有限公司生产经营管理部	中国石油天然气集团有限公司2022年度生产经营先进单位
21	大港油田公司	中国石油天然气集团有限公司发展计划部	中国石油天然气集团有限公司2022年度综合统计工作先进单位
22	第一采油厂财务资产科	中国石油天然气集团有限公司财务部	集团公司"十三五"财务工作先进集体
23	第五采油厂财务资产科	中国石油天然气集团有限公司财务部	集团公司"十三五"财务工作先进集体
24	对外合作项目部（赵东作业分公司）	中国石油天然气集团有限公司财务部	集团公司"十三五"财务工作先进集体
25	天然气公司财务资产科	中国石油天然气集团有限公司财务部	集团公司"十三五"财务工作先进集体
26	电力公司财务资产科	中国石油天然气集团有限公司财务部	集团公司"十三五"财务工作先进集体
27	信息中心财务经营科	中国石油天然气集团有限公司财务部	集团公司"十三五"财务工作先进集体
28	第三采油厂集输作业区段一联合站	中国石油天然气集团有限公司质量健康环保部	中国石油天然气集团有限公司2022年度节能计量先进基层单位
29	第三采油厂团委	中国石油天然气集团有限公司团委	集团公司五四红旗团委
30	大港油田公司	中国石油天然气集团有限公司综合管理部	集团公司"三重一大"决策和运行监管系统应用优秀单位
31	测试公司解释研究所	中国石油天然气集团有限公司党群工作部	集团公司巾帼建功先进集体
32	井下作业公司报道团队	中国石油报社	先进报道组
33	第三采油厂	河北省卫生健康委员会、河北省工业和信息化厅	河北省健康企业
34	采油工艺研究院	天津市总工会、天津市作家协会	天津市职工文学征文评比活动最佳组织奖
35	勘探开发研究院沧东油气勘探研究所	天津市总工会	天津市工人先锋号
36	井下作业公司第三修井分公司312队	共青团天津市委员会天津市应急管理局	天津市青年安全生产示范岗
37	井下作业公司第四修井分公司物资装备站	天津市设备管理协会	2022年度天津市设备规范化管理规范管理班组
38	中国石油天然气股份有限公司大港油田分公司	天津市设备管理协会	2022年度天津市设备规范化管理A级单位
39	第三采油厂	沧州市安全生产协会	2022年沧州市安全生产协会先进单位

备注：党中央，国家部委，地方党委、政府，事业单位及中国石油等上级机构授予的厅局级荣誉也需收录。

荣誉统计以荣誉印章时间为准。

先进个人

表2 大港油田公司2022年获省部级（区级）先进个人荣誉名录

序号	被授予人	所在单位全称	职务	授予单位（全称）	称号（全称）
1	王晓燕	采油工艺研究院	总工程师	中华全国妇女联合会	全国最美家庭
2	柴寿春	井下作业公司物资装备管理中心	二级工程师	中国设备管理协会	2022第五届全国设备与技术创新成果（二等奖）集油装置和刹车机构调整工具
3	陈 兵	井下作业公司井控管理中心	副主任	中国设备管理协会	2022第五届全国设备与技术创新成果（二等奖）集油装置和刹车机构调整工具
4	崔臣滨	井下作业公司第四修井分公司	技能专家	中国设备管理协会	2022第五届全国设备与技术创新成果（二等奖）集油装置和刹车机构调整工具
5	邓鲁宁	井下作业公司教育培训中心	技能专家	中国设备管理协会	2022第五届全国设备与技术创新成果（二等奖）集油装置和刹车机构调整工具
6	王春祥	井下作业公司物资装备管理中心	科员	中国设备管理协会	2022第五届全国设备与技术创新成果（二等奖）集油装置和刹车机构调整工具
7	王学佳	井下作业公司	经理助理	中国设备管理协会	2022第五届全国设备与技术创新成果（二等奖）集油装置和刹车机构调整工具
8	杨希军	井下作业公司	副经理	中国设备管理协会	2022第五届全国设备与技术创新成果（二等奖）集油装置和刹车机构调整工具
9	张建勇	井下作业公司第三修井分公司308队	书记	中国设备管理协会	2022第五届全国设备与技术创新成果（二等奖）集油装置和刹车机构调整工具
10	王春祥	井下作业公司物资装备管理中心	科员	中国设备管理协会	设备管理与技术创新成果
11	官全胜	勘探开发研究院	一级工程师	中国地质学会	第十八届青年地质科技奖－银锤奖
12	韩文中	勘探开发研究院	一级工程师	中国地质学会	地质科学技术奖（野外地质工作者奖）
13	何书梅	勘探开发研究院	企业高级专家	中国地质学会	第三届优秀女地质科技工作者奖
14	孔红芳	第五采油厂大港油田公司综合服务中心	工人	中国创新方法大赛组委会	"降低电动潜油螺杆泵井清蜡频次"获2022年中国创新方法一等奖
15	孔红芳	第五采油厂大港油田公司综合服务中心	工人	中国创新方法大赛组委会	2022年中国创新方法大赛电视擂台赛铜奖
16	潘晓冬	第五采油厂三次采油作业区	工人	中国创新方法大赛组委会	"提高注聚溶解系统稳定性"获得中国创新方法大赛总决赛二等奖
17	杜胜辉	人力资源处（党委组织部）干部管理科	科长	中国石油天然气集团有限公司	2021年度先进工作者
18	李彦普	第一采油厂	厂长	中国石油天然气集团有限公司	2021年度先进工作者
19	李 哲	土地管理服务公司土地管理中心	主任	中国石油天然气集团有限公司	2021年度先进工作者
20	刘利勤	对外合作项目部（赵东作业分公司）地质油藏中心	主任	中国石油天然气集团有限公司	2021年度先进工作者
21	石 坚	新闻文化中心新闻采访部	主任	中国石油天然气集团有限公司	2021年度先进工作者

续表

序号	被授予人	所在单位全称	职务	授予单位（全称）	称号（全称）
22	薛 斌	电力公司生产调度中心	二级工程师	中国石油天然气集团有限公司	2021年度先进工作者
23	周洋洋	第六采油厂第二采油作业区	副组长	中国石油天然气集团有限公司	2021年度先进工作者
24	安玉山	井下作业公司	一级工程师	中国石油天然气集团有限公司	2022年度井控工作先进个人
25	黄兴博	井下作业公司	安全总监	中国石油天然气集团有限公司	2022年度QHSE先进个人
26	李 彬	第五采油厂协同研究中心	技术	中国石油天然气集团有限公司	2022年首届技术技能大赛铜奖
27	李绍先	消防支队（保卫处）石化大队	班长	中国石油天然气集团有限公司	2022年首届技术技能大赛银牌
28	李 炜	天津储气库分公司	副处长	中国石油天然气集团有限公司	2021—2022年天然气冬季保供先进个人
29	李智莹	物资装备处	科长	中国石油天然气集团有限公司	2020—2022年度重大技术装备推广应用先进个人
30	林志伟	消防支队（保卫处）港狮大队	战斗员	中国石油天然气集团有限公司	2022年中国石油首届技术技能大赛铜牌
31	马 帅	消防支队（保卫处）港骅大队	副队长	中国石油天然气集团有限公司	2022年中国石油首届技术技能大赛铜牌
32	马建英	勘探开发研究院	高级专家	中国石油天然气集团有限公司	2021年度先进工作者
33	沈伟成	生产运行处	副处长	中国石油天然气集团有限公司	2021—2022年天然气冬季保供先进个人
34	唐培淦	第五采油厂质量安全环保部	管理	中国石油天然气集团有限公司	2022年度QHSE先进个人
35	魏建民	井下作业公司第一修井分公司106队	队长	中国石油天然气集团有限公司	2022年度先进工作者
36	徐 伟	勘探开发研究院新能源与储气库研究所	三级工程师	中国石油天然气集团有限公司	第二届创新大赛青年科技创意勘探开发专业比赛二等奖
37	张晓萌	对外技术服务公司综合管理科	科长	中国石油天然气集团有限公司	2021年度先进工作者
38	周馨蕊	第一采油厂信息与自动化管理部	科员	中国石油天然气集团有限公司	组织史资料编纂工作先进个人
39	周运运	消防支队（保卫处）石化大队	战斗员	中国石油天然气集团有限公司	2022年中国石油首届技术技能大赛铜牌
40	刘 阳	第三采油厂地质研究所	二级工程师	中国石油天然气集团有限公司	2022年度集团公司先进工作者
41	罗 超	第三采油厂地质研究所	主任	中国石油天然气集团有限公司	第四届全国石油化工专业职业技能竞赛暨集团公司首届技术技能大赛油藏动态分析竞赛获团队赛铜牌、个人赛铜牌
42	张容基	第三采油厂地质研究所	二级工程师	中国石油天然气集团有限公司	第四届全国石油化工专业职业技能竞赛暨集团公司首届技术技能大赛油藏动态分析竞赛获团队赛铜牌、个人赛铜牌
43	赵 帅	第三采油厂第六采油作业区	采油工	中国石油天然气集团有限公司	第四届全国石油石化专业职业技能竞赛暨集团公司首届技术技能大赛采油工、数字化运维竞赛个人铜牌
44	郑玉洁	第三采油厂地质研究所	副主任	中国石油天然气集团有限公司	集团公司技术能手
45	郑玉洁	第三采油厂地质研究所	副主任	中国石油天然气集团有限公司	第四届全国石油化工专业职业技能竞赛暨集团公司首届技术技能大赛油藏动态分析竞赛获个人赛金牌、团队赛银牌

续表

序号	被授予人	所在单位全称	职务	授予单位（全称）	称号（全称）
46	张少亮	井下作业公司第一修井分公司	高级技师	共青团中油集团天然气有限公司委员会	"礼赞建团百年 筑梦青春韶华"庆祝建团一百周年青年文化作品创作大赛二等奖
49	杜昌同	质量健康安全环保处（海洋石油安全生产监督管理办公室中油分部大港监督处）	副处长	中国石油疫情防控领导小组	疫情防控先进集体和个人
47	何书梅	勘探开发研究院	企业高级专家	天津市人民政府	天津市有突出贡献专家
48	单岩松	公共事务服务中心计划财务科	科长	中共天津市委组织部	天津市先进老干部工作者
50	孔红芳	第五采油厂大港油田公司综合服务中心	工人	天津市总工会，天津市妇女联合会	天津市2022年"最美石油女工"
51	周洋洋	第六采油厂第二采油作业区	副组长	天津市总工会	2022年天津市五一劳动奖章
70	王少霜	天然气公司CNG管理站	操作工	中国创新方法大赛（天津赛区）	第七届天津市创新方法大赛二等奖（项目名称：降低变频器的过热故障率）
71	单岩松	公共事务服务中心计划财务科	科长	中共天津市人民政府国有资产监督管理委员会	天津市国资系统先进老干部工作者
72	孔红芳	第五采油厂大港油田公司综合服务中心	工人	天津市市场监督管理委员会	"螺旋机械刮蜡器的研制"获天津市二○二二年质量攻关优秀成果一等奖
73	孔红芳	第五采油厂大港油田公司综合服务中心	工人	天津市市场监督管理委员会	"提高油井套管放气压力控制合格率"获天津市二○二二年质量攻关优秀成果三等奖
52	周立宏	大港油田公司	总经理	中国石油企业协会	石油石化企业首届党组织书记谈方法说经验征文特别奖
53	陈卫兵	人力资源处（党委组织部）	处长	中国石油企业协会	石油石化企业首届党组织书记谈方法说经验征文三等奖
54	马 莹	新闻文化中心综合管理科	科员	中国石油新闻工作者协会	中国石油新闻奖 一等奖（版面类）
55	马 莹	新闻文化中心综合管理科	科员	中国石油新闻工作者协会	中国石油新闻奖 一等奖（版面类）
56	马 莹	新闻文化中心综合管理科	科员	中国石油新闻工作者协会	中国石油新闻奖 三等奖（散文类）
57	马 莹	新闻文化中心综合管理科	科员	中国石油新闻工作者协会	中国石油新闻奖 二等奖（通讯类）
58	马 莹	新闻文化中心综合管理科	科员	中国石油新闻工作者协会	中国石油新闻奖 三等奖（通讯类）
59	苏 洁	新闻文化中心报纸（网络）编辑部	科员	中国石油新闻工作者协会	中国石油新闻奖 三等奖（消息类）
60	苏 洁	新闻文化中心报纸（网络）编辑部	科员	中国石油新闻工作者协会	中国石油新闻奖 三等奖（通讯类）
61	苏 洁	新闻文化中心报纸（网络）编辑部	科员	中国石油新闻工作者协会	中国石油新闻奖 二等奖（通讯类）
62	苏 洁	新闻文化中心报纸（网络）编辑部	科员	中国石油新闻工作者协会	中国石油新闻奖 三等奖（通讯类）
63	苏 洁	新闻文化中心报纸（网络）编辑部	科员	中国石油新闻工作者协会	中国石油新闻奖 三等奖（消息类）
64	于 飞	新闻文化中心策划协调科（总编室）	科长	中国石油新闻工作者协会	中国石油新闻奖 三等奖（消息类）

续表

序号	被授予人	所在单位全称	职务	授予单位（全称）	称号（全称）
65	于 飞	新闻文化中心策划协调科（总编室）	科长	中国石油新闻工作者协会	中国石油新闻奖 三等奖（通讯类）
66	于 飞	新闻文化中心策划协调科（总编室）	科长	中国石油新闻工作者协会	中国石油新闻奖 三等奖（通讯类）
67	于 飞	新闻文化中心策划协调科（总编室）	科长	中国石油新闻工作者协会	中国石油新闻奖 二等奖（通讯类）
68	于 飞	新闻文化中心策划协调科（总编室）	科长	中国石油新闻工作者协会	中国石油新闻奖 三等奖（通讯类）
69	于 飞	新闻文化中心策划协调科（总编室）	科长	中国石油新闻工作者协会	中国石油新闻奖 三等奖（消息类）
74	孔德月	公共事务服务中心世纪星幼儿园	教师	天津市滨海新区教育体育局	2022年"金摇杯"幼儿园教师职业技能大赛：教育故事教师组局级三等奖
75	李凯旋	公共事务服务中心花园幼儿园	园长	天津市滨海新区教育体育局	2022年"金摇杯"幼儿园教师职业技能大赛：教育故事园长组局级三等奖
76	马晓晖	公共事务服务中心西苑幼儿园	副园长	天津市滨海新区教育体育局	2022年"金摇杯"幼儿园教师职业技能大赛：教育故事教学园长组局级三等奖
77	王 君	公共事务服务中心幸福幼儿园	园长	天津市滨海新区教育体育局	2022年"金摇杯"幼儿园教师职业技能大赛：教育故事园长组局级三等奖
78	吴炳莹	公共事务服务中心西苑幼儿园	教师	天津市滨海新区教育体育局	2022年"金摇杯"幼儿园教师职业技能大赛：教育故事教师组局级三等奖
79	信丽丽	公共事务服务中心世纪星幼儿园	副园长	天津市滨海新区教育体育局	2022年"金摇杯"幼儿园教师职业技能大赛：教育故事教学园长组局级三等奖
80	李凯旋	公共事务服务中心花园幼儿园	园长	天津市学前教育学会	2022年天津市学前教育教学优秀论文评选三等奖
81	梁 较	公共事务服务中心阳光幼儿园	教师	天津市学前教育学会	2022年天津市学前教育教学优秀论文评选三等奖
82	卢晶晶	公共事务服务中心花园幼儿园	教师	天津市学前教育学会	2022年天津市学前教育教学优秀论文评选二等奖
83	万 玲	公共事务服务中心北苑幼儿园	教师	天津市学前教育学会	2022年天津市学前教育教学优秀论文评选二等奖
84	信丽丽	公共事务服务中心世纪星幼儿园	副园长	天津市学前教育学会	2022年天津市学前教育教学优秀论文评选一等奖
85	马 莹	新闻文化中心综合管理科	科员	天津市新闻工作者协会	天津市新闻奖新闻版面二等奖
86	马 莹	新闻文化中心综合管理科	科员	天津市新闻工作者协会	天津市新闻奖三等奖
87	苏 洁	新闻文化中心报纸（网络）编辑部	科员	天津市新闻工作者协会	天津市新闻奖新闻摄影奖二等奖
88	苏 洁	新闻文化中心报纸（网络）编辑部	科员	天津市新闻工作者协会	天津市新闻奖三等奖
89	于 飞	新闻文化中心策划协调科（总编室）	科长	天津市新闻工作者协会	天津市新闻奖新闻版面二等奖
90	于 飞	新闻文化中心策划协调科（总编室）	科长	天津市新闻工作者协会	天津市新闻奖新闻摄影奖二等奖

续表

序号	被授予人	所在单位全称	职务	授予单位（全称）	称号（全称）
91	于 飞	新闻文化中心策划协调科（总编室）	科长	天津市新闻工作者协会	天津市新闻奖三等奖
92	刘 垚	井下作业公司物资装备管理中心	副主任	天津市设备管理协会	2022年度天津市设备管理能手
93	徐 蕾	天然气公司天然气集输管理站	工程师	天津市设备管理协会	2022年天津市设备管理能手
94	孔红芳	第五采油厂大港油田公司综合服务中心	工人	天津市科学技术协会	"降低电动潜油螺杆泵井清蜡频次"获得第七届天津市创新方法大赛一等奖
95	潘晓冬	第五采油厂三次采油作业区	工人	天津市科学技术协会	"提高注聚溶解系统稳定性"获得中国创新方法大赛天津赛区一等奖
96	潘晓冬	第五采油厂三次采油作业区	工人	天津市科学技术协会	"提高抽油机悬绳器可靠性"获得中国创新方法大赛天津赛区一等奖
97	刘汉英	公共事务服务中心托幼服务中心	副主任	天津市教育学会	2022年天津市教育学会基础教育"教育创新"论文评选市级三等奖
98	李 辉	勘探开发研究院	所长	天津市妇女联合会	天津市"最美家庭"
99	罗秀娟	土地管理服务公司工业保障公司	工人	天津市妇女联合会	2022年度天津市最美家庭
100	吴 华	采油工艺研究院钻井工艺所	副所长	天津市妇女联合会	2022年度天津市最美家庭
101	肖津辉	井下作业公司第一修井分公司	工会干事	天津市妇女联合会	2022年度天津市最美家庭
193	许 婧	检测监督评价中心环境监测技术室	主任	天津市妇女联合会	天津市最美家庭
194	罗秀娟	土地管理服务公司工业保障公司	劳资员	天津市妇女联合会	天津市最美家庭
195	鲍 雪	第六采油厂厂长办公室（党委办公室）	秘书	天津市妇女联合会	天津市最美家庭
196	宋 涛	通信集团炼达公司物资管理中心	主任	天津市妇女联合会	天津市最美家庭
197	肖津辉	井下作业公司一修井	干事	天津市妇女联合会	天津市最美家庭
198	牟红梅	物资供销公司油品分公司	班组长	天津市妇女联合会	天津市最美家庭
199	李 辉	勘探开发研究院对外合作项目研究所	所长	天津市妇女联合会	天津市最美家庭
200	王 丹	第五采油厂输注作业区	技术员	天津市妇女联合会	天津市最美家庭
201	李 蕊	第三采油厂集输作业区	工人	天津市妇女联合会	天津市最美家庭
202	吴 华	采油工艺研究院钻井工艺所	副所长	天津市妇女联合会	天津市最美家庭
203	李春晨	第一采油厂地质研究所	室主任	天津市妇女联合会	天津市最美家庭
102	刘恩营	第三采油厂修井管理中心	三级工程师	天津市滨海新区质量工作领导办公室	滨海新区2022年质量公关活动一等奖
103	段志成	第三采油厂安全环保科	副科长	沧州市安全生产协会	2022年度安全生产先进个人
104	孔红芳	第五采油厂大港油田公司综合服务中心	工人	北京发明协会	"采油树不停产查嘴掏蜡装置"获得第16届北京发明创新大赛银奖

续表

序号	被授予人	所在单位全称	职务	授予单位（全称）	称号（全称）
105	孔红芳	第五采油厂大港油田公司综合服务中心	工人	北京发明协会	"游梁式抽油机尾部自平衡装置"获得第16届北京发明创新大赛铜奖
106	孔红芳	第五采油厂大港油田公司综合服务中心	工人	北京发明协会	"一种泵上温控洗井装置"获得第16届北京发明创新大赛铜奖
107	孔红芳	第五采油厂大港油田公司综合服务中心	工人	北京发明协会	第16届北京发明创新大赛第6届创新人物"创新大工匠提名奖"
108	潘晓冬	第五采油厂三次采油作业区	工人	北京发明协会	"提高抽油机密封填料可靠性工具的研究与应用"获得北京发明创新大赛银奖
109	李 智	第三采油厂工艺研究所	二级工程师	中国石油天然气集团有限公司质量健康安全环保部	2022年度QHSE先进个人
110	董继龙	规划计划处	副处长	中国石油天然气集团有限公司发展计划部	2022年度综合统计工作先进个人
111	谢丽君	规划计划处	副科长	中国石油天然气集团有限公司发展计划部	2022年度综合统计工作先进个人
112	郭 伟	第一采油厂	总会计师	中国石油天然气集团有限公司财务部	"十三五"财务工作先进个人
113	曲 岩	大港油田公司	副总经济师	中国石油天然气集团有限公司财务部	"十三五"财务工作先进个人
114	石根生	第三采油厂	总会计师	中国石油天然气集团有限公司财务部	"十三五"财务工作先进个人
115	王洪雨	第四采油厂（滩海开发公司）	总会计师	中国石油天然气集团有限公司财务部	"十三五"财务工作先进个人
116	肖 波	检测监督评价中心	副总会计师	中国石油天然气集团有限公司财务部	"十三五"财务工作先进个人
117	于 斌	财务处	副处长	中国石油天然气集团有限公司财务部	"十三五"财务工作先进个人
118	石根生	第三采油厂财务科	科长	中国石油天然气集团有限公司财务部	财务工作先进个人
119	张燕红	第二采油厂党群工作科	科员	中国石油天然气集团有限公司团委	2022年度集团公司优秀共青团干部
120	胡耀鹏	第五采油厂质量安全环保部	科员	中国石油天然气集团有限公司团委	2022年度集团公司优秀共青团员
121	任帅军	井下作业公司党群工作科	科员	中国石油天然气集团有限公司团委	2022年度集团公司优秀共青团干部
122	李 鑫	人力资源处（党委组织部）	副科长	中国石油天然气集团有限公司人力资源部	2022年度组织人事信息报送工作先进个人
123	刘蔚清	人力资源处员工培训科	科长	中国石油天然气集团有限公司人力资源部	2018—2022年员工教育培训工作先进个人
124	杨 宁	人力资源处（党委组织部）	科员	中国石油天然气集团有限公司人力资源部	2022年度组织人事信息报送工作先进个人
125	石松林	规划计划处	科员	中国石油天然气集团有限公司发展计划部	2020—2022年度投资管理先进个人
126	杨 慧	规划计划处	科长	中国石油天然气集团有限公司发展计划部	2020—2022年度投资管理先进个人

续表

序号	被授予人	所在单位全称	职务	授予单位（全称）	称号（全称）
127	董继龙	规划计划处	副处长	中国石油天然气集团有限公司发展计划部	2020—2022年度投资管理先进个人
128	孙玉佳	新闻文化中心新媒体（电视）编辑部	科员	中国石油天然气集团有限公司党组宣传部	2021—2022年度《中国石油报道》和网络电视《石油新闻快讯》优秀个人
129	袁 龙	井下作业公司工程技术科	科长	中国石油天然气股份有限公司油气和新能源分公司	勘探与生产监督先进个人
130	赵 辰	第五采油厂质量安全环保部	管理	中国石油天然气股份有限公司油气和新能源分公司	2022年度安全生产先进工作者
131	白 刚	天津储气库分公司储气库建设部	科长	中国石油天然气股份有限公司油气和新能源分公司	2022年度油气田地面工程建设先进个人
132	边 锋	第四采油厂	副厂长	中国石油天然气股份有限公司油气和新能源分公司	2022年度油气田地面工程建设先进个人
133	段志成	第三采油厂HSE监督中心	主任	中国石油天然气股份有限公司油气和新能源分公司	2022年度QHSE先进工作者
134	耿庆嘉	第一采油厂工艺研究所	科员	中国石油天然气股份有限公司油气和新能源分公司	2022年度油气田管道和站场完整性管理工作先进个人
135	贺爱群	原油运销公司工艺研究所	二级工程师	中国石油天然气股份有限公司油气和新能源分公司	2022年度QHSE先进工作者
136	胡 健	第四采油厂质量健康安全环保科	科员	中国石油天然气股份有限公司油气和新能源分公司	2022年度QHSE先进工作者
137	李江涛	天津储气库分公司储气库研究所	科员	中国石油天然气股份有限公司油气和新能源分公司	2022年度油气田管道和站场完整性管理工作先进个人
138	路 兵	天然气公司数智化技术服务中心	科员	中国石油天然气股份有限公司油气和新能源分公司	2022年度QHSE先进工作者
139	马祥厚	信息中心物联网技术部	副主任	中国石油天然气股份有限公司油气和新能源分公司	2022年度油气田地面工程建设先进个人
140	牛伟丽	科技信息处信息管理科	科长	中国石油天然气股份有限公司油气和新能源分公司	2022年度油气田地面工程建设先进个人
141	齐广胜	第二采油厂质量健康安全环保科	副科长	中国石油天然气股份有限公司油气和新能源分公司	2022年度QHSE先进工作者
142	乔 纲	电力公司安全服务监督中心	副主任	中国石油天然气股份有限公司油气和新能源分公司	2022年度QHSE先进工作者
143	沈 玥	对外合作项目部（赵东作业分公司）工程建设中心	科员	中国石油天然气股份有限公司油气和新能源分公司	2022年度油气田管道和站场完整性管理工作先进个人
144	宋娜娜	质量健康安全环保处综合科	科长	中国石油天然气股份有限公司油气和新能源分公司	2022年度QHSE先进工作者
145	王志军	基建工程部基建项目科	科长	中国石油天然气股份有限公司油气和新能源分公司	2022年度油气田地面工程建设先进个人
146	魏秋林	天然气公司工艺研究所	科员	中国石油天然气股份有限公司油气和新能源分公司	2022年度油气田管道和站场完整性管理工作先进个人
147	殷新田	第三采油厂工艺研究所	副所长	中国石油天然气股份有限公司油气和新能源分公司	2022年度油气田管道和站场完整性管理工作先进个人
148	袁 远	基建工程部地面工艺科	副科长	中国石油天然气股份有限公司油气和新能源分公司	2022年度油气田管道和站场完整性管理工作先进个人

续表

序号	被授予人	所在单位全称	职务	授予单位（全称）	称号（全称）
149	张亚强	监督检测中心（HSE监督评价站）	科长	中国石油天然气股份有限公司油气和新能源分公司	2022年度QHSE先进工作者
150	赵 辰	第五采油厂质量安全环保部	主管	中国石油天然气股份有限公司油气和新能源分公司	2022年度QHSE先进工作者
151	赵 刚	储气库分公司	副经理	中国石油天然气股份有限公司油气和新能源分公司	2022年度油气田地面工程建设先进个人
152	赵相振	第五采油厂协同研究中心	工程师	中国石油天然气股份有限公司油气和新能源分公司	2022年度油气田管道和站场完整性管理工作先进个人
153	白 刚	天津储气库分公司储气库建设部	科长	中国石油天然气股份有限公司油气和新能源分公司	2022—2023年天然气保供先进个人
154	别必文	第二采油厂地质研究所	工程师	中国石油天然气股份有限公司油气和新能源分公司	2022年度安全生产先进工作者
155	陈正涛	第一采油厂工艺研究所	副所长	中国石油天然气股份有限公司油气和新能源分公司	2022年度油气田管道和站场完整性管理工作先进个人
156	窦庆涌	生产运行处生产运行科	副科长	中国石油天然气股份有限公司油气和新能源分公司	2022—2023年天然气保供先进个人
157	樊 健	检测评价中心（HSE监督评价总站）石油工程监督站	经理	中国石油天然气股份有限公司油气和新能源分公司	2022年度安全生产先进工作者
158	胡洪亮	勘探事业部河北项目部	科员	中国石油天然气股份有限公司油气和新能源分公司	2022年度安全生产先进工作者
159	苏 冰	质量健康安全环保处安全管理科	科长	中国石油天然气股份有限公司油气和新能源分公司	2022年度QHSE先进工作者
160	孙思佳	采油工艺研究院管道和站场完整性管理所	科员	中国石油天然气股份有限公司油气和新能源分公司	2022年度油气田管道和站场完整性管理工作先进个人
161	王春亮	第四采油厂（滩海开发公司）修井管理站	主任	中国石油天然气股份有限公司油气和新能源分公司	2022年度安全生产先进工作者
162	王立宪	规划计划处规划项目科	科长	中国石油天然气股份有限公司油气和新能源分公司	2022年度油气田地面工程建设先进个人
163	王有民	基建工程部工程质量监督站	科长	中国石油天然气股份有限公司油气和新能源分公司	2022年度油气田地面工程建设先进个人
164	吴朝玲	第五采油厂协同研究中心	科员	中国石油天然气股份有限公司油气和新能源分公司	2022年度安全生产先进工作者
165	徐永强	第三采油厂产能建设中心	主任	中国石油天然气股份有限公司油气和新能源分公司	2022年度安全生产先进工作者
166	殷新田	第三采油厂工艺研究所	副所长	中国石油天然气股份有限公司油气和新能源分公司	2022年度油气田地面工程建设先进个人
167	赵 维	第三采油厂集输作业区	副经理	中国石油天然气股份有限公司油气和新能源分公司	2022年度油气田管道和站场完整性管理工作先进个人
168	周 松	基建工程部地面工艺科	科长	中国石油天然气股份有限公司油气和新能源分公司	2022年度油气田地面工程建设先进个人
169	上官文卿	质量健康安全环保处安全管理科	科员	应急管理部海洋石油安全生产监督管理办公室中油分部	2022年度海洋石油安全生产监督管理先进个人
170	王云鹏	质量健康安全环保处安全管理科	科员	应急管理部海洋石油安全生产监督管理办公室中油分部	2022年度海洋石油安全生产监督管理先进个人

续表

序号	被授予人	所在单位全称	职务	授予单位（全称）	称号（全称）
171	杨学刚	质量健康安全环保处安全管理科	科员	应急管理部海洋石油安全生产监督管理办公室中油分部	2022年度海洋石油安全生产监督管理先进个人
172	张新卓	总经理办公室督办综合科	科员	中国石油天然气集团有限公司综合管理部	2022年度信息工作先进个人
173	于树波	质量健康安全环保处	副处长	中国石油天然气集团有限公司质量健康安全环保部	2022年度QHSE先进个人
174	杜昌同	质量健康安全环保处	副处长	中国石油天然气集团有限公司质量健康安全环保部	2022年度QHSE先进个人
175	刘虎	社会保险管理中心医疗保险科	科员	中国石油天然气集团有限公司应急领导小组办公室	2022年度应急通信系统先进个人
176	李峰	工业服务中心房屋管理公司	科长	中国石油天然气集团有限公司维稳信访安保工作领导小组	党的二十大维稳信访安保防恐工作特别贡献个人
177	李晓磊	电力公司经理办公室	主任	中国石油天然气集团有限公司维稳信访安保工作领导小组	党的二十大维稳信访安保防恐工作特别贡献个人
178	刘桂朋	第二采油厂经警大队	书记	中国石油天然气集团有限公司维稳信访安保工作领导小组	党的二十大维稳信访安保防恐工作特别贡献个人
179	刘英智	消防支队（保卫处）	经理助理	中国石油天然气集团有限公司维稳信访安保工作领导小组	党的二十大维稳信访安保防恐工作特别贡献个人
180	罗鹏	土地管理服务公司综合服务中心	科长	中国石油天然气集团有限公司维稳信访安保工作领导小组	党的二十大维稳信访安保防恐工作特别贡献个人
181	任站春	第一采油厂治安与土地管理部	主任	中国石油天然气集团有限公司维稳信访安保工作领导小组	党的二十大维稳信访安保防恐工作特别贡献个人
182	张静才	消防支队（保卫处）治安管理中心	副主任	中国石油天然气集团有限公司维稳信访安保工作领导小组	党的二十大维稳信访安保防恐工作特别贡献个人
183	张明和	第五采油厂生产保障中心	高级主管	中国石油天然气集团有限公司维稳信访安保工作领导小组	党的二十大维稳信访安保防恐工作特别贡献个人
184	郑兆海	维稳信访工作办公室信访办公室	科长	中国石油天然气集团有限公司维稳信访安保工作领导小组	党的二十大维稳信访安保防恐工作特别贡献个人
185	高运仓	消防支队（保卫处）	副处长	中国石油天然气集团有限公司维稳信访安保工作领导小组	党的二十大维稳信访安保防恐工作特别贡献个人
186	顾杰	维稳信访工作办公室维护稳定办公室	科长	中国石油天然气集团有限公司维稳信访安保工作领导小组	党的二十大维稳信访安保防恐工作特别贡献个人
187	李玉军	维护稳定办公室	副主任	中国石油天然气集团有限公司维稳信访安保工作领导小组	党的二十大维稳信访安保防恐工作特别贡献个人
188	谭毅	消防支队（保卫处）治安管理中心	科员	中国石油天然气集团有限公司维稳信访安保工作领导小组	党的二十大维稳信访安保防恐工作特别贡献个人
189	王学群	第三采油厂党群工作科	科员	中国石油天然气集团有限公司维稳信访安保工作领导小组	党的二十大维稳信访安保防恐工作特别贡献个人
190	王晓燕	采油工艺研究院	总工程师	中国石油天然气集团有限公司党群工作部	集团公司巾帼建功先进个人
191	刘刚	天然气公司天然气处理站	站长	中国石油天然气集团有限公司党群工作部	集团公司巾帼建功先进个人
192	于春玲	第四采油厂（滩海开发公司）	企业技能专家	中国石油天然气集团有限公司党群工作部	集团公司巾帼建功先进个人

注：党中央、国家部委，地方党委、政府，事业单位及中国石油等上级机构授予的厅局级荣誉也需收录。

荣誉统计以荣誉印章时间为准。

直属企业

勘探开发研究院

【概况】 大港油田勘探开发研究院（简称研究院）成立于1964年，主要承担精细构造解释与构造解析，沉积体系研究与储层预测，油气资源、复杂断块富集油气带的评价，斜坡凹陷岩性油气藏精细研究，复杂断块油田精细油藏描述，剩余油资源潜力定量研究，开发方案和调整方案编制，特殊类型油气藏开发机理综合研究、岩心分析、地层流体分析和地层古生物研究等室内分析化验等科研生产任务。作为油田公司勘探开发综合研究机构，研究院设院士专家工作站、博士后工作站及天津工程师学院，与国内重点院校合建联合研究院（陆相页岩油研究中心）、大港油田非常规实验中心、大港油田页岩油技术研究中心、油藏渗流地球物理技术联合工作站，获评"国家工程咨询甲级单位"。截至2022年底，研究院设机关科室5个、研究科室12个、综合服务科室3个。有职工420人，其中博士研究生14人，硕士研究生130人；教授级高级工程师9人、大港油田企业高级专家10人、一级工程师16人。有专业工作站321台套、微机304台、分析化验设备133台套，固定资产总值3.38亿元。

2022年，研究院树立"资源为王、产量为本、效益为先"理念，围绕"稳油、增气、提效"三大任务，完成各项科研生产任务。提交探评井118口，探井成功率68.6%，新增探明石油地质储量1087万吨、控制石油地质储量2022万吨、预测石油地质储量2228万吨，分别完成年度储量任务109%、101%、111%。编制新、老区开发方案13项，部署新井864口，方案建产能138.4万吨。实施新油水井76口，建产能34.6万吨。开源节流相结合，实现内部利润2699万元。获油田公司通令嘉奖5次，省部级科技奖励2项；发表核心期刊论文27篇（SCI/EI收录10篇）、发明专利授权13件、受理22件；获中国地质学会首届"地质工作诚信单位"称号；3名技术专家分获"黄汲清青年地质科学技术奖""中国地质学会第十八届青年地质科技奖""第三届优秀女地质科技工作者奖"。

【油气勘探】 2022年，研究院落实高效勘探要求，加强技术储备，强化创新引领，突出经济可采，在页岩油、潜山、斜坡区、成熟区带等领域取得进展。创新组织管理模式，组建多专业协同、多部门参与联合攻关团队，形成"首先突破1个、重点准备2个、加快研究3个、超前储备4个"风险勘探部署方案，创新深凹区大型岩性体成藏认识、页岩气甜点评价与目标优选技术方法，建议风险勘探井位10口。其中海探1井、沧探1井通过中油股份公司论证，深层致密气、页岩气、煤岩气等领域纳入中油股份公司风险勘探目标库。强化页岩油效益开发，研究页岩油富集特征，创新建立页岩游离烃含油率定量评价模型，精细评价甜点选准钻探箱体，优化方位设计打长水平段，专家全程驻井确保精准入窗，沧东5号平台效益开发试验井组试采初见成效、歧口页岩油探评井歧页11-1-1井自喷生产221天，累产油7138吨，歧页1H井实现高产稳产，沙一下新增预测储量2228万吨。构建富油凹陷周缘潜山内幕层状成藏模式、断阶带断—储接力运聚模式，指导潜山勘探由风化壳向多层系内幕转移，取得重要进展2项：千米桥碳酸盐岩潜山发现重要苗头，新增天然气储量74亿立方米，圈闭资源量83亿立方米，形成100亿立方米天然气规模储量区；庄海潜山埕海45井首次揭示上石盒子厚油层获高产，形成千万吨级效益增储区。以断砂耦合控藏认识为指导，重新认识断层和构造，由避断层防断缺向断裂带内幕找油转变，精细构造解释，主断裂带挖潜取得新成效：在张东断裂带部署实施井位4口均获高产，新增探明储量100万吨；孔西断裂带增储建产一体化实施井位7口，均获工业油流，新增探明储量113万吨、建产2.1万吨。细化斜坡区五级层序沉积微相研究，开展五级层序优势砂体精细描述，编制工业化图件35层，指导斜坡区勘探由以往沿砂体尖灭带找油向主相带厚砂体找高产转变，支撑效益勘探部署。滨海斜坡唐东9x2区块实现高效增储建产，新增探明储量342万吨，规划建产9万吨，投产5口井均获高产。歧北斜坡埕107x1区块新增探明储量93.43万吨，目前区块2口井日产油65吨、日产气10万立方米，实现高效增储建产。

【油气开发】 2022年，研究院推进"为油而战、夺油上产"专项行动，立足"十大工程"，领导挂帅，专家领衔，深化厂院结合，稳油增气成效显著。精细油藏描述成果转化，效益建产实现正向拉动。深化小断层智能识别、薄砂层精细预测及多维剩余油表征技术，建立地质油藏一体化平台，构建首个线上"数智交付"模式，实现港东、港西、小集等油田成果共享共用，编制"枣园/王官屯压舱石工程方案"等综合调整方案7个。投产新井55口，新建产能21.2万吨，阶段产油10.9万吨。精耕流场调控技术对策，注水治理夯实稳产基础。以揭榜挂帅项目为抓手，创新形成低渗透油藏层网适配技术，在枣34、小10-16区块实施措施33井次，投产新井2口，区块产量由94吨上升至180吨，在沧东低渗油藏推广应用配套技术，增油7.83万吨；在枣南孔一段开展流场模拟并提出增点、匀线、稳面的调控技术对策，实施后区块水驱控制程度提高5.7%，自然递减下降4.6%。精细气藏开发前期评价，天然气开发开启新篇章。攻关潜山内幕层状油气藏理论认识，创新提出"纵向分层，顺层岩溶与断溶体复合"储层发育模式，天然气前期评价井板深16-21井获百吨高产，为"重上千米桥"奠定基础。编制《千米桥潜山板深4区块气藏初步开发方案》，部署新井4口，新建产能1亿立方米，为天然气稳产上产提供支撑。精准施策攻克技术壁垒，储气库设计取得新突破。深化在役库达产提效、正建库优化实施、后备库优选研究，编制储气库50亿立方米工作气量方案；针对国内油藏建库无先例、储气库参数确定难等问题，创新设计渗流仿真实验，建立油藏型气库分层建库、两段制运行模式，攻克油藏改建储气库技术壁垒，股份公司首个低渗油气藏改建储气库方案通过评审。精益地质油藏方案支撑，赵东油田保持高产稳产。围绕赵东油田新平台控制区储层认识程度低，潜力落实难度大问题，以沉积相模式为指导，强化油藏地质研究，精细砂体展布刻画，建立一体化平台交互验证模式，落实断块潜力14个，提出产能井位28口，已投产6口，初期获百吨高产井4口，初期平均日产油132吨，累产油5.4万吨，支撑赵东油田高产稳产。

【提质增效】 2022年，研究院落实油田公司"提质增效价值创造"行动工作部署，在单井产量上做加法，在单井投资上做减法，在协同研究上做乘法，在管理壁垒上做除法，推动实施具体举措36项101条，提质增效效果显著。精研SEC储量，践行储量资产一体化，通过精细动态分析优化低效油田评估参数、PDNP储量更新评估、资产单元管理、定量增储分类论证，差异化治理，新增SEC储量286万吨，降低资产包袱7.5亿元。精细老井复查，针对特殊岩性及低阻层开展评价技术攻关，厂院结合实施措施井188口，累增油10.66万吨、气1057万立方米，新增SEC储量10.8万吨。优化单井设计，精研定额结算标准，优化调整轨迹191井次，优化井斜角35井次，优化完钻井深62井次，累节约进尺1980米，节约投资近1600万元。优化产能方案，常规新区10口油气井新建原油产能6.29万吨，用45%工作量，新建69%原油产能，单井产能达标率100%。深化精益管理，加强闲置物资调剂，耗材采购降幅29%；强化机关归口管理职能，精减投资项目6项，优化使用资金近300万元。深耕外部市场，承担国内外7个地区科研项目22个，创收超4000万元；加强科技成果转化，创效320

万元。响应国家"双碳"战略，系统开展大港探区地热地质综合评价及开发方案研究，形成地热热储评价技术，编制中油集团公司首个综合性地热企业标准《中深层水热型地热资源评价规范》，为油田公司地热资源开发利用和外围市场开拓提供技术支撑。

【民生安全】 2022年，研究院强化惠民服务，打造健康小屋，实现"随时可咨询，日常保平安，突发有预案，紧急有救援"；做优阳光午餐，实现"增餐补、提标准、降餐费、优服务"；子女药费"降低报销门槛、提高封顶限额"；开放心灵驿站，为员工身心健康保驾护航。致力院区建设，完善多功能步道、改造空调管网、贯通青年湖东西门、美化前后湖区环境，提升办公环境。强化科研支撑，升级智能解释软件、电脑工作站、新办公桌椅等软硬件设施，培训教室、多功能视频会议室投入使用，信息网络安全畅通。关爱员工健康，落实油田公司新冠疫情防控方案，做好疫情后时代防疫物资、生活菜品、办公环境消杀等保障工作。营造安全氛围，推行"楼长制"属地安全管理模式，院领导担任楼长属地办公；树立井控安全理念，组织观摩实地井喷模拟，无安全事件。

【党建工作】 2022年，研究院加强党的建设，发挥党建思想政治工作教育引导、凝聚激励作用。落实"第一议题"制度，学习习近平总书记系列讲话及党的二十大精神，贯彻油田公司党委、油田公司决策部署，开展"转观念、勇担当、强管理、创一流"主题教育活动，夯实思想政治根基。践行"冲、抢、稳、保"四字方针，动员全体干部员工投身"夺油上产百日会战"，开展"亮明创"活动，创建党员示范岗91个，党员示范项目23个，成立党员突击队13个，设立党员责任区9个，开展流动红旗夺旗行动，比成果、讲贡献、亮成绩、树标杆，评选流动红旗单位5个，激发员工增储上产斗志，凝聚员工合力，掀起夺油上产新高潮。加大优秀青年干部和技术骨干培养选拔力度，打造政治本领硬、专业素质强的科研创新团队。开展"夯基础、强技能"系列讲座16期、专家授课25期、科技大讲堂8期、青年交流展示活动2期，为人才成长精准赋能；整合"导师带徒""挂职锻炼""揭榜挂帅""青马工程"等多个人才培养平台，实现整体联动。

（龚艳春）

采油工艺研究院

【概况】 大港油田采油工艺研究院（简称采油院）始建于2005年4月8日，是油田勘探开发工程工艺技术支撑与研究单位，主要负责国家、中油集团公司及油田公司工程工艺科研攻关项目研究，采油、钻完井、地面、三次采油（气驱研究）技术、化学等工艺技术的研究及其工艺方案、设计的编制，油田重点工艺技术的研究试验、重大新工艺、新技术项目先导试验方案的编制和现场实施的组织推动、技术指导，各类油田化学剂的室内技术评价与检测、新产品的研究开发，数智油田建设支撑、新能源技术研究等。截至2022年底，有员工232人，其中企业技术专家3人、一级工程师8人；教授级高级工程师3人，高级职称105人；博士研究生6人、硕士研究生64人、本科学历128人，大专以上学历人员占员工总数的93.5%。设科室4个，专业所9个、研究支持中心2个。截至2022年底，全院固定资产原值总计15156万元，净值总计6347万元。固定资产原值7057万元，净值2359万元；无形资产原值2182万元，净值1151万元。

2022年，采油院坚持科技创新创效，完成油田公司下达业绩指标。完成各类采油、钻井、地面等各类工程方案129个，工艺设计292个，平均单井日产超地质配产 8.9%，节约钻完井费用 1100 万元。支撑完成公司分注、调剖"百口井"工程，当年分注纯增油 1.55 万吨，调剖纯增油 4.3 万吨。"二三结合"工程年增油 40.2 万吨，实现三采区块连续 4 年稳产；现场推广应用二氧化碳吞吐 50 井次，增油 1.8 万吨。坚持创新立院，在科技与信息化创新会上获"科技信息先进单位"，获科技奖励 21 项，其中省部级 3 项。"井丛场+"系列技术、参与研发的高含水期渗流场精细调控技术等 6 项技术，入选油田公司"十大科技创新成果"。"老油田'二三结合'大幅度提高采收率理论与核心技术创新团队"和"智能井站自主产品研发与应用创新团队"获"科技创新示范团队"。取得各类科研成果奖励 142 项，技术发明专利授权 145 项，各类专利奖 7 项，其中获中油集团公司专利优秀奖 1 项、油田公司专利金奖 1 项；在国内外重要技术刊物发表技术论文 203 篇；申报行业标准 3 项、中油集团公司标准 3 项，制修订油田公司标准 17 项，获中油集团公司 QC 小组活动成果三等奖 1 项，天津市质量攻关一、二、三等奖各 1 项；建成大港油田首家天津市企业重点实验室。葛红江、唐世忠获"科技创新标兵"，朱凯峰获"青年科技英才"，李娟等 7 人获"科技信息先进工作者"。

【夺油上产】 2022 年，采油院狠抓体系研发低成本、注入方式优化、提升注采时率，在单方液成本降低 12%、减少药剂成本 1900 余万元基础上，实现产油 40.2 万吨，三采区块连续 4 年稳产。完成各类工程方案 129 个、工艺设计 292 井次，平均单井日产超地质配产 8.9%，节约钻完井费用 1100 万元。以公司分注、调剖"百口井"工程为抓手，攻关腐蚀结垢井测调技术，分注纯增油 1.55 万吨、调剖纯增油 4.3 万吨，油田总井分注率 41.1%。推进中北部油田一级布站率达 71%、南部油田地面优化简化和稠油冷输技术，降投资 1030 万元，节约运维费 1762 万元。完成双碳目标等公司重点规划 4 项，形成浅层地热、场站分散式绿电等 6 大技术系列，编制各类方案 29 个，推进建成埕隆 1601 零碳光热示范项目。完成页岩油产能建设方案与固井、举升等工艺设计，试验页岩油二氧化碳吞吐、宽幅电泵等技术获成功，解决页岩油藏投产后期缺乏有效增产技术难题。

【攻关创效】 2022 年，采油院瞄准稳油、增气、提效三大目标，一切从生产单位需求出发，多项瓶颈技术取得突破。数智油田建设技术见实效，上线运行数智管理技术 3 项，数智井筒技术 2 项，示范应用数智地面技术 3 项，率先实现厂级原油自动交接。压舱石工程关键技术获新突破，攻关突破纳米改性水驱、水质精细处理、深部调驱控流场、智能分注等技术。页岩油增产稳产技术获新进展，研发高效降凝降黏剂及撬装自动加药工艺，奠定页岩油进管网生产基础；在 6 口老井成功应用二氧化碳吞驱增产技术，阶段增油 1800 吨。稠油二氧化碳吞吐技术聚焦现场多轮次治理效果减弱，攻关形成二氧化碳复合吞吐提效技术，推广应用二氧化碳吞吐 50 井次，增油 1.8 万吨。新型高效举升工艺攻关低产液低效井间抽技术、电潜螺杆泵油管内置投捞电缆等关键技术，新工艺应用 311 井次，节电 253 万度，为油田高能耗电泵井、低产液低效井等四大类复杂工况井提效治理做出突出贡献。第四代分注技术围绕现场工作需求持续迭代升级，首次实现水聚一体化注入，在南部油田首次成功试验缆控智能分注技术，推广应用智能分注 32 口井，支撑建成沈家铺官 18 断块日产百吨智能分注示范区。

【QHSE 管理】 2022 年，采油院落实安全生产十五条硬措施，从方案设计源头入手，辨识安全风险，严把"四新"技术入场关和井控设计关，筑牢全员安全基础，学习习近平总书记关于安全生产的重要论述和新"两法"，院主要领导带头讲授安全课 6 场次，常态化开展安全经验分享、应急演练，巩固安全理念。分级落实安全环保责任，健全制度规程，推进"双防"建设，采取"四不两直"方式利用志愿巡查队，围绕要害部位、重点领域，开展特殊敏感时段检查 37 次，迎接上级单位检查 9 次，查出整改问题 247 个，全部整改完成。严管消防、

交通等要害部位，承包商、危化品、井控等关键领域，确保安全生产零事故。强化员工健康管理，建立员工慢性病台账和职业健康档案，完成心灵驿站、科苑台球室建设并投入使用。组织志愿者132余人次，采购防疫物资，确保疫情期间科研生产不耽误。

【合规管理】 2023年，采油院成立采油工艺研究院依法合规治企委员会，明确各级人员合规管理职责，优化完善合规管理责任体系；完善合规管理高风险岗位人员合规职责清单。强化依法治企合规管理文化建设，落实"八五"普法宣传工作，组织全员开展"八五"普法网络专题班学习，组织员工参与"法治在我心中"主题演讲比赛活动，获油田公司二等奖1项、优秀奖4项，把法治宣传教育与企业文化建设有机结合，组织开展、参加安全生产管理、保密定密管理等专题业务合规和普法教育培训18个，参加人数540余人次，法治意识和合规管理能力不断提高。强化合规风险管控，强化重点领域合规风险监督管控，严格执行重点业务的监督检查计划，开展经营业务合规管理问题专项治理，对财务管理、合同、安全等重点业务进行全面自查，开展问题分析与整治，制定下步管理提升措施，防范同类合规管理问题发生。

【主题教育】 2023年，采油院围绕"转观念、勇担当、强管理、创一流"主题，将主题教育活动与提质增效专项行动一体推进，为采油院高质量发展提供强劲动能。实施"党委精学、支部领学、工团共学"三级联动模式开展理论学习研讨，党委班子成员开展专题研讨5次，各级党组织累计开展专题学习150余次，撰写理论文章、调研报告、心得体会等50余篇；层层宣讲价值创造思维，邀请油田公司主管领导宣讲形势任务，针对问题，组织班子成员、专家、所长逐个认领问题，提出改进举措，撰写心得体会34篇。以"八大管理研讨+基层领导干部管理论坛+调查问卷"三种形式，开展解放思想大讨论，征集意见建议45项并予以答复解决；打造"夺油上产"党员示范项目15个，开展主题、专项、专题劳动竞赛，取得重大攻关成果40余项。党委班子成员开展"强管理"专项调研8次，收集意见建议51余条，形成调研报告5篇，制定整改措施，解决员工急难愁盼问题；创新开展"全员强管理"工作，以"两对标、两提升、四价值"工作模式，补齐短板103项、固牢底板29项、锻造长板43项，提出管理提升举措200条，推动管理水平提升。超额完成提质增效项目31个；深化创收增效，谋划成果转化和内外部创收项目，内部利润800万元，上缴利润创历史新高。

【从严治党】 2023年，采油院落实从严治党主体责任，聚焦"两个维护"做实政治监督，围绕科研生产推动习近平总书记重要指示批示精神在采油院落地见效；聚焦"三个环境"强化专项监督，紧盯安全生产、提质增效等发挥监督再监督作用；聚焦发挥监督作用，开展"三公"管理、基层党建、投资管理合规自立项监察，纵深推进"两个责任"。修订完善贯彻落实中央八项规定精神实施细则，开展警示教育常态化提醒；开展违规吃喝问题专项治理和"反围猎"专项行动，开展违规吃喝排查并签署零承诺，邀请供应商、承包商、服务商20余家参加廉洁共建会，学制度讲纪律。深化"担当强管理、廉洁促合规"反腐倡廉教育活动，开展"335"系列活动。组织"上台阶、树品牌"工作研讨，对标对表组织岗位廉洁识别，形成采油院《廉洁风险防控手册》，利用道德讲堂开展"爱廉说""廉韵清风"等系列活动，营造"不想腐"政治环境。

【人才强企】 2022年，采油院树立"人才是第一资源"，推进实施人才强院"六大工程"，培养和打造高质量干部人才队伍。制定人才队伍建设五年规划，研究出台相关制度3项，修订考核评价标准2项。以工程思维"挂图作战"推进"六大工程"，优化整合专业体系，撤销低效班组，推进管理提升；按照渐进式、差异化原则赋能锻造干部队伍，严管厚爱促提升；深化专业技术岗位序列改革，健全专业技术人才管理体系；实行新员工全周期培养，建立人才储备库，积蓄创新发展动能。人才强企64条措施完成率100%，能力素质提升计划和专项人才培训计划完成率100%；6名青年成为油田公司科技人才，1人成为集团公司科技人才；引进各类人才10人，晋升高级职称10人。

【党建工作】 2022年，采油院着力"三基本"与"三基"有机融合，着重加强党组织建设，强根基、固堡垒、当先锋、创佳绩。统筹推进党委换届选举各项工作，选举产生新一届"两委"委员，总结过去五年工作成果，制定未来五年工作规划，为各项工作开展指明奋斗方向。推行把党小组建在所室上，开展党支部书记轮训，打造"五心"党支部书记队伍；推进"一党委一品牌、一支部一特色"创建工作，提高采收率党支部入选油田公司第一批基层党建示范点；深化"亮明创"岗位实践，表彰党员示范岗25名、党员示范团队5个、党员示范项目6个、党员示范实验室3个；构建党建联盟12个，"联"出战斗力，推进科研支撑靠前、成果应用到一线；参与社区抗疫志愿服务400余人次。

【群团工作】 2022年，采油院创新开展"精益管理价值创造"群众管理活动，发挥各级人才管理优势，实现业绩指标稳定增长；强化阵地建设，建立健全心灵驿站、台球活动室，开展旱地冰壶、歌咏比赛等文体活动，切实关爱职工身心健康；深入发掘典型，涌现全国最美家庭、天津市最美石油女工、集团公司先进工作者等一批先进典型。打造青年科技人才摇篮，开展青马工程与青年素养提升工程，创新"红色剧本杀"活动模式，掀起青年党史学习新热潮；推动青年创新创效，青年项目分获中油集团公司青年创意大赛二等奖、天津市创新方法大赛三等奖，3人获油田公司青年岗位能手称号；用心服务青年，院团青工作案例连续5年入选油田公司十佳。

【采油院建成大港油田首家天津市企业重点实验室】 2022年，天津市科技局公布23家天津市企业重点实验室，大港油田采油院申报的天津市三次采油与油田化学企业重点实验室名列其中，成为大港油田首家获批企业重点实验室。采油院整合实验室优势资源，以解决渤海湾地区瓶颈技术难题为出发点，发挥实验室基础研究优势和依托单位成果转化优势，筹建三次采油与油田化学企业重点实验室，形成三次采油提高采收率技术、环保型化学剂研发技术、双高油藏调剖配套技术、井筒工作液研发与评价技术4个技术系列。筹建过程中，组建以孙金声院士为主任的学术委员会并召开会议，各位专家对实验室发展规划给予肯定和指导。成立以公司领导挂帅的领导小组和采油院领导负责的实施小组，推动实验室建设工作。筹建期内，实验室先后承担省部级课题8项，获省部级奖励11项，发表论文11篇（其中SCI检索5篇、EI检索3篇），授权发明专利13件，制定标准14项（含国家标准1项、行业标准1项），科研成果在生产现场得到广泛应用。其中，环保型化学剂研发技术解决产出液沉积物处置难题，实现产出液沉积物绿色高效处置，节约处置费用800余万元。

【采油院王晓燕获"全国最美家庭"称号】 2022年，采油院王晓燕获"全国最美家庭"称号，天津市仅24户家庭获此荣誉。王晓燕是采油院总工程师，专注石油开发和"碳达峰、碳中和"，曾获天津市青年创新能手、天津市五一劳动奖章。丈夫殷庆国是工程院海洋石油二级工程师，投身海洋石油工程领域，攻坚克难屡获突破，曾获优秀共产党员、疫情防控先进个人。王晓燕家庭温馨和谐，邻里互帮互促，殷庆国出差时，王晓燕背着痛风的婆婆上下四楼就医治疗；全员核酸筛查时，邻居医生整日在外忙碌，王晓燕家庭主动帮助照顾孩子，用实际行动引领家庭文明新风尚，邻里并肩共创和谐。王晓燕、殷庆国因油结缘，近20年来携手奋斗，孝老育幼，爱及邻里，培育出美丽社会主义家庭文明之花。

（田继东）

石油工程研究院

【概况】 大港油田石油工程研究院（简称石油院）成立于1989年，为油田公司技术支撑与生产经营并重的科研院所，主要承担钻采工程技术的创新研发、单井设计和现场应用推广；钻井，完井，采油工程新技术、新工艺、新产品的研发、实验与推广；钻井、完井、采油工程（试油、压酸、防砂、举升、调堵、分注等）单井工艺设计；钻井液、完井液、修井液的研发、试验与推广；钻采工艺配套工具与油田化学品研发、试验、生产、供应、检测与评价；钻井过程中油层保护、钻井废弃泥浆无害化处理等职责。截至2022年底，工程院设机关科室5个、基层单位16个。有员工427人，其中合同化用工301人、市场化用工126人；管理岗位人员136人、专业技术岗位人员206人、操作服务岗位人员85人；高级专业技术人员115人、中级专业技术人员177人；党员198人。

2022年，石油院收入2.74亿元，考核利润1553万元，超额完成年度目标任务。

【科技创新】 2022年，石油院高效实施技术创新，承担、参与各类项目及课题35项，获省部级三等奖及以上科技奖励7项，油田公司科技奖励13项；发明专利授权46项，中油集团公司专利优秀奖1项，油田公司专利金奖1项、银奖2项。完善升级潜山超深井钻井设计与提速配套技术，千探1井全井平均机械钻速提高77%，钻井周期缩短40.4%，千探2井全井平均机械钻速提高131.4%，钻井周期缩短48.1%，各项指标刷新区块记录；优化升级页岩油体积压裂2.0工艺，在官页5号平台创造单井压裂段数最多、入井液量最大、方案符合率最高纪录；攻关升级全过程油层保护技术，钻井油保产量达标井占比79.9%，同比提高3.7%，修井油保维护井平均恢复周期3.05天，恢复率97.2%，阶段减损原油2.1万吨，"钻—试—修"全过程油层保护技术被评为油田公司十大科技成果。有效推进成果转化，形成"增能注水+"系列技术，现场实施17口井，增油1.2万吨；推广复杂条件精细防砂稳产关键技术，阶段恢复产油3.5万吨、累增油2.9万吨；推广应用特色堵水技术，累增油1.25万吨，降水2.1万立方米。

【专项攻关】 2022年，石油院围绕常规新区建产工程，完成唐东、埕北等区块钻井工程设计优化48口井，平均机械钻速提高57.3%，封固段优质段率提高19%。围绕页岩油提产工程，完成压裂设计20口井，现场实施11口井252段，投产8口井，增油1.4万吨。围绕滩海新区上产工程，完成埕海6区1-1南平台26口井井眼轨迹设计方案，节省钻井进尺236米，平均机械钻速同比提高15.8%。围绕老区建产工程，优化钻井工程设计96口井，降低钻井费用1236万元。围绕注水稳产工程，完成分注工艺现场实施211井次，施工成功率97.6%。围绕常规措施增产工程，实施32口井，措施有效率88.9%，增油1.25万吨。围绕天然气增产工程，优化多级交替注入模式，完成现场实施8井次，增油0.67万吨、增气1650万平方米。围绕侧钻井工程，完成钻井工程设计39口井，开钻33口，交井32口，投产27口，初期日增能力147吨，目前日增能力86吨，产油1.76万吨。围绕进攻性措施及套损修复工程，完成进攻性措施213井次，完成原油产量8.9万吨。

【技术支撑】 2022年，石油院紧贴上产强支撑，发挥"专家挂帅、团队出征"支撑保障模式，点对点支撑建设单位，开展技术交流、现场调研110余场次，解决生产问题70余项；围绕重点井、区块进行方案设计优化、施工措施研究论证310余场次，解决相关难题68项；开展夺油上产进攻性措施增产工程，并加快推进现场实施，施工23口井，增油 4254 吨；完成板深 37、板 828 等储气库设计方案、扩容达产可行性研究方案 5 项，完成白 15、驴驹河等储气库 13 口井工艺设计，高效支撑储气库能力建设。提升技术解难题，发挥综合技术措施优势，围绕建设单位现场技术难题，多专业联合开展"揭榜挂帅"项目 7 项，开展院级课题攻关 27 项，确保科研成果真正满足建设单位需求。强化基础促发展，履行采油采气专标委秘书处职责，制修订国家、行业、企业标准 41 项，复审 82 项；落实油田公司和石油大学（北京）企校联合研究院共建协议，持续推进滩浅海工程试验室共建，完成"土工离心机试验室建设规划方案"初步设计；按照油气钻完井技术国家工程研究中心管理要求，开展钻井装备与工具试验平台运营。

【提质增效】 2022 年，石油院树牢"事前算赢"理念，优化方案设计，从源头落实精打细算，从过程落实精益管理。累计控减钻井费用 3627 万元，完成目标值 121%。重点推广应用试油联作、分层联作，节约试油周期 106 天，节约试油成本 980 余万元。精准研判行业和国际市场形势，依托多项特色技术，畅通技术服务支撑渠道，稳步推进南方勘探、大庆油田、青海油田和塔里木油田等行业市场及尼日尔、乍得、南苏丹等国际市场，创造产值 3500 余万元。健全全面预算管理机制，提升全面预算管控作用。深化盈利能力分析，做好全年经营预测，压实各部门预算管理职责，强化增收节支、控本降费，抓实材料库存管理，统筹资金结算进度，用好用足油田公司各项政策，实现合规管理与经济效益双提升。注重经验总结和做法推广，一名员工在油田公司"提质增效我先行"管理提升评比活动中获三等奖。

【队伍建设】 2022 年，石油院推进"三强"管理人才队伍建设，强化顶层设计，实施干部素质提升"赋能计划"；探索实践干部成长新模式，持续完善"预备培养"机制，组织选拔基层优秀骨干到机关部门交流实践锻炼，推动轮岗交流挂职 5 人；有计划性培养一批本领过硬党员干部，选拔调整基层领导人员 17 人次，促进干部年龄结构优化、整体综合素质提升。精准推进"高精尖缺"技术人才队伍建设，推进"人才+项目"培育模式，组建覆盖 8 个专业领域技术专家团队 4 支，针对关键业务领域"卡脖子"难题，开展科研攻关和支撑保障工作，参与重大科研项目"揭榜挂帅"，推进科研生产一体化进程，激发创新创效动力活力。推进"复合型"技能人才队伍建设，开展参与广泛、内容丰富岗位练兵、业务交流等活动，培育高技能复合型人才；加快推进"微循环"模式，通过内部转岗、向外劳务输出、新增岗位退出等方式，盘活技能人员 16 人，调动员工积极性，提升全员劳动生产率。

【合规治企】 2022 年，石油院落实"合规管理强化年"工作要求，建立健全有效管用制度体系。制修订各项规章制度 71 个，梳理完善岗位职责 171 条，编写管理细则及规范 80 余项，规范业务审核审批流程 97 个，绘制流程图 125 张，收集评价相关规章制度 167 个，形成《管理规范汇编》1 套。强化合规意识，加强重点风险领域联动监管；开展合规监督检查，针对巡察、专项审计等发现问题，抓好对标整改。加强物资管理，修订物资管理办法，明确物资管理流程和管理责任，严格物资计划审批，抓好采购物资到货验收、直达料管理和自产产品入库后使用管理，强化物资库存动态管理，进一步规范物资管理台账，把好物资计划、验收、使用关，巡察及专项检查反馈问题均整改到位，全过程物资管理规范高效。

【安全环保】 2022 年，石油院压实 QHSE 责任，落实油田公司安全大检查部署，细化完善机关科室管理职责，制修订并签订院 QHSE 责任书 33 份，责任清单 448 份，进一步明确处罚标准，加大处罚力度和处罚范围。针对 2022 年 QHSE 体系全要素量化审核发现问题，制定针对性整改措施，确保问题整改到位。提升安全意识，修订完善岗位 QHSE 培训矩阵，按照规定频次和方式定期组织培训 18 次，组织开展安全生产大讲堂活动，两级领导干部开展安全大讲堂 41 场次，受众 600 余人次。防范井控风险，修订《钻井与井下作业井控管理办法》，组织井控安全风险大检查并闭环整改，进一步强化井控管理。抓好疫情防控，落实常态化防疫措施，严格执行外出审批等制度，做好员工疫情防控动态台账管理，配合推进核酸检测志愿服务。

【党建工作】 2022年，石油院落实"第一议题"制度，开展"转观念、勇担当、强管理、创一流"主题教育活动，确保中央和上级决策部署一贯到底、执行有力。抓好基层党建，健全党建责任制体系，推进基层党建"三基本"建设与"三基"工作融合，结合打造党委品牌和支部特色工作，深化党建"外联"模式，党委党建品牌被评为油田公司优秀党建品牌，压裂酸化技术服务中心党支部被评为油田公司基层党建示范点。抓好党风廉政建设，常态化开展日常监督，从严纠治"四风"问题，一体推进"三不"机制建设，强化重点领域、关键环节监督管理，推动巡察整改各项举措落实落细。抓好企宣文化和群团工作，落实意识形态工作责任制，改善员工办公环境，组织谋划、参与各项文体活动，开展群众性岗位建功活动，推进慰问帮扶活动，在"建功新时代 喜迎二十大"职工歌咏比赛中获油田公司特等奖，两名员工在油田公司降本增效大赛中获"金管家""铜管家"称号。

（郭文佳）

经济技术研究院

【概况】 大港油田公司经济技术研究院（简称经研院）成立于2016年，由原审计部、资金结算中心、工程造价中心、南部监察中心、工程咨询公司、规划计划处储量产能评估办公室等单位整合而成，为大港油田公司具有直属性质的所属单位，主要负责油田公司发展战略规划与经济政策研究、投资项目咨询、审计工作组织、资金结算审核、工程造价管理、招标组织、集中核销、合规监察、合同审查等工作。

截至2022年底，经研院在册员工210人，其中合同化员工205人、市场化员工5人；博士研究生学历4人、硕士研究生学历20人、大学本科学历163人、大学专科学历20人；教授级高级工程师4人、高级专业技术人员75人、中级专业技术人员101人、助理级及员级专业技术人员18人。设机关部门4个、业务中心10个。有固定资产1534项，净值5904.44万元。

2022年，钻井工程预算审减率0.52%，基建项目前期优化审减率9.86%；战略研究课题完成率105%；事后合同及文本瑕疵率0.4%；审计项目完成率和质量合格率、资金结算质量达标率、自办案件办结率均为100%。

【提质增效】 2022年，经研院完成工程造价业务审减金额1.37亿元；招标业务实现直接利润209万元；资金结算业务节约财务费用35万元；审计业务取得直接审计成果246.81万元；合同审查业务直接创效25.63万元；经济评价服务实现利润137万元。

【咨询研究】 2022年，经研院修编中油集团公司管理规范《物资采购管理过程文件规范》《物资采购管理过程文件规范》，修订油田公司工程造价管理办法、基建工程造价计价依据、结算与资金付款审核办法等规章制度7项；完成《大港油田高自然递减原因分析及技术对策》等油田公司级课题4项；参与油田公司"枣园、王官屯老油田压舱石工程"，完成《枣园/王官屯油田完全成本控降技术对策研究》。参与中油集团公司优秀审计论文评比，其中《大数据模式下油田车辆管理审计实践》获一等奖，并获二等奖、三等奖各2项；《大港油田经营管理创新机制研究》获油田公司科技进步奖三等奖；获油田公司管理创新优秀论文一等奖 1 项、油田公司优秀党建研究成果课题研究一等奖、二等奖各 1 项。组织油田公司科技项目评审，验收科技项目 89 项、课题 390 项，获油田公司 2018—2022 年度科技先进单位。召开经研院科委会 3 次，开展咨询课题 17 项，被油田公司机关部门采纳、实施 2 项，形成规范要求和制度 2 项；编辑出版《决策参考》2 期，刊发咨询研究成果 9 项、综合信息 84 篇。

【审计管理】 2022 年，经研院完成审计项目 23 项，发现问题金额 76370.86 万元，向油田公司和各二级单位提出审计建议 78 条。其中完成经济责任审计项目 14 项，审计发现问题金额 58974.24 万元，直接审计成果 0.69 万元，提出审计建议 41 条；完成工程竣工决算审计项目 2 项，审计发现问题金额 132.75 万元，直接审计成果 113.69 万元，提出审计建议 8 条；完成产能建设审计项目 1 项，审计发现问题金额 363.87 万元，直接审计成果 125.82 万元，提出审计建议 3 条；完成专项审计项目 1 项；完成上级安排项目 5 项，审计发现问题金额 16900 万元，提出审计建议 26 条。

【资金结算】 2022 年，经研院开具商业承兑汇票 14.5 亿元，助力油田公司节约财务费用 1000 万元；协助公司清欠应收账款 15 亿元。加强 30 家单位工会经费、党费业务，80 余家社保业务支付风险管控，60 余个银行账户资金安全监管；配合修订并发布《大港油田公司结算与资金付款审核办法》。

【造价管理】 2022 年，经研院审查钻井工程概算 83 井次，审批金额 8808 万元；审查预算 8852 井次，审批金额 69 亿 4538 万元；审查结算 5036 井次，审批金额 38 亿 1030 万元；审查基建工程估算 34 项，审批金额 16 亿 9781 万元；审查概算 99 项，审批金额 7 亿 9872 万元；审查预算 7326 项，审批金额 10 亿 3503 万元；审查结算 1234 项，审批金额 7 亿 2896 万元。配合修订并发布《大港油田公司工程造价管理办法》《大港油田井下作业市场化定额（暂行）》；完成油田公司基建造价从业人员岗位认证 131 人。

【招标与经济评价】 2022 年，经研院完成招标代理业务 644 项，其中招标项目 228 项，谈判项目 416 项，采购金额 24.7 亿元。完成经济评价项目 84 项、单井效益审核 651 井次；产能建设动态跟踪管理简报 4 期，提出相关建议 20 余条；开展项目后评价 85 项，其中中油集团公司典型项目详细自评价 1 项，企业重点项目详细后评价 1 项，简化后评价项目 83 项。

【碳资产管理研究】 2022 年，经研院组建碳资产管理研究中心（情报中心），主要负责油田公司碳资产管理研究、上游勘探开发和生产经营相关经济情报信息的收集整理与分析研判等工作。4 人取得碳资产管理证书和碳交易员证书。

【合规监督】 2022 年，经研院独立和协助公司纪委开展信访举报和问题线索核实 32 件，挽回经济损失 16.9032 万元。下发监督建议书 10 份，帮促各单位整改问题和完善各类管理制度 16 个。配合油田公司党委分两轮对公司 18 个党组织开展常规巡察，发现问题 165 个，督查 20 家单位整改情况。移交巡察建议书 3 份，推动开展专项治理 5 项，完善相关制度 74 项，挽回经济损失 39.65 万元。

【财务与合同管理】 2022 年，经研院协助共享单位核销管理经费 8450 万元、投资项目结算 12.77 亿元、支付资金 14.59 亿元。配合共享单位迎接中油集团公司（股份公司）财务大检查、公司财产清查、内控测试等专项检查 15 项。审查合同 5893 份，发现问题 1975 项，其中提示性问题 560 项，技术性问题 5 项，瑕疵性问题 1278 项，原则性问题 132 项。完成战略协议提供咨询服务 12 份，提供法律咨询建议 60 项。

（金文玉　李新娟）

第一采油厂

【概况】 大港油田第一采油厂（简称采油一厂）始建于1964年，是大港油田开发建设最早的采油厂。所辖油田属于北大港油田，管辖港东、港中、唐家河、马西、马东、联盟、六间房7个开发区、48个开发单元，总含油面积107.3平方千米。截至2022年底，采油一厂设机关科室8个、基层单位17个。有员工1038人，其中女职工427人；管理人员206人、专业技术人员168人；正高级职称1人、副高级职称76人、中级职称人员252人；党员445人，占总人数43%。有采注组10个、注水站9座、注聚站3座、采出水处理站3座、接转站1座。有油井1156口，开井957口；水井467口，开井384口。

2022年，采油一厂落实油田公司决策部署，围绕工作主线，建设高质量发展示范采油厂，安全环保实现"四个杜绝、一个不超"，员工队伍和谐稳定，超额完成各项任务指标，生产原油60.4万吨，超产4000吨；生产天然气1.97亿立方米，超产4700万立方米；实现税前利润7.27亿元，考核超交利润5000万元。采油一厂获公司提质增效"我先行"管理提升评比优秀组织单位奖、第三届会计技能大赛团体赛二等奖，于沛获获个人赛一等奖；输注作业区原油外输班获"全国工人先锋号"称号；团委获"2020—2021年度中油集团公司五四红旗团委"；作业一区姜金凯获第四届全国油气开发专业职业技能竞赛暨中国石油首届技术技能大赛（采油工、数字化运维竞赛）金牌；8人取得"无人机驾驶航空器系统操作手合格证"。

【油气勘探】 2022年，采油一厂按照"新井提产量、老井控递减、全面增可采"总体思路，突出增储上产，强化精细调整，资源保障能力全面提升。精准配合注重品质，实现资源有效接替，深化断砂耦合控藏认识，评价唐东外围油气藏潜力，实施探评井9口，新增探明储量342万吨，控制储量415万吨。

【油气开发】 2022年，采油一厂以"新井提产量、老井控递减"为工作主线，推进老油田综合治理。精心研究注重效果，实现新井效益建产。践行地质工程一体化理念，精细油藏地质研究，优化井网井型，稳步推进唐东9x2和东营组产能建设，实施新井35口，新建产能8.3万吨。精密协同注重分析，实现递减有效控制。秉持"注水就是控递减、增可采、提采收率"理念，持续优化注采井网，实现全藏波及有效驱替，实施水井治理114井次，开展动态调配650井次，控递减增油1.3万吨。精深挖潜注重完善，实现措施有效投入。遵循油藏开发"五个不等于"潜力认识观，突出低效井治理和长停井恢复，实现东营薄层、馆陶底水等4个方向突破，实施措施176井次，有效率89.2%，增油4.71万吨。精细刻画注重提升，实现天然气大幅超产。强化甜点储层研究，提高天然气新井生产能力，实施新井3口，建产能0.2亿立方米；应用多种气层评价手段，深挖气藏潜力，实施天然气措施23井次，增产天然气628万立方立。

【工艺支撑】 2022年，采油一厂创新技术驱动，全力支撑稳产上产。创新应用"甲醇解堵+天然气压缩"生产模式，恢复长停高压气井；应用分离器"低温破乳"技术，节约天然气90万立方米；推广应用采出液沉积物再利技术，完成联合站沉降池清零治理；探索应用新型纤维补强、柔性复合管等工艺，管道失效率同比下降20%；规模应用杆管防偏磨、低液井间抽提效等配套工艺，油井躺井率降低至1.66%；成功应用低成本渗析采油及增注解堵技术，注水效率大幅提升。推动数智转型，激活发展引擎。油水井数据采集系统改造、变压器电量远程传输分析、交接油自动计量等项目建设，实现生产数据精准采集、智能互联。应用作业区管理平台、无纸化办公平台，实现数据采集模块化、业务流程化、报表灵活化。参与油田公司及以上科技项目16项，获油田公司科技进步奖16项，受理专利11项，获授权专利3项；开展"一人一课题"项目，立项攻关166项，被推荐为油田公司优秀合建项目成果30项。

【提质增效】 2022年，采油一厂落实提质增效和低成本发展战略，瞄准"两利四率"目标，重点推进实施"八大专项工程"，促进采油厂量、质、效同步提升。做实精细源头管控，充分发挥精细管理优势，开展成本费用要素动因分析，深挖控投降本潜能，积极构建低成本发展长效机制。优化成本支出结构，落实提质增效各项举措，控减成本支出500万元；坚持效益导向，注重项目效益源头把控，加强施工过程管理，严格项目结算和后评价工作。持续发挥"3+4+2"项目管理部优势，构建生产经营协同发展格局。坚持"用经营思维管理生产、用效益标准检验工作"理念，在预算、营运、风险防控等方面协同发力，促进业务链资源整合，打造"效益型"采油厂。采油厂桶油完全成本、单位运行费用、税前利润等各项指标均处于公司领先水平，完成提质增效"两利四率"目标。

【安全管理】 2022年，采油一厂落实全员安全生产责任制和"三管三必须"要求，开展安全"五个一"专项行动，提升风险管控能力，安升级全环保体系。领导干部带头践行有感领导，修订完善HSE职责、安全生产责任清单，深化安全生产记分管理和常态化反违章专项整治，有效落实安全环保责任。开展全过程生产安全风险辨识、评价分级，形成风险清单，制定纠正预防措施；常态化排查隐患，采取"四不两直"、专家问诊等方式，抓早抓小，全面排查，把问题发现在一线，把隐患消除在现场，立项治理大罐喷淋装置老化等安全环保隐患16项。严格落实全员安全生产能力考评，开展多轮次的全员培训教育工作，参培1740余人次。发挥三级监督机制作用，实施安全生产失责积分管理，提升行动震慑力、监督指导力和全员素质能力。

【党建工作】 2022年，采油一厂推进党政融合，抓实思想引领，将学习贯彻习近平新时代中国特色社会主义思想和党的二十大精神等内容与"转观念、勇担当、强管理、创一流"主题教育相结合，通过学习研讨、形势任务宣讲等使党员干部进一步强化政治定力，以忠诚履职筑牢"稳油增效"。推进基层党建"三基本"建设与"三基"工作有机融合，深化党委"五融五提"，构建"大党建"工作格局，在一线班组试点推行"两组融合"，彰显基层党组织战斗堡垒和党员先锋模范作用。开展机关作风建设年活动，为基层减负办实事260余项。组织"四比夺金"劳动竞赛、"金管家"班组成本分析等活动，引导员工岗位建功，创效300余万元。常态化开展民情信息调研，持续加大慰问帮扶、健康关爱力度，使员工感受到组织关怀。

【企业管理】 2022年，采油一厂树立"从严管理出效益、精细管理出大效益、精益管理出更大效益"理念，实施精准治理和严格管理。推进"油公司"模式改革，实现车辆维修、电力系统运维等业务专业化，推行油水井划区域承包、夜巡管理模式改革，取消基层单位专职司机岗位，探索油水井资料录取与分析专业化管理模式，基本完成新型采油作业区建设。完善管理体系，推进"2224"基础管理攻坚，深化管理职能发挥和全员责任落实。严格执行"落实检查制度、难点专项督导、部门重点督办"基础管理提升运行模式，专项检查17次，督办解决采出水水质提升、视频监控系统误报等难点5项。"合规管理强化年"各项举措落实落地，风险排查细致，审核把关严格，注重内部监督检查，发现问题29个，提出建议39条。开展管理大检查，引进外部审核专家，强化职能部门管理职责落实考核；实施错峰用电管理，开展注水泵、抽油机错峰启运，节约电费90万元；开展设备精细管理，15台注水泵应用新型阀座阀片，注水单耗下降12.2%，节电154万度。

（谭贺文）

第二采油厂

【概况】 大港油田公司第二采油厂（简称采油二厂）位于河北省沧州市渤海新区，始建于1979年，生产区主要分布在南大港管理区、黄骅市南排河镇、中捷产业园区3个行政区，主要担负着羊二庄、王徐庄、刘官庄、张巨河、高尘头、滨海一区、周青庄2等油田的开发生产及本厂、三厂、六厂的原油外输任务。截至2022年底，在册员工833人，其中合同化员工601人、市场化用工232人。设机关科室7个、直属单位3个、所属单位11个。总资产原值70.06亿元，净值21.22亿元；油气资产原值67.67亿元，净值20.27亿元。探明石油地质储量1.08亿吨，含油面积183.8平方千米，开发动用石油地质储量7304.91万吨，可采储量2490.42万吨，剩余可采储量422.6万吨，标定采收率34.1%。有油井456口，开井380口，日产水平1027吨，综合含水92.9%，采油速度0.46，采出程度27.6%；注水井189口，开井163口，日注水平13101立方米，月注采比0.9，累计注采比0.632。

2022年，面对疫情和稠油锐减双重压力，采油二厂两级班子带领广大职工，咬定目标，克服重重困难，挂图作战，原油产量34.6万吨，超产152吨；天然气3010万立方米，超产1810万立方米。销售收入15.55亿元；账面利润7042万元，首次由负转正，比预算增利1245万元，同比增利1.45亿元。

【生产组织】 2022年，采油二厂主要领导牵头，周度组织上产推动会，整合调集全厂力量，统筹安排新井建设与老井措施，提前制定产量对冲举措，通过"挂图作战"，大干一百天、决胜四季度，实现圆满结局。在新井建产、措施上修、重点油井管护上，施行"井长制"，保进度、保质量、保效果，推动产量企稳回升。3支"蜜蜂小分队"深入生产一线，指导监督油水井护理和"井增半吨油"工作，无形上产增油9265吨，创近年新高。顶层规划、统一组织、紧密配合、及时调整、高效运转生产指挥机制逐步形成。

【项目管理】 2022年，采油二厂设立200万元专项业绩奖励资金，成立老井控递减、产能建设、稠油开发、对标管理、安全环保"1+4"项目组，由主管领导领衔挂帅，细化工作内容和分工，明确进度和阶段目标，配套考核奖惩办法，靶向推动夺油上产、提质增效、管理提升等重点工作。设置100万元奖励老井递减控制，项目组组织实施注水工程80井次，治理地质储量887万吨，自然递减率14.84%，同比下降2.22%，控递减增油9420吨。强化油藏分析，开展老井复查、补层提液等措施挖潜，实施油井措施61口，增油1.7万吨。强化钻井全过程管控，井身质量合格率、固井质量合格率100%。稠油开发项目组，综合应用高温混相等多种稠油开发技术，增油7400吨。完成南南外输管线补强等十大重点隐患治理项目，进一步提升安全水平。优选生产、经营、管理三方面10项指标实施对标管理，9项指标完成预期目标，精益管理展现初步成果。

【安全环保】 2022年，采油二厂修订安全生产责任清单236个，更新发放各类标准176项。总结提炼10大类34项常见安全风险，排查隐患2112项；开展现场监督2084次，重点工序监督率100%、二级以上特殊作业监督率100%；实施重大危险井封井7口。加大习惯性违章、外部承包商监管处罚力度，罚款6.2万元。解决滨90涉海用地问题，完成65.7吨危废的合规处置。开展南一联合站消防等应急演练15次，开展基地房屋隐患排查。落实常态化疫情防控措施及员工外出审批报备制度，在疫情防控政策调整以前，守住新冠"零感染"底线，无安全环保事故。

【提质增效】 2022年，采油二厂强化投资项目审核，节约投资资金400余万元。完成刘官庄5#井丛场光热示范工程等重大工程项目4个，预计年节省电费、拉运费180万元。强化注水泵、抽油机自主维修与修旧利旧，节约维修费、购置资金353万元。应用节能电机及注水泵新型阀座，创效98万元。加快资产轻量化，报废油气水井62口、其他资产197项、1.53亿元，报废物资处置创效252万元，折旧折耗同比减少0.52亿元。在作业区开展区块承包试点，优化岗位员工12人，油水井时率提升1.2%，躺井率平均下降0.88%。获油田公司"提质增效我先行"优秀组织奖，冯萌萌成为入围决赛唯一一名技能选手并获三等奖；王峥嵘获油田公司"金管家"大赛银奖。

【油藏开发】 2022年，采油二厂在滨海斜坡运用优势相富集理论，新增探明储量93万吨，探评井埕107x2在滨Ⅲ油组钻遇油层300米，产油4000吨、产气403万立方米。创新构建沙一段辫状河三角洲前缘砂体"侧积迁移、纵向叠置"富砂模式，首次明确友谊走滑构造带翼部斜坡区发育西、中、东三个有利成藏带。

【技术创新】 2022年，采油二厂强化注采、措施及地面工艺新技术应用，躺井率、系统效率等4项主要工艺指标进入前三。引进封配一体、小直径封隔器等新工艺，分注合格率提高6.9%。利用无人机巡井巡线数量增至5台，提高巡查和反应速度，降低职工劳动强度。实现联合站原油自动交接，优化节约员工12人；完成采油厂、三个作业区A11二期系统建设，数智化油田建设迈出实质性步伐。

【风险合作】 2022年，采油二厂与同欣集团滨港公司签订刘官庄稠油增产风险合作服务合同，提供基本条件支持，共同确定技术路线，按照约定期限及双方认可的增油量支付服务费用。实施微生物、高温混相以及"二氧化碳+堵剂"复合吞吐等稠油开发技术26井次，初期日增能力45吨，增油3600吨，减少措施费用支出110万元。针对有潜力、井况复杂、措施投入大油井，与井下作业公司开展风险合作，增产原油按照双方约定标准支付相应费用，产油562吨。

【人才培养】 2022年，采油二厂推进"三支队伍"建设，提升全员综合素质，组织各类培训班40余期，1450余人次参加。应用"线上+线下"综合培训模式，围绕技术创新，开展技术大讲堂、数智化油田建设、二氧化碳埋存研究等系列培训。1人走上处级领导岗位，2名年轻三级工程师参加油田公司青年技术人才交流，3名技术骨干入选大港油田公司青年科技人才，刘永胜参加中油集团公司首届油藏动态分析技术竞赛并获个人及团队双银奖。

【政治建设】 2022年，采油二厂修订发布《第二采油厂"三重一大"决策制度实施细则》，新纳入决策事项7类57条。落实党委会前置程序，召开厂长办公会19次，研究生产经营、安全环保等重大议题40个。召开采油二厂第七次党代会，完成党委换届。制定"转观念、勇担当、强管理、创一流"主题教育活动实施方案，组织形势任务宣讲23场次。开展党风廉政建设约谈350余人次，专项治理"违规吃喝"，推进"作风建设提升年"工作，政治生态持续向好。

【民生普惠】 2022年，采油二厂结合夺油上产工作重点，精准开展现场慰问10余次，发放慰问品19.9万元；发放会员生日蛋糕及困难职工慰问金28.4万元，设立职工倒班公寓，筹措61.7万元资金开展全员普惠。采油二厂获"建功新时代喜迎二十大"职工歌咏比赛一等奖，女排获排球联赛亚军，男足入围"供销杯"五人制足球比赛8强。作业二区采注运维二组获中油集团公司"青年文明号"。

（王祯元　张志远）

第三采油厂

【概况】 大港油田第三采油厂（简称采油三厂）始建于1988年3月，地处河北省沧州古城境内，管辖枣园、王官屯、小集、段六拨、乌马营、舍女寺、叶三拨7个油田，是油田公司南部油区大型油气生产单位。截至2022年底，采油三厂有职工3312人，其中管理及专业技术人员1150人。有党总支10个、党支部40个、党员1340人；设机关科室10个，所属单位22个。油气及固定资产总资产原值286.25亿元，净值109.84亿元。

2022年，采油三厂围绕"产量与效益"，以"新井提产量、老井控递减、全面增可采"为工作主线，推进"夺油上产，百日会战"活动，着力"调结构、夯基础、重效益"，克服疫情等多重因素影响，积极探索实践，生产经营取得新进展。地质储量3.59亿吨，标定采收率20.4%；有油井1711口，开井1371口，日产油2940吨，综合含水89.54%，采出程度15.42%，可采储量采出程度75.42%；有注水井908口，开井527口，日注水平3.38万立方米。生产原油107.1万吨、天然气490万立方米，剔除资产报废及减值损失后，实现利润8323万元。

【油田开发】 2022年，采油三厂调整优化产能结构，针对不同油藏特性，采取分块治理、分别调整、分类改造治理思路。实施先期注水精准培植，进一步完善注采井网，打造家35-56、女91-6等典型高效建产稳产区块4个；探索枣34常规低渗区块增能解堵、官东6x1特低渗区块增能驱替、官东13超低渗区块增能吞吐差异化增能技术，其中，官东6x1区块实施水井增能、油井补层，整体产量由9吨抬升至47吨；开展中高渗油藏"增点稳面"，实施井网完善、整体调剖等工作，家28-14、枣21两个区块在无新井及措施投入情况下，产量提升30吨；在"夺油上产 百日会战"活动中，实施"六个50吨"夺油上产方案，结合措施效益模型，优化措施选井，打造以官18断块为代表培植提液示范区。实施措施205井次，累增油6.9万吨。

【经营工作】 2022年，采油三厂聚焦"源头压控、节支降耗"，调整资金管控结构，构建"采油厂总额管控+作业区自主调剂+业务部门过程监督"三级资金管控模式；优化油藏埋深3000米以上新井27井次，节约投资2459万元；推动产液结构调整、注采结构调整、电加热系统优化调整等工作，治理高耗能电泵井48井次、拉油及捞油井44井次、低效注水井84井次，减少低效日产液2600立方米、低效日注水6700立方米，减少系统电量2680万度，创效4837万元。紧盯"资产轻量、废旧处置"，核查处置报废资产3批次，减少资产包袱近10.6亿元，打包处置废旧物资14批次，增收3000万元。

【工艺技术】 2022年，采油三厂推进管道泄漏污染防治工程，结合站场优化降级，关停混输泵站2座，完成官三地区无泄漏示范区和官16井区区域阴极保护示范区建设；组织废气治理治理攻关，首次在油田范围内开展现场储罐挥发气增压回收技术试验，实现段一联储罐废气治理"零排放"；优化调整举升方式，开展"人工+智能"间抽，治理低产低效井96井次，3口低效高耗能电泵井实施转大排量电潜螺杆泵生产，在官80-19探索应用宽幅电泵，取得良好效果；采用"移动注水"提高偏远井组产能，在家28-14断块应用2口井，井组日增油9吨；优选王官屯南排河以南10个井区，建设高凝冷输示范区，降低掺水量5.8万立方米；探索作业五区新型作业区配套数智地面建设，推广应用"油水智能分析系统"和"综合安防管理平台"，夯实数智化转型基础。

【管理提升】 2022年，采油三厂完善"三重一大"

决策合法合规性审查程序，开展222个业务流程、168个管控点内控测试，覆盖率100%；结合"夯基础、强管理、促提升"活动，梳理内部管理程序和运行机制，制修订体系及规章制度78项，精简资料台账150项；加大长停井治理力度，实施弃置封井、恢复再利用等治理举措72井次，增油1.25万吨；以"十比十赛十提升、全面提高创五星"活动为载体，强化基础管理，实施长停井、注水井套管收油等举措，实现无形上产增油1.8万吨。

【安全环保】 2022年，采油三厂以"双重预防机制"建设为抓手，抓实管控"两会""二十大"等特殊敏感时段重点环节，"四不两直"及专项查改问题2530项，持续巩固"严监管、狠问责、动真格"安全态势。搭建安全文化宣教阵地3个，组织安全生产应急演练、"双盲"应急演练34次，开展"安全大讲堂"79期，培训2258人次，持续加强全员"识风险、除隐患、防事故"履职能力。针对风险高发领域，专题剖析"修井搬家违章、加热炉风险、防爆电气隐患、油泥砂清零、官一原稳塔超限服役"等问题，定责限时推进整改销项，提升各部门"直线责任、属地管理、安全监管"落实能力。坚持分级分类疫情管控，按照属地要求做好各项常态化管控举措。

【改革转型】 2022年，采油三厂推进"油公司"模式体制机制建设，多经机构聚鑫公司实现编制清理，不再纳入采油厂管理；作业三区、作业四区完成新型采油作业区建设，形成"3+2+N"作业区机构框架；推动作业五区、作业六区"区域承包"，为下步作业区建设指明方向；开展"三定"工作，建立两级人力资源统筹配置平台，精简盘活190人；深化与采油一厂劳务合作关系，整建制划出25人；落实市场化用工工资调整，千余名市场化用工实现同工同酬；开展差异化分配、全员调标、"大工种"优化，充分发挥薪酬考核指挥作用。

【政治建设】 2022年，采油三厂落实"第一议题"制度，党委班子带头学习宣贯党的二十大精神和十九届六中全会精神，学习习近平总书记重要讲话精神和重要指示批示精神50余项，健全完善《采油厂党委、采油厂学习贯彻习近平总书记重要指示批示精神落实机制》。把"把方向、管大局、保落实"工作要求内嵌到采油厂改革发展、生产经营、党的建设等各方面，明确"调结构、夯基础、重效益"发展方向，完善"三重一大"议事决策机制和前置事项清单，把党的领导融入企业治理全过程。坚持从严管党治党，构建"四会"机制，跟踪基层工作落实，确定工作64项、举措155条，落实率100%。

【文化建设】 2022年，采油三厂围绕"转观念、勇担当、强管理、创一流"主题教育活动，以"补短板、强管理"为主题形成调研成果11篇，制定《第三采油厂桶油成本压降行动方案》，为高质量发展提供时间表和路线图。强化宣传思想引领，上线运行新版门户网站，突出重要阶段、重点工作、重大活动集中式主题宣传，拍摄《一路风雨一路歌》《在三厂，遇见春天》等宣传片，在省部级报纸、杂志、网站发布稿件100余篇。将企业文化理念融入实践工作，弘扬石油精神、三厂精神，"油海之星"评选典型126人次。

【基层党建】 2022年，采油三厂优化机关党支部3个、采注运维党支部6个，选配书记及委员43名，打造标准化党支部活动阵地4个，电力管理中心党支部等4个单位被评为油田公司示范党支部（红旗单位）。开展"亮明创"，创建党员示范岗77个、示范项目42个，8人获公司党员示范岗，有效发挥党员先锋模范作用。推进党建互联共建，通过与社会企业共建、油地和谐共享、技术单位共促、服务基层共联四种方式，建立友好支部17对。推进"一党委一品牌，一支部一特色"创建工作，采油厂党委《党建联盟助推企业高质量发展》及作业五区党总支《"小积分"催生"大能量"》获公司优秀党建品牌。

【队伍建设】 2022年，采油三厂建立科学干部考核评价体系，按程序推荐二级副干部1名，选拔科级干部12名，交流调整干部108名，推进"三强"

干部培训教育计划，参培99人次。推进专业技术岗位序列改革，增聘二、三级工程师24名，建立专家队伍58人，40岁及以下专家占50%。由技术和技能专家揭榜挂帅，实施科技创新，搭建展示平台、锤炼骨干队伍、调动创新活力，攻关生产难题55个、科技项目56个，采油厂7名选手在全国油气开发专业职业技能竞赛暨中油集团公司首届技术技能大赛油藏动态分析竞赛中，获一金一银四铜成绩。

【党建工作】 2022年，采油三厂党委强化全面从严治党工作，党委委员带头深入联系点开展检查指导40余次，讲述党课22场次，逐级签订党风廉政建设责任书1461份。开展"四个一"系列普法教育活动，全方位、多渠道加强干部员工"八小时以外"教育引导，筑牢全员廉洁思想防线。强化监督执纪，定期组织各单位"一把手"召开监督联席会，围绕关键领域、重要项目和重点环节，开展自立项合规监督20项，促进生产经营各项工作依法合规运行。从严肃劳动纪律、改进机关作风入手纠治"四风"，领导班子率先垂范开展"四不两直"检查，两级机关靠前指挥帮促基层解决难题70余项，营造为油而战、干事创业实干氛围。

【群团工作】 2022年，采油三厂采取"1+N"模式开展"十比十赛十提升、全面提高创五星"系列劳动竞赛，无形上产靶向发力，增油1.8万吨，用"小杠杆"撬动原油产量大收益。丰富员工精神文化生活，开展各类球赛、运动会等文体活动150余场次，打造职工"爱好培训班"，培训员工4000余人次，开展"八段锦""广播体操"等职工工间操活动，建设以"舒缓、减压、读书、娱乐"为一体"心灵驿站"健康活动阵地11个，倡导健康工作新风尚。坚持党建带团建，以文艺汇演形式献礼建团百年，表彰青年岗位能手22名。推进"青马工程"培育工作，强化青年政治历练，为新入职员工上好石油精神"第一课"，开展"建功献礼二十大，兴油强企新征程"党建知识竞赛。

【民生保障】 2022年，采油三厂推进"我为企业献计献策"活动，采纳各类建议179条，激发职工主人翁责任感。推行"四季恒温、节日加温、特殊升温"，开展夺油上产、疫情防控等专项慰问10余次，投入资金230余万元，帮扶困难员工216人，发放各类住院关爱资金40余万元。开设"第三采油厂网络信访"官方微信，积极协调、逐一答复，为民解忧、化解矛盾效果明显提升。推进"我为基层员工群众办实事"活动，通过清单化管理、项目化推进，解决基层就餐、如厕、洗澡等生活难题，实施基层食堂提升改造6个，修缮单身职工宿舍4栋，配备健身器材100余件。实施网络提速降费、民心桥至南区人行道改造、职工乘车场搭设雨棚及安装电动车充电桩等职工群众暖心"十大民生工程"，把实事好事办到员工心坎上。

【采油三厂累产油攀上新高度】 2022年，采油三厂历史累产原油突破5500万吨，相当装满30吨油罐车排列可以绕地球赤道半圈多，为保障国家能源安全、推动地方经济社会发展做出突出贡献。2022年，采油三厂克服疫情频发、油藏开发矛盾恶化等多重考验，围绕"产量与效益"，以"新井提产量、老井控递减、全面增可采"为工作主线，推进"夺油上产，百日会战"活动，通过探索与实践，实现原油产量107.1万吨，天然气交气量490万立方米，历史累产原油突破5500万吨，实现从1987年到2022年百万吨以上稳产35年。

【采油三厂获油田公司4号嘉奖令】 2022年，采油三厂获油田公司执行董事、党委书记赵贤正签发的4号《嘉奖令》，标志采油三厂阶段工作取得油田公司认可和肯定。此次嘉奖主要表彰第三采油厂在夺油上产"百日会战"专项行动中取得明显成效。2022年，面对严峻生产形势，采油三厂克服疫情等不利影响，落实公司夺油上产"百日会战"工作部署，推进新区建产、老区稳产等"十大工程"，开展夺油上产劳动竞赛，仅5月增加能力322吨/天，创近10年最好成绩，原油日产能力突破3100吨，扭转原油生产长期被动局面。

【采油三厂在集团公司首届技术技能大赛获佳绩】

2022年，采油三厂郑玉洁、张容基、罗超在第四届全国石油石化专业职业技能竞赛暨中油集团公司首届技术技能大赛油藏动态分析竞赛中获佳绩。其中郑玉洁获个人赛金牌、团队赛银牌，被授予中油集团公司技术能手称号。张容基、罗超获个人赛铜牌、团队赛铜牌。此次竞赛有来自中油集团公司14家单位、29个团队、87名选手参加，在赛前培训期间，采油三厂选手们时刻保持紧张状态，教室、宿舍两点一线，白天上课、晚上复习专业知识，争分夺秒为冲刺做准备，最终完成个人赛和团队赛并取得优异成绩。

（高彦光）

第四采油厂（滩海开发公司）

【概况】 大港油田第四采油厂（滩海开发公司），简称采油四厂，组建于2019年3月18日，由原第四采油厂（储气库分公司）油气生产业务和原滩海开发公司整合而来，隶属中国石油大港油田公司的油气生产单位，负责南部滩海地区滩涂、极浅海区域和北部板桥、千米桥、塘沽、长芦等四个油气田及唐家河油田22-1区块的油气开发生产管理，承担大港油田公司下达的油气生产任务与产能建设任务。截至2022年，北部油区建成联合站1座，接转站7座、注水站8座、承担北区91座井场的油气水处理及原油、天然气、污水外输任务。南部油区建成人工岛3座、井场4座、油气集输处理站1座，新建海上采修一体化平台1座，形成以埕港输油气管道为纽带，以埕海联合站为集输处理中心，以赵东平台、埕海油田、羊二庄油田、原油储运库、天然气处理站等为一体的油气生产、处理、储运系统。有油气井492口，日产油1555吨，日产气129.07万立方米，累产油1351.23万吨、产气127.61亿立方米。可采储量采出程度74.0%，剩余可采储量采油速度11.96%；有水井206口，日注水9696立方米，累注水5093.68万立方米。有员工943人，其中合同化员工793人、市场化用工150人；管理人员206人、专业技术人员170人、操作人员567人；高级职称人员124人、中级职称人员212人、初级职称人员41人。设机关科室7个、基层业务单元（含滩海新区项目部）21个。有效发明专利16件，实用新型专利92件，软件著作权3件。

2022年，采油四厂上报原油三级储量2.8亿吨，其中探明储量2.3亿吨；天然气三级储量755亿立方米，探明天然气储量451亿立方米。生产原油50.45万吨，天然气4.16亿立方米，年注水量301.13万立方米。有固定及油气资产、无形资产11205项，原值162.96亿元、净值62.47亿元，累计折旧100.49亿元。在天津市创新方法大赛获一等奖2项、二等奖2项、三等奖2项，获第16届北京发明创新大赛铜奖，在中油集团公司一线创新成果评选中获三等奖。

【企业管理】 2022年，采油四厂补充、更新、完善三级体系文件，整体形成融合质量、HSE、测量于一体基础管理体系。组织各部门梳理、评价规章制度148项，修订规章制度25项，清理失效制度20项。开展QHSE体系全要素量化内部审核1次，通过集团公司体系认证审核、板块公司QHSE专项量化审核和油田公司全要素体系内审，完成问题整改和销项。严格控制过程质量，参与油田公司抽检采购产品质量43批次，采油厂（公司）采购产品抽检25批次，不合格2批次，自产产品抽检21批次，全部合格，停止采购和使用不合格产品，退回剩余库存产品并积极索赔，节约经济损失3.62万元。采用评分排名法促使三级单位建立健全在用标准目录，配备标准5批次、311本，其中新标准117种。开展业务流程梳理和岗位执行卡编制，梳理业务流程221个，重要业务流程93个，关控点

199个，分解到具体部门和岗位，指导完善岗位执行卡60张，执行卡数量同比优化精简12张，内控执行有章可依、有据可查。开展内控业务流程全覆盖测试1次，涉及业务流程208个、关控点236个，集中跟踪审核重大风险9项，保障各项管控措施有效落实。

【人才强企】 2022年，采油四厂推进人才强企系列工程，在干部队伍方面，完成干部岗位调整24个，提拔中层领导人员2名，提拔"80后"三级副及以上干部7名。组织35岁以下员工开展青年员工考核评价，进一步发现储备人才。在技术队伍方面，在聘一级工程师3人，二级工程师11人，三级工程27人，增聘二级工程师2人，三级工程师3人。注重岗位实践，选派三级工程师2人到科研单位参加青年技术人才岗位交流；尊重人才成长规律，鼓励3名青年技术骨干参加油田公司"青年科技人才培养计划"。在技能队伍方面，祖坦获全国油气开发专业采油工职业技能竞赛银牌，周忠军获天津市技术能手，朱子杰被聘为中油集团公司技能专家，于春玲被评为中油集团公司巾帼先进个人。

【产能建设】 2022年，采油四厂围绕年度目标任务，强化技术应用，持续精细管理，坚持控投资、保上产、防污染，实现安全零事故，完成采油四厂各项业绩指标。开钻22口井，交井26口，完成进尺8.97万米，固井质量合格率91.3%，同比提高12.73%，井身质量合格率100%。完成常规新井试油22口井，滩海新区试油4口井。新井产油6.9万吨，产能贡献率70%，完成产能建设任务。

【科技创新与成果】 2022年，采油四厂承担油田公司项目3个，参与课题12个，开展采油厂课题18个，均达到预期目标，通过项目验收。在油田公司科技与信息化创新大会上获"科技信息先进单位"，《埕海一号地质海工一体化评价建产技术创新，实现滩浅海油田高效开发》入选油田公司"十大科技创新成果"，"埕海一号地质海工一体化创新示范团队""老油田'二三结合'大幅度提高采收率理论与核心技术创新团队"2个团队获"科技创新示范团队"。申请发明专利5件，实用新型专利1件，授权发明和实用新型各1件。

【油田开发】 2022年，采油四厂在保障老区稳产、新区上产基础上，加快新区评价建产、夯实老区稳产，产能建设完钻井位26口，其中油井18口、水井4口、气井4口，新建原油产能12.3万吨、天然气产能0.3亿立方米。其中板桥油田实施总井数15口，其中油井9口、水井2口、气井4口，完成进尺5.16万米，新建原油产能4万吨、天然气能力0.3亿立方米；埕海油田实施总井7口，其中油井6口、水井1口，完成进尺2.54万米，新建原油产能4.5万吨；滩海新区实施总井4口，其中油井3口、水井1口、进尺1.27万米，新建原油产能3.8万吨。注水专项治理以埕海、板桥精细油藏描述为依托，以"夯基础、控递减"为核心，调整渗流场，提高水驱控制程度与水驱效率，改善水驱效果，重点针对张海5区块、板中板一以及板中东中点井组实施治理，涉及地质储量1170万吨。实施水井措施43口，增加注水层115层/412.5米，受益井22口，双多向受益井7口，增加注水储量188万吨，治理区块水驱控制程度由74.8%提高至76.1%，水驱控制程度由79.2%提高至82.5%，注采对应率由76.6%提高至83.3%，双多向受益率由52.3%提高至58.5%，通过井网完善及层系完善，治理区块日产油由351吨上升至416吨，同比下降3.73%。根据板桥油田、埕海油田油藏管理及注水专项治理等重点项目需求，动态监测方案计划工作量391口井，完成395口。其中油井测压（包括压恢、静夜面）完成169口，完成计划145.7%；水井测压（包括压降）完成51口，完成计划63%，吸水剖面完成18口，完成计划27.8%；井间监测完成13口，完成计划92.9%；饱和度测井完成5口，完成计划100%；工程测井完成15口；分层测试完成21口，完成计划72.4%。

【工程工艺】 2022年，采油四厂优化举升工艺，编写举升工艺设计132井次，优化举升工艺设计66井次，应用内衬管29井次、抗偏磨接箍36井次、蜂巢式防蜡器5井次，减少偏磨躺井10井次，躺井率保持1.5%以内，取得较好效果。在新型举升技术应用方面，加大塔架式抽油机应用8井次，较电泵井生产日节电600千瓦·时，较游梁式抽油机日节电80度。在新技术应用方面，试验天然气吞驱结合技术，开展板16-17井、板17-16井、板60-31H井天然气吞驱结合试验，注入天然气350×104立方米，控递减增油4000余吨。实施注水专项治理43口井，增加注水层70层/251.1米，水驱控制程度提高3.3%，注采对应率提高6.7%，自然递减率同比下降6.8%。继续扩大智能分注技术应用，现场应用智能分注工艺31口井，实现数据自动调控，实时监测流量、做到精细分注、精准配注、高效测调，测调成功率100%，为油藏分析评价提供数据依据。在张海32-22井首次进行无缆智能分注管柱调剖，应用"聚合物微球+聚合物凝胶"调驱体系，顺利注入药剂3000立方米，实现智能分注管柱调剖技术突破。开展多项地面工艺调整优化措施，针对埕海一号平台投产后来液处理，优化调整埕海1-1岛外输工艺、注水工艺、加药工艺，在埕海联合站扩大使用油泥水浓缩+无害化处理技术，过滤浓缩反冲洗水，避免二次污染，提高采出水处理效果，无害化处理污泥4000余吨。开展数智化建设，自主开展115生产指挥系统建设，完成6个作业区、19个场站、236个重点设备设施、78条重点管线共739个监控点数据提取与远程监测；同步完成油气单井、井场、站库455路视频画面提取和展示，实现全部生产场站数据回传，节约外委费用50余万元。完成原油自动计量交接项目建设，实现原油自动交接，开展A11二期项目建设，完成板5站、板15站、板14站、板14-1、板三注等五座站库的少人值守自动化建设。

【电力工作】 2022年，采油四厂完成线路检修23条，长度180千米。板桥油田线路检修完成特殊杆型引流线350余处，检查变压器140余台、断路器36台、隔离开关160余组、高压电缆头100余组、清扫高压环网柜28台、箱变40余台；补充完善驱鸟器、占位器100余只；更换电杆8基，架空线6档，绝缘导线2档，高压PT1处，绝缘子120只，隔离开关22组，跌落保险8组，电杆更换绑线80余基，线路调垂3处，补充拉线2处，处理线路鸟窝、断线等隐患30余处；调配移动电源车1台次，移动发电机4台次，保证白一站、板64区块、板16站等重点井8口，因减少停电时间增油20吨。埕海油田线路检修完成高压开闭所检修5座，高压设备测试41台，变压器测试18台，高压电缆18条，低压配电室检查清扫8座；消除设备隐患9处，遗留高压开关设备损坏，高压电缆绝缘电阻低，变压器绝缘损坏、变压器油绝缘电阻低等11项问题未能现场解决。作业区开展抽油机调平衡、降低无效注水、油井间开、关停高含水无效油井，作业区油井及注水井、板一联污水清水泵和污水提升泵、板16-17天然气吞吐实施错峰用电，板5站、板6站、板16站实施变压器减容，白水头3315线路及塘十井场投运电容提高无功补偿等，节约260万元；电力管理站协调工艺所和作业区组织实施埕海联合站工艺流程优化改造，天然气压缩机降至一台运行，节约370万元；电力管理站在板19-46、板25、板21-27等5个井场实施直流母线井丛场新技术改造，组织安装板111-40等5台超级电容试验控制柜，节约37万元。电力管理站组织相关单位做好效果跟踪分析，节约电费667万元。实施电泵井开井28井次、措施井及评价井配电25井次，敷设低压电缆6941米，安全隐患治理工程4项，低压电缆故障维修10条次，安装、调整电力变压器及电动机15台，处理高压线路及设备设施隐患90余处、自行维修启动柜、变频柜等电气设备20余台，处理各单位上报的电力故障100余项，安装节能新型设备5台，处理电泵井电气故障20余次，自行实施第二采油作业区食堂电路及车队库房电源改造及部分高压线路春季检修等，节约各项施工费60万元。

【电网建设】 2022年，采油四厂新建产能井、探评井、实施措施井、老井转抽、二氧化碳吞吐井、加热炉电打火电路、注水计量电路等配电147次，敷设高压电缆线路2124米，低压电缆1.44万米。埕海1-1岛新建2×315千瓦注水泵橇装式配电室1座。结合产能井、措施井投产，新建200千伏安箱式配电室12台。板22站新建光伏发电系统总容量300千瓦。

【重点项目建设】 2022年，采油四厂埕海油田张1504区块产能建设地面配套工程竣工，新建控制室1座，污油池1座，高架水箱1座及基础，安装校核计量分离器、升压变压器房等，该项目将临时工艺建成正式工艺，满足油气生产日益增大需求，解决生产过程中安全隐患。南港轻纺园19平方千米油田设施调整工程竣工，新建油气管道110千米，新建电缆包封22千米，新建改造井场12座。张海5、埕海3-4及3-1外围区块产能建设地面系统配套工程总体形象进度61.8%，完成埕海2-2人工岛井口槽主体施工、40根隔水导管安装，完成埕海1-1平台单机调试及联合调试，4月26日正式开井试生产。

【海上生产】 2022年，采油四厂推动海陆并进打造浅海油气开发新引擎工作目标，海上生产部着眼埕海一号平台建设，编制平台管理制度及试生产方案，组织设备设施调试，完成埕海一号平台试生产。以提质增效为目标，做好开发方案优化及注采井网完善、工艺参数优化及控制系统完善、生产运行细化及管理制度完善等工作，确保平台平稳、高效运行，有油井14口，正常开井12口，间开1口，关井1口；水井2口（埕海1-1-8H、埕海6-H2），产油9.2万吨，超出配产1万吨。

【安全环保】 2022年，采油四厂压实岗位主体责任，细化分解责任指标，组织签订《2022年安全环保责任书》175份、岗位安全生产责任清单996份；督促85名领导干部制订并落实个人行动计划及包保责任，落实"三管三必须"要求。组织召开QHSE月度工作例会，分享典型事故案例，策划部署"安全生产大检查""党的二十大特殊敏感时期QHSE风险升级管控措施"等重点工作，协调解决重大安全环保问题。开展全员QHSE综合能力提升培训，举办网上课堂培训42期，"安全生产大讲堂"、线下培训31期，参培1800余人次，提高员工安全生产能力。通过笔试、访谈、实操等形式，55名科职及关键岗位人员、586名管理、技术及操作岗位人员开展安全环保履职能力评估，结合个人"三强三弱"评估结果提出下步完善措施建议。狠抓风险识别与隐患排查治理，计提安全生产费用840.8万元，推动油气集输管线、消防系统、压力容器、城镇燃气等10项隐患治理。严格海洋安全风险管控，推动海洋石油安全风险自评及深度评估，评估结果均在900分以上（千分制），为低风险；开展海洋石油安全生产专项自查，查改问题59项。严格危化品安全风险管控，梳理在用危险化学品20种，完善危化品清单及化学反应矩阵，明确危化品直线管理部门，开展板桥集输作业区对标自评和深度评估，查改问题24项。严格交通风险管控，120台公车"GPS"定位系统升级为"北斗"定位系统，组织开展交通安全专项检查21次，其中路查19次、夜查2次，抽查车辆1490台次，查处超速等违章行为9次，处罚9200元。严格消防风险管控，聚焦现场油气场站、高层建筑等消防安全风险点，查改火灾隐患138项，完成消防重点部位年度检测和办公场所电气消防安全年度评估。严格环保风险管控，完成4轮重点场站动静态密封点挥发性有机物检测与修复工作，检测密封点位31360个，修复泄漏点26个，合规处置历史遗留危废270余吨。严格承包商风险管控，通过视频回放、无人机航拍、现场监督检查等手段，检查施工现场1600余次，发现问题821个，处罚承包商违章34起、55400元。创建健康企业，建成"员工健康管理数字化平台"，引导员工改善不良生活习惯，健康干预130人次；抗击新冠疫情，应对8轮突发疫情，组织志愿者500余人次，配合海滨街落实全员核酸筛查64次，筛查群众20万余人次，被评为油田公司2022年度抗击新冠肺炎疫情先进单位。

【党建工作】 2022年，采油四厂专题研究并下发学习贯彻落实党的二十大精神文件，制作运行大表，开辟党的二十大宣贯专题新闻栏，上载新闻9条。邀请党校老师对83名党员干部进行宣讲培训，引导党员干部学深悟透、融会贯通。将"转观念、勇担当、强管理、创一流"主题教育活动与"夺油上产我先行""再战一百天 抢夺主动权""大反思、大讨论、大方案、大行动"结合，共同部署、共同推进。开展政治理论学习研讨72场次，收集评选优秀征文24篇，收集党员开展"亮明创"成果70项，组织解放思想大讨论18场次；在"金管家"降本增效大赛中取得一金二银成绩；开展专项调查研究，形成调研报告44篇；围绕合规管理查摆问题19个，制定措施19项；投资测算模型、无人机巡检等方式方法被应用到工作中，组织收集提质增效项目10个。制作形势任务教育宣讲材料，编制印发形势任务教育材料980册，开展各层级宣讲84次；3部宣传片在新华社、北方网等中央级、省部级媒体刊发，建立维护抖音号"我爱我四厂"，发布作品175个，获赞2740个，作品浏览量超12万；成立新媒体小组，录制宣传片4部。开办2022年意识形态工作培训班，梳理检查意识形态阵地300个，掌握意识形态主动权。组织签订党风廉政建设责任书263份，廉洁从业承诺书265份；完成党风廉政建设责任报告、监管责任报告26份，基层及以上党员干部目标责任报告书81份；开展"担当强管理 廉洁促合规"反腐倡廉主题教育活动，征集廉洁合规方面格言警句、视频案例和书画摄影作品等；深入拉油点、拉气点，检查并纠正票据登记不严谨等问题；落实《大港油田公司"反围猎"专项行动工作方案》要求，不让违规与"围猎"有可乘之机。推动巡察反馈问题整改，制定措施173条，追责54人次。开展"三创"活动，征集合建项目83条；开展安全生产"公开课""班组会"等学习活动54场，征集安全文化视频、安全文化用语等12条，组织劳动保护检查12次；开展各类慰问送暖帮扶1100余人次，发放困难帮扶资金7.4万元，专享救助1万元；组织参加职工群众喜闻乐见的文体活动，在多项赛事中取得可喜成绩。承办油田公司建团百年图片展，组织开展志愿服务191人次，作业三区青年工作组获选"青年文明号"，作业二区板十五站成功申报天津市"青年安全生产示范岗"，5名青年获油田公司及以上荣誉，1名团员当选为天津市第十五次团代会代表。

（罗 超）

第五采油厂

【概况】 大港油田第五采油厂（简称采油五厂）是大港油田公司所属的集采、注、输为一体的综合性油气生产单位。截至2022年底，管辖港西、周青庄、六间房3个油田，含油面积51.8平方千米，开发单元39个，地质储量10356.4万吨，可采储量3772.5万吨。有油气井965口，开井788口，年产油52.85万吨，年交气量2709万立方米；有注水井431口，开井321口，年注水634.3万立方米。有联合站3座，接转站4座，注水站5座，采、注、输等各类管道总长691千米。采油厂拥有固定资产（含油气资产）原值106.61亿元、净值49.60亿元。设机关科室4个、基层单位9个。在册员工1066人。其中管理及专业技术人员362人，占34.0%；中专及以上学历705人，占66.1%；中级及以上专业技术人员296人，占27.8%；党员377人，占35.4%。

2022年，采油五厂生产原油52.85万吨，超产1500吨。天然气交气量2709万立方米。完成内部利润5.28亿元，单位操作成本956.28元/吨。自然递减率15.2%，同比下降3.2%。QHSE·IC综合管理体系有效运行，HSE工作实现"五个杜绝、五个100%、十个不超"。

【油气生产】 2022年，采油五厂按照"高效发现、效益评价"思路，在港西外围含油河道刻画及页岩油勘探评价取得突破，实现新增石油地质储量876万吨。践行一体化战略，强化单井EUR增量优方案，多层兼顾优轨迹，靶向设计优井型，狠抓油层保护、完井技术、举升工艺等关键环节提质量，投产新井49口，年产油4.45万吨，单井日产同比增加2.2吨，创五年新高。坚持效益优先，精准剩余油刻画，优化措施结构，注重井网重建，实施长停井恢复、低成本防砂、油层复查等措施163井次，增油4.12万吨，吨油措施费同比下降65元。以区块为单元，细分开发层系，重建注采井网，优化注采结构，强化流场调控，实施稳产治理107井次，提高水驱控制程度2.2%、油层动用程度1.3%。持续开展聚驱治理，实施油水井措施55井次，优化注入速度56井次，三采区块日产油提升45吨，自然递减下降7.9%。推进油水井精细管护、油藏动态分析、无形上产等工作，增油1.65万吨。

【提质增效】 2022年，采油五厂践行"精益管理出更大效益"理念，强化投资源头管控、项目分类管理、方案比选研究，优化缓建新井井位41口、工程改造方案8项，减少投资850万元。创新激励机制，救活危险井51井次，节约成本500余万元。强化旧管杆、井下工具、低压闸门修复利用和抽油机再造等举措，节约资金1700余万元。实施机械清蜡、大罐清砂等工程自建，减少外委支出800余万元。强化高耗能设备治理、错峰填谷、举升工艺优化、低效井间开、注水系统改造等措施，节约电费630余万元。应用地热、光伏发电，实现清洁能源替代135万度。完善油耗管理、优化洗井周期、强力外电治理，降低运行成本280万元。落实资产效益分类评价管理制度，推行资产轻量化，报废油水井87口，报废高耗能设备、加热炉等物资2049项，资产净值2.3亿元，减少折旧折耗1077万元。处置报废管杆3万根、资产996项，收入877万元。

【安全环保】 2022年，采油五厂落实上级防疫要求，严格人员外出审批和外来人员管理，发放口罩、消毒器具、抗原检测试剂等防疫物资6.6万余件，社区志愿服务1140人次，守住疫情防控底线。落实"三管三必须"要求，重构安全责任体系，修订细化各岗位HSE职责，逐级分解并签署责任书80份。细化完善岗位安全责任制，编制岗位安全生产责任清单1200余张，压实HSE责任。强化场站与管道完整性治理，筹措安全环保治理资金2427万元，消除各类隐患1050项，设备运行时率提升0.8%，管道漏失率同比下降10%，污染面积减少15%。强化设计源头管理，管控薄弱环节，落实溢流升级管理，井控设备设施、工艺流程安全评估，开展现场检查328井次，发现问题439个并及时整改。强化高压井、长停井管控，加大弃置封井力度，实施57口。提升井控安全管理水平，实现溢流井数同比减少3口、井口无险情。实施油泥资源化利用1.2万吨，油泥砂处置3000立方米，合规处置固废、危废145吨，土壤修复722吨，实现动态清零。推广钻修动力网电应用，减少碳排放427吨。开展健康知识培训3期，参培294人次；优化员工查体方案，增加检查项目，职业病查体覆盖率100%；推进健康企业建设，打造心灵驿站9个。

【技术应用】 2022年，采油五厂坚持技术经济一体化，突出增产提效。推进固井技术创新，井身质量优质率处于公司领先水平。首创插管桥塞机械防砂，引进不留塞化学防砂工艺，增产能力提高30%。探索聚合物破胶、缓蚀酸等低成本解堵新技术，增油3300吨，吨油措施费仅510元。推广应用内衬油管、无杆泵、智能间抽控制等新技术28井次，机采效率同比提高2.7%，节电率50%以上。

【企业改革】 2022年，采油五厂深化"油公司"模式改革，推进"四部四中心"深度融合，优化组室设置8个，冗员转岗32人；推进"大岗位、大工种"改革，岗位整合压减52.8%；完成第一采油作业区定员试点方案设计，设置核心岗位8个，为落实采油厂核心技能岗位体系建设奠定基础。推进数智油田建设，建成港西二号数智化井丛场、西二联少人值守站库、一区三组智能化场站示范场景3个，搭建作业区管理应用平台，实现生产运行参数自动采集传输与远程控制、数智化视频巡检、施工过程在线监控等功能，工作效率提升50%以上。

【党建工作】 2022年，采油五厂干部员工学习贯彻党的十九届六中全会、二十大会议精神，落实"第一议题"、中心组学习研讨、自学制度，学深悟透习近平新时代中国特色社会主义思想。落实"转观念、勇担当、强管理、创一流"主题教育活动，开展专题宣讲38场次，举办大讨论22场，梳理管理流程问题6个并全部整改。以8个"党建+生产经营"活动为载体，推进基层党建"三基本"建设与"三基"工作有机融合。确立"重点区域涉水管道隐患治理"等党建项目15个，为破解高质量发展"卡脖子"难题注入红色动能。推进全面从严治党，压紧压实党风廉政建设责任，开展"担当强管理，廉洁促合规"主题教育活动，构建重点项目合规内部检查督导机制，履行监督执纪问责，坚持纠正"四风"问题，推进"两个责任"落地生根。落实意识形态工作责任制，定期开展意识形态专题学习研讨，加强意识形态阵地建设及舆论监管力度。开展安全生产"两个一"、无形上产"六比"劳动竞赛、"喜迎二十大 建功新时代"主题劳动竞赛等活动，激发全员夺油上产热情与活力。加大宣传工作力度，在各类媒体刊发稿件1967篇，涨幅39%，发挥"内鼓士气，外树形象"作用。

【和谐稳定】 2022年，采油五厂高标准做好健康午餐、防暑降温、职工（家属）体检、带薪休假等工作；筹措基层场站维修建设资金280余万元，改善员工生产生活条件；开展"困难帮扶""金秋助学"等活动，慰问帮扶困难员工21人，发放慰问金（品）14.2万元；落实维稳责任，掌握员工思想动态，随时倾听员工诉求，及时、耐心调处各类矛盾问题，维稳态势良好；协调企地关系，强化企地联防联动，打击涉油涉地违法犯罪，破获案件5起，抓获犯罪嫌疑3人、盗油车辆2台，收缴原油12吨，生产治安环境稳定。

（丁志君）

第六采油厂

【概况】 大港油田第六采油厂（简称采油六厂），始建于2005年，由原第四采油作业区更名而来，是油田公司所属的集采、注、输为一体的综合性油气生产单位。截至2022年底，设职能科室7个，所属单位11个，包括作业区2个，综合服务部1个。职工746人，其中管理、专业技术人员259人，操作岗位员工487人。有固定资产原值51.61亿元，固定资产净值21.82亿元。管理羊三木、孔店、扣村和齐家务四个油田，动用含油面积22.4平方千米、地质储量6086.55万吨，可采储量1919.91万吨。有联合站2座，油井438口，开井386口，日产液1.5758万立方米，日产油836.77吨；注水井181口，开井157口，日注水1.4923万立方米。

2022年，采油六厂以习近平新时代中国特色社会主义思想为指导，落实油田公司各项决策部署，开展党史学习教育及"转观念、勇担当、高质量、创一流"主题教育活动，推进经营效益型采油厂建设，生产原油30万吨，天然气压缩104.5万立方米。实现经营利润34182万元，桶油完全成本67.66美元/桶，单位操作成本1029.52元/吨。自然递减率保持8.9%，含水上升率0.5，水驱储量控制程度提升至94%，检泵周期2020天，纯抽泵效65.5%，油井开井率86.3%，总体开发指标保持一类水平。安全环保受控，体系运行有效，实现四个杜绝。

【油气开发】 2022年，采油六厂针对水淹层、薄差层开展综合评价，实施防砂、补孔等措施，培育一批提产井，扣39-11等井通过强注水实现零投入增油；开展长停井生产潜力再分析、再认识，激活一批长停井，扣116x1、齐1701等探评井作出新贡献；针对含水95%以上油井，通过卡换层及堵水措施实现控水稳油目标，卡住一批高含水井，羊丛27等井取得降水增油省电综合效果；优选含水大于96%水平井，实施中心管采油、换段生产及卡层措施，挖潜一批水平井，羊8H1等井实现水平井分段治理，措施增油1.35万吨。总结应用四字工作法，实现老井复查增储，扣116x1井馆陶组获高产，日产油12.34吨，含水8%，新增探明地质储量29.42万吨。加强二三结合方案建设，坚持层系井网完善，培育高产高效井，提升效益建产水平，在孔二北、羊一断块投产新井12口，建成日产30吨区块2个，产油7500吨。重点推动不正常井治理、层间矛盾治理、精细管理调控，实现地面—井筒—油藏一体化综合治理。开展地面增压增注、管道清洗除垢，解决不正常注入井11口，精准匹配分注工艺，第四代智能分注工艺达13口，实施动态调水85口，实现控递减增油5334吨。

【党建工作】 2022年，采油六厂贯彻落实党的二十大精神，推进党史学习教育常态化，形成中心组示范学、党支部对标学、党员群众跟进学习氛围。从严开展"转观念、勇担当、强管理、创一流"主题教育活动，精心设计具体举措9项，开展"六个一"特色品牌活动100余场，打造以"四增"文化基地—第一采油作业区党支部—采注二组党小组—羊三木1号井丛场党员示范岗为一体基层党建"三基本"示范基地，构建"点、线、面、体"四维格局党建阵地矩阵，推动党建与生产经营深度融合。提拔使用年轻干部，为技术、技能人才成长铺路，王志龙在第四届全国油气开发专业职业技能竞赛暨中油集团公司首届采油工技术技能大赛中获得金牌，周洋洋先后获全国青年岗位能手、天津市向上向善好青年、天津市"五一劳动奖章"等称号。采油厂选送项目在全国发明创新行业大赛中获三银一铜，在公司班组成本分析比赛中获金银牌。举办青年说、青年思辨会等活动，促进上产热情。强化责任落实，深化反腐倡廉主题教育，开展专题学习讨论、廉洁约谈、廉洁风险识别、新媒体倡廉等具体工作，营造风清气正氛围。优化人才队伍，启用一批"70后"，重用一批"80后"，选用一批"90后"，提拔干部21人，其中"70后"干部2人，"80后"干部11人，"90后"干部3人、三级工程师4人。全面敷设无线网络、丰富员工生活，合理安排有热情、愿奉献退职干部承担实职工作，实现干部新陈交替过程平稳顺畅。结合回迁后两岸三地分散办公格局，调研并征求各方意见，先后制定考核和激励办法，开展技术骨干驻扎一线、机关部门轮值帮扶、领导人员挂点承包常态化运营改革，确保工作效率不降低、沟通成本不增加、方案执行不打折、管理水平不退步。

【提质增效】 2022年，采油六厂坚持综合分析，防治结合，推动短周期井治理，针对出砂井、偏磨井、稠油井，实施举升工艺适应性调整19口井，预计单井检泵周期延长300天左右。依托数智油田建设，作业区成立并优化视频中控岗，通过配全监控设备，配强岗位人员，配优管理模式，简化工作流程、提升信息时效、提高油水井生产情况诊断准确率，提高油水井管理水平。创新开展工艺流程再造，采取从井筒到地面一体化工艺建设，规模化应用适应性更强水力携砂举升工艺，解决出砂和井筒腐蚀问题。应用三相分离器+动力液增压泵，实现前端脱气缓解管道腐蚀，水循环再利用节能降耗，预计整体效益可观。检测管道15.8千米，修复风险点38个，管道失效率同比降低20%。建成并投用羊中心站完整性管理平台，通过实际应用，积累宝贵经验，为进一步推动数智地面建设奠定基础。形成基于储层构型界面"二清三精四控"注采调控工作模式，实现控递减目标，SEC储量正修正约20万吨，当期减少折耗约2000余万元。优化潜力项目36个，叫停非必要项目2个，减少成本支出400余万元。

【安全环保】 2022年，采油六厂与同欣集团恒昌公司合作，以作业一区为试点，采取无人机+视频监控模式，常态化开展电路、管道、井场的智能巡检，单井视频覆盖率100%，无人机飞行1.2万千米，预警偷盗油5次，发现管道漏失12次，提升预警及时率准确率，降低职工工作强度及漏失污染影响。首次引进空气热源泵技术，在能耗大、超稠油的孔H5井实现动力液低能耗加热，配合污水循环再利用工艺，节电60万千瓦·时，实现单井效益提升，为孔102、孔59等稠油区块效益挖潜指明方向。借鉴兄弟采油厂经验，筛选具备条件注水井开展油泥砂调剖，处理油泥砂1000余立方米，清零油泥砂库存，实现安全环保与油气生产双赢。从素质提升、机制建设、文化培植3个方面体现安全环保效益。安全培训重点向基层倾斜，通过开展干部进班组讲安全课、班组安全小讲堂、岗位安全讲述等活动，切实提高全员安全素质。双重预防机制在基层走实，重点向员工讲方法、谈做法，务求制度的可操作性，风险管控和隐患治理收到实效。安全文化建设在基层扎根，培植羊一号井丛场和羊中心站安全示范场站，安全文化理念深入人心。

（胡庆芳）

对外合作项目部

【概况】 大港油田公司对外合作项目部（简称项目部）成立于2010年2月4日，由原大港油田公司赵东开发项目经理部和孔南开发项目部整合而成，列大港油田公司所属单位编制。项目部开发业务范围涉及海上和陆上两个开发区域，其中赵东C/D合作开发区和C-4联合开发区分别于2003年9月6日和2008年12月31日进入商业生产阶段，新区Ⅰ尚处于评价期，有海上平台6座，动用石油地质储量8342.53万吨，采油1571.2万吨，采出程度18.8%，可采储量采出程度63.1%；有采油井91口（开井78口）、注水井38口（开井34口）、水源井2口（开井1口），日产油1103.8吨，综合含水94.48%，日注水平22218立方米，累计注水1亿1101万立方米。陆上开发区域为孔南合作开发区，包括段南、西斜坡和小集3个区块，2009年1月1日进入商业生产阶段，动用石油地质储量1789.42万吨、产油156.69万吨、采出程度8.76%、可采储量采出程度62.7%。有采油井86口（开井62口）、注水井16口（开井5口）、日产油212.4吨，综合含水45.72%，日注水平125立方米，累计注水92.7万立方米。

截至2022年底，有员工87人，其中管理与专业技术岗位70人，操作岗位17人；副高级职31人、中级职称25人、初级职称14人；硕士及以上学历25人、本科学历60人、大专及以下学历2人。总资产原值54亿4027万元、净值11亿8287万元、油气资产原值54亿3643万元、净值11亿8205万元。

2022年，项目部生产原油产量50.7万吨、超产7020吨，外输天然气809万立方米。赵东+孔南项目全年实施新井19口，平均单井设计油层105米，实际钻遇98米，钻遇率92.9%，获百吨以上高产井4口，赵东项目初期平均单井最高日产113吨，孔南项目初期平均单井最高日产11.7吨。投资计划6亿6285万元，实际完成6亿5608万元，实际完成率98.98%。账面利润5.32亿元，预算同口径增利2.68亿元人民币；单位操作成本822.69元/吨，较计划升高46.82元/吨；单位完全成本68.74美元/桶，预算同口径59.9美元/桶，较计划降低5.75美元/桶。

【安全环保】 2022年，项目部贯彻落实习近平总书记关于安全生产指示精神，围绕公司高质量发展要求，以落实企业安全生产主体责任为主线，推进各项安全生产专项治理工作，安全业绩指标再创新高，赵东平台实现383.9万人工时无可记录伤害事件和1522天无损失工时事件。强化制度建设，修订完善程序管理文件4项和作业文件8项。组织体系审核，发现不符合项30项，从12个方面提出管理提升建议，总结和完善HSE管理体系，提升管理水平。强化专项治理，开展危险化学品安全风险集中治理、安全生产大检查等活动，深化隐患报告卡制度，发现隐患问题665项，整改完成655项，整改率98.5%；完成安全生产专项整治三年行动，实现重大安全隐患动态清零。强化从严管控，开展各类安全培训34类6416人次；组织各类检查24次，查改问题512个；压实安全主体责任，开展海洋石油安全风险专项治理，代表中油集团公司迎接应急管理部专项督查，取得行业第二名成绩，确保海上安全生产形势持续稳定。强化合规管理，保障新建项目依法合规、安全高效投入生产运行，依法取得项目建设前期海域及环保、安全、职业健康、节能、通航安全和航标5类、9项合规性手续：环境影响评价、辽东湾渤海湾莱州湾国家级水产种质资源保护区专题论证、海底电缆管道路由勘察和海域使用论证及用海批复、海底管缆铺设施工许可证、安全预评价及评审、职业病危害预评价及评审、节能评估报告及专家评审、平台航道通航安全保障方案编制及专家评审和海底管缆穿越航道安全保障方案编制及专家评审。强化基础管理，修订赵东油田溢油应急计划，按照计划开展各类应急演练169次，持续提升应急保障能力。强化健康防疫，推进全员健康管理，健康体检及职业健康监测172人次，关注特殊人员健康状况；修订疫情防控办法9次，审批离津和外出人员2650余人次。

【勘探评价】 2022年，项目部埕海45井位8月27日开钻，9月6日完钻，完钻井深2205米（斜）/2162.8米（垂深），钻进过程中油气显示活跃，录井油迹砂岩78米/10层，测井解释油层101.4米/20层。9月21—27日，射开二叠系上石盒子组1794.5—1866米（垂深）、37米/4层，液氮气举折日产油63.6立方米，累产油126.74立方米，上报控制储量670万吨。该井改变以往认为庄海潜山主体位于羊二庄大型基岩断裂上升盘，新生代以来该断裂活动强度大，油气保存条件差，砂岩储层横向变化大、物性普遍较为致密，勘探风险大认识，重新明确二叠系内幕上石盒子组、下石盒子组等主力目的层对比标志及地质解释模型，提出"内幕断层控圈、上石盒子组砂体源储配置关系好、油气沿断层及砂体双向输导聚集成藏"新认识，实现歧口庄海潜山二叠系油气勘探重要突破。

【产能建设】 2022年，项目部践行"地质工程一体化"，突出"全专业协同、全过程管理、全要素保障、全信息支撑"四全高效开发理念，稳步推进产能建设工作。完钻新井19口、进尺5.20万米，新建产能12.8万吨。其中，赵东项目完钻新井8口，总进尺1.73万米，新建产能10.4万吨；孔南项目完钻新井11口，进尺3.47万米，新建产能2.4万吨。

【工程工艺】 2022年，项目部持续集成应用成熟适用钻完井技术，实现安全高效建井。集成应用三维绕障高效钻井技术、采用Auto-Trak连续矢量旋转导向系统+随钻测井技术、井眼与尾管小间隙精确下入技术、一体化油层保护技术、宽幅电泵举升及高效防砂技术，确保固定有限空间内安全优质高效建井，实施水平井6口、多层合采井1口，5口井获百吨以上高产。新井平均建井周期22.63天，C/D平台和C4平台钻井机械钻速同比提高27%和22%。

【技术创新成果】 2022年，项目部根据开发形势需要，与时俱进、守正创新、攻克瓶颈，实现老平台的持续开发利用。通过精细调整井眼轨迹设计，根据不同地层设计阶梯形钻井液密度，兼顾井壁稳定和油层保护，提升钻井液抑制性，有效解决C4区井壁失稳"卡点"问题，缩短钻完井周期，CP2平台3口新井节约钻完井周期17.52天，节约钻完井投资成本1466.63万元。针对赵东老平台日益严峻防碰问题，持续深化连续矢量精准防碰绕障技术研究，创新提出矢量分离系数的概念，通过矢量分离系数、井眼中心最近距离和井眼交碰概率三要素综合分析判定进行防碰绕障，在ODA/B老平台成功实施加密井 5 口，单井最多防碰井数 13 口，矢量分离系数小于 1.0 井段达 2300 米，最小矢量分离系数 0.248，创项目部历史之最，进一步提升老平台创效能力。针对复杂轨迹井完井管柱下入难问题，形成高摩阻、低悬重管柱下入方法。赵东平台钻井轨迹复杂程度逐年升高，近三年平均高斜深/垂深比增加 22%，摩阻增大 24%，最高套管内摩阻达 0.43（正常在 0.2—0.25），管柱到位悬重降低 53%，针对高斜深/垂深比易造成高摩阻、低悬重的难题，制定不同轨迹模拟预留安全悬重施工方法，实现复杂井眼轨迹举升工艺成功率 100%。申请企业技术标准 1 项，申请发明专利 10 件，发表相关专业论文 12 篇。

【经营管理】 2022 年，项目部推进提质增效价值创造行动，围绕价值创造能力、营运能力、竞争能力、可持续能力 4 个方面，34 个具体指标，开展横向（与 6 个采油厂之间）及纵向（项目部自身近 5 年）对标分析，剖析深层次原因，有针对性制定改进措施。落实"管理制度化、制度流程化、流程信息化"内控理念，优化完善内控体系，开展风险评估，强化内控管理、化解合规风险；推进普法教育常态化，开展保密"两识"宣传，增强员工遵规守法意识，持续提升依法治企能力。

【提质增效】 2022 年，项目部围绕效益目标，践行"四精"工作要求，精打细算控投资、降成本，树立"一切成本皆可降"理念，精细管控各类成本费用支出，压缩非生产性支出，从经营、生产、管理、技术 4 个方面采取举措 26 条，着力提升"盈利能力、供给能力、治理能力、创新能力"，切实把提质增效成果体现到账面利润，确保提质增效落到实处、见到实效，打造提质增效"升级版"。

精细油藏描述和低动用、未动用井区储层预测等技术攻关，赵东项目持续开展 C/D、CP2 和 CP3 平台井位优化，孔南项目开展小井距井网加密及滚动扩边，加快推进新井工作量实施和页岩油评价，提高新井产量投产新井整体达到单井产量，较方案提高 5% 以上；精细流场调控，持续控制老井递减，自然递减为 14.72%，同比下降 2.72%；优化措施方案设计、优化措施结构、加强油水井潜力摸排，累计措施增油 1.48 万吨；推行资产效益分类评价管理，优化增量资产、盘活存量资产，加大低效无效资产处置力度，进一步改善资产质量、提升创效能力，资产轻量化达 3.9 亿元，处置部分固定资产及油水井 22 口，报废油气资产净值 0.57 亿元；推行吨油必捞工作，创效 679 万元；注水泵双电源技改，同比节约电量 1087 万度，节约电费支出 681 万元；加强采办管理，严格招投标价格谈判，降低采办费用 2627 万元；推进钻杆、井口采油树等大型设备国产化工作，降低采购成本 1260 万元；优化管线连接方案及施工管理，节约海工投资 150 万元；各项举措实现提质增效行动方案预期目标，为效益目标完成奠定坚实基础。

【合规业务】 2022 年，项目部完善合规管理体系，深化合规性文件梳理，完成《合规制度管理数据库》；完善自营内控体系及流程建设，编制和修订制度、程序文件 41 份，建立风险控制文档、业务流程 86 项，形成内控管理手册和制度管理手册。坚持合规运行底线，突出从源头化解风险，将内部自我合规性强化与外部律师依法性把关紧密结合，有效推进依法合规工作，9 项合规性手续获批。坚持过程从严监管，加强合规监管治理，全业务领域内识别合规风险 34 项，并逐一制定防控举措；对 39 家承包商队伍执行月度考核制度，承包商管理水平不断提升。

【党建工作】 2022 年，项目部贯彻落实党的二十大会议精神，推进党建"三基本"建设和"三基"工作有机结合，修订《对外合作项目部经营业绩考核实施细则》，构建完成党建与生产经营一体化部署、一体化考核工作机制。制定下发《对外合作项目部基层党支部党建工作考核评价办法》，树立"抓基层、基层抓，抓全员、全员抓"工作理念，结合单位实际，聚焦"六好"党支部创建目标，对"六位一体"考核标准进行调整、优化。考核测评 4 个党支部，评出优秀党支部 1 个，达标党支部 3 个。

【党员管理】 2022年，项目部党委编发"党员过政治生日"实施方案，发挥政治形式浸润作用，通过重温入党誓词、分享心路历程、党员岗位讲述等形式，激发党员立足岗位做贡献、不忘初心当先锋热情。以提质增效、夺油上产专项活动为载体，找准融合的结合点，组织党员积极投身百日会战、安全生产、提质增效、疫情防控等中心工作，助推项目部生产经营任务完成。引导广大党员聚焦生产经营重点难点，扩大创建数量，提高创建质量，创建党员示范岗18个、党员示范项目6个、党员责任区2个。各党支部结合阶段性重点工作，将安全经验分享、技术业务提升、法制合规教育、提质增效行动作为"三会一课"重要组成部分，强化党建与生产经营工作紧密融合。

【统战工作】 2022年，项目部总地质师李涛（民主建国会成员）作为民主党派人士代表被天津市国资委推荐成为天津市第十五届政协委员候选人。在天津市第十四届委员会常务委员会第二十七次会议上确定政协天津市第十五届委员会委员人选。项目部二级工程师王小剑被中油集团公司确认为党外人士代表。

【精神文明建设】 2022年，项目部党委以习近平新时代中国特色社会主义思想为指导，全面贯彻党的十九大历次、二十大会议精神，自觉承担起举旗帜、聚民心、育新人、兴文化、展形象职责使命。班子带头宣讲形势任务教育8场次、收集政治理论文章体会30余篇，围绕"喜迎二十大 建功新时代"举行系列活动，开展"二十大精神进基层"微宣讲18人次、征集文艺作品60余件。为推动思想政治工作机制有效实施，建立由项目部党委统一领导，党政共同负责，群团组织积极配合，以党群干部为主体，以部门负责人、团员青年为骨干，员工群众广泛参与领导格局。探索思想政治工作规律，形成"党、政、工、团四方互动，党支部、部门、班组三级负责，每个思想政治工作骨干为一个辐射点""431"思想政治工作新体系，建立一支包括干部、党员、团员、班组长、生产骨干组成善于做思想政治工作、数量充足、结构合理、素质优良思想政治工作骨干队伍。围绕企业改革、发展中心任务，做到"抓思想从生产入手、抓生产从思想出发"，把思想政治工作融入、渗透到生产经营管理全过程，将好的理念和方法在实践中反复验证、不断改进，不断创新、不断升华。开展"转观念、勇担当、强管理、创一流"主题教育活动，同提质增效及"为油而战、夺油上产"专项行动结合起来，在全体干部员工中开展"老井稳产保卫战、新井建产攻坚战、海工建设阵地战、提质增效持久战、安全环保守护战"劳动竞赛，进一步提高职工创新成果的转化率、贡献率。超额完成产量指标，获油田公司"百日会战"先进集体。依托自身管理模式优势及对外合作多年形成的优秀工作理念，构建"一底多维"（"一底即"石油精神，"多维"即创新、高效、安全、合规、开放文化创建），组织巾帼之星、最美劳动者、安全负责人访谈、金管家等活动，通过参与评比活动，非中石油员工享有同等机会在企业中展示自己、获上级部门认可。搭建文体活动比赛平台，首次参加大港油田职工足球、篮球、大合唱比赛。

（芦　萍）

天津储气库分公司

【概况】 天津储气库分公司（简称储气库公司）成立于2019年3月18日，由原大港油田集团有限责任公司天津储气库分公司与原大港油田第四采油厂储气库业务整合而成，负责大张坨储气库群的运行管理。截至2022年底，储气库公司有储气库11座，设计总库容85.2亿立方米，工作气量38.8亿立方米，建成有效工作气量26.4亿立方米。管理集注站6座，注气压缩机组27台，日注气能力2360万立方米；天然气露点处理装置9套，日采气处理能力4200万立方米；注采井场12座，注采井100口。有员工371人，其中合同化员工267人、市场化员工104人；项目化用工1人。管理岗人员136人，专业技术人员51人，其中一级工程师1人、二级工程师2人、三级工程师8人，高级职称38人、中级职称136人；操作岗位员工184人。设机关科室5个（经理办公室、人事科、计划财务科、质量安全环保科、纪委办公室），直属单位2个（HSE监督工作站、生产指挥中心），所属单位11个（储气库研究所、储气库建设部、市场开发中心、综合服务部、培训学校、维修保障中心、大张坨储气库作业区、板876储气库作业区、板中北/板中南储气库作业区、板808/828储气库作业区、板南储气库作业区、驴驹河储气库作业区、储气库装备管理中心）。2022年，储气库公司采气19.54亿立方米、注气21.35亿立方米，内部利润7500万元。

【冬季保供】 2022年，储气库公司加强注采运行，提高调峰保供能力。调度指令完成率100%，最高日采气2654万立方米，阶段采气19.54亿立方米，超计划采气5360万立方米，完成北京冬奥会、冬残奥会保供。板南储气库最高日采气423万立方米，大于400万米³/日生产天数21天。投入机组24台，参与生产82口井，最高日注气量达2027万立方米，机组完好率96%，创历年投入机组最多、日注气量最高、注气节奏最快。板中北储气库向大张坨储气库注气1.48亿立方米，节约燃气消耗92.48万立方米，减少成本支出约200万元。完成注气21.35亿立方米，超计划注气5948万立方米，刷新连续高强度满负荷注气新纪录。强化生产保障，超前谋划冬季采气准备，抢先抓早、超前谋划，组织井、管道、设备设施维修维护，筹集资金2000万元，完成7台压缩机组大修，采气期供气23.3亿立方米，最大日调峰能力创3050万立方米历史极值。深化注气期"降故障、提效率、保生产"劳动竞赛，降低压缩机高温、跑冒滴漏停机等传统故障，爆燃停机降至1次。开展压缩机震动、无油流、填料漏气等专题攻关，明确治理对策，为故障率控制在10次/亿米³以下创造条件。开展"冬季保供"劳动竞赛，甲醇、乙二醇平均消耗下降至10.65万元/亿米³，降幅22.4%。

【储气库建设】 2022年，储气库公司攻坚克难，2座新储气库投入注采气生产。白15储气库注采创新储气库多层位协同建库井位优化、水平井地质导向钻井等多项技术，利用板南储气库现有注采系统及兄弟单位土地权属，优化前期安评、环评建设手续办理，合理布局建设顺序，完成5000万立方米注气任务，采气2000余万立方米，成为储气库分公司成立以来首个自主建造、自主运营储气库。驴驹河储气库一次试注成功，51天高效注气8148万立方米。面对建设周期紧张、地方关系复杂、行政审批手续多等现实难题，储气库严格按照建设责任书目标要求，提前完成"一站六区九井三线"建设任务，完成上级下达计划的136%。创造大港油田"最深"取换套纪录、实现油区"最长"距离顶管一次性穿越、战胜油区"最窄"作业带管道施工挑战、完成油区"最快"35KV双回路电力线路建设投产，树立"场站一体化"储气库建设标杆，刷新大港储气库国产化率、橇装化率最高纪录。役库扩容达产建设顺利起步，在精细地质研究及多周期注采动态特征研究基础上，持续推动储气库扩容达产工作，828储气库扩容达产项目首口调整井库6-7井开钻，地面工程完成施工图设计，该库设计新井4口，新增工作气量0.6亿立方米。板深37储气库作为中油股份公司首个油气藏协同建库项目，完成压缩机驱动方案优化、地面立体建设等研究，进行控规方案公示、安评环评审核、填垫场站招标等。

【安全环保】 2022年，储气库公司紧扣"安全生产三年行动""重点领域集中整治""储气库深度审核""疫情防控"等重点工作，推进"体系建设年"、安全环保"六强化六提升"专项整治提升，完成安全环保井控业绩。强化责任落实，夯实安全管理基础，召开安全环保专题党委会7次，研究制定储气库风险井、防爆电气、压力容器等高风险领域管控方案10项，挂牌督办并整改专项审核问题88项。制修订新版《管理手册》、体系文件52项操作规程、261项、险兆事件库18项。板南储气库"安教室"建设通过油田公司场站安全文化建设试点验收，板876作业区通过油田公司绿色基层队站验收，储气库安全特色文化初步形成。对标《油田公司井下作业井控实施细则》等9项制度和储气库完井特点，加强现场井控管理，联合组织开展井喷应急演练，提高现场井控应急处置能力。安全实施钻修井20余口，完成注采井完整性评价25口，高风险非注采井安全评价6口，开展90口注采井环空压力量化分级管理和154口非注采井专项检查，完善井口设备设施。压实责任链，绷紧意识弦，投入资金6000余万元，按期完成板中北/板中南火气消防系统隐患改造、板808/828储气库厂界噪声降噪一期工程等隐患治理工程9项。坚持安全隐患闭环管理，利用成本400余万元，完成大张坨注气汇管注水阀隐患、三口老井井口设施隔离等隐患整改31项，提升设备设施安全。加强承包商现场管理，召开专题通报会3次，开具承包商罚单14张，处罚13万元。加强特殊危险作业沟通协调，建立信息沟通机制，通过甲乙双方各层级实时沟通，提升作业效率，特殊敏感时期825项作业风险全面受控，储气库公司获2022年油田公司HSE工作先进单位。

【科技工作】 2022年，储气库公司围绕主营业务发展需要，地质工艺紧密结合，着力关键技术攻关，发挥科技支撑和引领作用。"一井一策"提升气库注采能力，以多周期数值模拟流体运行规律为指导，开展气库动态分析，加大"低渗区、水淹区、低产井、复杂井"潜力研究，建立"高注低排、优化注采结构、精细注气、驱液扩容"水侵储气库运行优化模式，实施"气藏—井筒—地面"系统一体化管控，提升库5-5、库3-19、库3-21等11口低产低效水淹井日注气能力，其中库5-5井提高日采气能力20万立方米。优化工艺系统，实施大张坨导热油管线更换等地面工艺优化改造11项，提高工艺系统运行效率；开展完整性管理，实行管道区段长管理制度，确保44条生产管线零失效；完成5座在役储气库定级验证工作，应用超声导波和相控阵技术检测管道跨河部位，更新电位测试桩70组，管道阴极保护完好率100%。聚焦瓶颈障碍，强化技术攻关，参与编写中油集团公司企业标准《储气库注采能力计算方法》，承担油田公司科技项目3项课题15个，开展储气库分公司科技项目33项，23人分获科技项目一、二、三等奖。《应用储气库高效运维系列技术，强力支撑大港储气库群规模化扩容提产》科技成果作为油田公司十大科技成果之一进行发布。

【经营工作】 2022年，储气库公司坚持以经济效益为导向，在开源节流、降本增效上多措并举，超额完成各项经营业绩，营业收入首次突破7亿元，内部利润7500万元，自由现金流超1.3亿元，均创历史新高。绩效预考核118.10分，居油田公司前列。执行"三重一大"决策制度和其他规章规定，进一步规范合同、招标、财务基础工作，获油田公司财务工作先进单位一等奖。业财融合赋能提质增效，提前争取驴驹河、白15储气库储转费，新建储气库创收3400万元；优化注采气运行，注采气量超计划1.13亿立方米，增收500余万元；争取税费、水土保持补偿费等政策支持，获政府认可，节约投资3650万元；从项目管控、技术升级等方面持续降本，实施提质增效工程10余项，其中板876储气库压缩机系统国产化替代项目，单项节约成本约30万元。与奇利公司协同发展，通过减少采购流程降低采购成本，通过搭建共享库房，清理盘清各站库无动态物资8747件，盘活大量冗料，节省成本支出约175万元。有序推进储气库合资合作，按照中油集团公司总体部署和油田公司"四确定六完成"工作安排，发挥主体责任，完成纳入合资范围资产统计、资产评估、资产清查、财务报表等资料申报，配合合资方开展财务审计、尽职调查等工作。

【党建工作】 2022年，储气库公司发挥党委"把方向、管大局、保落实"重要作用，实现党建引领党政融合促发展良好局面。落实"第一议题"制度，推进"转观念、勇担当、强管理、创一流"主题教育活动走深走实，两级党组织集中学习110次，开展党的二十大精神、形势任务宣讲30场次，90余名党员干部到红旗渠、沂蒙山开展党性教育，以高度思想自觉和行动自觉领悟"两个确立"决定性意义。推进基层党建"三基本"与"三基"工作融合，与兄弟单位党委创新开展"互联共建"，将党建工作融入储气库研究建设，共建共赢共促发展。深化党员"亮明创"岗位实践，开展"争先进夺流动红旗，比贡献做示范明星"活动，储气库研究所获油田公司"示范党支部"称号。落实主体责任、一岗双责和监督责任，签订党风廉政建设责任书219份，逐级谈心谈话166人次，拍摄廉洁微电影《抉择》，合规案例讲述获油田公司一等奖；构建监督"三道防线"，开展合规自立项监督10项，发现整改问题12项，挽回经济损失4.8万元；做好巡察"后半篇文章"，修订完善规章制度55项，剖析巡察反馈问题成因，举一反三，11个问题均整改完毕，挽回经济损失36.57万元，营造风清气正政治生态。修订意识形态工作制度，开展党员干部意识形态专题培训3期，强化意识形态管控；首次实现从《新华每日电讯》头版至《人民日报》《人民日报海外版》双头版、《央视新闻联播》专题采访集中亮相，在中央级、省部级以上媒体刊发报道134篇，对外展示员工精神风貌，树立企业良好形象，获油田公司十大新闻及宣传标杆单位第一名。打造分公司"文化小菜园"，为作业区配备"心灵驿站""健康小屋"，建设作业区小凉亭、文化长廊、花坛等，改善职工办公环境；开展"面心实"活动，开通小超市采购商品送站服务，深化送温暖工程，精准帮扶慰问32人次，发放慰问品48万元；解决20多年买断老职工未解决遗留问题，营造和谐向上氛围；参加油田公司"绿电杯""供销杯"职工羽毛球、排球比赛，组织"建功新时代 喜迎二十大"健步走及职工歌咏比赛活动，引导员工快乐工作、健康生活。

【队伍建设】 2022年，储气库公司推行"大部室、大岗位"管理，组建计划财务科，整合审计与纪检业务，优化调整20个部门工作职责，编定岗位职责191个；根据驴驹河建设进展，设立投运保障临时组织机构，组建18人高效精干驴驹河储气库作业区；坚持"合规+创新"，百名有偿解除劳动合同人员和家属工群体全部委托大港油田公共事务服务中心管理，车辆交通业务移交车务管理中心归口管理，压缩运营管理链条，集中优势资源做精主营业务，人均劳动生产率达50万元，位居油田公司前列。制定发布"合规管理强化年"工作实施方案，梳理合规规范清单763件，其中新增9件、修订21件，完成各专业合规规范清单梳理和合规风险排查。开展全员普法活动，配发《领导干部法律知识简明读本》100册，提升干部员工法律知识、合规意识。加强作业区基础管理水平，针对设备老、隐患多、站容旧等现实难题，创新管理思想，系统梳理现场问题，作业区与专业部门结合，研究整改提升方案，安全管理、站容站貌及员工形象等整体提升改造，增强团队意识，得到油田公司领导多次表扬。完善队伍结构，选拔基层领导人员7名，调整干部28人次，优化干部年龄结构；举办"人才大讲堂"6期，建成"储气库创新工作室"，开展"储气库工匠""青年展示赛"等活动。14名员工晋升三级工程师及高级技师、专业技师资格，叶萍入选首批油田公司级"青年科技人才培养计划"，王林峰获油田公司"劳动模范"。《天然气压缩机组降故障创新实践》获天津市科技创新大赛、油田公司技能创新大赛二等奖。完成《储气库运行工》教程和题库编写主体工作，这是大港油田首次承担集团公司的工种教程和题库开发，获油田公司题库开发先进单位第一名。

（肖 柯）

原油运销公司

【概况】 大港油田原油运销公司（简称原油运销公司）组建于2009年3月，由原大港油田原油集输公司、原大港油田销售公司整合而成。运销公司主要担负大港油田原油的计量交接、储运销售以及油泥砂、废弃泥浆净化、处理等生产经营任务，是油田公司原油计量、储存、销售一体化的专业化管理单位。截至2022年，原油运销公司有员工291人，其中合同化员工262人、市场化员工29人，项目用工237人；中层领导人员6人、基层领导人员40人，三级正职6人、三级副职21人；硕士研究生3人、本科32人、专科5人。高级职称10人、中级职称28人、初级职称2人。设机关科室6个（经理办公室、生产运行科、经营计划科、财务资产科、人事科、质量安全环保科）；所属机构9个（油品销售中心、物资装备管理站、基建管理站、HSE监督评价站、工艺研究所、储运计量作业区、废弃泥浆处理作业区、油泥砂处理作业区、综合服务部）。

2022年，原油运销公司完成内部利润，超油田公司预算3100万元；原油集输损耗率0；外输原油含水率0.38%。销售原油378万吨，轻烃7.95万吨，液化气6.86万吨，收入176.67亿元（不含税）。接卸处置钻井废弃物及井下作业废液16.21万立方米，转运泥饼7.25万立方米，接卸油泥砂1.4万立方米。

【原油储运】 2022年，原油运销公司通过"两库"联动、单进混输等举措，化解储油罐检修、上游含水阶段超标等因素影响，管输原油358.48万吨，确保外输原油品质稳定。完善原油计量交接体系，研究影响流量计因素，常态化分析集输损耗动态和自动计量交接系统数据，始终保持集输损耗率为零。完善生产运行计划看板，规范调控、应急指令，严格执行生产报备，实现原油管输、拉运、应急处置快速高效。

【油品销售】 2022年，原油运销公司制订销售计划和应急预案，协调解决各类销售事项200余次，销售原油378万吨，轻烃7.95万吨，液化气6.86万吨，销售收入176.67亿元（不含税）。发挥"自主定价"优势，紧跟市场变化节奏，缩短调价周期，轻烃、液化气销售均价同比增加42.5%、27.4%。实施区间销售策略，调整原油销量6.6万吨，创效1223万元。完成7.3万吨原油市场化销售，销售收入3.94亿元，创效3321万元。

【"两废"处理】 2022年，原油运销公司完善泥浆不落地收集拉运、集中处理一体化运行，累计筹备装置20部，收集拉运废弃泥浆15.32万立方米；投运泥浆振动筛，摸索含油泥浆处理方法，处理泥浆、沉砂、废液约16.21万立方米，转运泥饼7.25万立方米，实现日卸日清。实施油泥砂工艺优化改造，通过分类处理、现场办公、动态检修等举措，畅通污水和废渣出路，提升油泥砂处理质量、效率。接卸处理油泥砂1.4万立方米，实现动态清零。

【提质增效】 2022年，原油运销公司推进提质增效价值创造行动，围绕"市场增效、科技创效、降本促效、管理提效"部署提质增效举措22项，加强资金创效能力实现收入120万元；推行油泥砂增量处理创收80万元；强化原油市场化和适价销售创效4544万元；推进资产轻量化减少资产原值283万元；严格项目前期论证审减成本180万元；实施自动交接计量和区块巡井调整节约人工成本100余万元。节支创收5200余万元，生产经营业绩指标持续向好。

【工艺科技】 2022年，原油运销公司开展管道和储油罐检测评估、数据采集、综合分析和科学检修，实现管道"零"失效目标。推进工艺优化和燃气安全"百日行动"，编制技术方案27个，优化运行参数54个，查改燃气隐患29项。16项科技攻关取得实质性进展，其中自动计量交接系统维护公司交接油权益；油泥砂工艺优化和污油资源化利用实现油泥砂处理效益运行；海上平台钻井废弃物处理为公司开拓新业务提供技术储备。借助A11项目推动滨海储运库区域监控中心建设和滨海原油拉运站数智化改造；实施F2-1局域网改进，网络安全事件为零；油泥砂数字化建设、自动计量无人值守等项目实现成果转化。

【QHSE管理】 2022年，原油运销公司落实"四全""四查"要求，修订安全生产责任清单358份，签订安全环保责任书147份，约谈、处罚履职不到位单位和个人。讲授安全课、开展培训93次，完成33名科级干部履职能力评估和520人次"双考核"。制定基础工作审核方案，开展内外审6次，如期完成滨海储运库标准化现场建设，基层管理、操作、现场标准化表现力明显增强。部署反违章和环保巡察问题整改"回头看"督导，推进危险化学品、承包商、消防、交通等重点领域专项整治，开展重大危险源评价以及油气场站安全风险深度评估，筹措1220余万元实施3#储油罐检修等8个隐患项目，各类风险隐患可控受控。关注员工身心健康，筹建"心灵驿站"，开展心血管疾病风险专项筛查和各类健康培训，常态化落实疫情防控举措，保障员工生命健康安全。

【基础管理】 2022年，原油运销公司制定依法合规专项工作举措，细化高风险岗位职责14个，梳理排查例外事项、合规风险等800余项，提升公司依法合规水平。对标梳理业务流程和关键控制点445个，更新岗位执行卡43个。注重项目质量，增设前置审查与踏勘环节，开展首次中长期规划，超前组织2023年安全环保隐患项目前期研究，确保项目建设严谨、经济、合格。完善全过程合同管理程序，坚持前置合同法律必要性审查，合同管理在油田公司排名第二。

【队伍建设】 2022年，原油运销公司优化业绩指标，加大关键指标权重，调整考核模式，推行差异化业绩考核，调动干部员工干事创业积极性。依托"三定"工作减少各类用工24人，科学调配岗位23人次，有效改善效率效益。组织各类培训89期、1245人次，开展职业技能竞赛、生产难题攻关、技能创新大赛等活动，公司技能认定通过率73.5%，充分提升员工综合素质。健全公司工程师管理办法等制度，首次采用竞争上岗模式，调整基层领导人员30人次，聘任工程师3名，增强干部队伍活力。

【党建工作】 2022年，原油运销公司学习习近平新时代中国特色社会主义思想，贯彻党的十九届六中全会精神和党的二十大精神，完成公司党委换届选举，强化主体责任落实。严格执行"第一议题"制度，完善集体决策程序和"三重一大"决策制度，审定议案98项，集中讨论解决安全环保隐患15项。开展"转观念、勇担当、强管理、创一流"主题教育活动，坚持党员干部联系服务群众，解决实际问题36个。坚持正确舆论导向，牢牢掌握舆论主动权。加强基层党建"三基本"建设与"三基"工作有机融合，抓好"两个责任"落实，推动合规管理监督、违规吃喝治理、"反围猎"等专项行动，开展"担当强管理、廉洁促合规"反腐倡廉主题教育活动，组织廉洁警示教育和例行谈心谈话，排查关键岗位廉洁风险831个。推进群众性安全生产"两个一"活动与合理化建议征集，创效100余万元，加大关爱帮扶力度，走访困难职工13人次，发放各类慰问金4.7万元，提升员工幸福感、获得感、归属感。

（强秋秦）

天然气公司

【概况】 大港油田天然气公司（以下简称公司）组建于1997年，是大港油田天然气处理加工单位，由原天然气集输公司与天然气公司整合而来，担负着向天津市区、滨海新区、西青区，河北省沧州市、渤海新区，山东省淄博市、油田内部及周边地区输送管道天然气，回收油田自产天然气中的轻油和液化气，加工销售零散天然气和压缩天然气（CNG）产品等任务。截至2022年底，有员工507人，其中管理和专业技术人员188人；高级职称53人、中级职称122人、初级职称60人。设机关科室8个、基层单位14个、协管企业2个。上市业务资产原值15.19亿元、净值5.44亿元；未上市业务资产原值1360万元、净值139万元。

2022年，公司生产轻油、液化气10.26万吨；输气量34.6亿立方米，再创公司历史新高。上市业务内部利润3.47亿元，超交利润5887万元；未上市业务内部利润3051万元，超交利润1500万元，天然气商品率、综合能耗、单位输气现金成本等指标均控制在计划内，安全生产零事故。

【安全环保】 2022年，公司完善QHSE体系运行，梳理体系文件24个，"体系审核+内控测试"闭环整改问题271项，QHSE管理实效进一步提升。以"安全生产月"为契机，严细落实"安全隐患大排查大整治"，全方位压实"三管三必须"责任，实现安全与生产经营同部署、同落实、同推进，提升安全管理质量。开展危险化学品安全风险专项整治、城镇燃气隐患排查治理，治理隐患326个，重点领域和重大项目监督检查389场次，查改问题331项。压实环保职责，持续开展挥发性有机物泄漏检测与修复工作，完成加热炉低氮改造、夏季臭氧污染防治工作，提升环境风险管理水平。

【生产运行】 2022年，公司优化装置运行管理，两套深冷装置并列运行时率99.5%；推行"两级+专人"日分析、日总结，精细调节参数，利用丙烷辅助制冷和陕气冷能提高制冷深度，确保装置高回收率。部署大检修工作，提前开展非停产检修，采取"一套装置检修+一套装置运行+部分外输"停产检修模式，提前两天完成检修任务，同比减少上游天然气限气325万立方米，降低大检修对油田公司油气生产影响。开展设备管理"百日整修"，重点设备完好率达100%，夯实地面生产设施运行根基。加强输气风险有效管控，全覆盖开展管道风险排查，推行港沧529输气管道、板低集气管道等管网检测修复，加密6.25千米"双高"管道巡检维护，提升管道本质安全，保障气源"生命线"。完善管网运行调度机制，发挥"区域一张网"作用，提高资源配置运行效率；加强与同欣集团合作交流，依托滨海新能公司，有序推进压缩天然气业务发展，生产压缩天然气2.48万吨。

【提质增效】 2022年，公司强化物理链路管理，控制管网输差，科学准确计量，港气商品率同比提升0.59%，增加港气销售收入805.9万元；加强与区域销售公司联系沟通，主动了解下游用户用气需求，提升服务质量，输送陕气同比增加2.96亿立方米，增加管输收入3492.8万元。压缩非生产性支出，运行成本控制在油田公司下达指标范围内；加强造价审核、计划管控，累计审减预算530万元；盘活闲置设备、积压资产，实现无动态物资清理97项。树牢"节约就是增效"理念，匹配压缩机运行模式，根据港气外输平衡情况，及时调整港气增压机运行状态，制定"错峰用谷"用电要求，减少尖和峰时段运行时间，节省电费76万元；按需调整再生气加热炉运行时间，设备改造期间探索实施二期热媒炉带两套装置运行，同期减少自耗气8万余立方米，节约14万元。

【市场开发】 2022年，公司落实销售业务合规化，精读细研《中国石油天然气集团有限公司天然气销售管理办法》，全面梳理业务流程，推动政策落地生效，合理规范天然气销售业务，杜绝业务运行风险。推进市场信息动态化，强化市场经营研判，准确把握市场动态和市场方向，合理利用定价机制，提升服务效能，实现压缩天然气销量2870万立方米，完成年度目标100.7%；销售零散气5042万立方米，实现量效齐增。提升港气出口能力，挖掘客户潜在需求，开拓天津石化化工部、港源通用户，分别输送低压港气2596万立方米、1274万立方米。

【重点项目】 2022年，公司立足安全生产，推动重点项目实施，克服直输机老化故障频发问题，减少压缩机故障2—3次，减少维修时间10天以上，筑牢设备安全屏障；沧州运河计量站搬迁工程提前完成迁建并投产运行；港西地区输气管道气源优化调整工程实现港源通用户低压港气供气，输送低压港气2226万立方米；推动深冷提效工程前期程序审批进度，通过大港油田、油气和新能源分公司、集团公司发展计划部审查4次。开展"燃气隐患"治理，推进室外燃气管网及设备设施隐患整改，治理管线变形、阀门不严等各类隐患49项，从源头预防安全隐患，确保油区燃气安全形势稳定。按照户内燃气设施"六个百分之百"安全排查整治工作要求，筹集资金1500万，推进4.38万户老旧小区用户和1283户"四失五类"居民户内燃气设施整改，保障油田居民安全用气。

【技术创新】 2022年，公司以"数智化"转型为抓手，促进科技成果转化，开展工艺优化简化90项，处理站一期装置改造后处理能力提高至100万米^3/日，丙烷收率稳定提升至95%以上；新华分输站、西青小卞庄分输站工艺流程优化可提升供气能力70万—100万米^3/日，消除安全隐患，实现节能创效。以发展数智工厂、数智管道、数智办公、数智燃气为基础，通过零散气站场生产数据和视频图像上传、无人机巡线、无纸化办公平台等数智化手段，为公司高质量发展提供技术动能；A11项目实现除滨海分输站外，所有集输站场的无人值守、自动分输，为公司管道数智化转型夯实基础。完成热媒炉低氮燃烧器改造项目，烟气氮氧化物含量控制在30毫克/米^{3}内，满足天津市排放要求，最大限度降低对环境影响；依托天然气深冷装置提效增产技术研究与应用成果，一期装置丙烷收率同比提高10.81%，取得历史性突破，增加产量约2300吨。

【队伍建设】 2022年，公司实施人才强企工程，围绕能力素质提升，构筑人才管理体系。优化干部培养机制，以培育复合型干部人才为目标，强化党务与生产经营岗位干部交流，建立双向培养机制，选派2名干部内部挂职和跨单位交流任职，推荐4名青年干部到油田公司参加年轻干部考核评价，为公司发展提供动力源泉。选拔4名技术人才参加油田公司青年科技人才评选，为专业人才快速成长搭建培养使用平台；多维度考核聘任16名高精尖操作员工为公司高技能人才，发挥高技能人才骨干作用。拓宽人才成长渠道，通过争取，打通项目用工技能晋升通道，首次允许项目用工参加技师等级认定考试，追认2018年和2019年技师考试合格项目用工6人；推行试点见习工程师岗位新模式，培养3名操作岗员工提升到专业技术岗位工作。

【外部市场】 2022年，公司海南花场处理站创新调整管理模式，完善运营制度，提升外部市场服务质量，增强市场竞争力。天津管道项目部完成"示范站"建设，以优质服务赢取甲方满意。为寻求新效益增长点，参标神木生产运维服务项目，参与高含硫天然气井技术交流和商务合作，探索以核心技术为支撑、经营管理为媒介外部市场合作新模式。

【党建工作】 2022年，公司学习贯彻党的二十大、公司第四次党代会会议精神，推进党建工作与生产经营融合，以高质量党建引领保障高质量发展。落实第一议题制度，学习习近平总书记重要讲话、重要指示批示精神和重要理论文章51篇；推进"转观念、勇当担、强管理、创一流"主题教育活动，"补短板、强管理"与提质增效专项行动有机结合，筑牢全员推进公司发展思想基础。开展党员集中培训5期，组织红色资源体验教学，通过集中研

学、专题党课等实践活动,助推基层党建"三基本"建设与"三基"工作融合互促,发挥基层党支部和党员筑堡垒、当先锋、促生产作用。深化党建带群建、带团建,开展劳动竞赛、"双争双创""两个一"等群众性建功活动,形成党政工团共促上产局面;组织开展健康知识讲座,打造心灵驿站示范点、文体阵地11个,配套发放文体用品、健康用品千余件。

(王丹萌)

测试公司

【概况】 大港油田测试公司(简称测试公司)成立于2001年,是油田公司所属的技术支撑与服务单位,负责大港油区的油水井动态监测工作,有试井、生产测井、工程测井等五大类40多种测试技术,能够从事高压高温、特殊流体、特殊井型等复杂环境下测试施工。截至2022年底,设科室6个、分公司4个、科级机构13个、基层业务单元8个;一线基层班队19个,其中试井队10个、测井队8个、直读队1个。用工总数266人,其中本科以上学历130人,中级以上职称140人;油藏测试工程企业高级专家、测试工艺专业一级工程师、技能专家、首席技师各1人、高级技师、技师13人;有技能操作高级资质83人,井控和硫化氢培训合格证156人、非煤矿山安全资格证22人。有集团公司生产测井甲级队4个、乙级队4个。固定原值1.16亿元、净值2979万元。有在用测井车8台、试井车11台、汽车起重机8台、生产辅助车辆32台、钢丝电缆橇装4套,测井35兆帕防喷10套、70兆帕防喷3套、国产地面数控2套、进口WARRIOR地面数控7套;以注入剖面录取为主的生产测井仪器88串、试井仪器161支,平均使用年限6.8年,基本满足油田公司动态监测需求。

2022年,测试公司聚焦夺油上产中心任务,实施动态监测工作量2518井次,为年度计划121.47%;重点动态监测项目1752井次,为年度计划115.95%,完成全年任务指标;超额完成内部利润计划指标,自由现金流为正;协管多经企业众诚达公司完成生产经营各项业绩指标。

【科技创新】 2022年,测试公司聚焦油田探勘开发需求,在工艺、仪器、技术上持续发力,申请发明专利5项、授权发明专利4项,完成中油集团公司、油田公司和测试公司级科研课题13项。创新攻关再获突破,实施官页10-2-2井产液剖面测试,是大港油田首次采用有缆连续油管测试工艺,进行大斜度井及水平井测试,为油田公司以页岩油为代表的水平井产出状况提供有效认识手段。灵活运用成熟技术,在埕122x1、唐东9x2、唐东9x5等地区,利用稳定产量下流压变化监测技术,实现不停井状态下获取含油面积及控制储量等信息。运用资料直接指导措施618井次,增油3.14万吨、增气50.8万立方米、增注33.5万立方米。

【安全环保】 2022年,测试公司落实安全环保责任,设立生产安全、井控管理、质量管理、环境管理、健康管理等QHSE专业分委会5个,明确职责,消除管理盲区和短板。建立三级副职以上人员"安全明白卡"制度,设置"HSE岗位应知二维码",提升安全履职能力,常态化开展安全隐患排查,落实各项升级管控措施,加强承包商管理,开展各类监督检查330余次,发现整改问题113个,投入隐患治理资金50余万元。严格落实疫情防控责任,有效管控人员流动,宣传防疫知识,前往社区参加疫情防控志愿服务活动327人次,实现井喷失控事故、一般(B级)及以上生产安全责任事故、一般及以上环境污染责任事故和新增职业病4个为零。

【队伍建设】 2022年,测试公司推进人才培养与接替，推荐3名年轻干部到兄弟单位挂职交流，考评结果均为优秀。提拔45岁以下青年干部4名，开展干部调整3批次，选优配强基层班子5个，优化干部队伍结构。新增各级工程师、技师3人，为技术和技能人才队伍补充新鲜血液。依托"两个中心"和"两个工作室"平台，开展与中国船舶第715所、东北石油大学秦皇岛分校等单位对外技术交流13次，开展油田内部党委专项交流11次，解决油田公司技术难题5项、测试公司技术难题11项。其中技能专家工作室研究提出的环空测试井口防喷设备优化研究项目，获中国创新方法大赛（天津赛区）暨第七届天津市创新方法大赛（企业专项赛——技术创新组）二等奖。

【党建工作】 2022年，测试公司严格执行第一议题制度，落实习近平总书记重要指示批示精神，及时跟进学习"坚持和加强党的全面领导、大力提升国内勘探开发力度"等6个方面重要讲话39次。坚持把党的领导贯彻改革发展全过程、融入公司治理各环节，及时完善"三重一大"决策程序，配套制定党委前置研究讨论重大经营管理事项清单，党委专题研究测试公司重大决策、重要干部任免、重大项目投资等问题16次，审议三项制度改革工作汇报3次。创新出台"13+N"党委工作实施方案，务实提出13方面26项工作举措，构建形成党委领导、党建职能部门推进、党支部落实"三位一体"党建工作责任体系，为公司高质量发展奠定坚实基础。

【思想建设】 2022年，测试公司推进"转观念、勇担当、强管理、创一流"主题教育活动，采取"学讲赛干"方式宣贯落实党的二十大精神，两级党组织讲授专题党课29次、开展集中宣讲13场次、先进典型宣教20人次，形成建设国内一流测试公司新局面共识。创新推出形式多样新媒体作品，策划"斗志昂扬战百日、干劲冲天促上产"等系列专题，扩大网评员队伍，网评任务完成率90%以上，1人被评为中油集团公司优秀网评员，营造助推高质量发展舆论氛围。深化精神文明建设，总结提炼20年文化积淀要素，提炼形成《测试公司企业文化手册》，把公司政治优势、文化优势转化为竞争优势、发展优势。推进后勤场站标准化建设，更新现场文化标识150余个、完善文体设施配置17个，企业文化硬实力得到持续提升。

【经营管理】 2022年，测试公司纵深开展对标查改活动，对照油田公司要求和同行业先进水平，找差距补短板，建立专项工作督办机制，结合公司"十四五"发展规划、转型升级高质量发展要求和年度生产经营任务，建立15项对标提升指标，构建形成季度"一表一报"督办机制，将对标理念融入生产经营全过程。压缩外协技术服务工作量，开拓油田内部市场，同储气库公司、勘探事业部等5家单位签订技术服务合同，提升自主施工占比，监测费用支出大幅降低。推进资产轻量化，盘活存量资产，处置固定资产162项、调拨设备65次，实现资产原值轻量化588万元。自主维护保养仪器设备685支次，节约成本70余万元。开展创新创效、工艺改进、工具改造及维修，节约成本40余万元，开源节流成效显著。

【基层建设】 2022年，测试公司探索党建与生产双融合路径，组织基层党支部与第五采油厂基层党支部成立"4+N党建联盟"，通过业务联学、活动联办的方式开展主题党日活动和技术交流15次，以共建激发基层党建与夺油上产，直接运用监测资料指导措施增油3.14万吨。突出共谋，划分"党员责任区"、成立党员突击队7个，细化开展测试"十比十赛"劳动竞赛，精心组织监测会战12场次，监测任务完成率115%，把基层党建用在油气上产。突出共治，开展"一党委一品牌、一支部一特色"创建，打造"党建联合体、共筑融合新引擎"，党建品牌被评为油田公司优秀党建品牌。强化基层党建"三基本"建设与"三基"工作有机融合，按期完成9个基层党组织换届改选，聚焦难点问题开展党建研究7项，创建油田公司级"党员示范点"2个、"基层党建示范点"1个，形成上下同欲、奋进实干工作格局。

【健康管理】 2022年,测试公司坚持生命至上、人民至上,实施"健康管理升级""会员福利提升""大病帮扶救助"三大工程,组建医务室1个、心灵驿站4个,开展健康巡诊4场次,开展员工健康状况分析240余人次,营造"人人为健康,健康为人人"氛围。认真履行社会责任,细化网格节点和管控措施,支援社区抗疫327人次,为员工配备防疫物资3.8万余件,实现疫情防控期间零疫情、公司和谐稳定零信访、安全环保零事故。实施"面心实"活动,为一线员工配发爱心物资1.5万余件,发放专项救助金2.4万元,切实为基层员工解难事、做实事、办好事,员工归属感进一步增强。

(王蔚蔚)

检测监督评价中心

【概况】 大港油田检测监督评价中心(HSE监督评价总站),简称检测中心,成立于1992年,是一家石油行业综合性检测监督评价机构,拥有国家级资质4项、行业资质4项、天津市级资质6项,2004年取得国家计量认证和国家实验室认可,2013年取得国家安监总局海洋专业设备检验资质及天津市安全生产检验资质,2017年成为中油集团公司钻井液质量监督检验中心,2018年成为中油股份公司油气田高风险装置设施华北检测评价中心。截至2022年底,有员工372人,正式职工147人、项目用工225人,党员119人,平均年龄39.1岁。有高级职称人员41人、中级职称78人;大学本科及以上学历人员261人、大专学历人员74人。设机关科室6个、直属单位2个、基层站所8个。有固定资产1769台(套),新度系数0.34,设备资产1726台(套),新度系数0.33,主要检验检测设备592台(套),新度系数0.38。业务范围有检测校准、石油监理、监督评价主营业务三大类,服务项目189类;资质能力涵盖油气田开采用化学剂、石油产品、化工产品、石油专用金属材料制品、阀门、节能监测、安全检测、环境监测8类、150个检测项目及热学仪器、力学仪器、化学仪器、电学仪器4大类、29个校准项目,受控标准804项,其中计量检定标准49项。全年实现经营收入2.01亿元,同比增加19.6%;外部市场创收8700万元,同比增加37.1%;完成考核利润1500万元,超额完成油田公司下达的经营业绩指标。各项成本、效益指标均控制在计划之内。

【服务保障】 2022年,检测中心检测检验监督计划完成率、监督资源保障率、工程质量监督现场到位率均实现100%,检测结果差错率≤1‰。工程监督业务驻派监督706人次,监督各类钻井、试油井施工562口,督导检查720井次,发现并督促整改问题1025项。HSE监督检查现场646个,发现并督促整改问题1232项,下发隐患整改通知单19份、HSE处罚单21份、处罚18.5万元。环境监测全年共形成有效监测数据2.51万项,环保监督检查现场631个,发现并督促整改问题333项,下发隐患整改通知单12份,HSE处罚单2份。完成油田29家单位、384人次HSE履职能力评估,26家所属单位HSE体系量化审核。

【市场开发】 2022年,检测中心在中油集团公司市场成功进入油气和新能源、炼化销售和新材料、支持和服务三大主营业务板块,服务对象增长至29家地区公司,市场开拓遍布行政区域6个、省市自治区21个。实现与国储油、商储油、国家管网等多家战略合作方交流合作;首次实现中国海洋工程有限公司等市场全业务链整装开发;斩获中澳煤层气勘探开发监督技术服务项目,社会市场首次实现"千万级"突破。新增外部市场20余个,增收1700余万元。

【提质增效】 2022年,检测中心落实"提质增效"

活动实施方案,落实落地举措33项。推动"合规管理强化年"活动,梳理内控流程139个、关键控制点179个,建立岗位执行卡41个,制修订管理制度18项。推行"零基预算"管理,初步实现预算、核算、资金和资产信息管理"一个全面,三个集中"。完善经营业绩考核体系,实行机关差异化考核,进一步优化内部经营政策。落实"三重一大"决策制度,持续完善合同管理、审计监督、纪检监察、法律事务等经营风险防范控制体系。

【数智化建设】 2022年,检测中心完成安全阀校验现场数字化改造建设,实现安全阀校验全流程数字化、无纸化,工作效率提高100%,有效降低人工成本。数字化实验室建设完成线上运行环境搭建和全业务链流程建设,线上运行重点项目20个、检测参数275个,初步形成准确、实时、统一全链条检验检测流程与管理。搭建完成多层级功能模块组成的数智工程监督管理平台,实现钻井、试油、地质、测井、物探、井下作业六大监督业务"流程标准化、内容表单化、过程信息化、管理移动化",提升监督履职能力和履职效果。

【安全环保】 2022年,检测中心开展专项安全风险隐患集中排查整治工作13次,整改问题82项;完成"实验室气体报警装置安装"等安全隐患问题治理3项;加强交通、消防、危化品及承包商风险隐患排查整治,加强特殊时段、要害场所、关键环节、施工作业风险点全过程监管,查改问题178项,约谈基层单位负责人4名。通过知识宣传、运动健身、优化体检等方式做好员工重大疾病防治。严格落实上级疫情防控政策要求开展常态化疫情防控,推进员工和"四老"疫苗接种工作。

【队伍建设】 2022年,检测中心规范基层领导班子和领导人员考核评价程序,强化考核结果应用,将考核结果作为评优推先、培育培养重要参考。推荐青年干部3名参加油田公司考评和"青马工程"培训;组织召开青年员工座谈会,开展40岁以下、原始学历本科以上青年员工考评分级、分类培养,建立后备人才库;选拔优秀青年干部进入项目部;组织青年干部54人次参加定向培训。实行岗位津贴和业绩兑现制,发挥技术带头人作用;提升检测人员资质等级水平,制定资质奖励机制,激励技能等级提升,拓宽参评范围,参加评定38人,申请技能补贴31人。

【政治生态】 2022年,检测中心学习宣贯党的二十大精神,组织开展"喜迎二十大系列活动";围绕"转观念、勇担当、强管理、创一流"主题教育活动开展党的建设和企业文化建设;开展专题形势任务宣讲,通过"三个讲清楚",使广大干部员工明形势、知责任、勇担当;围绕公司夺油上产百日会战专项行动开展"百日会战,党旗飘扬"主题实践活动;以增强责任意识和规矩意识为目标加强两级班子建设;以创建"示范党支部(红旗单位)"活动为载体,加强以党支部为核心的三基本建设。推进"文化铸魂"建设工程,总结形成具有中心特色的卫士文化、尖兵文化、铁军文化谱系;建设企业文化示范点3个;以举办首次主题演讲比赛为契机,推动开展群众性文体活动。

(高炳辉)

消防支队(保卫处)

【概况】 大港油田消防支队(保卫处),简称消防支队,于2017年2月由原消防支队和原保卫处重组整合而成,负责大港油区社会治安综合治理工作、人民武装工作、户籍管理工作及油田公司治安保卫工作。承担中油集团公司消防安全监督与考核的相关工作,中国石油驻大港油田各所属企业的火灾扑救、抢险救援和动火现场监护等工作;协助油田公司质量安全环保处和生产运行处负责油田公司

所属各单位建设项目消防"三同时"审核、消防安全重点单位防火检查、工业动火审查监督等工作；协助天津市应急管理局实施油区非工业火灾的扑救增援工作。截至2022年底，有员工436人，其中合同化员工292人、市场化用工144人。处级干部4名，设机关科室6个、直属三级机构2个、所属三级机构1个，比照三级机构管理消防大队7个，基层队1个。分驻港东、港西、港北、港骅、港狮、中心城区等油田重要生产、生活区域。有各类消防车辆49台。其中灭火消防车29台、举高消防车14台、专勤消防车6台。执勤消防车车载泡沫灭火剂170吨、水333吨、干粉30吨。公务及生产生活车辆23台。上市资产原值1.99亿元，净值8027.83万元；未上市资产原值1063.74万元，净值76.79万元。

2022年，消防支队在全体指战员勤奋工作下，完成油田公司下达各项业绩指标，先后获"大港油田公司HSE先进单位""维稳信访工作先进单位"等荣誉。实现火警出警及时有效率100%，一级工业动火监督、监护率100%，消防安全"三同时"监督审验率100%。得到油田公司、天津市应急管理局、中油集团公司保卫部、天津警备区等上级部门认可，为大港油田国内一流数智油田建设发挥安全保障作用。

【受理火警情况】 2022年，消防支队受理火警及抢险救援168起，出动消防车辆306台次，指战员1789人次，其中火警97起、抢险救援71起；受理动火监护63起，出动消防车辆76台次，指战员417人次。在执行任务中，解救被困人员5人，出警及时有效率100%。

【党建工作】 2022年，消防支队组织召开中共消防支队（保卫处）第二次代表大会，选举产生新一届支队党委和支队纪委。严肃党内政治生活，严格落实换届选举、"三会一课"、组织生活会、民主评议党员等制度，225名党员参加评议，评议优秀党员70人，合格党员155人。组织所属党支部开展换届选举，选举产生基层党支部委员会11个。组织召开纪念建党101周年暨七一表彰大会，评选表彰先进基层党支部、优秀党务工作者、优秀共产党员。结合党员"亮明创"工作，实施"党建+"工程，开展"百日会战党旗飘扬""消防宣教进校园""党员奉献进社区"等主题党日活动。发展党员4名，举办党员轮训班2期、培训党员102名。春节、七一建党节期间，组织慰问困难党员2人次，让困难党员感到组织的关怀和温暖。推进"智慧党建"，按照"铁人先锋"党建平台考核标准，每月定时检查各支部"三会一课"线上平台录入情况，强化督导各支部落实责任，推动党员参与在线学习和平台活动。

【队伍建设】 2022年，消防支队根据岗位实际需求，提拔科队级干部1人，考核试用期满三级副职干部2名，均按期转正；6名操作岗员工转为管理岗，优化干部队伍年龄、知识结构。开展职称评审，通过高级职称评审1人、中级职称评审2人、初级职称评审2人。选拔12人参加中油集团公司首届消防战斗员技术技能竞赛，获银牌1枚、铜牌3枚和团体三等奖；开展消防战斗员职业技能竞赛暨消防车驾驶员职业技能竞赛，举办拓展培训班4期；开展基层80名班组长及管理人员管理能力素质提升培训、7家单位100名保安员实操技能培训；出台员工取得资格证书奖励办法，组织195名员工参加技能鉴定，续聘6名具备技师资格消防战斗员。

【消防监督管理】 2022年，消防支队安全监督融入油田公司"监管一体化"安全管理体系，典型消防问题通报纳入油田公司月度安全生产例会。成立技术巡查组，形成与专业部门、辖区大队三位一体、优势互补的消防监督检查网络。开展修井作业、食堂燃气、高层建筑及重点单（部）位消防监督检查1017次，监督整改问题675个。审核监督特级动火方案19起，抽查一级动火现场295起，现场监督整改问题95项，完成党的二十大、冬季生产等重点时期消防安全专项整治任务。

【执勤战备管理】 2022年，消防支队根据执勤人员年龄特点，修订《基本体能技能考核项目及标准》。制定以6个合成训练操法和12项技能为核心训练科目。开展月度、季度考核，一、二级消防员达标率同比上升4%。通过内部选拔、集中训练等方式培养高技能人才，在第四届全国石油石化专业职业技能竞赛暨中国石油首届技术技能大赛消防战斗员竞赛中获个人银牌1枚、个人铜牌3枚和团体三等奖，创支队近年最好成绩。发布春节、国庆、党的二十大等特殊时期战备令5次，战备值班现场检查、视频抽查130余次。组织编制《消防支队（保卫处）正规化建设实施方案》，初步规范各单位（部门）标识设置、内务、着装、一日生活管理、训练和灭火救援程序。调整一、二、三级重点单部位，修订预案146份。建立定量化战评标准和季度战评制度，启动典型灭火救援现场作战指南研究。加强与油区重点生产单位联动，参加天津市溢流井涌井喷突发事件应急演练、油田公司火灾突发事件专项预案演练等联合演习127次，提升实战能力。

【综合治理】 2022年，消防支队围绕特别重点阶段，下发责任令66份，督导各单位逐级签订责任书（状）2742份。开展安保防恐风险隐患排查，推动治安隐患整改107项。督导各单位建立健全"反内盗"工作机制，梳理排查作业井现场、物资存放等薄弱环节，常态化开展单井点、卸油台、原油拉运车辆抽查。组织各单位开展法制教育，引导职工强化知法守法意识，持续保持油田公司内盗零发案。开展国家重点目标达标建设攻坚战，提出整改建议96项，下发限期整改督办单，筹措资金完成问题整改，油田公司6个国家一级、二级重点目标通过达标验收。保持与地方公安机关信息渠道畅通，组织治安工作联席会、联防联动专项行动、巡逻设卡与蹲堵等工作，查扣盗运原油车辆19台，配合抓获犯罪分子10名，收缴被盗原油184吨，挽回经济损失74.24万元，涉油气案件发案数保持历史最低水平。

【武装工作】 2022年，消防支队开展民兵、预备役整组，组建基干民兵专业分队12支、普通民兵分队1支，编组民兵685名；预建民兵分队党支部和党小组12支，组织3支民兵队伍开展集中训练，确保民兵工作机制齐全、人员到位、训练达标，民兵交通连获滨海新区先进民兵分队。调整组建1878人民兵防汛抢险队伍，集结6家单位100名民兵参加滨海新区处置河道堤防险情演练，确保大港油区安全度汛。

【装备管理】 2022年，消防支队开展电力精细化计量，完成港北大队空气能改造，加强油料激励引导，开展设备调剂3台套，修复消防装备5个次，开展背托、气阀等易损件管理15个，成本费用同比下降5%，支撑消防应急抢险工作。编制发布《电力管理办法》《应急物资管理办法》，完成典型消防车理论与实操、小器材装备维护保养等3项业务培训、6台新购置消防车投产、设备管理"百日整修"活动，完善各类设备操作规程83项，编制主要消防器材的操作指导卡25种；保养设备（设施）177台（个）次，维修设备87台次。清资产查2轮次，查明各类资产1826项，账物相符，报废资产53项。开展集采谈判5项，采购各类物资（设备）260笔，完成落资59项。物资装备工作合规管理、受控运行，设备完好率99.3%以上，净化能源消耗量620吨标煤，完成投资计划。

【安全管理】 2022年，消防支队开展188项体系审核发现问题管理追溯，系统分析问题产生原因，修订完善安全生产记分等体系文件和管理制度18项。修订基层QHSE管理体系审核细则，完善每季度专项审核及全要素审核内容和标准。规范支队月度安全生产例会制度，改进支队QHSE管理。结合城镇燃气整治、电力设施隐患排查等专项工作，排查新风险因素42项，制定风险防控措施48条，完善风险分级防控手册，制定张贴"风险识别卡、应急处置卡"。设立隐患整改专项资金，完成隐患治理项目43个。加强承包商和基建维修项目安全管理，强化特殊作业审批和旁站监督，确保施工安全。开展"识风险、定措施、除隐患、保安全"专项整治活动，支队领导讲授"安全第一课"，组织员工参与安全大讲堂活动，通过回顾典型事故案例，督促岗位员工养成安全习惯。关注员工健康管理，适时调整制定疫情防控措施，组织员工健康查体，建立全员个人健康基础档案，开展健康知识讲座，委培心理健康管理师2人，确保员工身心健康。

【党群工作】 2022年，消防支队党委严格执行党委第一议题和党委理论学习中心组制度，党委理论学习中心组组织学习第一议题10次，集中学习研讨14次，讲专题党课20次。开展"担当强管理、廉洁促合规"反腐倡廉主题教育活动，落实监督责任，推进机关部门党风廉政建设监督部门联席会，开展监督检查45次，发现并督促整改问题18个。联合相关业务部门开展"喜迎二十大 建功新时代"和设备管理"百日整修"劳动竞赛，征集合理化建议14条，采用5条，自主完成车辆和设备维修和保养70余件（套），取得良好经济效益。实施普惠工程，节日慰问和生日蛋糕等支出41.43万元。慰问生病住院职工24人，发放关爱资金1.2万元。慰问去世职工亲属8人，发放丧葬费和慰问金0.4万元。发放职工退休纪念品4份、职工结婚慰问品1份。规范困难职工家庭普查、建档、帮扶、评估全流程精准管理，开展就学帮扶和大病帮扶，发挥多重救助措施叠加效能，慰问困难职工和遗属27人次，发放慰问金3.1万元。助推健康企业建设，完成"心灵驿站"建设工作4个，评为创建示范点。结合"喜迎二十大"，以"卫士杯"为载体，组织基层工会开展形式多样文体活动，开展羽毛球、台球等赛事，港狮大队在南部油区第六届职工运动会中获团体总分第一名，取得油田公司合唱比赛特等奖，足球、篮球赛季军和羽毛球男子双打第二名。

（柳　静）

人才开发中心

【概况】 大港油田人才开发中心（简称人才中心）成立于2017年2月，由原人才开发中心（职业介绍交流中心、中国石油大港职业技能鉴定中心、大港油田博士后科研工作站）和原大港南城区就业服务中心合并成立人才开发中心（大港南城区就业服务中心），列公司正处级所属单位，按具有直属单位性质的所属单位管理。2021年10月，鉴于大港南城区就业服务业务移交，更名人才开发中心，不再承担区域内人力资源服务、就业登记与推荐等就业服务社会职能。主要负责高端人才引进、博士后管理服务、毕业生引进招聘、员工内部流动招聘、技能人才队伍建设、技能员工培训与评价、人事代理等工作。人才中心下设高端人才服务部、人才交流科、技能开发科、技能评价科、技能培训科、综合管理科、财务资产科等7个职能科室，管理院士博士后工作站、中国石油大港油田技能人才评价中心。截至2022年底，有员工33人，其中党员26人、群众7人；有领导班子成员4人，主任助理1人，科职干部9名，主任科员7名，科员12名；男员工16人，女员工17人。

2022年，人才中心贯彻习近平总书记关于人才工作指示批示精神，树立"创新是第一动力、人才是第一资源"人才理念，围绕数智油田建设战略布局，以打造"数智技能新军"为核心，以做优做强高端人才、本硕人才为支撑，构建"一体两翼人才资源开发格局"，成为中油集团公司唯一一家获"国家技能人才培育突出贡献单位"所属单位，该奖项是国家高技能人才表彰最高荣誉，也是油田公司技能工作所获最高奖项。

【高端引才引智】 2022年，人才中心聚焦公司核心业务，与国内资深油田开发专家、中国工程院韩大匡院士续签3年院士合作共建协议，开展"低渗透油藏不同开发方式下开采机理研究"关键技术攻关，为目标油藏驱油介质及开发方式优选提供理论支撑；将博士后引进、成果合作转化与国家博士后揭榜领题工作结合，制定包含高层次科技项目博士后课题18项，开辟"以成果引人、以项目引智"新途径，成功引进吉林大学博士后1名，接收意向简历19份；着眼公司科技人才需求，聚焦数智、新兴能源领域、核心勘探开发领域，超前储备地热、储能、光伏等新兴领域应届博士3人。

【博士后管理培养】 2022年，人才中心加强"两站"品牌建设，着力打造大港高端人才培育阵地。提升博士后基金项目申报质量，两项博士后课题项目分别入选中国博士后科学基金资助、国家级博士后基金面上资助，首次获国家博士后高级别基金项目。立足产学研用结合，为新引进博士后量身定制一体化赋能培养，针对油田实际，实现生产难点卡点问题课题研用与服务油田生产紧密结合。搭建关爱院博人才"连心桥"，为3名进站博士后争取人才补贴15万元，申领天津市人才绿卡等7人次，组织进站前体检，为博士后安家落户争取优惠政策，营造尊才爱才氛围。

【引才优质完成】 2022年，人才中心高效优质完成78名毕业生招聘工作，211、985名校毕业生比例提升8%，首次引进清华大学等Top10高校毕业生2名。与中国石油大学等4所石油高校创新实施"高校推优"工作，利用优才免考招聘政策，主动推优134名毕业生，免考率95%。专项引进公司发展亟须新能源专业毕业生2名，招聘计划单独设置新能源招聘指标，储备优才蓄水池。完成毕业生招聘，计划完成率100%，首次引进国家Top10高校毕业生，实现高校层次升级突破。

【英才计划开展】 2022年，人才中心落实三年英才培养培训计划，制定出台《新入职员工培养培训管理细则》，实施3个特色培养，成为中油集团公司深入推动大学生管理培养标杆单位。秉持"凝聚、团结、引领、提升"理念，组建中国石油首个大学生协会平台，创建大学生协会阵地，组织开展《中华文化我传承》等文化传承活动，"红色剧本杀"等4项主题活动，促进新入职员工交流互动、自驱成长，由思想过硬、理想信念坚定领导干部、劳模名匠担任思想导师，开展特色思想导师带徒，签订"双导师"带徒协议243份，引领大学生干事创业、担当作为。公司主要领导、主管领导分别给新入职大学生讲授重要一课和思想课，鼓舞大学生士气。针对大学生入职核心能力需求，优化企业认知、安全教育、思想建设、能力提升四个板块培训内容，首次采用综合提升和特色培育相结合方式，完成65名毕业生28天27门课程228课时入职教育，打造新入职员工年度培训模式。

【评价"选才定级"】 2022年，人才中心修订完善《职业技能等级认定管理办法》，互通3支队伍岗位序列转换，增设特级技师、首席技师技能等级，平均缩短技能晋级周期3年。优化评价内容，增设业绩考核内容17项，理论考核增设数智技术、三新知识、精益管理等综合考核，操作技能紧贴生产更新项目超过50%，建立紧贴企业需求立体化评价方式。优化题库开发，建立"集团基础工种"和"公司特有工种"互补模式，在中油集团公司立项新增工种3个、修订主体工种题库8个。优化评价模式，推进"保主体、升核心、降辅助"技能人才评价机制，认定评价2795人，完成任务117%，技师及以上高技能人才比例高于中油集团公司油气田企业平均水平。开发集团公司首个储气库运行工种题库，填补石油行业此工种评价空白。技能队伍结构"四升一降"，领军人才队伍增加9人；油田公司技师、高级技师同比增长195人；高级工同比增长1.42%；工种取证人数增长4.1%；无证人员和初、中级工下降至800人。

【创新技能培训】 2022年，人才中心聚焦提质增效核心任务，搭建"学贺信、强技能、勇担当、促上产"专题学习实践活动载体，开辟贯彻习近平总书记指示批示精神全新途径。创新"金牌师傅带金牌徒弟"样板模型，量身定制带徒方式，成为中油集团公司"双师型"师带徒典型代表，20名徒弟晋升领军人才队伍，获局级以上奖项121个。开展"我和我的师傅"短视频征集活动，展现师带徒成果，优秀作品在油田电视台等媒体平台展播。瞄准一线员工素质需求，逐层次、有重点、分目标实施"万人"提素质，开展公司级示范性培训，针对班组长轮训、兼职教师培训、新晋技师等关键项目，结合"油公司""数智化"要求，开展班组长等技能示范培训班17期、600余人次，督导一线培训18000人次，技能队伍从传统技能向数智技能转变。坚持"不培训不认定"原则，重点组织好采油工、集输工、电焊工认定前实操培训，督导独有工种、小工种认定培训，有针对性夯实全员素质能力。

【"蹲苗强骨"培育英才】 2022年，人才中心实施"名匠培育""英才托举"工程，打破技能专家"终身制"，按照业绩贡献申报中油集团公司技能专家3名。5名中油集团公司技能专家确定为新一届石油名匠重点培养对象，培养数量位列勘探开发板块第2名；8人获评"全国青年岗位能手"等省部级及以上技能表彰。加强"青年匠才"培育，推进"所属单位、公司、中油集团公司、国家级"四级竞赛育才，开展16家单位、8个工种技能大赛，6000余人次参与"大学习、大练兵、大比武"，储备技能骨干500余名，首次参加集团公司消防战斗员、油藏动态分析技术技能竞赛，获1金3银4铜，在第四届全国油气开发专业采油工职业技能竞赛中，获两金一银一铜、总成绩团体第2名历史佳绩。加强"创新人才"培育，组建"技能红工衣＋技术白大褂"专项攻关团队，解决难点问题，培育创新人才700余名，产出创新成果79项，参加中国创新方法大赛（天津赛区），49个技能项目全部获奖，其中一等奖12项、二等奖31项、三等奖6项，1个项目直接晋级参加全国电视擂台赛，3个团队项目获全国二等奖、三等奖、优秀奖。

【提质增效促生产】 2022年，人才中心聚焦提质增效核心任务，激发全员创效，开展夺油上产、榜样学习、提质增效等系列活动，完成技改革新70项，推广新技术47项，创效1000万余元。攻坚生产难点，加大平台建设，与工会联合开展工作室共建，促进专家工作室转型升级；围绕生产"卡脖子"难题，深化"专家问诊、服务基层、技能交流、工作室互动、专家大讲堂成果推介会""六个一"专项活动，实施层级化攻关和揭榜挂帅活动，联合开展生产问诊11次，解决关键生产难题322项，产出创新成果300余项，实现提质增效2000万元。加强成果推广，建立"科技立项＋技能专项立项＋基层立项"三位一体创新成果推广模式，合作开辟"智慧—成果—产品—效益"转化道路，立项技能项目2个、创新成果36个，"注水泵周氏泵阀"项目成功转化为商品，生产应用3272个，综合创效700余万元。

（刘　苏）

对外技术服务公司

【概况】 大港油田对外技术服务公司（简称公司）成立于2017年2月，定位于管理平台公司，是具有直属性质的所属单位，行使油田公司市场综合管理协调职能，是油田公司市场工作归口管理单位。截至2022年底，在册员工33人，其中处级人员6人、科级人员15人、科员12人；硕研及以上学历5人、本科27人、大专学历1人；高级职称17人、中级职称11人、初级职称4人。2022年，公司由经营型利润中心转变为支撑型利润中心，内部补贴收入1148.7万元，其他业务收入477.42万元（主要为外部市场技术服务收入），管理性支出1170.49万元。公司资产总额831万元，负债11万元，资产负债率1.3%。在外部市场应用科技成果7项，合同许可使用费收入1510万元，向集团公司申请知识产权创效奖励323万元。周氏耐用阀座推广应用千余套，实现综合效益821万元。

【员工培训】 2022年，公司强化全员培训，夯实培训基础，参培中油集团公司碳达峰、碳中和、十九届六中全会、领导干部安全履职能力提升等培训，全年共组织参加中油集团公司级培训6期、油田公司级培训35期、公司级培训5期，共计130人次参加。拓展专业技术人才培养思路，制定"技术、能力、素质"协调统一的人才培养模式，以培训工作高水平、培训效果高质量支撑人才强企工程落地。强化人才工程示范引领，夯实培训需求调研，利用中油E学平台创新培训模式，促进人才素质提升。

【党建工作】 2022年，公司党总支坚持以习近平新时代中国特色社会主义思想为指导，贯彻油田公司党委工作部署，落实机关党委工作安排，强化党建责任、党风廉政监管责任落实，重点推动"转观念、勇担当、强管理、创一流"主题教育活动和党委巡察整改工作落实落地，实现"三基本"建设与"三基"工作紧密融合，引领全员凝心聚力谋发展，促进了合规管理、队伍稳定和业绩提升。

【HSE管理】 2022年，公司坚持安全管理履职尽责，"三方联合"开展南方市场换季安全检查，发现问题23项，全部整改。深化海外社会安全管理，获集团公司国际业务社会安全五维绩效考核优秀。

【安全巡察工作】 2022年，公司巡察中心坚持"监督的再监督"职能定位，压茬推进巡察工作，巡察二级单位7家，发现各类安全管理问题1237项（其中严重问题54项）。推进巡察"双库"建设，建立公司层面巡察人才库及巡察数据库。《质量健康安全环保巡察管理机制研究与实践》获油田公司管理创新成果奖一等奖。

【井筒工程质量监督工作】 2022年，公司严守"井身质量、固井质量不合格判定红线"，监督巡查157井次，发现质量问题439项，扣款处罚784.1万元，纠正磁偏角不当使用等问题。针对近两年固井质量问题开展专项技术攻关，完善技术对策和管理措施，形成典型案例12个，为各参建单位提供科学指导。《井筒工程质量"四维度"巡查监督管理体系的建立与实践》等分获中油集团公司监督管理专业论文一等奖、监督管理创新成果奖二等奖。

（邵彬涛）

井下作业公司

【概况】 大港油田井下作业公司（简称公司）成立于1964年，是油田公司所属油气生产保障主体单位，主要从事陆上及滩海区域油气水井大修、小修修井作业，连续油管、带压、防砂、酸化等措施工程技术服务，年施工能力4000井次以上，具有科研攻关、方案设计、技术服务、应急抢险、培训取证等工程技术服务体系。截至2022年底，设机关职能科室9个，所属单位10个。有员工2248人，其中合同化员工1195人、市场化员工580人、承包商项目用工473人。管理和专业技术人员596人，其中一级工程师2人、二级工程师4人、三级工程师10人。正高级职称1人、高级职称49人、中级职称381人；操作岗位员工1652人。其中中油集团公司技能专家1人、油田公司技能专家5人，首席技师4人、高级技师、技师39人。有班子成员9人，经理助理4人。有小修作业资质83个、大修作业资质7个、常规带压作业资质6个、气井带压作业资质2个、连续油管资质1个。有通井机、修井机等主体修井装备144台（套），固定资产原值1.59亿元，净值0.46亿元。

2022年，公司坚持以习近平新时代中国特色社会主义思想为指引，全面学习党的十九大、二十大精神，贯彻习近平总书记重要指示批示精神，落实油田公司工作部署和任务要求，全体干部员工践行责任使命，拼上产，稳安全，提经营，勇改革，强发展，彰显油区工程技术支撑保障主力军担当，完

井3922口,同比增加407口,创收7.63亿元,安全环保无责任事故,全面完成油田公司经营任务指标。公司团委获"集团公司五四红旗团委"称号,第三修井分公司312队获"天津市青年安全生产示范岗"称号;魏建民获"中国石油天然气集团有限公司先进工作者"称号,黄兴博获"中国石油天然气集团有限公司QHSE先进个人"称号,安玉山获"中国石油天然气集团有限公司井控工作先进个人"称号。

【夺油上产】 2022年,公司克服疫情反复、人员短缺、极端天气等不利因素,以夺油上产为主责,统筹推动夺油上产。部署动力达新高,平均部署动力102台,同比增加9台,一线队伍保持全天候生产、满负荷运行;夺油上产工作量大幅上涨,完成保产工作量3685口,同比增加296口,涨幅8.2%,为油区稳产上产贡献最强井下力量。围绕稳油增气核心任务,强化技术支撑,加强质量管控,提升拿油效果,维护作业恢复日产油4766吨;措施作业增油22.5万吨,同比增加2.5万吨;套损套变井治理恢复日产油198吨,增油1.4万吨。开展"夺油上产百日会战"专项行动,拼搏100天、修井1000口、拿油12万吨,获评油田公司夺油上产百日会战先进单位。

【安全环保】 2022年,公司坚持严字当头,强化标本兼治,扎实推进安全环保工作,未发生安全环保责任事故,安全环保保持可控、在控、受控良好态势。树牢"以人为本、生命至上、安全第一"信念,压实全员安全生产责任制,提升全员HSE履职能力,完善修订体系文件34个;落实专项整治行动22项,投入948万元集中治理安全隐患11项;推进反违章治理,集中整治49项,整改问题1.31万余个;含油危废量控制在62吨,完成3年下降80%目标;推行井控"三评估三分级",实现井控风险差异化、精准化管控。推进基层安全文化建设,试点建设现场班组安全文化阵地51个,专项培训199名班长;调整优化安全里程碑、安全生产明星、HSE监督精准奖励、隐患上报治理、事件上报分享等5项奖励制度,精准奖励160余万元。公司安全生产态势稳中向好,完成油田公司各项考核指标。

【市场运营】 2022年,公司坚持拼搏增收、拓展增效双向发力,拓展新业务、新市场,打造增量,内外市场规模持续突破,创收7.63亿元。深挖油区市场潜力,拓展新业务,创收7.46亿元。基础业务完成3667口,创收5.34亿元;拓展业务完成18口,创收0.18亿元,其中新开拓探评井、新能源地热项目,完成4口,增收155万元;开展"决战60天、拿下90口"弃置井攻坚专项行动,统筹做好动力布局、生产运行,完成237口,创收1.94亿元。推进油气开采业务,多措并举开发潜力长停井,建立"风险作业井项目池",形成地质选井、措施优选、自主作业、经济评价一体化动态管理模式,新投产21口井,拿油8285吨、增气288万立方米,完成千米桥潜山、埕海1-1人工岛储量和开发再评价工作。坚持"走出去谋发展"战略,稳固做大优质市场,打造增量市场,行业创收1708万元。开拓山西煤层气、榆林气井带压新市场2个,创收1043万元;发挥公司品牌、技术优势,巩固长庆规模市场,创收198万元。

【经营管理】 2022年,公司坚持管理降耗精准发力,压控成本支出,提升公司综合竞争实力。培育全员提质增效理念和意识,开展全员、全过程、全方位、全系统提质增效专项行动,强管理、深挖潜,压减材料费、运输费、技术服务费、燃料费、修理费等生产性支出6688万元;坚持"自己能干的活自己干",扩大自建项目范围,压减基建维修、物业绿化、五项费用等非生产性支出1143万元。强力压减变动成本7831万元,完成生产性成本压降10%、非生产性成本压降20%既定目标,经营指标持续改善,员工利益得到根本保障。

【变革创新】 2022年,公司深化"油公司"模式改革,推动"三定""一挂两定"工作,激发发展新活力，推动改革创效。构建公司层面"9+5+5"、分公司层面"4+4+N"组织构架，压减三级及以下机构6个；推动一线队实施"一队双资质三机六班组"劳动组织标准模式，进一步释放生产提效潜能；推动定员定岗、业务归核化管理，盘活人力资源232人，其中内部转岗125人，赋能输出88人，压减二线项目用工19人。推进"优化简化、轻量减量、数智智能"基层减负工作，"三提三减"执行有力、落实有效，维护作业占井周期同比降低0.5日/口，措施作业占井周期同比降低1.07日/口，综合生产时效同比提升1.2%以上，单井平均误工时间减少3.5小时。完成"揭榜挂帅"项目任务目标，推广智能修井设备现场实验应用，推进装备升级改造，打造修井作业新模式。规模推广机械化装备16套，试验应用自动化修井机7台（套），现场应用190井次，为实现修井现场无人化、自动化、智能化奠定基础。主业新增大、小修资质3个，突破性取得气井带压资质2个，带领同欣集团取得作业资质9个，油区自有资质达108个。

【队伍建设】 2022年，公司修订完善《基层领导人员管理规定》《所属领导班子和基层领导人员综合考核评价办法》等制度，科学细化选拔任用和考核工作规范，进一步完善测评标准，干部考核更加科学、精准。推进人才强企工程，举办井下作业工职业技能竞赛，开展"名师高徒"传帮带、"红工衣白大褂"、技术交流等一系列活动，推选2名年轻干部参加油田公司考核评价、3名技术骨干参评油田公司青年科技人才选拔，推进各层次人才队伍建设。以"三实"文化、"四创"精神、"八摒弃八提倡"要求为导向，开展思想大讨论，压实党员干部队伍作风；开展"党建+"干部大讲堂，为基层干部提供展示平台；开展党员"亮明创"活动，创建党员示范岗63个、党员责任区21个、党员立项攻关项目5个，鼓励广大员工在日常生产、提质增效、技术创新等方面当先锋、做表率。

【党建工作】 2022年，公司严格执行第一议题制度，完善学习贯彻习近平总书记重要指示批示精神落实机制，台账化对标对表，开展党委中心组集中学习15次、专题研讨4次，组织各级形势任务宣讲52次，撰写理论文章70余篇。落实民主集中制，科学规范党委会工作规则，制定党委《前置研究讨论重大经营管理事项清单》，修订完善"三重一大"决策制度，提升制度执行力度和质量，保持党委会决策的严肃性、严格性，召开党委会39次，集体研究"三重一大"议题84个。围绕油田公司党委关于公司经营情况和发展定位会议要求，开展研讨、确定方向，建立公司党委落实生态环境保护重大事项议事制度，提出一系列支撑发展保障措施。制定《党建工作考核评价办法》，将基层党建"三基本"建设、群团工作、经营管理等一体纳入，构建"六位一体"考评体系；各级党员签订党建责任清单214份、45名党组织书记现场述职、创建党建三联清单156份，"第一责任人"和"一岗双责"责任落实落地。按照"四同步、四对接"原则，调整优化党支部20个，完成6个党总支、66个党支部换届选举；落实"万名党员进党校"工作要求，组织640余名党员集中培训，安排80余名党务工作者走进天津大学开展学习；落实"三会一课"制度，党员受教育率100%。推进基层党建"三基本"建设与"三基"工作有机融合，开展"一支部一特色"、党员岗位讲述、"融合促发展 献礼二十大"等主题实践活动，围绕服务创新、提质增效、安全示范等22个方面，69个党支部开展特色创建，403队党支部获评油田公司党员示范岗，5个基层党支部获评油田公司红旗党支部称号。

【廉政建设】 2022年，公司迎接油田公司党委巡察反馈问题整改情况专项督查，做实问题整改，督促完善管理制度7项，形成靠制度管权、管事、管人长效机制；按照党风廉政建设"一岗双责"要求，组织签订《党风廉政建设责任书》《廉洁从业承诺书》《家庭助廉承诺书》868份，增强党员干部廉洁意识和自控能力；开展"担当强管理、廉洁促合规"反腐倡廉主题教育，安排部署"七个一"系列活动，组织各层级开展学习研讨、廉洁文化作品征集等，征集合规案例10篇、心得体会36篇、廉洁文化作品50余篇，进一步增强党员干部廉洁意识、合规意识；开展物资、油料"查问题、找漏洞、抓整改、强管理、上水平"专项行动，突出精细管控、重点监控、核心掌控，实现"强管理""上水平"工作目标；强化违规吃喝治理、"反围猎"等专项行动监督力度，筑牢纠"四风""反围猎"坚固堤坝；紧抓关键时段、关键环节不放松，持之以恒纠治"四风"问题，发现违规问题1个，下达监督建议书1份，批评教育、提醒谈话2人次，以追责问责释放"越往后越严"信号。

【维稳工作】 2022年，公司落实维稳信访工作责任制，紧盯党的二十大、冬奥会等特殊时段，制定特别重点阶段维稳信访工作举措，集中开展不稳定因素大排查、治安防范大检查、"反内盗"专项行动、舆情监测等工作，化解矛盾纠纷，及时处置信访案件，做到答复率和一次办结率100%。

【工团工作】 2022年，公司开展"走基层、访一线、促发展"专题调研，推动解决基层反应强烈难点问题；开展岗位慰问、一线帮扶、"面心实"等暖心工程；加大困难群体帮扶力度，深化季送关爱、金秋助学等活动，组织慰问200余人次，发放困难救助金50余万元，开展丰富员工生活的各类文体活动60余次，以为民惠民担当体现人文关怀。把共青团工作纳入党委工作议事日程，深化"青字号"品牌创建，开展庆祝建团百年系列活动，发挥油田公司第五协作区组长单位职能作用，评选表彰第二届"十有青年"，选派优秀青年参加中油集团公司和油田公司各类竞技竞赛活动，公司团委获中油集团公司五四红旗团委。福建省总工会党组成员、副主席黄爱华一行6人到公司调研检查企业民主管理工作；天津市总工会党组书记、副主席杨春武一行5人到公司调研检查企业民主管理工作，复查油田公司全国厂务公开民主管理示范单位。

（兰大江）

电力公司

【概况】 大港油田电力公司（简称公司）始建于1966年9月，由原大港油田水电站几经改革而来，负责大港油区生产和生活的电力供给及大港油区及周边变电站、电力线路建设维修任务。有110千伏变电站9座，35千伏变电站33座，高压输配电线路2891.8千米，总装容量503兆伏安，供电能力452.7兆瓦。有配电变压器3476台、容量734兆伏安；有应急发电车3台，单台保障能力500千瓦，为油区用电应急抢险保驾护航。

截至2022年底，在册员工925人。其中大专及以上学历580人，管理、专业技术人员376人，正高级职称2人、副高级职称46人、中级职称260人。油田公司技能专家4人（含同欣集团1人）、首席技师4人（含同欣集团1人），高级技师25人、技师63人、高级工426人。有油田公司一级工程师1人，二、三级工程师18人，注册安全工程师20人。设党支部15个，在职党员375名；基层工会组织15个，会员745名（不含工会关系已转入同欣集团180名）。

2022年，公司转供电量13.2亿千瓦·时，转供电收入10.3亿元，利润总额超油田公司812万元。

【安全管理】 2022年，公司按照"三管三必须"原则，修订机关科室、基层单位工作职责和HSE职责，确保职责无交叉、无遗漏，明确直线和属地管理责任。梳理"安全生产责任清单"93个，完善岗位职责；组织签订HSE责任书、承诺书121份，逐级分解安全环保责任指标，实现压力人人担。围绕风险管控，以油田公司《生产安全风险分级管控工作指南》《风险分级防控管理办法》为指导，采取全员参与形式，从生产作业、生产管理、设备设施以及新能源光伏项目建设、运行维护等方面辨识生产活动中的风险，健全完善清单，落实控制措施。开展风险识别、隐患治理、"四不两直"检查、双防机制建设，进行全业务链风险辨识，控制措施落实有力；开展体系文件及流程梳理，修订体系文件18个，精简文件19个；开展安全监督及反违章工作，开展安全监督检查899场次，促进直线责任、属地管理落实；重点开展特色安全文化创建工作，安排部署"五大工程""20项具体举措"，开展安全生产"两个一"征集、"我说我岗、我知我岗，人人都是安全员""安全随堂考试"等活动，促进全员参与；深化事故反思、经验分享、隐患"随手拍"等活动，营造以安全文化促生产、保安全氛围。"一规、两票、三屏障、四全、五建、六把关"特色安全文化初步形成。

【经营管理】 2022年，公司围绕低成本运营发展主调，筹划提质增效工作，确定"一图、一表、九工程"工作方法，严格组织落实，促进经营效益取得突出成果；持续完善内部市场化管理机制，建立"价值贡献引领＋业务指标考核"多维价值贡献评价体系，鼓励自建项目承包，细致考核投入、产出，形成"人人都是创效主体"氛围；秉承靠前服务宗旨，走访油区单位100余家，进一步巩固油区市场。与天津国储石油基地有限责任公司、渤海钻探等外部单位达成电力系统运维、电力工程施工及电力系统培训合作，打开南港工业区市场，开创新经济增长点，实现外部市场创收1175.29万元、转供电量13.51亿千瓦·时，超额完成油田公司下达利润、外部市场创收、自由现金流、两金压控、电力运行保证率等指标任务，职工工资实现新增长，原板块间薪酬体系实现完全融合。

【绿电发展】 2022年，公司制定48兆瓦光伏项目建设进度计划及运行大表，实施规划许可、系统接入、施工图设计等重要环节攻坚，正式开工建设；分步推进零碳厂区建设进度，利用公司所属各变电站、厂区空地及屋顶，建成基建屋顶光伏、港西变电站光伏等厂区光伏项目8个，发电量117万千瓦·时，装机峰值总功率4.24兆瓦，发电量500万千瓦·时，率先实现"零碳示范厂区"建设；组织开展综合能源应用等技术交流11次，举办分布式光伏项目开发流程、风光发电项目工程造价实例分析、运维管理办法等专业培训8次，进一步提升绿电业务知识水平；与中科院广州能源研究所、华北电力大学等就源网荷储一体化、储能规划建设等课题交流合作，实现产学研有效对接，推动绿电项目创新发展。

【运行管理】 2022年，公司建立《线路标准化建设实施规范》《配电站标准化建设实施规范》等制度，提升生产管理精细化水平；实施分段和联络改造，缩小配电网故障停电范围，减少停电损失；完成中高考保电、油气生产保电等任务，应对应急险情30余场次，快速抢险恢复供电，故障停电影响降至最低；合理安排停电计划，优化切改方案，提高生产组织效率，缩短停电时间；组织电网状态检修，消除系统缺陷隐患1500余项，提升设备水平。全网功率因数稳定在0.95以上，电压合格率99.92%，电力运行保障率99.94%，所辖线路跳闸同比减少19条次。

【精细管理】 2022年，公司完善《固定资产管理办法》《资金管理实施细则》，厘清职责界面，推进精细化管理；提前筹划局投项目，与规划计划处协调，打通资金渠道，为公司隐患治理、电网系统改造建设提供有力支撑，争取局投资金3086万元（不含绿电光伏项目）。与财务处沟通协商，争取折旧返还资金80万元，购置厂区光伏项目及第一批维修项目所需设备106台（套），解决资产购置难题，畅通资产购置渠道，提高电网更新改造效率。重点开展资产清查、评价和报废处置工作，完成原

【科技创新】 2022年,公司围绕解决生产难题、新技术新工艺应用转化、新能源关键技术、现代管理先进技术等领域开展研究,完成油田公司科技项目2个(子课题8个),公司科技项目13个。上线生产管理系统,完成42座变电站、45座配电室、136条线路电网资源普查、审核及录入,建立五大类30小类标准库,实现线下向线上转换,在板潜线354、热马线312线路上进行应用,提升生产运行信息化水平;根据公司所辖输电线路实际情况制定行波分布式故障诊断系统配置方案,为进一步推广奠定基础;完成100千米电力线路激光点云数据采集,全面掌握电力线路与周围环境安全距离,为隐患处理提供信息支撑。

【队伍建设】 2022年,公司修订完善《电力公司基层领导人员管理办法》等制度规定3项,进一步规范干部选用、考核等程序,提升规范化水平,编制《电力公司基层领导人员后备人选管理办法》及后备干部培养实施方案,填补后备干部培养选拔制度空白;深化技术技能人才培养与使用,新增聘二级工程师1名、三级工程师2名,新晋高级技师、技师各2名;发挥技术技能优势,强化难题攻关,解决一线生产难题13项,组队参加油田公司技能创新大赛,获三等奖;启动岗位大练兵、大比武活动,检验员工技能,提升职业技术能力水平;实施人力资源调剂,完成有效流动130余人次,岗位转换43人,5名关键岗位员工完成操作岗位向一般管理及专业技术岗位转换,为年轻骨干搭建成长平台。

【职工培训】 2022年,公司举办各类培训班47项,3220人次。完成计划内培训35项、2525人次。计划外培训19期、695人次。完成安全专项培训19期、947人;系统建设培训3期、371人;生产运行保障21期、719人;管理能力提升5期、94人;业务能力提升7期、235人。承办油区内外部技术、安全类培训42期、1311人次。其中中油集团公司高技能人才培训班1期、37人,油田公司安全技术培训5期、120人;油田公司技能等级鉴定培训10期、270人;完成油区单位特种作业取验证培训26期、培训884人,其中新增高处安装作业取验证培训249人,有效提升员工业务知识水平及操作能力。

【电网建设】 2022年,公司开展滨北路、新世纪、港西变电站改造以及枣园、羊二庄变电站改造前期工作,开展板潜线354等线路维修,消除系统运行隐患;完成津歧公路拓宽改造项目,解决部分线路安全隐患问题,提高输配电线路可靠性、抗灾能力。组织完成埕海1-1平台变电站、驴驹河变电站、段六拨5#页岩油平台网电压裂变电站切改投产等工作,进一步增强为油保电服务意识。

【疫情防控】 2022年,公司严格落实上级部门防疫要求,及时传达上级部门防疫相关政策,组织开展人员测温、扫码、登记、公共区域的消杀、人员信息登记上报、防疫措施制定等基础工作。完成出港离天津人员审批备案1423人次、涉疫区域人员排查381人次。组织志愿者配合社区进行核算筛查616人次。全体人员疫苗注射率96.4%。60岁以上老人疫苗注射率30.2%。

【企业文化】 2022年,公司把党的政治建设摆在首位,将学习宣贯党的二十大精神当作重要政治任务,开展领导班子成员专题宣讲,确保会议精神入脑入心;严格落实"第一议题"制度,开展专题研讨12场次,为公司发展奠定思想根基;立足全面从严治党,对标油田公司党委要求,建立主体责任体系,打造"党建+安全"亮点工作,实现党政工作深度融合;解决部分办公场所及生产场所基础设施隐患,改善厂区环境,建成职工活动中心及心灵驿站,开展丰富多彩文体活动,对南部地区、埕海地区疫情期间无法正常换班一线员工,及时组织提供主食、菜品、调料及药品等服务保障,解决员工后顾之忧;开展春送岗位、夏送清凉、秋送安康、冬送温暖"四季"服务活动,购买慰问品10余万元,慰问3000余人次,提高员工归属感和凝聚力。

(李晓磊)

信息中心

【概况】 大港油田信息中心（简称信息中心）组建于2011年6月，是支撑大港油田数智油田建设的专业化单位，也是中国石油信息化内部支持单位，服务范围以大港油区为中心，辐射北京、天津周边地区以及中国石油150余家企事业单位。截至2022年底，信息中心设机关科室6个、直属单位2个、基层单位16个。有职工416人，其中合同化员工304人、市场化用工30人、项目用工82人；管理人员123人、专业技术人员101人、操作服务人员192人；中级职称120人、高级职称79人；党员189人。

2022年，信息中心收入18795万元，完成利润2225万元，完成油田公司下达指标107%。

【数智油田建设】 2022年，信息中心按照"三步走"部署，根据"强建设、重应用、促转型"工作思路，围绕数智油藏、数智井筒、数智地面、数智管理4个方向，推动数智油田建设。聚焦勘探开发一体化协同，打造形成业务协同研究新模式；聚焦现场作业实时化管控，打造现场作业协作新方式；聚焦井站生产智能化调控，打造精益化生产的新组织；聚焦企业管理数字化运营，打造精细化管理新机制。将生产指挥、安全监督、消防接警整合进数智决策中心，构建形成纵向贯穿各生产单位、横向覆盖各业务领域的数智决策调控系统，初步建成"数智大脑"，提前完成数智油田1.0建设任务，为早日建成国内一流数智油田打下基础。

【数智化技术应用】 2022年，信息中心围绕关键"卡点"开展技术攻关，提升自主研发能力及新技术应用。港西数智地面、羊三木数智油藏两大示范工程、A11、北斗智能终端、无人机、无纸化办公、智能园区等一批系统取得新成效。升级低成本物联网、油井智能调控、含水在线分析仪、长停井智能监测、自动间抽、大站自动盘库等一批具有自主知识产权"港信"系列新产品并投入规模应用。聚焦公司主营业务和数字化场景，发布两化融合管理体系文件。

【运维管理】 2022年，信息中心加强信息化基础资源建设，建立高效运维保障机制。完成IPV6生产网配套建设，构建"公司—生产单位—作业区—生产站场—边远井场"纵深覆盖网络。完成公安部HW行动、党的二十大重保、中油集团公司攻防演练等工作，确保全年未发生网络安全事件。取得中油集团公司网络安全大赛团队二、三等奖，个人一等奖1名。围绕A11站库自动化、油水井视频监控等重点工程，提升系统运维保障水平。以精准化协作、精细化管理、精品化服务，强化数智决策中心运维，保障对外迎接高端来访、对内决策指挥、油田公司各级会议顺利开展。

【外闯市场】 2022年，信息中心坚持以质量创品牌，以品牌闯市场，市场收入继续保持增长势头。承担总部A6二期建设项目，创单一项目额度新高。浙江、西南和青海落地新项目，以顶层设计规划为突破口开拓玉门油田新市场，推动油田公司与浙江油田、昆仑数智签订战略合作框架协议，利用工作室联盟，梦想云联合创新基地，获得市场机遇，获"信息安全风险评估服务三级资质"，开拓新的市场方向。举办为期15天青海油田数字化培训班，是大港油田"共建、共享、共赢"市场开发理念成功实践。坚持以服务主营业务为使命，选准公司原油上产重点难点，推动新型采油管理区平台、勘探开发研究云等一批系统免费应用，支撑公司夺油上产。

【经营管理】 2022年，信息中心聚焦"强管理"要求，提升企业治理能力上层次。推动"合规管理强化年"，落实依法合规治企要求，坚持合规例会和合规积分机制，将合规管理与绩效管理挂钩。邀请外部审计力量对中心"自检"，开展"5年内控测

试整改回头看"活动，专项治理合规问题，实现短履行合同全面"清零"，投资项目后评价居油田公司第一名，获天津市创新方法大赛奖、油田公司科技进步一、二等奖等多项荣誉；首次承担板块公司科研项目"老油区数字化转型模式研究""科研项目合规与数字化管理系统研究"，获总部认可；在科技与信息化创新大会上实现"先进荣誉大满贯"。承担应急管理部及板块公司试点项目"海洋石油安全风险监测预警系统""安眼工程"等，助力公司安全管理向生产一线延伸、向全天候、全地域延伸。

（张艳梅）

物资供销公司

【概况】 大港油田物资供销公司（简称物资供销公司）始建于1964年，是一家集物资采购供应、储运保管、质量检验、经营销售于一体的管理现代化、队伍专业化的大型综合性物资供应企业，经营销售钢材、建材、煤炭、石油专用管、成品油、润滑油、机电设备、化工等各类物资。截至2022年底，设机关科室7个、直属单位1个、下设基层单位16个，分布在大港油区及外部市场，实行统一管理、专业化集中采购、区域化供销服务。有职工人数793人（含项目用工11人），其中管理及专业技术人员483人，专业技术职称人员447人（高级专业技术人员56人、中级专业技术人员245人、初级专业技术人员146人）；操作人员310人（中级及以上职业技术工人166人）。固定资产原值2.54亿元，净值8953万元，有仓储面积24.92万平方米，其中库房56个，面积3.44万平方米；料棚、料场、料台80个，面积21.47万平方米；储罐4座，3000立方米。铁路专用线6条、长度11千米、回转线3条。在用生产主要设备95台，包括内燃机车3台、装卸起重设备34台、运输车辆37台、消防及排涝泵15台、其他设备6台。

2022年，物资供销公司贯彻油田公司工作会议精神，推进公司"12335"重点工作安排，坚持以"企业党建"为引领，以"经济效益"为中心，突出服务、采购、仓储三项核心业务，着手"三个中心"建设，寻求安全、精细、合规、人力资源、美丽供销建设五项新突破。实现收入25.54亿元，其中大港油区市场收入1.99亿元，同比增加1.75亿元；渤海钻探市场收入10.43亿元，同比减少9268万元；渤海装备市场收入8666万元，同比增加7504万元；其他市场收入2.24亿元，同比增加5445万元。利润3600万元，超额完成油田公司目标。港东分公司泥浆服务班组获集团公司质量信得过班组，港东分公司获中油集团公司质量先进基层单位，牟红梅家庭获"天津市最美家庭"称号。

【提质增效】 2022年，物资供销公司制定发布《物资供销公司提质增效行动方案》《物资供销公司提质增效考核实施细则》，明确5个方面14项工作举措，成立"开源""降本""宣传督导"专项工作组3个，创效2.37亿元、实现利润3500万元。召开阶段性推动工作会议3次，鼓励揭榜挂帅，首次推进提质增效立项实施，发布公司级开源增效项目8个，涉及市场容量近2.7亿元。推动开展"提质增效我先行"管理提升活动，收集各单位、部门提质增效立项58个，确定增收目标6.27亿元，增效6394万元。

【刚性保供】 2022年，物资供销公司秉承"一切围着产量转、一切围着用户转、一切围着效益转"理念，立足职能、发挥优势，增强采购、仓储、质量核心竞争力。在"夺油上产、百日会战"期间，克服疫情突发和原材料市场紧缺、价格上涨等不利因素，建立快速响应机制、质量管理制度体系、服务反馈机制，强化"配送、质量、售后"现场服务，保障油区生产物资供应，完成刚性保供任务。抢先跟进，早期介入驴驹河、白15储气库和千探1、千探2等重点项目，完成二氧化碳保供任务。坚持7天24小时全天候保生产，配送业务深入用户队站、井场，供应重点物资17万吨，夜间应急发料102次，践行服务二线变一线、一线变前线。港狮、港骅、外部项目部员工长期坚守在生产一线，用实际行动诠释"刚性保供"内涵。

【采购管理】 2022年，物资供销公司进一步深化采购管理，推进阳光透明、专业合规采购大厅建设，总结"六化、四公开"采购管理经验。梳理优化采供销全流程，执行采购计划4万余条，金额23亿元，外贸实现亿元突破，计划完成率增长至95%，平均采购周期下降到38天，内部运行效率不断提升。搭建"职装优选"电子商务系统，首次采取"线上+线下"方式，在幸福广场进行样衣展示，方便职工选购，获油田公司广大职工一致好评。

【仓储管理】 2022年，物资供销公司推进仓储共享中心建设，按照集约化仓储建设思路和整体仓储布局规划，将港东分公司、港西分公司仓储业务划归中心库管理，港东器材库库区划归转运库管理，完成20类448项物资移交。推进转运库社会化物流园区建设，成立转运库仓储规划小组，调研油田周边物流市场，初步完成公司仓储发展规划。推进仓储管理水平上台阶，简化仓储管理相关制度3个，推进物资及时进行上、下架工作落实和考核。通过替代使用、优先设计、修复利用等有效措施，完成1535万低效、负效物资处置。组织仓储保管工技能大赛，提升保管员队伍素质，19名选手参加比赛，6名选手获奖。完成库存指标1.51亿元，同比减少1043万元，降幅6.45%。库存周转次数17.61次，同比增加3.77次，增幅27.26%，库存周转天数20.44天，同比减少5.57天，降幅21.42%。

【质量管理】 2022年，物资供销公司围绕"全员、全要素、全过程、全数据"质量管理理念，制定下发《物资供销公司质量管理提升实施方案》，强化质量精细管理。严把物资质量关口，委托检验必检物资3136批，检验合格3132批，不合格4批，一次进货检验合格率99.83%。坚持优化质检支出，合理安排检验批次，节约质检费支出170.5万元，配合上级质量管理部门完成监督抽查207批次。针对入井材料质量验收问题，制定专项工作管控方案，梳理5个关键环节质量管控流程，与检测机构对接160项物资检验标准和检验周期，检验新增泥浆自产产品24项、固井自产产品12项，提升入井材料质量管控力度。针对重点物资、关键物资开展驻厂监造，组织委托石油专用管10767吨，为油区生产建设提供质量保障。

【安全管理】 2022年，物资供销公司加强体系建设，修订新增体系文件12个，优化党建+QHSE体系内审，完善管理要素29个、审核标准978项，组织公司全面内审2次，发现问题全部整改落实。强化安全监督检查，进行重点领域监督检查205次，监督检查覆盖率100%，加强隐患排查治理，投入资金1268万元，整改设备设施安全隐患60项，进一步提升本质安全水平。整合港西、港狮、港骅、转运库等单位所属车辆，由车务管理站进行专业化规范管理。组织开展环境因素再识别工作，识别出风险24个，其中公司层面重大风险2个，一般风险15个，低风险7个，各项风险均得到有效管控，无重大风险事件发生。

【疫情防控】 2022年，物资供销公司根据油田公司疫情防控工作通知要求，结束公司疫情防控，废止防疫各项制度，要求全体员工履行个人"健康第一责任人"要求。加强油区进口物资管控，配置库房960平方米存放进口物资，采购、仓储进口物资61批、834万美元；完成在职职工四老人员及离退休人员接种新冠疫苗103人；组织61批、597人次志愿者服务队伍，为7个社区提供核酸筛查服务，协助社区居委会做好核酸筛查工作。

【合规管理】 2022年，物资供销公司接上级巡察、

专项审计、内控测试、专业路检查、体系审核等各级检查29次，未出现严重问题。启动"合规管理强化年"活动，梳理在用各类规章制度92项，程序文件113项、205项，修订《物资供销公司"三重一大"决策制度实施细则》，重大决策合规审查率100%。组织全员合规培训，中油集团公司年度全员合规培训完成率100%。针对关键领域、关键岗位、重点人员开展合规自查活动，不断增强员工合规意识。完成高风险岗位合规自查171人。开展"油料管理""采购物资外观验收"等合规管理监督自立项目12个，针对管理制度是否有效落实、监督考核是否到位、是否存在廉洁风险等方面，开展全面合规监督评价，使管理向精益化方向转变。

【业务归核化】 2022年，物资供销公司结合油田公司业务归核化思路，推进"三个中心"建设，优化整合物资采购、仓储2项核心业务。将港东分公司器材库人员划转中心库，划转人员19人，油区生产物资集中存放至中心库；港东分公司器材库资产划转转运库，集中管理转运库社会物流中心仓储资源；将部分基层单位物资采购职能划转物资采购服务中心。公司机关部门后勤职能和人员划转到行政管理中心，划转人员4人，压缩精简机关人员；按照采油二厂回迁安排，港骅供销分公司搬迁至油区分公司办公楼集中办公，为整合油区内部市场物资保障打好基础。

【人力资源】 2022年，物资供销公司以物资采购服务中心和中心库两个主营业务单位为试点，采取"业务+业务""业务+管理"模式整合兼并低效、量小的岗位单元，实行"大岗位""大工种"岗位模式，涉及8个岗位、45名岗位员工，盘活用工存量20余人，缓解结构性缺员矛盾。举行"岗位大练兵、技术大比武、素质大提升"活动，涉及采购管理、仓储管理业务、基层领导人员、项目经理后备人才、数智化信息应用等5个培训项目及司索指挥、场机驾驶操作、仓储保管技能、业务员技能4个岗位实操比武项目。举办公司级、基层级培训班和练兵23期、培训400余人次。实施年轻骨干人才岗位锻炼和培养工作，选拔3名40岁以下操作岗位员工转至主体业务管理岗位，制定《物资供销公司年轻骨干人才培养使用管理办法》《物资供销公司年轻骨干人才岗位锻炼实施方案》，选拔6名年轻骨干进行岗位锻炼。组织每月1次年轻骨干培训班，参加44人。严格履行干部选拔任用程序，优化公司干部队伍梯次结构，选拔公司三级正职1人，三级副职4人，完成8名年轻干部试用期综合考核、测试。承担油区内部仓库保管工、物资调运员、加油站操作员、铁路货运员常规工种技术等级认定工作，首次生活行政服务员技术等级认定，培训5期、253人次。

【党建工作】 2022年，物资供销公司修订《党委落实全面从严治党主体责任清单》《"三重一大"决策制度实施细则》等，召开党委会议54次，讨论审定议题104项，发挥"把方向、管大局、保落实"领导作用。开展"转观念、勇担当、强管理、创一流"主题教育活动，聚焦"夺油上产、刚性保供"，成立党员突击队19个，开展突击会战23次，党的政治优势、组织优势转化为企业发展优势。以"党史、新中国史"大讲堂为主线，通过学习研讨、党史讲述、专题党课等形式，推动党史学习教育走深走实。深化"红色教育"，组织基层党务工作者、党员180余名分批次赴中共一大会址、西柏坡等红色教育基地开展体验式教学，完成"三年所有党员全覆盖"培训目标。开展"一党委一品牌，一支部一特色"党建品牌创建工作，基层党组织围绕公司改革发展、党的建设急需解决问题开展课题研究，形成一批高质量党建研究成果和基层实践案例。完成8个党支部换届选举和2个党支部委员增补工作。港西分公司党支部在油田公司达标党支部考核中位列第一，专用管分公司党支部获油田公司"党建示范点"称号。

【廉政建设】 2022年，物资供销公司纪委开展"担当强管理 廉洁促合规"反腐倡廉主题教育活动，组织处科两级领导人员和关键岗位人员逐级签订党风廉政建设责任书363份、管理提升承诺书324份，增强"关键少数"履责和担当意识，组织科职干部开展廉洁讲座92场。开展党风廉政建设例行约谈356人次，编发《纪检工作简报》12期，面向全体职工征集廉洁文化作品19个。开展"合规管理案例征集"活动，总结提炼创新实践案例14篇，其中2篇分获油田公司合规管理案例讲述活动一、三等奖，发挥廉洁文化熏陶、渗透和引导作用。制定《物资供销公司党风廉政建设和反腐败工作协调小组工作规则》，成立党风廉政建设和反腐败工作协调小组，组织梳理和查找廉洁风险隐患89个，制定针对性防控措施169条。围绕经营管理重点确立"运费管理""油料管理"等合规管理监督自立项目12个，发现问题42个，制定整改措施39条，有效促进业务领域合规管理，堵塞管理漏洞和薄弱环节。

【群团建设】 2022年，物资供销公司致力保供增效，开展"创效杯"劳动竞赛，"安康杯"竞赛和"1+1+200"群众性创新创效创优活动，开展各类竞赛30余次，刊发竞赛排行榜10期、竞赛简报3期，助力生产经营。开展"我为职工群众办实事"实践活动，为128人次困难职工（遗属）送去慰问金29万元，为67名退休职工送去人均1000元慰问品，深入生产作业现场开展岗位慰问，送去慰问品11万元，打造职工心灵驿站6个，为职工创造舒缓压力、放松身心良好环境。开展文化体育活动，组织近80人合唱队参加油田公司庆祝中国共产党成立100周年文艺演出，承办油田公司第二届"供销杯"五人制职工足球赛，丰富职工业余文化生活。开展"青年勇担当、建功新时代"主题竞赛活动，围绕急、难、险、重、新等任务，开展现场服务、物资装卸、环境美化等青年突击队行动20余次，激励青年为公司发展壮大贡献青春力量。

【维稳安保】 2022年，物资供销公司在"全国两会""北京冬奥会冬残奥会""中秋国庆""党的二十大"等特别重点阶段实施升级管理，树立"管业务必须管稳定"理念，超前和动态开展"四重"不稳定隐患排查，签订《维稳信访安保防恐责任令》50份，压实五级责任；落实信息"零报告"制度，加强舆情监测、情报掌握和信息报送，强化带班值守和快速有效应急处置；积极作为，妥善处置信访事项，办理信访事项8件、9人次，其中油田公司交办4件，在职职工薪酬待遇类1件、1人次；离退休人员和家属工福利待遇类5件、6人次；8890热线2件、2人次。

【武装保卫】 2022年，物资供销公司开展民兵潜力调查、调查摸底、政治审查、体格检查、造册登记和队伍整编等阶段工作，按照编组原则，调整组建海上民兵、海防民兵、末端防空、通信保障等支援队伍4支和应急队伍1支；开展应急抢险队伍编制工作，制定《物资供销公司防洪应急抢险预案》，编制百人应急抢险大队，组织30余名抢险队员参加防汛责任段堤坝加固抢险演习，确保大港油田安全度汛；开展拥军优属，为公司军烈属、伤残军人及遗孀等建立信息档案，在"春节""八一"进行慰问18人次。

【门户网页2.0版本升级】 2022年，物资供销公司主门户系统由1.0系统升级为2.0系统，搭建主页面WEB部件14个、静态页面25个、编写调试样式及脚本、建设新闻栏目25个、历史专题网站69个、新闻内容5000余条、迁移通知500余条，建立门户用户组3个，调整人员铺底及权限30人。在油田公司"门户网站升级劳动竞赛"获优秀单位，主门户1.0系统停止更新。

【房屋场地移交】 2022年，物资供销公司与工业服务公司签订房屋场地移交协议，协议金额339.78万元，移交房屋场地16处，其中房屋面积2.88万平方米，土地面积11.88平方米，完成房屋土地违建违占专项整治。

（张亦鹏）

天津工程职业技术学院

【概况】 天津工程职业技术学院（简称学院）于2001年1月经天津市政府批准成立，为油田公司所属二级单位，由原大港油田职工大学、石油学校合并组建而成，与大港油田培训中心、大港油田公司党委党校实行"一个机构、三块牌子"管理，承担大港油田职工、党员教育培训和党建研究，面向石油石化行业及地方企事业单位开展经营管理、专业技术、操作技能、党建业务及其他综合类培训，集员工培训、现场实践、技能评价、素质拓展为一体综合性教育培训机构。

学院占地40.15万平方米，建筑面积12.48万平方米，有校区3个。建有仿真实训室33个，数字终端1698台，网络多媒体教室55个，校外实习实训场所64个，资产总额6565万元。图书馆藏书65万册，其中电子图书0.66万册。运动场面积6万平方米。有全日制高职在校生2550人，其中本院在籍学生357人，与天津石油职业技术学院合作办学学生2193人。

截至2022年底，学院有职工210人，其中合同化员工206人、市场化用工2人、项目用工2人；管理岗83人、专业技术岗105人、操作岗20人；硕士研究生56人、本科130人；副高级职称98人、中级职称90人。有科级干部32人，其中正科级19人、副科级13人。设科级机构15个，其中机关科室5个、直属单位3个、所属单位7个。

【职工培训】 2022年，学院拓展培训市场，创新培训形式、丰富培训内容、提升服务质量，抓住恢复线下培训窗口期，举办各类培训429班次、5.1万人次，创收3238万元，同比增长22万元，保持主营收入稳定。完成油田公司培训计划，开展计划内培训班130个。提升项目研发能力，打造"青马工程"、中油集团公司新入职员工等重点培训项目，开发储气库运行工等培训项目13个，重点保障中油集团公司大赛封闭集训。按照"需求对接—项目设计—师资选聘—运行实施—效果回访—项目再优化"管理，循环优化党建、管理、技能、安全培训业务流程，修订培训管理制度19项。巩固与中国石油系统驻津企业合作关系，加大社会企业培训市场开发，根据企业和社会需求研发无人机飞手、党员红色教育、中小学研学等自办项目30个，为天津团市委、天津海事局等21家外部企业开展培训5257人次，外部市场培训收入增加120万元，实现逆势增长。

【教育教学】 2022年，学院稳控教学秩序，采用线上线下同步教学模式，上线专业12个、课程61门，设置线上课堂签到、讨论等环节，实现师生互动答疑。成立网络教学工作小组，指导、督导、检查网络教学情况，保证教学质量不降低。加强科研项目申报立项管理，申报教育教学科研课题立项9项，组织完成市级课题中期验收6项、市级课题结题评审6项。强化日常管理，坚持工作重心下移，建立院系"直联"学生机制，学生开学复课后三分之一管理人员在校值守，班主任入驻学生宿舍，解决学生问题与诉求。开展疫情防控期间学生心理护航工作，针对重点人群进行心理疏导，完成心理危机干预5例，心理咨询22人，保证封闭管理期间学生群体稳定。创新思想政治教育方式，采取院系两级分层、线上线下结合模式，开展"青年马克思主义者培养工程"和学生骨干培训，"成长成熟成才"等主题教育65项。

【安全管理】 2022年，学院以公寓、机房、图书馆、实验室、食堂为重点，加强安全管理，筑牢安全防线。完善安全环保责任体系，实施安全责任清单签订制，15个单位、126个岗位实施责任清单考核，推进安全管理责任落实。以学生公寓、食堂天然气管网、实习基地、承包商施工现场等高危场所为重点，开展安全隐患排查治理，监督检查基层单位32个、160余次，检查点数1.9万个，完成隐患治理。根据天津市教委疫情防控应急预案编制要求，制定《新型冠状病毒感染肺炎疫情应急处置预案》《校园应对大规模新冠奥密克戎疫情封控管控专项应急预案》，开展预案演练活动3次、2000人次。分时段、分人群、分层次开展线上、线下安全培训5次、400余人次，提高风险防控意识和应急处置能力。

【经营管理】 2022年，学院从盘活资源、严控成本、深化挖潜入手，加强经营管理，聚焦提质增效。综合服务部、保卫科兼岗从事后勤服务等工作，3个教学部87名教职工承担学生公寓日常管理工作，精简外包服务岗位27个，节约物业管理费用136万元。全面盘点场地设施资源，通过合作办学、场地租赁等方式创收420万元。西校区采取三年租赁一次性付款方式，实现租赁收入2118万元，单年租赁收入同比提高206万元，年收益增长41.2%。调整教学计划，压缩秋季学期教学周5个，采取部分场所停暖措施，减少采暖费支出180万元。加大清欠力度，通过司法诉讼追讨租金，挽回损失260余万元。推动校区占用房屋清理及违建拆除工作，清理违建房屋和违规使用土地14处、1.77万平方米。

【党建工作】 2022年，学院把学习贯彻习近平新时代中国特色社会主义思想作为政治建设首要任务，纳入党委理论武装"主修课"，开展党委中心组集体学习12次，研讨交流6次，形成理论成果18篇，班子成员采取"第一议题"形式学习习近平总书记重要讲话28篇，讨论决策事项18次。学习贯彻党的十九届六中全会和党的二十大精神，讲授主题党课、进行集中宣讲6次。优化党支部设置，新配备专职党支部书记4人，严格党支部"六位一体"考评和"达标晋级"管理，创建党员责任区15个、示范岗18个、示范项目5个、攻关立项12项。开展党支部创最佳党日活动，"四融引领"党建品牌获油田公司党委第一批优秀党建品牌。压实全面从严治党主体责任，专题研究党风廉政建设工作4次，组织逐级签订党风廉政建设责任书103人，进行干部岗前责任培训18人，集中廉洁约谈新提任人员12名。加大内外宣传力度，学院门户网策划专题报道6个、发稿400余篇，校外媒体发稿50余篇。油田公司团校在学院挂牌，经校级推荐、市级遴选考察，被团市委、市学联认定为天津市首批高校红色研学实践教育基地。

（李敬春）

车务管理中心（客运公司）

【概况】 大港油田车务管理中心（客运公司），简称中心，始建于1999年，由原车务管理中心与客运公司重组整合而来，是油田公司车辆管理与服务单位，主要为油田公司机关以及直属、附属单位提供公务用车及油区各生产单位职工通勤车辆服务。截至2022年底，有各类用工408人。其中合同化用工233人、市场化用工81人、项目用工94人。设机关科室4个、基层单位8个，有大客车、小客车、皮卡、厢货等各类车型250台。固定资产（上市部分）：原值10640万元，折旧8823万元，净值1817万元，成新率17%；固定资产（未上市部分）：原值5180万元，折旧3459万元，净值1721万元，成新率33%。无形资产原值35万元，为土地使用权。账面利润-1799万元，同比减亏14万元。

【安全环保】 2022年，中心修订体系文件23个，推进常态化反违章整治工作，开展全员安全培训、特殊危险作业及承包商安全监管培训等7次、650余人次；出台《HSE奖惩管理办法》，设立季度HSE管理先进单位、安全文明驾驶明星等奖项，实施奖励3.7万余元；查处各类违章行为18人次，实施经济处罚6100元，实行安全记分26分；组织志愿者参加社区核酸检测志愿服务51批次、255人次，收到服务社区致谢锦旗。针对不同用车单位及特殊时期生产需要，采取定期与不定期相结合方式，深入用户单位进行服务质量回访70余次，完成学院学生接送、滞港员工返沧等重点任务，利用车辆年检契机为南部油区职工提供暖心服务，车辆服务满意率100%。开展设备管理"百日整修"活动，重点把控设备数据库、操作保养规程、LNG大客车及发动机防爆防燃等关键环节专项治理，盘活闲置和库存设备13项，修订完善设备操作与保养规程7个，完成102台大中型客车车辆转弯语音安全提示系统改造；以常态化"亮车会"活动为抓手，组织专业技师对车辆设备进行现场检查，设备完好率97%。

【提质增效】 2022年，中心走访信息中心、天津储气库分公司等7家兄弟单位，新增业务6个、用车288台次，增收70余万元。与天津储气库分公司举行车辆管理业务交接仪式，是迄今为止规模最大、涉及生产单位全部车辆管理与保障服务实践，实现车务管理由劳务输出到车务托管、部分承接再到整体接管转型发展实质性飞跃。完善车辆多样化服务"产业链"，与滨海新区文明办、滨海新区公安局交管支队联合开展"文明交通进企业"主题活动，"警企合作"开展交通安全再培训，得到市、区公安交管部门认可。树立"养为主、修为辅"设备管理理念，根据车辆运行公里和保养计划，维保车间定期进行设备养护，自行完成内部车辆维保业务。完成内部车辆保养223台次，长途检查83台次，维修监控2100余台次，节约维保费用8.6万元，聚焦"盘活、保质、节支、合规、安全"，凸显车辆自主化维保"稳定器"作用。

【扭亏解困】 2022年，中心按照"客观、公正、压力均等及重点费用优先投入"原则，层层分解年度总控亏目标；本着"量入为出、以收定支"方针，运用内部利润中心资金运行政策，强化"自由现金流为正"目标导向，保障各项生产经营活动正常开展，月度资金准确率98%以上，资金预算考核结果始终居油田公司前列。注重顶层设计、优化业务结构、强化生产运行，制定提质增效方案及工作运行表，落实月度报告制度，加强过程管控，确保各项工作目标落到实处、取得实效；拓展车务管理项目承揽、驾驶员能力评价、维保中心等"非车"业务，实现收入1853万元，同比增收720万元，逐步形成车辆通勤和管理服务并行发展局面。规范业务管理流程，开展"合规管理强化年"工作，排查经营业务合规风险37项，制定防控措施37条；加强计划、合同、预算、结算管理，推广使用石油商旅App，完成订单45笔，减少垫付资金3万元；推动审计成果转化，查改问题2项，金额333万元。

【党建工作】 2022年，中心以政治建设为统领，学习习近平新时代中国特色社会主义思想，落实"第一议题"制度，党委理论学习中心组集中学习15次，专题研讨5次，班子成员撰写学习体会27篇。开展"转观念、勇担当、强管理、创一流"主题教育活动，围绕提质增效、节能降耗、合规管理等生产经营重点工作，形成专题调研报告5篇；推进党建"三基本"建设和"三基"工作融合，修订《车务管理中心基层党支部工作考核评价办法》，建立完善党支部阵地7个；深化形势任务教育，策划车务管理中心推进车辆专业化管理工作纪实、"四个坚持"聚焦转型发展等主题鲜明、亮点突出的宣传报道稿件，营造良好发展环境和舆论氛围。开展冬送温暖夏送清凉、金秋助学、困难帮扶等系列"暖心"活动，优化员工办公环境，修缮车场及办公区，安装人脸识别系统，创建心灵驿站5个；组织"送健康到基层"知识讲座22场次，切实守护员工健康。

（董 薇）

工业服务公司

【概况】 大港油田工业服务公司（简称公司）成立于2020年8月，是油田公司后勤保障服务单位，主要负责油田公司各单位工业服务、办公服务和后勤服务，员工食堂管理服务、食材集采配送、作业一线生活保供；负责大港油区住宅小区公有房屋（含部分办公楼）统一管理、开发利用、维护维修、租赁收费以及公寓住宿服务；承接生产生活服务等劳务密集型外包业务，兼具社会餐饮、健康养老、环境美化、家政服务等保障油区民生民计的增值服务职能。截至2022年底，在册员工859人。其中，大专及以上学历557人；管理、专业技术人员429人；副高级职称16人、中级职称270人；技师13人、高级工212人。设党支部20个，在职党员363人。设工会12个，工会会员808人。固定资产4.19亿元、净值2.08亿元。

2022年，公司立足"油公司保障、归核化承接、全能型服务"三个高地，打造"机制、人才、营销、文化"驱动引擎，为71家用户提供办公服务、84个职工食堂提供餐饮服务、70个餐饮网点提供食材配送，"阳光午餐"就餐人数2万人。油田内部市场综合办公服务覆盖率88%，食堂管理覆盖率78%，外部市场坚持"走出去"战略，市场遍布天津、河北、内蒙古、陕西、山西、海南、四川等37处。

【经营管理】 2022年，公司坚持低成本运营原则，健全以市场为导向成本倒逼机制，围绕创新经营模式、拓展创收空间、盘活存量资源、控减人工成本一系列工作主线，完成经营指标，实现收支平衡。实施项目化核算，运用"加减乘除"四字工作法，设置成本中心11个，划定核算单元93个，64个项目部实现自负盈亏。构建"全成本＋适度管理费"经营模型，升级预算管控措施，压降非生产性支出，多渠道增收节支创效，确保实现经营目标。优化机构和人力资源配置，撤销港城城市运营管理有限公司，不再纳入公司机构编制序列管理；压减项目用工60人，培训转岗27人，劳务输出合同化员工106人。健全公司管理制度体系，强化重大项目法律论证，开展"全级次、全领域、全方位"合规专项排查，修订完善"工业服务公司合规规范清单"，保障企业健康经营。

【市场开发】 2022年，公司秉持"把服务经营起来"发展理念，推进战略结构优化，成立餐饮工作室、绿化工作室，打造特色"阳光餐"和"匠心保绿"品牌，构建以"工业、办公、后勤"为根本一体化突出单元，以"增值服务"为延伸全能型服务架构，以"健康生活"为引领大健康产业潮流。内部市场通过开展"春耕"主题焕新行动，优化15项工作流程，"三保一会一餐一运维"（保洁、保绿、保安、会务、阳光餐、运行维护）管理水平和服务表现显著提升，新增驴驹河储气库保洁、油区节日装饰、勘探开发研究院充电桩安装等项目13个，合同额398万元。外部市场向注重效益转变，开拓国电投绿动未来新能源服务业务，市场份额稳定在6000万元以上。社会市场丰富营销创意，开发英雄CS、亲子水育、家宴新产业，焕新641剧场、体育馆新地标，优化老家味道系列门店标准化菜品库，创建"食材精储配送、食品精深加工、营养精致搭配、运营精细规范"餐饮服务模式，收入同比增长45.95%。

【安全环保】 2022年，公司完善HSE四级管控架构，推动HSE管理从"全员参与"向"全员履职"转变。落实"三管三必须"安全责任，开展"QHSE管理提升百日攻坚行动"，完善管理流程52项。编制《生产安全风险分级管控工作方案》，梳理业务风险8类。推动燃气专项治理，强化新项目管控，整改安全隐患949个。搭建"现场会＋培训课"平台载体，围绕能力提升、应急演练等重点方面，提升精准应对水平，被评为油田公司HSE工作先进单位。

【疫情防控】 2022年，公司落实地方政府和油田公司疫情防控措施，开展重点地区旅居史人员、疫情关联人员排查20余次，300余人。组织志愿者216名，配合6个驻地居委会开展40余核酸筛查工作。严控人员流动审批和行程管理，实施出津272人次和市内流动审批、管控426人次。组织疫苗接种，接种新冠疫苗3350人，接种率98.3%。被评为油田公司抗击新冠疫情先进单位。

【重点工作】 2022年，公司落实天津市、滨海新区及油田公司部署，成立党政主要领导负责工作小组，组织员工200余人，实施宣传告知、停止供能、腾空封闭、住户安置、持续巩固，入户走访动员920余户次，劝导沟通6000余人次，动用车辆360余班次，完成平房住户劝导搬离、断能停供、垃圾清整、现场围挡及巡视巡护等工作，危陋房屋整体100%封堵，完成选房安置130户（具有安置资格142户），住户安置率91.55%，消除重大安全隐患，保障人民群众生命财产安全和社会大局稳定。

【队伍建设】 2022年，公司实施"人才驱动"战略，制定《基层领导人员任期制和契约化管理工作方案（试行）》，组织9家单位、3个项目部签订任务"军令状"，激发干部队伍竞争活力。发挥培训学校职能，注重"核心管理人才+核心技能人才"培养，举办砺剑计划、市场营销、项目经理培训班，一批专业人才被聘为公司专家，提升队伍政治素养、业务能力和干事创业动力。推进人才强企工程，扩容青年人才库，开展54名发展潜力较大骨干赋能储备培养，提拔重用10名中青年干部，为市场前线输送优秀接替力量。完善保洁、会务、餐饮、秩序维护技能竞赛平台，加大优秀项目用工培养力度，探索实施管理使用和薪酬分配新机制，切实提升项目用工积极性和主动性。

【党建工作】 2022年，公司落实"第一议题"制度，实施"自学为主+原文领学+主题发言+研讨发言"四位一体学习模式，开展学习研讨37次，撰写学习体会、理论文章、研讨材料36篇，各党支部组织专题学习243次、讲党课40次、主题党日活动240次、组织生活会37次。制定推进基层党建"三基本"建设规范，完成党支部换届选举10个，落实"万名党员进党校"培训工程，组织集中轮训3期，持续增强基层党组织凝聚力、执行力和战斗力。修订《"三重一大"决策制度实施细则》《党委前置研究讨论重大经营管理事项清单》，明确事项类别及讨论决策程序，规范决策行为，提高决策水平。房屋管理公司党支部通过示范党支部（红旗单位）检查验收；高层公司党支部被授予"大港油田公司优秀党建品牌"称号；餐饮配送公司党支部被授予"大港油田公司基层党建示范点"称号；边建勋等4人被授予"大港油田公司共产党员示范岗"称号。

【企业文化】 2022年，公司以"文化驱动"为引领，制定《公司党委文化引领专项工作举措》，编制《企业特色文化手册》，引导全体干部员工认清形势、坚定信心、担当作为。在机关和部分基层单位打造文化宣传阵地，发扬"雄心闯市场、贴心为甲方、匠心筑品牌、同心共成长"市场精神。在季度党群例会上开展"讲述工业服务人的故事"文化展演，提炼榜样故事，强化典型选树。发挥融媒体作用，聚焦"提质增效我先行""学习二十大 奋进新征程"等专题活动发稿680篇，在油田公司及以上媒体见稿315篇。

【工团组织】 2022年，公司推进健康企业建设，组织全员健康查体和心理健康辅导工作，组建文体协会7个，打造"心灵驿站"3个。丰富"三八"节活动载体，承办油田公司第六届"工业服务杯"职工排球比赛，公司女子排球队获冠军，男子排球队获亚军，被评为优秀组织单位。立足精准帮扶，组织送温暖、慰问岗位员工和外部市场员工家属活动，发放慰问金56.6万元、慰问品1万余份，惠及职工群众6000余人次。开展"喜迎二十大 建功展风采"岗位练兵技术比武，选树"金牌会务员""金牌保洁员""金牌厨师"等"金"字号岗位之星6名。两级团组织发扬"党有号召、团有行动"光荣传统，组建青年突击队参与油区疫情防控。开展公司"十佳青年"表彰，激发广大青年奉献企业、拼搏奋进热情，龚博被评为油田公司"青年岗位能手"。

【维护稳定】 2022年，公司以"为数智油田建设提供稳定后勤保障"为主线，落实包保属地责任，推进基层网格员队伍建设，加强舆情监控和收集，化解各类矛盾纠纷，处理12345便民热线160件，接待群众来信来访12件，较好完成维稳信访各项工作任务，为公司决胜亏损治理，实现高质量发展营造稳定环境，先后被评为油田公司维稳信访先进单位、维稳信访工作考核优秀单位、党的二十大特别重点阶段维稳安保突出贡献单位。

（陈轶明）

土地管理服务公司

【概况】 大港油田土地管理服务公司（简称公司）组建于2020年5月1日，其前身为市政服务公司，由原四个矿区相关业务整合而来。3月17日，与原团泊洼开发公司整合为土地管理服务公司（团泊洼开发公司）。6月1日，托幼服务中心移交至公共事务中心。公司辖区面积93.48平方千米，管理托幼园所10家、幼儿2000余名；绿化养护面积65.5万平方米、环卫面积15万平方米；住宅小区农贸市场4个；外租房屋256户；雨污排泵站80座，排涝沟渠12条、83.2千米、污水干线50余千米。截至2022年底，用工总量1241人，其中合同化、市场化用工741人，项目用工500人。管理特殊群体人员2576人（偿解896人、偿解遗孀66人、家属工1441人、再就业173人）。设职能科室8个（经理办公室、党群工作科、人事科、财务资产科、经营计划科、质量安全环保科、生产运行科、土地管理科），基层单位20个（治安管理中心、土地管理中心、排水水源井管理公司、泵站运维公司、港西污水处理厂、园林绿化服务公司、工业保障公司、车辆管理服务站、房屋管理中心、基建管理站、市场开发中心、综合服务中心、信息管理站、安全监督站、维护稳定工作站、地热发展中心、综合事务中心、资源经营中心、服务保障中心、产业开发中心）。

2022年，公司践行"冲、抢、稳、保"四字方针，优化体制机制，管控风险隐患，主动拓展市场，提升质量效益步，实现收入2.55亿元，财务账面减亏1.01亿元，完成各项业绩指标。收回国有土地20余万平方米；存续绿化养护面积65.5万平方米、环卫面积49.25万平方米；小区外农贸市场7个；外租房屋495户。承揽港西污水处理厂项目及雨污排泵站80座、排涝沟渠12条83.2千米、污水干线50千米等代维业务。获油田公司宣传报道先进单位、维稳信访工作先进单位、女工工作先进单位、红旗团委、模范职工之家、先进集体称号。通过"油田公司示范党支部（红旗单位）"验收，绿色生态创新工作室获油田公司"金管家"降本增效大赛"金牌班组"称号，范孟华被评为油田公司劳动模范，张雨、冯丽萍被评为油田公司先进工作者，陈达在油田公司"提质增效我先行"管理提升评比活动中获银牌。

【转型发展】 2022年，公司发挥地热、绿化、土地、污排等业务优势，加快清洁能源开发和绿色矿山建设。推动拓展地热业务，致力做专、做强、做精、做实"大港石油版"地热业务，按照实施、研究、储备、维保"四位一体"原则，在外部聚焦优选"一市四省"、拓展潜力项目，形成目标市场；横向与天津市地热院、地质调查中心及天津大学等

专业机构,油田勘探开发研究院、工艺研究院、经济技术研究院等科研单位构建工艺专业技术支撑平台;在内部成立建设项目部,落实收购业务及股权业务工作专班;推动钻井三公司等4个项目通过评审进入建设阶段,山东菏泽、山西太忻一体化园区等外部项目达成合作意向,市场签约354万平方米、市场储备330万平方米、市场跟踪560万平方米。锚定"双碳目标"做好生态绿化养管,践行"绿水青山就是金山银山"理念,建立首家绿色生态创新工作室,承揽工程项目10余项,业务增收1700余万元。坚持"保护利用"实现土地价值,管控各类土地违规行为300余起,海景大道南延治理工程完成阶段性目标,收回国有土地20余万平方米;推动自建项目市场落地,做好预期新增井场用地维护整理,创新性盘活低效闲置土地,增收900余万元。确保"高效运维"水务业务,编制《泵站运维管理规章制度》《设备操作维护保养规程》,运用数智管理平台助推排水业务提质承揽,实现收入2600万元。

【HSE管理】 2022年,公司强化体系运行,开展安全履职能力评估及岗位安全生产责任清单专项考核,修订发布体系文件6个,聚焦10项内容打造"本质安全型班组、本质安全型员工"。严格风险管控,强化交通、消防、燃气、危化品及自建房等重点领域安全管理,消除重大安全隐患原滨海福利厂石油炼化装置,筑牢安全防线。加强安全监督,开展"四不两直"专项检查35次,发现并整改问题700余项,安全记分30人次,保持违章查处高压态势。做实健康管理,常态化开展职业危害检测、疫情防控工作,打造"健康驿站"、举办"健康讲座",组织健康查体及60岁以上老人疫苗接种,促进落实各项措施。

【经营管理】 2022年,公司聚焦团泊洼"高效率托管+精准性布局",以"优质、高效、发展"为目标,用最短时间、最快行动、最实结果整合优化业务、机构及人力资源,围绕农业农事体验等特色内容,开展休闲一体化培训实践拓展7个批次,制定《自有耕地业务规划发展方案》,编制《国土空间发展战略规划》,团泊洼地区"短期、中期、长期"发展规划格局初具雏形。聚焦托幼"高站位移交+延伸性拓展",平稳推进资产、机构、人员划转,从12个领域全方位提供劳务服务、安全管理、日常维修等支撑与保障,延续公司服务油区幼儿教育社会责任。聚焦管理"差异化考核+靶向性激励",实现效益奖金3倍差距,半数以上基层领导人员兑现差额30%以上;专项奖励业绩突出先进单位,重点奖励市场信息提供人员,突出奖励先锋带头个人,提升干部职工闯市场、挣效益干劲。

【组织建设】 2022年,公司执行"第一议题"制度,学习贯彻习近平新时代中国特色社会主义思想、党的二十大及十九届六中全会精神,及时跟进学习习近平总书记关于国有企业的重要讲话和指示批示精神,利用石油党建等平台,学思践悟、以学促行。领导班子、机关干部领学示范,开展形势任务宣讲22场次,采取研讨会、座谈会等形式,开展"助力扭亏解困岗位做贡献"大讨论活动,教育和引导广大干部职工坚定信心、合力攻坚。借助"三微一端"新媒体平台,策划推送专题报道12类,制作各类宣传片,多篇稿件登上大港石油报头版头条,在省部级以上媒体刊发信息36篇,在集团公司铁人先锋信息网上稿3篇,抖音、视频等影像宣传实现质和量突破。坚持党管意识形态,聚焦主责主线,定期分析研判意识形态领域情况,严格管控重点项目、房屋合同、对外宣传等敏感事项,强化重大时间节点网络舆情监测分析,加强网络意识形态阵地管理,以坚固的阵地建设,传播正能量、树立新形象。推进落实"各负其责、齐抓共管"责任体系,完善基层党建"述评考用"机制,常态化组织支部书记现场述职,制度化开展基层党支部"六位一体"量化考评评价,实现党建工作考核由"软指标"变成"硬约束"。抓好党务人员履职能力提升,开展"月月讲"活动,"五心"党支部书记队伍建设日益成熟。将党课搬到专项治理现场、放到关键任务时点,通过"铁人先锋"学习积分评比活动，提升党员学习主动性和积极性。着力补短板、强弱项、抓提升，基层党建各项工作推进有力，推进基层党建"三基本"建设与"三基"工作融合，以"亮明创"实践活动为抓手，创建党员示范岗、示范区、示范项目112个，各级党员干部立足岗位、勇挑重担、躬身践行，充分发挥示范引领作用，党建工作从"围绕中心"向"融入中心"深化。

【队伍建设】 2022年，公司坚持人才强企，在优化结构、提升技能等方面持续发力，为公司发展奠定基础。优化组织机构设置，结合新能源业务发展，整合2家专业化单位，设立独立上市账套，保障地热业务高效运行；撤销团泊洼地区机关职能科室3个，进一步提升效率。加强干部队伍建设，按照德才兼备标准，以实干实绩为导向，健全考核评价体系，打造想干事、能干事、干成事骨干人员队伍，选聘交流干部75人次，提升干事创业精气神。提升人力资源效率，合理分流团泊洼50名员工回港，缓解结构性缺员矛盾；通过公开竞聘及转岗分流优化车务业务班组2个、盘活员工21人，提高劳动生产率。强化青年人才培养，召开公司首届青年人才评选会，26名业务骨干通过培训拓宽视野，为推动公司扭亏解困，转型升级高质量发展奠定人才基础。

【反腐倡廉】 2022年，公司层层签订党风廉政建设责任书、管理提升承诺书，逐级进行谈心谈话，压实管党治党责任。围绕重点工作开展专项监督，严格履行"一岗双责"，一体推进"三不"机制落实，有效服务保障"三个环境"。开展"担当强管理、廉洁促合规"反腐倡廉主题教育活动，创新举办"廉洁扬正气、担当促扭亏"主题学习竞赛活动，以赛促学、以学促行。开展专题研讨、征集合规案例，开辟"廉政建设微课堂"学习专栏等，引导广大党员干部以身作则、本分做人、干净做事。以巡察、审计问题整改和迎接巡察整改专项督查为契机，坚持两手抓、两促进，完善规章制度、规范工作流程、堵塞管理漏洞、力促管理提升，加大协调和攻坚力度，确保所有难点问题整改到位，切实把问题整改成果转化为推动公司扭亏解困、实现高质量转型发展强大动力。

【工团工作】 2022年，公司紧盯改革融合重点阶段重点事项，结合团泊洼实际和归核化管理需要，成立专项工作组，制定整合方案，强化业务对接，注重思想交流，确保队伍稳定，"一家人一家亲"氛围浓厚。关爱员工健康，做实暖心服务，开展"我为基层和职工群众办实事"活动，解决急难愁盼问题35件。坚持做到"四个"到位，慰问职工1035人次，发放慰问品36万元。促进健康企业建设，举办心理健康讲座，精心创建"心灵驿站"，构建员工健康体验新模式。落实维稳责任，确保稳定局面，健全完善责任追究、排查调处、应急处理等工作制度，真情体谅不同群体的利益诉求，依法依规、畅通渠道、及时应对、化解矛盾。接待、处置信访事项779件，办结率和及时率均达100%。

（孔祥超）

新闻文化中心

【概况】 大港油田新闻文化中心（简称中心）组建于2002年12月，负责油田公司新闻宣传、文化体育工作。截至2022年底，中心设综合办公室（党委办公室）、人事科（党委组织科）、财务资产科、企业管理科（新闻协调科）、质量安全环保科机关部门5个及基层单位11个。有职工121人，其中管理岗位人员62人、专业技术岗位人员22人、操作岗位人员37人；高级技术职称20人、中级技术职称54人、初级技术职称10人。固定资产原值3393.43万元、净值1057.88万元。

2022年，中心落实油田公司党委、油田公司工作部署，突出抓好新闻宣传和文化体育主责主业，推进扭亏解困、转型升级高质量发展，先后被评为"大港油田公司HSE工作先进单位""大港油田公司先进团委""大港油田公司模范集体""大港油田公司基层模范职工之家"。《大港石油报》连续25年保持天津市"一级报纸"，记者站获《中国石油报》"四星级记者站"，电视台连续5年获"中国石油报道优秀组织单位"；《港油视点》栏目调整至滨海电视台一套黄金时段播出，19件报纸电视作品获省部级新闻奖，其中《大港石油报》版面作品首次代表天津市参评中国新闻奖，短视频《"闪朔闪亮"青春四季在大港油田绽放》获全国企业电视一等奖。

【内宣工作】 2022年，中心围绕油田公司中心工作，策划推出"转观念、勇担当、强管理、创一流""夺油上产百日会战""喜迎二十大"等主题报道10余个；出版《大港石油报》99期，刊发各类新闻稿件1952篇、新闻照片238余幅，开设各类专栏20个；网络新闻实现文字、照片、视频一体化播发，发稿3409篇；制作《油田新闻》111期，播发各类新闻稿件662篇，承接公司门户网《视频新闻》栏目，扩大电视新闻传播渠道；制作播出《油城视点》栏目12期；完成《"油"你同行》《强根铸魂》等电视专题片、宣传片、短视频40余部；完成《油田公司形势任务宣讲》《埕海1-1平台投产仪式》等重点活动现场录制50余场次，摄制留存视频资料10T。

【外宣工作】 2022年，中心持续推介油田公司高质量发展成果，在《中国石油报》一版发稿23篇；中国石油门户网发稿230篇；《中国石油报道》播发电视新闻38篇，其中特别关注2期；向新华网、人民网、《新华每日电讯》《中国青年报》等媒体推送新闻稿件，刊发38篇。举办大港油区庆祝第23个中国记者节座谈会，中国石油驻区5家企业党委宣传部联合发来贺信，5家企业党委宣传部领导与油田新闻工作者共学党的二十大精神、共话新使命新担当。

【新媒体工作】 2022年，中心加快推进报纸、电视、网络等传统媒体与新兴媒体融合发展；《大港石油报》实现数字化转型，数字报上线油田公司微信公众号；承接油田公司新媒体（微信、微博、抖音）操作职能，助力油田公司在《中国石油外媒宣传排行榜》中提升名次至第7名；新闻研究项目"大港油田新媒体技术适应性研究与应用"首次纳入油田公司级科技立项并完成项目研究；协助油田公司组建融媒体协会，以中心新媒体创新工作室为协会重要活动基地，推进油田公司融媒体工作。

【文化体育】 2022年，中心做好疫情防控下文化体育活动，采用"线上+线下"联动方式，先后组织油田公司体育健身活动启动仪式、5人制足球赛、羽毛球赛、网络健步走、厨艺秀、斗地主、"送文化下基层""建功新时代 喜迎二十大"员工歌咏比赛等文化体育活动17项，参与人数创历史新高。按照油田公司要求调整文联体协归口管理部门，进一步明确职工艺术团组织机构、工作职责、管理制度，完善文联体协所属协会组织机构，修改文体工作管理办法和协会章程，完成中国石油美协第六届会员换届工作。以线上形式筹备组织开展中国石油第七届职工艺术节暨中国石油第二届石油职工美术作品展、组织参加由天津市总工会主办"中国梦·劳动美"全市书画摄影作品展览及天津市万人棋手网络大赛、中油集团公司原创歌曲舞蹈曲艺征集展演等外部活动5项，提升油田外部影响力。

【经营管理】 2022年，中心主动闯市场，领导班子成员发挥"头雁效应"，加大市场开发力度，视频制作和印刷2个自建项目实现同比增长。先后与渤海钻探公司、天津销售、等外部单位达成宣传文化服务合作意向。首创新闻宣传业务跟班实训项目并完成实训6期。通过人员内部转岗、实行全面预算管理等方式压减费用支出。承接视频作品在中国石油首届审计数据仓库建模大赛中夺冠；完成油田公司科技与信息化创新大会、党建宣传片等宣传展示任务。实现收入1370万元，同比增收535万元；成本支出3890万元，同比压降110万元；内部利润-2520万元，同比减亏645万元。

【安全环保】 2022年，中心学习贯彻《安全生产法》，按照"三管三必须"原则，逐级签订安全环保责任书，量化安全生产责任制考核，完成65个岗位、152人考核评审工作；编制安全环保履职能力评估实施计划，邀请第三方开展科职干部和关键岗位履职能力评估工作；制定QHSE业绩考核办法，完善考核细则表，实行QHSE业绩月度考核，半年、年终兑现；组织开展安全大讲堂活动，完成安全讲课11次；开展体系文件宣贯、交通、消防、环保、应急、监督检查等专项培训班12个，提高全员安全知识水平。

【人才建设】 2022年，中心进一步梳理机关科室职责，深挖退出基层领导岗位人员潜力，根据《退出基层领导岗位人员管理办法（试行）》相关规定，围绕"素质、能力、业绩"，考核评价签订专项任务书人员7名；推进技能操作员工队伍建设，组织各类培训班36期、培训363人次，安排骨干人员参加"增强'四力'提升融媒业务能力"等外部培训48人次；3人报名参加技能等级鉴定，4人申请技能鉴定补贴；制定《经营业绩考核办法（试行）》，通过逐步加大差异化考核分配，强化精准激励，突显业绩薪酬与绩效考核结果挂钩力度。

【党建工作】 2022年，中心组学习研讨14次，形成理论文章、学习体会16篇，两级领导带头讲党课33场次；修订《"三重一大"决策制度实施细则》《党委前置研究讨论重大经营管理事项清单》《基层党支部工作考核评价办法》《党支部书记基层党建述职评议考核实施细则》等，对标对表推动党内法规要求层层落实；完成所属7个党支部换届选举；组织召开意识形态工作会5次，举办意识形态工作专项培训2次，开展敏感信息排查和微信保密清理2次。报纸、电视、网络新闻严格执行审核制度，严格各项文体活动和展览讲座预审制度，层层把好政治关，确保不出现任何政治偏差。

【廉政建设】 2022年，中心把握全面从严治党主体责任，制定从严治党主体责任清单、一体推进不敢腐、不能腐、不想腐意见等制度，完善机关部门监管责任清单，逐级签订党风廉政建设责任书、廉洁承诺书和家庭助廉承诺书178份，开展廉洁谈话85人次。抓实廉洁教育，开展"担当强管理、廉洁促合规"主题教育活动，邀请油田公司纪委有关专家培训授课，围绕"从严管理、精细管理、精益管理"，与党员领导干部、关键岗位人员签订管理提升专项承诺书，在网页开辟廉洁学习专栏、征集廉洁案例。加强作风建设，出台进一步解决形式主义突出问题为基层减负具体措施；在门户网站开设要事督办栏目，督办重点工作进度，强化务实高效工作作风。

（宋楠）

公共事务服务中心

【概况】 大港油田公共事务服务中心（简称中心）成立于2022年6月23日，由原离退休管理中心和土地管理服务公司（团泊洼开发公司）托幼服务中心整合而成，主要负责油区离退休人员、有偿解除劳动合同人员（简称偿解人员）、家属工三大群体管理服务和学前教育工作。管理52125人，其中离休干部40人、退休干部及遗孀26977人、有偿解除人员及遗孀12066人、家属工13042人；管理服务幼儿1816人，系统内1391人，系统外425人。截至2022年底，中心设综合办公室、财务资产科、人事科（党委组织科）、离退休（偿解家属工管理科）、党群工作科（纪委办公室）、质量安全环保科6个机关科室，综合服务分中心、老干部服务分中心、第一二三四退休服务分中心6个基层单位。管理快乐稚升园、世纪星幼儿园、幸福幼儿园、西苑幼儿园、阳光幼儿园、北苑幼儿园、李园幼儿园、

花园幼儿园、华幸幼儿园、祥和幼儿园托幼园所10个。有在册员工389人。其中管理岗194人、专业技术岗67人、操作岗128人；合同化员工281人、市场化员工108人；硕士研究生学历3人、本科学历172人、大专及以下学历216人；副高级职称22人，中级职称185人。获油田公司党的二十大维稳信访突出贡献单位、维稳信访工作先进单位、新闻宣传先进集体、抗击新冠肺炎疫情先进单位，第一退休服务分中心党支部获油田公司示范党支部（红旗单位）。

【安全环保】 2022年，中心组织制定并落实健康安全环保工作要点；召开安全环保专题会议、安全工作月度例会13次，研究解决重大安全环保问题3项；推进双重预防机制建设，辨识危害因素169项，治理隐患60项；调整安委会成员安全承包点，践行有感领导；实施18名科职管理人员履职能力评估。完善机关各科室HSE职责，推动落实"三管三必须"要求。分解HSE责任指标，组织层层签订安全环保责任书49份。完善全员安全生产责任清单，实施安全生产记分全年94人、98分。组织全员开展安全生产法、"六条禁令"、安全生产责任清单等培训，常态化开展安全理念教育、案例分享和安全知识的学习。开展"四不两直"专项检查、日常监督检查22次，发现和整改问题135个。开展幼儿园食堂燃气安全专项整治，共查、改隐患28处。修订完善消防重点部位防火档案11个，组织开展消防专项应急演练1次，组建志愿消防队伍21支。组织各基层单位完成2022版现场处置方案的修订工作。强化新冠疫情升级防控，严格执行油田公司各阶段疫情防控工作要求及上级疫情防控工作专题会议精神，严格办理38人次的出津审批及返津的两证一码核验、297人次出港审批；规范各区域的场所码，严格落实会议人数限制，有效控制来访人员和非必要的聚集性活动。实现疫情信息统计上报准确率、及时率100%。严格落实测温扫码、戴口罩、勤洗手、常通风、不聚集、378人次加强针接种等常态化防控措施。组织志愿者参与48批次全员核酸检测现场服务。组织员工健康查体，评估员工身心健康风险，合理安排员工上岗。组织心血管疾病风险专项筛查，保障员工生命健康。

【内控与风险管理】 2022年，中心开展业务流程梳理，梳理适用流程123个，关键控制点130个，填报岗位执行卡19份。收集风险事件124个，其中外部事件2个、内部事件122个。分析、整理、归类风险事件，反馈至相关业务科室，做好风险预警提示。评估风险19个，其中重大风险0个、中度等级风险9个、较低等级风险7个、低度风险3个，均在可控范围内。开展内控自我测试1次，合同专项检查1次，合同自查2次，迎接油田公司合同专项检查1次，内控风险培训30人次，合同培训20人次，民法典知识培训及答题85人次，全员合规培训及答题392人次。评审在用法律法规78个，地方性法规33件，中油集团公司制度101件，油田公司规章制度171件，油田公司体系文件49件，中心规章制度53件。开展15家服务商，7家供应商供方评价。

【基层建设】 2022年，中心以推进基层党建"三基本"与"三基"工作融合为重点，统筹支部标准化建设重点工作，创新制度机制，推动基层党组织全面进步、全面过硬。引导党员在基层党建"三基本"和"三基"工作融合中，比干劲、比技能、比业绩，带头严守安全、环保、质量、廉洁、稳定"五条底线"。优化考核方式和频次，压实管理基础，提升服务质量。重点打造第一退休服务分中心为基层建设红旗单位，其他各分中心对照标准开展建设工作，发挥"金牌服务明星""优秀岗位明星"带动和示范作用。

【政治建设】 2022年，中心研究制定学习方案和运行计划，多级联动全覆盖，掀起学习贯彻党的二十大精神热潮。严格落实"第一议题"制度，组织中心组学习14次，学习总书记重要讲话精神和指示批示精神10次，开展专题研讨7次，第一时间把总书记重要讲话、重要指示批示及对老同志、关心下一代工作指示批示精神实践落地。提高政治站位，细化分解巡察反馈问题，制定整改措施76项，彻底整改所有问题。组织召开专题党委会，研究部署中心重点工作，听取维护稳定、法制建设、意识形态、工会、团委等汇报14次。发挥党委"把管保"作用，修订完善"三重一大"决策制度实施细则，研究讨论"三重一大"事项40余项，将党委领导融入中心生产经营治理全环节。

【企业文化】 2022年，中心开展"转勇强创"主题教育，围绕"三个四"特色文化理念，以支部为单元，以基层站为小组，开展主题大讨论，活动参与率100%。组织班子成员、基层领导和劳动模范开展形势任务教育宣讲，主动将离退休群体骨干、典型代表纳入受教范围，宣讲6场次，受众180余人，激发全员提质增效和精益管理工作热情。加强宣传工作，向各级各类媒体组稿投稿，宣传报道624篇，超额完成宣传报道指标。加强新媒体运行，做到内容创新、形式创新、渠道创新，发布抖音、公众号等内容800篇，助力油区老幼统管工作。坚持党管意识形态，专题组织召开党委会2次，分析研判意识形态领域倾向性、苗头性问题，研究解决重大问题。狠抓意识形态责任制落实，强化阵地管理，加强监测管控，开展意识形态自查2次。通过民主生活会、领导干部述职、基层党建考核等方式，推进意识形态责任履行。全员配发《苦难辉煌》《为什么是中国》学习书籍800余本，增强全体党员的组织认同、身份认同。加大二十大期间网络舆情监管力度，防范化解意识形态领域风险。加强党对文体协会工作的领导，确保意识形态领域安全可控。

【工会工作】 2022年，中心开展主题劳动竞赛，从服务语言、职业形象、服务技能等方面强化"窗口"服务技能，促进服务工作流程化、标准化，参赛人数600余人。深化"三精准"帮扶工作要求，慰问困难职工和管理群体1269人次。打造健康企业，加大对职工人文关怀和心理疏导，建成心灵驿站6个、职工书屋、职工之家2个。举办中心第二届职工文化体育节，引导员工建立正确健康观。持续推进"青"字号主题实践活动，调动青工学知识、长技能、作贡献积极性。用好职工书屋，结合读书日、互学互动等活动，引导员工沉浸式阅读。

【党风廉政建设】 2022年，中心落实"第一议题"、重点工作、专项监督，开展学习情况检查、提质增效监督、安全生产检查20余次，发现整改问题40余项。开展廉洁大讲堂，组织28名科级干部结合岗位实际，分享廉洁感悟。编制廉洁自律提醒5份，对文明祭扫、疫情防控、廉洁自律、外发敏感信息等10余项工作进行提示和要求。注重正面引领与反面警示相结合，参照真实违纪案例编制廉洁试卷，组织关键岗位集中测试61人次。压紧压实党风廉政建设责任，结合巡察反馈，开展干部提醒谈话10人次，逐级约谈关键岗位员工185人。

【队伍建设】 2022年，中心调整基层领导人员6人次，2名后备干部提拔至基层领导岗位，2名副科级干部调整到正科级岗位。严格执行选人用人工作程序，做好6名基层领导人员试用期满考核和3名基层领导人员到龄解聘。组织职业技能等级认定211人，其中行政服务员132人、电工1人、保育员78人。走访基层单位5个、与15名基层领导人员和人才培养对象交流座谈，跟踪26名导师带徒培养对象成长情况，帮助人才培养对象成长。专业路举办离退休群体管理平台操作、疫苗接种宣传、物资管理与操作流程等培训班13个，参培449人次。各分中心举办培训班17个，培训231人次。

【党建工作】 2022年，中心采取线上、线下，自学、集中学相结合方式，学习党的二十大、十九届六中全会以及石油精神等内容，督促各党支部通过"三会一课""集中学习""主题党日"等开展党员学习教育320余场次，两级党员干部带头讲专题党课20余场次。组织支部书记及支委34人参加支部书记培训班，62名党支部委员和中心党员骨干外出培训。编制《离退休管理中心关于推进基层党建"三基本"建设与"三基"工作有机融合的实施方案》，明确5大目标、24项具体措施。制定"六位一体"《基层党支部工作考核评价办法（试行）》。

组织7个在职党支部、2个离休党支部完成换届选举；开展走访慰问，慰问老党员31人次，困难党员1人，长期患病、重病党员2人，发放慰问金6.8万元。中心党委"'四互'合力构建企地党建共建新格局"、第一退休服务分中心党支部以及中心2名党员分获油田公司"优秀党建品牌""优秀示范点""优秀党员示范岗"称号。

【经营管理】 2022年，中心简化手续，优化流程，提高效率，确保离退休职工节日慰问金、体检费、采暖物业费等待遇及时准确发放到位。实施油田公司提质增效价值创造行动方案，下达指标项54个，各预算项目归口各责任科室进行管控和考核，完成经营任务。推进会计档案集中管理，纸质会计凭证邮寄至共享运营公司，实现从整理到装订全流程自动化。完成学前教育业务的账务划转工作，接收固定资产1235项。清查盘点2次，清查固定资产3107项、待报废资产10项，完善和维护资产信息资料约1905条。

【公共事务共办管理】 2022年，中心组织召开中国石油驻大港油区企业共办公共事务联席会，讨论通过《中石油驻大港油区企业共办公共事务学前教育费用筹集办法》《中石油驻大港油区企业共办公共事务工作运行机制》，中国石油驻大港油区13家企业对油区离退休三大群体管理和学前教育公共事务共办管理达成共识，开启油区公共事务共办。驻油区企业按照本单位离退休三大群体和职工学龄前子女数量，按照相关制度和办法，给予学前教育补贴和离退休人员费用，油区老幼群体公共事务得以可持续发展。根据天津市国资委对退休人员社会化管理常态化移交工作要求，摸排统计每月新退休人员信息，按照长期居住地所属街镇进行人员信息移交，完成移交1470人。

【生活待遇】 2022年，中心发放离退休人员统筹外养老待遇35.6万人次，偿解退休人员房水电补贴5.04万人次，离退休人员及遗孀、偿解退休人员及遗孀节日慰问金、节日慰问费及生活补助19.42万余人次，发放离退休人员社保外遗孀及偿解退休人员遗孀生活补贴0.16万人次，发放遗孀水电气补贴2.9万人次；发放3万余名离退休及偿解人员疗养费，组织健康查体、核销采暖费、代扣代收物业费，发放采暖、物业补贴、健康查体费以及生日慰问品（金）；走访慰问1.38万名离退休人员；发放529名离退休干部报刊费，发放612名退休区片长工作补贴；困难帮扶3834人；慰问退休劳模146人，组织82名退休劳模健康查体；发放偿解人员再就业工资1万余人次，节日慰问金0.39万余人次；发放家属工生活补贴14.8万人次。

【政治待遇】 2022年，中心开展"增添正能量.共筑中国梦"主题宣传教育实践活动，组织60名老同志以"我看天津发展成就"为主题撰写亲身经历、所见所闻，抒发近些年天津快速发展感受、感悟和心得；开展"奋进新时代"群众性短视频录制活动，谈感受、谈变化、谈经历，记录、书写、讴歌奋进新时代的精彩华章，47位老同志完成视频录制；开展"我看中国特色社会主义新时代"感言征集，收集老同志肺腑感言56条。组织离退休党员及群众收看"全国离退休干部网上专题报告会"4场、800余人次；组织200余人次观看天津市学习贯彻中办46号文件精神，深化'五爱'教育阵地建设推动会；利用"枫叶正红与党同行"微信公众号开展离退休党员理论学习，565名离退休干部参加公众号"两读一看"知识答题竞赛；为加快推动60岁以上老年人接种新冠疫苗，提高接种率，组织"如何正确认识新冠疫苗及老年人健康知识"离退休讲座9场，234名老同志参加。

【社保医保】 2022年，中心申报天津统筹待遇357人次；办理5—10级工伤人员就医登记465人次，工伤待遇支付52人次，退休工伤人员药费申报29人次，完成长期领取工伤保险待遇人员资格认证200余人；完成1764名新增在册人员接收及社保资料申报、1221名离退休三大群体待遇减册申报、1041名社保部门指定离退休人员及遗孀、偿解退休人员及遗孀待遇领取资格认证。

【文化体育】 2022年，中心适应疫情防控常态化特点，开展离退休职工"线上+线下"文体活动23项，包括书法摄影比赛、厨艺展示、健步走、冬奥趣味答题等。联合海滨街道承办"喜庆二十大、企地一家亲"大港油区离退休职工广场舞大赛，邀请来自海滨街办事处、渤海钻探、中油测井、昆仑燃气等代管单位负责人现场观看；以"益智健脑、交流思想、联络感情"为目标，主办离退休职工棋牌大赛。邀请参加过开国庆典离休干部李文兰、"红色收藏家"平耀辉等深入社区、学校、驻油区单位进行红色回忆宣讲，退休职工手把手教孩子们抖空竹、剪纸、书法等传统文化项目，把精神文明延伸至八小时以外，打造富有中心特色"怡老益幼"文化，增强精神文明建设辐射力和渗透力。深化心灵驿站建设，围绕"温馨和谐、减压放松"目标，发挥心灵驿站在提升职工心理健康水平、助推健康企业建设。开展劳动竞赛，打造精细化赛事内容，激发潜能和创造活力。

【信息化建设】 2022年，中心使用中油集团公司离退休职工管理办公平台，规范和完善个人信息，完成机构、业务、人员信息调整，更新数据1.5万余条；重新配置走访慰问、生日慰问等审批流程，连续12个月获中油集团公司离退休管理办公平台考核满分。与信息中心合作，完成"离退休三大群体管理平台"第一、二期项目开发，实时更新离退休群体基本信息及待遇信息；采暖物业等8个待遇核算模块实现自动计算；房水电补贴、通讯补贴、困难走访慰问等实现线上记录；完成家属工、维稳模块开发与应用；探索开发"离退休服务"公众号中健康查体功能；组织管理平台培训，基层单位参培92人，推进平台建设与实际工作融合，实现信息共享、功能双升、效能双提。

【信息化建设】 2022年，中心结合老年大学"颐康园"运行情况，牵头联系海滨街道办事处、大港老年大学、海滨（油田）分校协商签订"四方协议"，明确共办模式，划分相关职责，保障教学活动正常开展；与海滨人民医院、"光明""幸福"社区医院合作，开展健康查体、24小时一对一咨询、初期诊疗急救及家庭病床、上门巡诊等医疗护理服务，寻找业务对接合作对象，为老干部提供优质服务；与滨海新区海滨街沟通对接，比对三大群体名册与海滨街疫苗接种大数据，设计统计表单10个，统筹安排基层单位落实各项数据复核工作，推动60岁及以上老人疫苗接种。

【费用管理】 2022年，中心制定费用筹集方案，在矿区管理和共建委员会统一领导下，整合优化现有机构，牵头组织13家驻大港油区企业召开联合共管会议，协商联合共办模式、运行机制、收费办法，足额收取油田公司、渤海钻探工程有限公司、中油测井、大港石化公司、昆仑燃气有限公司5家离退休费用，配合财务处做好数据汇总分析；协调油田公司完成费用签认，确保应收费用落实到位。

【信访维稳】 2022年，中心维稳工作强化组织领导，在全国两会和党的二十大重点阶段，下达特别重点时期责任令16份，将全员思想和行动统一到维护群体和谐稳定目标上来。制修订《维稳信访考核管理办法》《考核细则》《维稳信访网格员队伍管理办法（试行）》，加大对重点人员管控正向激励和专兼职网格员日常管理，形成压力共担局面。与街道社区、公安部门及驻油区代管单位对接，实现不漏人、不漏项、全覆盖，排查出重点人员45名、活跃人员15名，实施"三级三档"管理，对重点群体、重点人员采取五定（定领导、定专人、定方案、定时限、定责任）办法，制定包保方案、稳控措施，将维稳责任落到实处。发扬"枫桥经验"，接待来电来信来访2万余人次，入户慰问重点维稳人员60余人次，处理访情46个、8890热线66个，未发生越级访、集访事件，完成北京冬奥会、全国两会、党的二十大等重点阶段"护城河"任务。

（邱海燕）

社会保险管理中心

【概况】 2022年,油田公司依法办理社会保险参保缴费各项业务。大港油区参保单位77个,在职参保缴费人员3.91万人,征集各种保险基金23.55亿元,其中单位缴费17.36亿元,个人缴费6.19亿元。办理社会保险关系转移2329人,其中转入224人、转出104人、内部转移2001人,新增退休1731人。启用社保服务大厅,集基金征缴、养老保险、医疗保险、工伤保险四大业务于一体服务大厅顺畅运行。

【社会保险支付和发放】 2022年,油田公司按时足额申报支付社会保险各项待遇。为离退休人员及无固定收入配偶支付各项待遇21.52亿元;为职教幼教退休教师申报支付待遇差435.53余万元;为参保职工报销全额垫付医疗费用4129余人、420万元;办理申领生育津贴及生育医疗费报销185人、发放各项生育保险待遇678万元;完成工伤登记79人(在册工伤人员3196人);登记劳动能力、延长停工留薪期、异地安置等业务共240余人次。申请门诊就医、新增供养亲属、辅助器具1100余人次。为工伤人员支付各类工伤保险待遇5500余人次、2288余万元。为离退休人员(含偿解退休人员)支付生活补贴(过渡年金)1.15亿元,其中中油集团负担0.79亿元,油田负担0.36亿元;为离退休人员支付油田负担统筹项目外养老金1388.19万元;为留企中小学退休教师申报支付补助金134.15万元;为参保人支付补充医疗保险27万人次、7795万元;完成重病保障项目审核4728人次,理赔2405人次、1388万元;油田偿解人员重病保障项目理赔330万元;为离休人员报销住院医疗费用68人次、310万元,报销门诊医疗费用230人次、145万元。

【心血管疾病筛查】 2022年,油田公司开展心血管疾病筛查工作,印发《大港油田心血管疾病风险专项筛查实施方案》通知,拟对40岁以上(约2.8万在职员工)进行24小时动态心电监护和冠状动脉CT血管造影检查;组织海滨人民医院到第一采油厂为员工进行24小时动态心电图仪器佩戴工作,开启上门筛查工作新方式,让参保人少走一步,让筛查工作更有温度;24小时心电监护2000名员工,冠状动脉CT血管造影检查7人,2名无明显症状员工筛查发现严重问题,接受搭桥、介入治疗。

【健康知识竞赛】 2022年,油田公司为助力健康企业建设,加快推广健康工作和生活方式,营造健康文化,降低心脑血管疾病等慢性病健康风险,提升企业健康管理水平和职工健康素养,与质量健康安全环保处、工会组织举办"社保杯"健康知识竞赛。38家单位、8300余名员工通过微信扫码答题方式参加竞赛活动,此次竞赛普及心脑血管健康常识,着力减少因无知而病、无知而亡情况发生,营造健康工作良好氛围。

【待遇调整】 2022年,油田公司按规定及时调整离退休人员养老待遇。调整和补发基本养老金2.9万余人,月均增加148元,连续18年为企业退休人员提高养老金待遇。

【援企惠企政策】 2022年,油田公司争取工伤保险支缴率,为公司节约工伤保险费用640余万元;研究国家疫情防控等扶持政策,主动与地方相关部门进行沟通争取稳岗补贴1358.57万元,最大限度降低公司经营成本。

(韩　晶)

统计资料

表 1　历年总产值、销售产值、增加值

年　份	上市业务			未上市业务	
	工业总产值（现价）（亿元）	工业销售产值（现价）（亿元）	工业增加值（现价）（亿元）	总产值（现价）（亿元）	增加值（现价）（亿元）
"三五"及以前					
"四五"小计					
"五五"小计					
"六五"小计	12.49				
"七五"小计	38.04				
"八五"小计	183.25	185.09			
1991	11.69	13.52			
1992	16.95	16.90			
1993	30.01	30.34			
1994	55.52	55.16	28.26		
1995	69.09	69.18	33.46		
"九五"小计	367.75	366.71	218.80		
1996	61.07	60.46	37.01		
1997	73.69	72.98	42.67		
1998	67.30	67.41	41.75		
1999	71.06	71.44	42.08		
2000	94.63	94.42	55.29	35.66	14.09
"十五"小计	429.07	424.10	319.28	229.99	93.31
2001	59.70	58.53	43.98	38.28	15.77
2002	56.56	55.78	41.08	39.20	16.98
2003	70.09	69.74	51.77	41.23	17.86
2004	98.24	96.38	67.33	47.10	19.59
2005	144.47	143.67	115.12	64.18	23.11
"十一五"小计	849.15	849.02	678.47	378.70	108.86
2006	181.06	182.09	154.60	80.38	29.18
2007	175.50	172.91	162.14	110.03	41.21
2008	210.19	210.90	169.43	86.62	16.13
2009	116.88	117.88	70.89	55.54	15.05
2010	165.52	165.23	121.41	46.13	7.29
"十二五"小计	923.04	921.17	719.75	321.60	35.88
2011	226.27	224.96	183.78	62.41	8.76
2012	213.74	213.62	173.17	69.43	11.24
2013	199.32	198.91	156.02	68.80	1.96
2014	190.91	190.81	152.00	64.42	4.67
2015	92.80	92.88	54.78	56.54	9.25

年份	上市业务			未上市业务	
	工业总产值（现价）（亿元）	工业销售产值（现价）（亿元）	工业增加值（现价）（亿元）	总产值（现价）（亿元）	增加值（现价）（亿元）
"十三五"小计	540.75	538.76	406.00	281.18	57.18
2016	74.79	73.75	38.52	46.80	9.96
2017	102.75	102.72	75.33	53.11	11.00
2018	134.56	134.29	114.50	60.70	14.07
2019	131.87	131.00	109.66	64.09	10.52
2020	96.78	96.99	67.98	56.47	11.63
"十四五"小计	483.15	483	408.16	149.13	40.67
2021	133.01	132.74	107.88	55.57	13.92
2022	190.84	191.05	162.58	46.54	13.01

注：1999年以前为大港油田集团公司数据，2000年包括大港石化公司数据。

表2 历年原油、天然气产量和商品量及天然气外输量（上市部分）

年份	原油产量（万吨）	原油商品量（万吨）	天然气产量（亿立方米）	天然气商品量（亿立方米）	天然气外输量（亿立方米）		
					合计	其中	
						天津市	沧州化肥厂
"三五"及以前	218.42						
"四五"小计	1557.51		12.10		3.0	3.0	
"五五"小计	1556.24	544.1	39.04		29.2	10.7	16.7
"六五"小计	1556.24	1482	30.51		23.8	5.2	17.7
"七五"小计	1996.18	1890.7	20.10		15.7	8.0	7.2
"八五"小计	2030.55	1903.4	18.66	17.3	14.4	8.4	5.8
1991	380.51	356.8	3.61	3.3	2.7	1.7	1
1992	390.00	365.7	3.71	3.4	2.9	1.7	1.1
1993	405.00	379.5	3.54	3.3	2.7	1.6	1.1
1994	425.03	398.4	3.98	3.7	3.1	1.7	1.3
1995	430.00	403	3.82	3.6	3.0	1.7	1.3
"九五"小计	2109.13	1979.3	19.12	15.3	14.0	6.8	7.1
1996	434.01	406.8	3.87	3.3	2.9	1.6	1.3
1997	435.01	407.8	3.89	3.1	2.9	1.6	1.3
1998	430.00	402.9	3.54	2.8	2.6	1.3	1.3
1999	410.02	384.2	3.78	2.9	2.8	1.1	1.7
2000	400.10	377.6	4.04	3.2	2.8	1.2	1.5
"十五"小计	2208.40	2121.98	18.10	13.72	12.21	7.79	5.22
2001	395.16	377.15	3.89	3.10	2.8	1.5	1.1
2002	393.91	378.28	3.94	2.93	2.6	1.5	1.1
2003	421.00	404.45	3.57	2.66	2.4	1.4	1
2004	488.38	471.47	3.38	2.54	2.3	1.2	1.1
2005	509.95	490.63	3.32	2.49	2.11	1.19	0.92

续表

年 份	原油产量（万吨）	原油商品量（万吨）	天然气产量（亿立方米）	天然气商品量（亿立方米）	天然气外输量（亿立方米）		
					合计	其中	
						天津市	沧州化肥厂
"十一五"小计	2508.21	2434.45	23.28	19.22	14.59	6.37	5.32
2006	531.08	512.60	3.25	2.75	2.29	1.28	1
2007	507.06	488.01	5.42	4.44	2.53	1.36	1.17
2008	507.01	488.77	5.54	4.58	4.09	1.50	1.15
2009	485.02	476.08	5.37	4.46	3.70	1.15	1.10
2010	478.05	468.99	3.70	2.99	1.98	1.08	0.90
"十二五"小计	2336.00	2291.64	23.48	19.59	17.28	6.18	3.02
2011	478.32	469.24	4.46	4.00	3.28	1.32	0.87
2012	478.52	469.46	4.44	3.64	3.26	1.05	0.75
2013	470.37	461.29	4.06	3.20	2.81	0.90	0.62
2014	464.69	455.91	5.38	4.48	4.09	1.14	0.68
2015	444.10	435.74	5.13	4.27	3.84	1.77	0.10
"十三五"小计	2049.71	1967.41	27.33	23.67	19.37	18.41	
2016	407.87	400.22	4.73	3.89	3.44	2.48	
2017	402.78	395.20	5.09	4.29	3.54	3.54	
2018	407.02	355.31	5.21	4.45	3.27	3.27	
2019	417.02	409.34	5.68	5.02	3.93	3.93	
2020	415.02	407.34	6.63	6.02	5.19	5.19	
"十四五"小计	1180.32	1158.72	19.06	17.46	14.69	14.69	
2021	393.80	386.39	6.40	5.79	4.58	4.58	
2022	400.02	392.76	6.36	5.84	4.60	4.60	

表3 历年原油、天然气产量构成情况（上市部分）

年 份	原油产量（万吨）	按采油方式		原油产量中		天然气产量（亿方）	按气藏类型分	
		自喷（万吨）	机械采油（万吨）	新井产量（万吨）	老井产量（万吨）		油井气（亿方）	气井气（亿方）
"三五"及以前	218.42	216.66	1.76	69.49	148.93			
"四五"小计	1557.51	1140.40	417.11	179.55	1377.96	12.10	12.10	
"五五"小计	1556.24	640.09	916.15	80.68	1475.56	39.04	30.02	
"六五"小计	1556.38	485.99	1070.39	105.63	1450.75	30.51	13.10	
"七五"小计	1996.18	246.23	1749.95	164.04	1832.14	20.10	12.02	
"八五"小计	2030.55	166.97	1863.50	141.42	1889.13	18.66	12.24	6.42
1991	380.51	34.38	346.13	25.67	354.84	3.61	2.08	1.53
1992	390.00	34.34	355.66	23.79	366.21	3.71	2.38	1.33
1993	405.00	28.20	376.80	32.38	372.62	3.54	2.42	1.12
1994	425.03	34.98	390.05	29.56	395.47	3.98	2.70	1.27
1995	430.00	35.07	394.93	30.02	399.98	3.82	2.66	1.16

续表

年　份	原油产量（万吨）	按采油方式		原油产量中		天然气产量（亿方）	按气藏类型分	
		自喷（万吨）	机械采油（万吨）	新井产量（万吨）	老井产量（万吨）		油井气（亿方）	气井气（亿方）
"九五"小计	2109.13	136.65	1972.48	126.92	1982.21	19.12	12.47	6.65
1996	434.01	34.80	399.21	31.44	402.57	3.87	2.63	1.24
1997	435.01	32.81	402.20	24.84	410.17	3.89	2.71	1.18
1998	430.00	28.60	401.40	24.92	405.08	3.54	2.64	0.90
1999	410.02	23.24	386.78	21.42	388.60	3.78	2.61	1.18
2000	400.10	17.20	382.90	24.30	375.80	4.04	1.88	2.16
"十五"小计	2208.40	130.80	2076.77	236.02	1972.38	18.10	9.34	8.76
2001	395.16	18.70	376.46	38.70	356.46	3.89	1.70	2.19
2002	393.91	19.50	374.41	31.10	362.81	3.94	2.10	1.84
2003	421.00	45.60	375.40	51.20	369.80	3.57	2.42	1.15
2004	488.38	25.78	462.60	58.61	429.77	3.38	1.56	1.82
2005	509.95	21.22	488.73	56.41	453.54	3.32	1.56	1.75
"十一五"小计	2508.21	66.59	2441.62	317.48	2190.73	23.28	10.57	12.72
2006	531.08	16.44	514.64	73.28	457.80	3.25	1.64	1.62
2007	507.06	16.29	490.77	66.47	440.59	5.42	2.29	3.14
2008	507.01	12.03	494.98	76.52	430.49	5.54	2.33	3.20
2009	485.02	14.98	470.04	54.36	430.66	5.37	2.22	3.15
2010	478.05	6.85	471.20	46.85	431.20	3.70	2.09	1.61
"十二五"小计	2336.00	66.63	2269.37	259.06	2076.94	23.48	16.73	6.75
2011	478.32	8.79	469.53	56.28	422.04	4.46	3.17	1.30
2012	478.52	10.70	467.82	60.11	418.41	4.44	3.45	0.99
2013	470.37	12.41	457.96	48.87	421.50	4.06	3.18	0.88
2014	464.69	17.73	446.96	52.03	412.66	5.38	3.47	1.92
2015	444.10	17.00	427.10	41.77	402.33	5.13	3.47	1.66
"十三五"小计	2049.71	91.95	1957.76	177.24	1872.47	27.33	17.44	9.89
2016	407.87	16.09	391.78	28.98	378.89	4.73	3.05	1.67
2017	402.78	21.25	381.53	30.33	372.45	5.09	3.24	1.85
2018	407.02	19.08	387.94	26.12	380.90	5.21	3.13	2.08
2019	417.02	17.33	399.69	47.64	369.38	5.68	3.86	1.81
2020	415.02	18.20	396.82	44.17	370.85	6.63	4.16	2.47
"十四五"小计	1180.32	53.44	1126.88	96.87	1083.45	19.06	11.26	7.74
2021	393.80	21.23	372.57	32.08	361.72	6.40	3.80	2.54
2022	400.02	15.99	384.03	32.47	367.55	6.36	3.88	2.48
2023	386.50	16.22	370.28	32.32	354.18	6.30	3.58	2.72

表4 历年原油、天然气生产能力（上市部分）

年 份	原油生产能力（万吨/年）				天然气生产能力（亿米³/年）			
	年初生产能力	本年新增生产能力	本年减少生产能力	年末生产能力	年初生产能力	本年新增	本年减少	年末生产能力
"三五"及以前		155.3	5.3	150				
"四五"小计	150	592.9	327.4	415.5				
"五五"小计	415.5	240.3	370.8	285				
"六五"小计	285	179	103.9	360.1				
"七五"小计	360.1	262.5	201.6	421		1.14	0.94	2.81
"八五"小计	421	231.2	227.8	424.4	2.81	1.6	1.92	2.49
1991	421	55	56	420	2.81	0.3	0.4	2.71
1992	420	54.3	49.3	425	2.71	0.3	0.31	2.7
1993	425	45	55	415	2.70	0.4	0.6	2.5
1994	415	37.5	27.5	425	2.50	0.3	0..3	2.5
1995	425	39.4	40	424.4	2.50	0.3	0.31	2.49
"九五"小计	424.4	198.2	231	391.6	2.49	2.70	2.49	2.7
1996	424.4	38.4	33.2	429.6	2.49	0.3	0.32	2.47
1997	429.6	44.5	44.3	429.8	2.47	0.3	0.31	2.46
1998	429.8	27.5	38.1	419.2	2.46	0.3	0.36	2.4
1999	419.2	48.1	76.8	390.5	2.40	0.3	0.7	2
2000	390.5	39.7	38.6	391.6	2.00	1.5	0.8	2.7
"十五"小计	391.6	393.23	312.83	476.00	2.70	2.13	3.31	3.0
2001	391.6	52.21	48.81	395	2.70	0.5	1.1	2.1
2002	395	48.5	54.18	389.32	2.10	2.11	0.81	3.4
2003	389.32	141.4	48.9	481.82	3.40	0.4	0.6	3.2
2004	481.82	78.14	78.96	481.00	3.20	0.3	0.3	3.2
2005	481.0	72.98	77.98	476.00	3.20	0.3	0.5	3.00
"十一五"小计	476	426.76	423.76	479	3.00	5.92	4.92	4.0
2006	476	75.31	52.28	499.03	3.00	0.83	0.73	3.10
2007	499.03	88.9	82.83	505.1	3.10	0.9	0.6	3.4
2008	505.1	108.3	107.4	506	3.40	0.75	0.55	3.6
2009	506	72.5	87.6	490.9	3.60	1.18	1.18	3.6
2010	490.9	81.75	93.65	479	3.60	2.26	1.86	4
"十二五"小计	479	469.26	505.26	443	4.00	11.07	11.07	4.0
2011	479	84.9	83.9	480	4.00	2.52	2.52	4
2012	480	103.67	102.67	481	4.00	2.25	2.25	4
2013	481	101.24	117.24	465	4.00	2.5	2.4	4.1
2014	465	95	117	443	4.10	1.9	1.8	4.2
2015	443	84.45	84.45	443	4.20	1.9	2.1	4.0

年 份	原油生产能力（万吨/年）				天然气生产能力（亿米³/年）			
	年初生产能力	本年新增生产能力	本年减少生产能力	年末生产能力	年初生产能力	本年新增	本年减少	年末生产能力
"十三五"小计	443	432.27	460.27	415	4.00	5.82	4.43	5.39
2016	443	50.8	73.8	420	4.00	1.0	0.8	4.2
2017	420	74.6	87.6	407	4.20	1.0	1.2	4.0
2018	407	91.9	78.9	420	4.00	1.0	0.8	4.2
2019	420	146.36	116.36	450	4.20	1.1	0.2	5.1
2020	450	68.61	103.61	415	5.10	1.72	1.43	5.39
"十四五"小计	415	172.05	197.05	390	5.39	2.09	1.63	5.85
2021	415	63.03	84.28	393.75	5.39	0.73	0.77	5.35
2022	393.75	67.44	66.39	394.8	5.35	0.5	0.65	5.2

表5 历年注水能力、注水量情况（上市部分）

年 份	油田注水能力（米³/日）		油田产水量（万吨）	油田注水量（万吨）
	本年新增	年末能力		
"三五"及以前			22.82	16.37
"四五"小计	47200	47200	647.82	801.98
"五五"小计	680	54080	2267.74	3255.70
"六五"小计	7900	61980	4574.84	6264.90
"七五"小计	63060	94200	7249.20	8168.17
"八五"小计	35000	120400	9676.78	10807.66
1991	13200	99700	1619.43	2009.58
1992		99700	1859.80	2309.93
1993	21500	121200	1917.90	2195.67
1994	300	121500	2022.13	2153.47
1995		120400	2257.52	2139.01
"九五"小计		143500	12585.64	12388.57
1996	2000	12400	2333.38	2385.30
1997		12400	2467.73	2515.55
1998		117000	2512.28	2555.88
1999	26500	143500	2646.76	2432.04
2000	—	143500	2625.50	2499.80
"十五"小计		143500	14222.27	14225.17
2001	—	143500	2591.70	2615.60
2002	—	143500	2706.06	2601.13
2003	—	130400	2834.27	2756.32
2004	—	130400	2984.31	2868.88
2005	—	131800	3105.93	3383.24

续表

年 份	油田注水能力（米³/日）		油田产水量（万吨）	油田注水量（万吨）
	本年新增	年末能力		
"十一五"小计	86500	177700	18000.99	18855.78
2006	13500	145300	3307.55	3383.24
2007	36700	182000	3483.80	3761.14
2008	30100	200000	3670.60	3891.67
2009	6200	225300	3708.96	3878.74
2010	0	192700	3830.07	3941.00
"十二五"小计	27200	219900	19655.28	22292.61
2011	2300	195000	3765.54	4092.97
2012	0	195000	3847.83	4253.68
2013	24900	219900	4068.00	4511.54
2014	0	219900	4054.62	4619.62
2015	0	219900	3919.29	4814.79
"十三五"小计	6300	196000	19106.63	23343.63
2016	0	219900	3812.75	4614.41
2017	0	219900	3736.86	4536.60
2018	0	196600	3866.39	4716.62
2019	6300	202900	3754.87	4610.11
2020		196000	3935.77	4866.89
"十四五"小计		196000	12605.07	14826.55
2021		196000	4166.56	4949.71
2022		196000	4210.59	4917.95
2023		196000	4227.92	4958.89

表6 历年总投资工作量按大类分（上市部分）

项目 年 份	总投资（万元）	勘探投资（万元）	物探投资（万元）	探井投资（万元）	油气开发投资（万元）	开发直接投资（万元）	开发井投资（万元）	新能源投资（万元）
"六五"小计	213907	85192	12542	52535	122537	86519	55461	
"七五"小计	492960	194427	57169	111638	292200	213419	99453	
"八五"小计	957384	289126	36896	145007	559731	365319	254103	
1991	145793	58429	6978	26033	79131	57386	38918	
1992	164278	56391	7106	29464	91220	59950	42277	
1993	166168	59537	5339	35194	93782	59351	44909	
1994	207247	62315	6522	21184	135676	87652	60121	
1995	273898	52454	10951	33132	159740	100980	67878	

续表

年份\项目	总投资（万元）	勘探投资（万元）	物探投资（万元）	探井投资（万元）	油气开发投资（万元）	开发直接投资（万元）	开发井投资（万元）	新能源投资（万元）
"九五"小计	1578588	326242	60652	213387	631123	587018	394262	
1996	324478	48615	9658	32708	108573	102342	72025	
1997	317608	70077	9997	46386	121884	116976	78369	
1998	320668	58338	9607	37234	108226	101265	53478	
1999	397541	81272	19647	49487	142530	127535	98639	
2000	218293	67940	11743	47572	149910	138900	91751	
"十五"小计	1407894	410601	96041	239470	934016	755150	587392	
2001	267008	64729	7837	48657	183544	165838	119243	
2002	230858	56463	10940	39513	162790	143451	112322	
2003	286133	81414	19104	45288	191824	169424	121742	
2004	286260	97823	21184	52271	179073	136842	117328	
2005	337635	110172	36976	53741	216785	139595	116757	
"十一五"小计	3069045	1009654	154149	739808	1839931	1424918	1144127	
2006	436118	142945	32313	93749	272678	204136	170259	
2007	626248	212773	39764	146131	386551	286413	221228	
2008	788312	259851	58472	163458	411996	319711	253494	
2009	578701	185605	11600	155400	341174	268734	210619	
2010	639666	208480	12000	181070	427532	345924	288527	
"十二五"小计	3268828	778985	44018	672826	2404933	2034818	1783548	
2011	703754	167476	3190	144416	532073	419557	355860	
2012	713594	178371	9849	153282	528951	440619	380031	
2013	660642	162822	11846	140106	485525	421381	370846	
2014	642764	145186	5880	128821	469513	411246	374185	
2015	548074	125130	13253	106201	388871	342015	302626	
"十三五"小计	2823945	736977	47128	656431	2021902	1790536	1600479	
2016	309946	115928	17116	93632	180680	141636	115873	
2017	543540	140707	18148	115388	389992	343402	303426	
2018	564584	126058	7546	114679	428075	392350	353794	
2019	893166	200851	3605	189057	675655	600219	551498	
2020	512709	153433	713	143675	347500	312929	275888	
"十四五"小计	1691972	381482	186	349832	1219596	1130344	909887	36895
2021	560638	125763	186	116856	415982	383915	341103	1289
2022	552126	134597		123673	396809	365815	288569	9200

表7 大港油田公司概况（2010—2018年）

指标名称	计量单位	2010年	2011年	2012年	2013年	2014年	2015年	2016年	2017年	2018年
一、职工人数及工资										
1.年末职工人数	人	12900	12421	12029	11419	10957	10445	9942	9397	11184
2.全部职工平均人数	人	13578	12719	12030	11770	11188	10850	10216	9681	11697
3.工资总额	万元	82146	83731	87892	89679	89971	82817	78839	79364	105677
二、财务指标										
1.资产总额	万元	944533	928152	923401	885583	782227	638442	580906	659198	621543
2.负债总额	万元	482716	441528	427805	479210	432276	369538	284465	366704	396852
3.所有者权益	万元	461817	486624	495596	406373	349951	268904	296441	292494	292493
4.主营业务收入	万元	455892	627054	694301	687977	644178	565401	467990	531051	595104
5.利润总额	万元	−14534	−64556	−47176	−148060	−118380	−28404	−11899	−10258	−50959
6.应交税费	万元	23690	36739	27199	27499	30648	23468	20838	19800	11760
三、增加值及劳动生产率										
1.企业增加值	万元	110714	89637	111691	15731	46698	92507	99554	110004	140742
2.企业全员劳动生产率	元/人年	81539	70475	92844	13365	41739	85260	97449	113629	120323
四、实物量指标										
1.井下作业	井次	4433	5232	5636	5532	5701	5211	3907	3602	3342
2.供水量	万立方米	1650	1515	1484	1499	1479	1478	1443	1453	1377
3.发电量	万千瓦·时	7089	22087	17181	21505	21072	13415			
4.供电量	万千瓦·时	135677	142272	145441	150226	151438	148858	142451	138550	145577
五、年度计划投资额	万元	83421	51430	62956	49656	78644	42555	31723	7351	9507

表8 大港油田公司概况（2019—2022年）

指标名称	计量单位	2019年	2020年	2021年	2022年
一、职工人数及工资					
1.年末职工人数	人	10066	8464	7941	7191
2.全部职工平均人数	人	10492	9305	7959	7464
3.工资总额	万元	92574	83848	84273	85288
二、财务指标					
1.资产总额	万元	650625	610076	605262	574610
2.负债总额	万元	474979	442155	397073	340156
3.所有者权益	万元	175646	167921	208189	244454
4.主营业务收入	万元	626854	555986	547393	598656
5.利润总额	万元	−77724	−25433	855	1446
6.应交税费	万元	6751	6982	11095	11161
三、增加值及劳动生产率					
1.企业增加值	万元	105179	116326	139240	130092
2.企业全员劳动生产率	元/人年	89919	125015	174946	174293
四、实物量指标					
1.井下作业	井次	3771	3970	3772	3803
2.供水量	万立方米				
3.发电量	万千瓦·时				
4.供电量	万千瓦·时	140766	140102	133374	132367
五、年度计划投资额	万元	19113	23900	44717	56565

表9 2022年主要生产能力状况（未上市部分）

指标名称	计量单位	代码	年初能力	本年新增	本年减少	年末能力	本年完成工作量
甲	乙	丙	A	B	C	D	E
一、工程技术服务	—	1					
井下作业	井次/年	2	4310		410	3900	3803
其中：维修作业	井次/年	3	3800		200	3600	2301
大修作业	井次/年	4					
其中：带压作业	井次/年	7	210			210	80
连续油管	井次/年	8	100			100	
二、工程建设	—	9					
三、生产服务	—	10					
主变压器容量	万千伏安	18	49.98	0.98		50.96	

表10 2022年固定资产投资完成情况（未上市部分）　　　　　　　　　　　　　　　　单位：万元

	本期	去年同期累计
一、计划投资	56565	44717
1.建设项目计划总投资	56565	44717
2.本年计划投资	56565	44717
二、项目价值量指标		
1.自开始建设至本年底累计完成投资	55748	45817
2.新增固定资产		
三、本年固定资产投资完成额	55748	45817
（一）按建设性质分	55748	45817
其中：新建	55748	45817
扩建		
改建和技术改造		
单纯购置（非安装设备购置）		
（二）按构成分	55748	45817
建筑工程	55748	45817
安装工程		
设备工器具购置		
商品房购置		
其他费用		
其中：土地购置补偿费		
旧建筑物购置费		
（三）按项目阶段分	55748	45817
其中：新开工	55748	45817
续建		
（四）按专业板块分	55748	45817
1.工程技术服务		
井下作业		
3.生产服务	2976	2205
供水		

续表

	本期	去年同期累计
发电		
供电	653	0
生产区供汽供暖		
城市燃气		
通信		
物资供应		
运输		
生产辅助		
其他	2323	2205
4. 装备制造		
5. 油气储运		
6. 油气风险作业服务		
天然气开发		
原油开发		
其他		
7. 海外油气业务		
8. 安全环保隐患治理	513	3554
安全隐患治理	513	3554
环保污染治理		
9. 矿区建设		−9
关闭回迁、翻建		
矿区安全环保专项		
现有生活基地配套改造		−9
10. 公用工程	2296	1160
科技项目	1676	1160
信息项目	620	
其他		
11. 国家天然气商业储气库	48491	38449
工程建设部分	41518	38449
补充垫底气部分	6973	
12. 长期待摊项目	1472	0
活动房	260	
钻具及钻井工具		
井固控装置	203	
其他	1009	0
13. 无工程股权投资项目		
14. 零购资金项目	0	458
15. 其他		
（五）按区域分	55748	45817
国内	55748	45817
北京市		
天津市	55748	45817

附 录

科研成果获奖情况

附表1　大港油田公司2022年获奖成果明细表

序号	年度	获奖项目	奖励类别	完成单位	完成人员名单	授奖单位
1	2022	复杂油气藏高效联作试油及配套技术	技术发明奖二等奖	大港油田公司	任世举　李东平　郭群　付大其　刘攀峰　王军恒　杨继军　李晓祥	中国石油天然气集团有限公司
2	2022	复杂井优快高效钻完井技术研发与应用	技术发明奖三等奖	大港油田公司	刘言理　杨延征　王立辉　秦飞翔　王晓梅　袁照永	中国石油天然气集团有限公司
3	2022	分层高效采油关键技术及配套工具研发与应用	技术发明奖三等奖	中国石油天然气股份有限公司大港油田公司、中国石油大学（北京）	李志广　韩国庆　张高峰　闫永维　李风涛	天津市
4	2022	复杂断块油田水平井高效开发关键技术创新与应用	技术发明奖二等奖	大港油田公司	何书梅　周连敏　魏朋朋　刘文钰　林火养　刘璐	河北省
5	2022	高含水老油田绿色高效驱油体系研发及工业化应用	技术发明奖二等奖	中国石油天然气股份有限公司大港油田分公司，中国石油大学（北京），东北石油大学，四川光亚聚合物化工有限公司，中海油研究总院有限责任公司 中海油研究总院有限责任公司，天津大港油田滨石科技集团有限公司	葛红江　宋考平　崔丹丹　郭拥军　王伟　蔡明俊　杨卫华	中国石油和化学工业联合会
6	2022	碎屑岩储层建模理论技术创新及工业化应用	科技进步奖一等奖	长江大学，中海石油（中国）有限公司，大港油田公司，武汉时代地智科技股份有限公司	张昌民　李少华　尹太举　尹艳树　刘远刚　申春生　陈玉琨　刘中伟　王宏伟　吕一兵　芮华松　王月杰　喻思羽　王喜鑫　窦梦姣	中国石油和化学工业联合会
7	2022	高采出含水油藏堵/调/驱/压一体化关键技术创新及工业化应用	科技进步奖二等奖	东北石油大学，中海石油（国）有有限公司天津分公司，中海石油（国）有有限公司开发生产部，中国石油大港油田采工艺研究院，中国石油天然气股份有限公司长庆田分公司油气工艺研究院，大庆油田有限责任公司第一采油厂限责任公司第一采油厂，中海油研究总院	卢祥国　刘义刚　谢坤　姜维东　葛党科　吕伟　贾雪艳　刘长龙　孙哲　张国军	中国石油和化学工业联合会
8	2022	高含水原油低温集输和高效分离关键技术与应用	科技进步奖三等奖	中国石油大学（华东），大港油田公司，华北油田分公司第三采厂，中国石油化工股份有限公司胜利田分公司现河采油厂，中海油研究总院	杨东海　何利民　吕宇玲　罗小明　赵昕铭	中国石油和化学工业联合会

续表

序号	年度	获奖项目	奖励类别	完成单位	完成人员名单	授奖单位
9	2022	碎屑岩储层多点地质统计学建模技术及油气勘探开发应用	科技进步奖一等奖	长江大学、中国海洋石油国际有限公司、中国石油天然气股份有限公司大港油田分公司、北京瑞马能源科技有限公司	张昌民 尹艳树 李少华 尹太举 冯文杰 王立鑫 陈玉琨 刘新光 黎成 马瑞 李武胜 刘金友 喻思羽 徐振华 黄继新	中石油和化工自动化协会
10	2022	高成熟区复杂油气藏地震资料高精度成像与高分辨率储层识别技术及应用	科技进步奖一等奖	中国石油大学（北京）、中国石油集团科学技术研究院有限公司、中国石油集团东方地球物理勘探有限责任公司、中国石油天然气股份有限公司大港油田分公司、大庆油田有限责任公司第四采油厂、中国石油化工股份有限公司江苏油田分公司物探研究院	周辉 刘文岭 王兆磊 柴公权 袁三一 张东 周练武 汤国松 王玉学 周新茂 胡水清 侯伯刚 沈忠山 黄晓娣 于波	中石油和化工自动化协会
11	2022	疏松砂岩油气藏防砂完井控水关键技术及规模应用	科技进步奖一等奖	长江大学、中国石油天然气股份有限公司大港油田分公司、中海石油（中国）有限公司天津分公司	楼一珊 王利华 高斐 齐月魁 李进 吴惠梅 朱亮 张高峰 龚宁 翟晓鹏 张艳 刘善勇	中石油和化工自动化协会
12	2022	老油田高含水期剩余油梯级启动提高采收率关键技术及规模应用	科技进步奖一等奖	中国石油大学（北京）、中国石油天然气股份有限公司大港油田分公司	李宜强 熊英 葛党科 宋祖厂 章杨 李冉 朱红云 郑小雄 夏国朝 唐永强 任瑞川 萧希航 陈尚红 严曦 任建芳	中石油和化工自动化协会
13	2022	页岩储层压后缝网动态反演与模拟技术及工业应用	科技进步奖二等奖	中国石油大学（北京）、中国石油新疆油田分公司吉庆油田作业区、中国石油天然气股份有限公司大港油田分公司、中国石油集团川庆钻探工程有限公司页岩气勘探开发项目经理部、中国石油天然气股份有限公司长庆油田分公司第二采油厂、西安石油大学	陈志明 廖新维 李东平 邓才 陈依伟 王绍平 吴克柳 任世举 赵晓亮 薛波	中石油和化工自动化协会
14	2022	成熟探区精细勘探关键技术创新与渤海湾盆地重点领域油气发现	科技进步奖二等奖	中国石油集团科学技术研究院有限公司、中国石油天然气股份有限公司华北油田分公司、中国石油天然气股份有限公司大港油田分公司、中国石油天然气股份有限公司辽河油田分公司	王居峰 刘海涛 王名巍 姜文亚 周艳 孙雨 董雄英 解宝国 孟令东 张洪	中石油和化工自动化协会
15	2022	高承压自适应桥接堵漏技术研究与应用	科技进步奖三等奖	中国石油集团渤海钻探工程有限公司、中国石油天然气股份有限公司大港油田分公司	史野 杨贺卫 何磊 刘艳 郭明红 王磊磊	中石油和化工自动化协会
16	2022	深层特低渗透难采储量有效开发关键技术及应用	科技进步奖三等奖	中国石油天然气股份有限公司勘探开发研究院、中国石油天然气股份有限公司大港油田分公司	吴忠宝 肖毓祥 张家良 侯秀林 陈建阳 阎逸群	中石油和化工自动化协会
17	2022	滩海地区油井防砂稳产关键技术与规模应用	科学技术奖二等奖	大港油田公司、中国石油大学（华东）	李怀文 董长银 李志广 付大其 邵力飞 刘伟 王超 孙涛 朱英斌 王巨鹏	中国海洋学会

文　献

大港油田公司党委、大港油田公司关于贯彻落实中央八项规定精神的实施细则

石油港党发〔2022〕12号

为持续深入贯彻落实《十八届中央政治局关于改进工作作风、密切联系群众的八项规定》《中共中央政治局贯彻落实中央八项规定的实施细则》精神，根据《中共中国石油天然气集团有限公司党组关于贯彻落实中央八项规定精神的实施细则（2022年修订）》（中油党组发〔2022〕4号）要求，结合公司工作实际，现将《大港油田公司党委、大港油田公司关于进一步贯彻落实中央八项规定精神实施细则》（石油港党发〔2018〕10号）修订如下：

一、改进调查研究

1. 注重实际效果。公司领导班子成员到各单位调研，要坚持问题导向、目标导向、结果导向，推动公司党委、公司总体部署和阶段性重点工作落实落地；要突出主题，实事求是，深入基层一线、深入职工群众，既要到工作开展好的单位总结经验，更要到困难较多、情况复杂、矛盾突出的现场解决问题。对于条件艰苦、困难较大和群众意见较多的单位，要完善基层联系点制度，定期深入联系点剖析问题，帮促解决困难。调研安排要做好统筹协调，增强计划性，避免多名领导班子成员短期内集中或轮番到同一单位调研。

在调研点上，领导班子成员要有更多的主动安排，力求准确、全面、深入了解情况，防止走形式、走过场；既要肯定成绩，更要指出问题，还要在符合公司党委和公司决策、决定前提下，提出有针对性、建设性的意见，不就涉及全局性、系统性和非分管工作的重要事项进行现场决策。各调研点现场要真实，不得为迎接调研特意装修布置、增添设备、改变环境，更不得弄虚作假；汇报工作要讲真话、报实情。

2. 用好调研成果。重要调研活动结束后要视情况整理成讲话、通报或报告，必要时在领导工作例会上简明扼要进行通报。对于重要问题，要安排相关部门深入研究、提出措施建议，具备条件的要尽快解决，无法解决的要及时给予明确答复并做好解释。按程序形成决策意见后，相关部门要抓好贯彻落实和督查督办。

3. 减少陪同人员。领导班子成员调研，公司机关部门仅限与调研任务密切相关的负责同志陪同。执行董事、党委书记和总经理到调研点，被调研单位陪同的负责同志不超过2人；其他领导班子成员到调研点，所在单位安排1名负责同志陪同，主要负责同志可不陪同。不搞层层多人陪同，调研点所在基层单位只安排1名负责同志陪同；严格控制随行人员数量，无直接工作任务人员一律不到现场。

4. 简化接待工作。领导班子成员要严格按照规定乘坐交通工具，轻车简从，除路况较差、路途较远的生产现场外尽可能集中乘车，减少随行车辆。同一地区有多家单位的，明确一家单位到指定地点接送。调研期间不张贴悬挂欢迎标语，不铺设迎宾地毯，不安排列队迎送，不摆放花草，不向领导班子成员和调研陪同人员赠送各类纪念品或土特产，不安排到名胜古迹和风景区参观。用餐要注意节俭、控制标准，根据就餐人员数量尽量安排自助餐，具备条件的应安排在内部食堂就餐，严禁设宴、严禁饮酒、严禁上烟,不上高档菜肴。不超规格安排住房,具备条件的要安排在内部或签约宾馆,房间不额外配送高档消费用品。

二、严控会议活动

5. 控制会议数量和规模。坚持务实高效,减少各类会议,能不开的坚决不开,可以合并的坚决合并,严禁走形式、以会议代替落实。严格会议审批程序,公司党委、公司召开的全局性重要会议,由综合办公室(党委办公室)统筹。严控会议时间和规模,公司职代会暨工作会、党委扩大会暨党风廉政建设和反腐败工作会、领导干部会每年召开1次,时间不超过1天,参会代表人数原则上不超过400人。党委会、执行董事办公会、总经理办公会、专业(业务)工作会议、领导工作例会,以及领导小组(专业委员会)会议等,根据需要适时召开。根据会议主题确定参会部门、单位和人员数量,原则上"谁分管、谁负责、谁出席",避免陪会现象。优化会议召开方式,充分运用现代信息技术手段,在做好保密工作的前提下,提倡召开视频会议,传达、布置类会议优先采用视频形式;视频会议的主会场和分会场都要控制规模、简化形式,会场布置要因地制宜、精简节约。一般性视频会议时间原则上控制在90分钟以内。

6. 提高会议质量和效率。精准设置会议议题,相关材料在会前充分讨论酝酿,严禁召开无准备或准备不充分、议而不决的低效会议。坚持开短会、开有效的会,讲短话、讲管用的话,力戒空话、套话、假话。汇报要突出重点、简明扼要、控制时间,不汇报日常性工作,不照本宣科,多讲问题、原因和解决办法;讨论发言要紧扣主题、言简意赅,不作客套性评价,提出的意见建议要具有较强可操作性。内部会议简化领导班子成员的职务称谓,一般称同志,不得在称谓前冠以"尊敬的",不使用"作出重要指示""发表重要讲话"等表述。根据公司督查督办有关规定,对会议决策部署事项进行督办,并及时反馈落实情况。

7. 严控各类活动。以公司党委、公司名义举行的重大活动,由综合办公室(党委办公室)统筹。国家部委、地方政府或有关单位邀请公司领导班子成员参加重要活动,要根据正式公函,报执行董事、党委书记批准。除上级明确要求和公司统一安排外,公司领导班子成员不组织、不参加各类纪念、庆典、奠基、剪彩活动,以及表彰会、博览会、论坛等活动。未经批准,领导班子成员原则上不在活动中挂名、题词、作序,不以个人名义发贺信、贺电。领导班子成员代表公司党委、公司发表讲话、文章,以及涉及投资、合作、赞助等内容的重要表态,须事先报公司党委审定或经执行董事、党委书记批准。

8. 严控会议活动经费。严格执行相关规定,厉行勤俭节约,反对铺张浪费。会议活动现场布置要简朴,工作会议不摆放花草、不制作背景板。严禁提高会议用餐、住宿标准,能用自助餐的不用桌餐,严禁饮酒,严禁上烟。严禁在风景名胜区举办会议活动。严禁主办方宴请及参会人员相互宴请。严禁组织高消费娱乐、健身活动。严禁以会议活动为由外出旅游。严禁以任何名义发放有价证券、纪念品、土特产品。严禁在会议费中列支、隐匿接待费用。

三、精简文件简报

9. 减少各类文件简报。坚持行文确有必要的原则,从严控制发文数量和发文规格,没有实质内容、可发可不发的文件简报一律不发;由公司机关处室发文能够解决的,不再由公司党委、公司印发。对无具体议定事项的会议、无须2个以上单位协调落实事项的会议等,原则上不印发会议纪要。严格按程序报文,履行必要会签程序,不得越级行文和多头报文。遵循授权有限和守土有责原则,从严控制呈批件数量。严格通报和简报管理,控制期数与篇幅,动态信息、研究成果可在《信息简报》上选登。

10. 提高文件简报的质量和时效。对有具体落实要求或请示事项的文件,原则上领导班子成员要在3个工作日内签署明确办理意见,特别重要的紧急事项特事特办。公司机关处室、直所属单位要按照相关要求，进一步规范文件和呈批件的报送程序和格式，加强综合协调和审核把关，完善前置审核机制，切实做到优质高效。弘扬"短、实、新"的优良文风，严格控制篇幅，做到言简意赅、简明实用，防止穿靴戴帽、冗长空洞。文件要坚决贯彻习近平总书记重要讲话和重要指示批示精神，深入落实党中央、国务院和集团公司重大决策部署，突出政治性、思想性、针对性和可操作性。简报要重点反映重要动态、经验、问题和工作意见建议等内容，减少一般性工作情况汇报。精准确定公司党委、公司文件简报密级、保密期限、知悉范围。在安全保密的前提下，加大文件简报网络传输和网上办理力度，减少纸质文件资料，降低运行成本，提高工作质量效率。

四、规范因公出国（境）

11．严格出国（境）管理。按照集团公司有关规定要求，结合公司海外业务发展实际，合理安排出国（境），控制出国（境）时间和团组规模。公司领导班子成员出国（境）报集团公司审批，未经批准，不得出国（境）执行公务。执行董事、党委书记和总经理原则上不安排同期出国（境）。不参加一般性考察调研，不参加一般性或与海外油气合作项目无关的国外庆典活动，不参加外方资助的和背景复杂、专题敏感的出国培训，不参加主题为非主营业务的国际会议，不专门赴国外进行内部慰问等。

12．加强统筹协调。综合办公室（党委办公室）每年提前制定下一年度领导班子成员年度出国（境）计划，经主管领导审核并报执行董事、党委书记同意后，于12月底前报集团公司批准，原则上不临时安排出国（境）。领导班子成员随同集团公司领导出访，按上级相关规定执行。

五、改进新闻报道

13．简化会议活动报道。根据工作需要、新闻价值和注重实效的原则，精简会议活动报道。报纸、电视、网站和新媒体等新闻媒体，要进一步压缩报道数量、字数和时长。公司工作会议、领导干部会议等具有全局性重大意义的会议，对公司改革发展有重大影响的活动等，要及时、准确、充分报道。优化公司与相关地方政府、高等院校和企业等签署协议或开展重要合作的会议，以及各类会谈等的报道。调研活动报道要更加贴近公司改革发展实际，更多展示基层单位和一线员工生产生活实践。领导班子成员赴基层调研，可视情况安排随行记者。多名领导班子成员参与同类型会议、会谈、活动的报道，可整合为一条刊发。

14．改进报道方式。领导班子成员出席一般性会议活动和公务出差不作报道。各类报道中的领导班子成员称谓根据会议活动主题内容确定，不必报道担任的全部职务。各类报道从严从简在网站、微博、微信、客户端等新媒体推送。

六、厉行勤俭节约

15．严格执行履职待遇相关规定。领导班子成员要继续严格执行公司《办公用房配置使用管理办法》《公务用车管理办法》《公务接待管理规定》等办公用房、公务用车、业务招待方面的专项管理规定。不超标准配置办公用房。不超标准配备公务用车，不增加高档配置或豪华内饰。不超标准招待，不组织到高消费娱乐、休闲、健身、保健等经营场所活动，不组织和参加下属各单位、关联企业安排到上述场所的业务招待活动。商务和外事招待活动赠送的纪念品，以宣传公司形象、展示公司文化为主要内容，严禁赠送现金和购物卡、消费卡、商业预付卡等各种有价证券、支付凭证和贵重物品等。

16．严格执行廉洁从业规定。严禁违规组织、参加用公款支付的宴请、高消费娱乐、健身活动，严禁接受、提供可能影响公正执行公务的宴请或旅游、健身、娱乐等活动安排，不得违规出入私人会所。严禁违规用公款购买赠送或发放礼品、消费卡，严禁收受可能影响公正执行公务的礼品、礼金、消费卡。严禁违规自定薪酬或滥发津贴、补贴、奖金。严禁公款旅游或以学习培训、考察调研、职工疗养等为名变相公款旅游，严禁改变公务行程借机旅游。不得利用职务之便用公款出版发行及向下属企业和关联单位推销个人著作。严禁违规组织、参加自发成立的老乡会、校友会等。

17. 严格休假安排。领导班子成员可按规定的时间等要求安排休假，实行严格报批制度，并做好统筹协调，原则上执行董事、党委书记和总经理不同时休假。

18. 带头树立良好家风。领导班子成员要严格遵守《中国共产党廉洁自律准则》，廉洁齐家，注重家庭、家教、家风，教育管理好亲属和身边工作人员，要求他们谨言慎行、本分做人。不为本人及近亲属违规操办婚丧嫁娶、生日宴、升学宴等。不为特定关系人与中国石油经商打招呼、谋私利。按要求报告个人有关事项，规范配偶、子女及其配偶经商办企业行为。退出领导岗位后，要严格执行办公用房、公务用车等有关待遇规定。

七、严格执行落实、加强督促检查

19. 领导班子成员要坚决贯彻落实党中央决策部署，及时发现、严肃查处贯彻新发展理念、构建新发展格局、推动高质量发展、强化生态环境保护及安全生产等工作中的形式主义、官僚主义突出问题，更好服务党和国家工作大局；要带头深入改进工作作风，带头反对特权、不搞特权，带头深入基层调查研究，带头密切联系群众，带头解决实际问题。

20. 机关各部门要严格落实本实施细则，进一步转变工作作风，强化责任担当，增强服务意识，努力为基层办实事、解难题。各单位要严格按照本细则精神，结合自身实际，制定完善涵盖本单位各级领导干部的贯彻落实措施，狠抓落实，确保抓出成效。各部门、各单位要将贯彻落实情况作为党员领导干部述职述廉、民主生活会的一项重要内容进行剖析，切实整改存在的问题；每年年底对执行情况进行1次专项检查，并将检查结果报送纪委办公室（党委巡察办公室、审计处）、综合办公室（党委办公室）。

21. 机关各部门要履行好本业务领域的监管责任。综合办公室（党委办公室）会同有关部门加强督促指导，有关情况及时向上级报告。审计、财务部门要结合日常审计和财务决算对会议、业务招待等经费使用情况进行审查。纪委办公室（党委巡察办公室、审计处）要把被巡察单位贯彻执行本实施细则情况作为重点内容进行巡察。纪委办公室（党委巡察办公室、审计处）、人力资源处（党委组织部）要对发现的违纪违规问题，严肃追责问责、通报曝光。

八、附则

22. 本细则由综合办公室（党委办公室）负责解释。

23. 本细则自印发之日起施行。2018年印发的《大港油田公司党委、大港油田公司关于进一步贯彻落实中央八项规定精神实施细则》（石油港党发〔2018〕10号）同时废止。

大港油田公司 QHSE 业绩考核管理办法（试行）

港油〔2022〕255号

第一章 总 则

第一条 为进一步加强大港油田公司（以下简称油田公司）质量、健康、安全、环保（简称QHSE）管理，建立健全QHSE激励约束机制，依据油气和新能源分公司《HSE绩效考核管理办法》和油田公司有关制度，特制定本办法。

第二条 QHSE业绩考核与奖励兑现原则

（一）坚持严格监管与正向激励相结合的原则。

在对事故事件严肃考核问责的同时，注重正向激励，充分调动职工参与QHSE工作、落实落细各项部署要求的积极性和主动性。

（二）坚持全面考核与重点考核相结合的原则。科学设定考核要素和内容，在考核要素全覆盖的基础上，强化指标控制，考核内容突出关键时期、重点领域、薄弱环节管控。

（三）坚持过程考核与结果考核相结合的原则。在严格控制指标考核的同时，注重较大以上风险过程管控情况和阶段QHSE重点工作完成情况的跟踪量化考评。

（四）坚持多角度与多维度考核相结合的原则。考核过程采取定性分析、定量评分，发挥直线部门和专业监督、检测（验）部门作用，并应用属地政府监管部门评价结果，实施综合考核。

（五）坚持分类考评与风险等级相结合的原则。考核过程充分体现单位类别、管理幅度、风险差异、贡献大小，设置风险系数，确保考核结果客观公正。

第三条 本办法适用于油田公司所属各单位。控股企业依照法定程序执行本办法，参股企业参照执行。

第二章 机构与职责

第四条 油田公司成立QHSE业绩考核领导小组，研究审定QHSE业绩考核重大事项。组长由油田公司安全总监担任，副组长由油田公司安全副总监担任，小组成员由油田公司QHSE委员会办公室、各专业委员会办公室和HSE监督评价总站等部门主要负责人组成。下设QHSE业绩考核领导小组办公室在质量健康安全环保处，负责考核的组织和实施工作。

第五条 考核工作由质量健康安全环保处、油气开发处、生产运行处、工程技术与监督处、物资装备处、企管法规处（内控与风险管理处）、基建工程部、土地公路管理部、HSE监督评价总站等业务部门（单位）具体负责，按照标准和规定开展考核。

第三章 风险分类分级

第六条 根据单位属性、规模大小、风险程度、QHSE管理绩效，将所属单位风险等级划分为"一、二、三"3类。

第七条 依据风险分类设置风险系数K。其中，一类单位风险系数为1.2，二类单位风险系数为1.1，三类单位风险系数为1。

第四章 考核方式及内容

第八条 QHSE业绩考核分为过程考核、结果考核。

（一）过程考核

公司每月依据《质量健康安全环保管理过程考核大纲》对所属单位进行考核。

（二）结果考核

年终结果考核依据体系审核评分和控制指标完成情况进行考评，并对突破否决指标的单位实施"一票否决"。

1. 体系审核：以油田公司量化审核结果为依据。

2. 控制指标：具体指标以QHSE工作要点和相关指标分配文件为准，具体详见《质量健康安全环保控制指标考核评价表》。

3. 否决指标：以油田公司当年与各单位签订的《安全环保责任书》中的责任指标为准。突破否决指标，当年QHSE业绩考核"不达标"，且取消"QHSE管理先进单位"评选资格。

4. 激励指标：年终依据《质量健康安全环保激励项考核评价表》，对符合项进行加分。

第九条 年度QHSE业绩考核总分100分，其中月度过程考核和年终结果考核权重各占50%。

第十条 月度过程考核为100分。各参与考核的部门（单位）根据附件 2 相关考核内容，制定本部门（单位）考核细则，明确具体的考核扣分标准，报 QHSE 委员会办公室审核后，将考核标准以部门文件进行发布。

第十一条 各考核部门考核组人员要相对固定，执行标准一致，于每月 3 日之前，将上月考核结果填写至《部门对各单位月度 QHSE 管理过程业绩考核评分表》，经本部门主要领导签字盖章后报 QHSE 业绩考核办公室。考核过程的扣分项，要准确翔实描述扣分原因。

第十二条 年终结果考核为 100 分。其中，体系量化审核 20 分，控制指标 80 分。控制指标根据《质量健康安全环保控制指标考核评价表》（附件 3）进行考核评分。控制指标由 QHSE 委员会办公室及公司相关业务部门组织进行年度验证。

第十三条 激励指标上限为 5 分，统一执行附件 4 标准，各部门（单位）不再单独制定，各单位如有符合加分评价标准的内容，应于 12 月 20 日前上报相关业务主管部门。

第十四条 年度 QHSE 业绩考核得分（H 原始）= 月度过程考核得分（12 个月的平均分）+ 年终结果考核得分。

各单位年度 QHSE 业绩考核最终得分根据风险系数 K 对 QHSE 业绩考核原始得分进行修正，同时合并激励得分。

$$H_{修正}=K \cdot H_{原始} + 激励得分$$

第十五条 年度 QHSE 业绩考核结束后，根据 QHSE 业绩考核和分类评价结果，经公司 QHSE 业绩考核领导小组审议、公司 QHSE 委员会议研究审定，形成年度考评结果。

第十六条 月度过程考核中对于触碰"四条红线"及禁令等内容的，按照集团公司《较大及以上安全环保事故隐患问责管理办法》和油田公司《安全环保事故隐患问责管理办法（试行）》《HSE 约谈实施办法》《生产安全事故事件管理办法》等相关制度进行问责追责考核。

第五章　考核结果应用

第十七条 年度 QHSE 业绩考核结果提交企管法规处（内控与风险管理处），纳入各单位业绩综合考评。

第十八条 依据年度 QHSE 业绩考核结果，评选产生"QHSE 管理先进单位"。对 QHSE 管理先进单位，按照《质量健康安全环保节能专项奖励实施细则》予以奖励。

第十九条 QHSE 考核过程中若有徇私舞弊行为，将按照油田公司规定对相关责任人和责任单位（部门）进行严肃处理。

第六章　附　则

第二十条 油田公司所属单位依据本办法，结合实际制定本单位 QHSE 业绩考核实施细则。

第二十一条 本办法由油田公司 QHSE 委员会办公室负责解释。

第二十二条 本办法自发布之日起施行。原《大港油田公司 HSE 绩效考核管理办法》和《大港油田公司 2021 年 QHSE 绩效考核细则》废止。

大港油田公司关于深化依法合规治企　加快建设一流法治企业的实施方案

港油〔2022〕188 号

坚持依法合规治企是公司兴企方略的重要内容，是贯彻习近平法治思想和中央全面依法治国基本方略的根本举措。适应新形势新要求，着力深化依法合规治企，进一步加强法治企业建设，对公司推动高质量发展、建设一流数智油田具有全局性基础性意义。根据《中国石油天然气集团有限公司关于深化依法合规治企加快建设世界一流法治企业的实施指导意见》，结合公司实际，制定本实施方案。

一、总体要求

（一）指导思想

坚持以习近平新时代中国特色社会主义思想为指导，认真落实习近平法治思想，深入贯彻党的十九大和十九届历次全会精神，按照集团公司依法合规治企的总体工作部署要求，立足新发展阶段，贯彻新发展理念，构建新发展格局，紧紧围绕公司高质量发展、国企改革三年行动和"十四五"发展规划，聚焦建设法治企业目标，不断深化治理完善、经营合规、管理规范、守法诚信的法治企业建设，为公司发展提供强有力法治保障。

（二）基本原则

——坚持融入中心、服务大局。以促进保障公司高质量发展、建设一流数智油田为根本宗旨，以服务国企改革三年行动和"十四五"发展规划为目标，牢固树立全局意识和系统观念，使法治建设全面融入业务发展、改革创新、管理提升、党的建设等重点任务，充分发挥支撑保障作用。

——坚持完善制度、夯基固本。以强化制度建设为基础，坚持尊法学法守法用法，将行之有效的经验做法，及时转化为制度，嵌入业务流程，加强制度执行情况监督检查，强化制度刚性约束。

——坚持突出重点、全面深化。以落实法治建设第一责任人职责、落实总法律顾问制度、健全法律风险防范机制、强化合规管理为重点，坚持问题导向，在做深做细做实上下更大功夫，切实发挥强管理、促经营、防风险、创价值作用。

——坚持勇于创新、拓展升级。以适应市场化、法治化、国际化发展需要为方向，结合实际拓宽法律工作领域，优化法律管理职能，创新工作方式，不断提升信息化、数字化、智能化水平。

（三）总体目标

"十四五"及今后一个时期，公司依法合规持续强化、体制机制完善高效、制度体系完备适用、组织机构保障健全、管理方式创新科学、作用发挥明显提升；到2025年，公司法治建设再上新台阶，依法合规意识普遍提升，风险防范常态化，维护权益主动化，过错责任案件零态化，建成中国石油依法合规管理标杆企业；到2035年，公司建成石油行业依法合规管理示范企业。

（四）职责

油田公司党委书记、执行董事履行推进深化依法合规治企，加快建设一流法治企业的职责。公司领导班子其他成员按照工作分工履行相应的职责。公司各单位党政主要领导是本单位推进深化依法合规治企、加快建设一流法治企业的第一责任人，单位领导班子其他成员按照工作分工履行相应的职责。

二、优化领导责任体系，提升法治引领能力

（一）坚持党委对法治建设的全面领导。认真执行"第一议题"制度，深入学习贯彻习近平总书记关于法治建设重要指示批示精神。将推进法治建设纳入议事日程、年度重点工作安排，及时研究解决重大问题，确保把方向、管大局、促落实的领导作用在法治建设中充分体现。落实中心组专题学法制度，每年集中学法不少于2次。强化选人用人法治导向，将法治素养和依法履职情况作为考察使用干部的重要条件。把宣贯依法合规治企要求、明确法治建设责任，作为提任中层以上干部任前谈话必备内容。完善述职必述法制度，将履行法治建设职责情况作为各级领导班子成员年度述职、任期述职重要内容。

（二）狠抓领导人员法治建设职责落实。严格落实油田公司《领导人员履行推进法治建设职责实施办法》及相关要求，完善主要负责人履行法治建设第一责任人职责工作机制，党委书记、执行董事、总经理各司其职，对重点问题亲自研究、部署

协调、推动解决。各级领导班子成员根据分工，在所负责领域落实依法合规治企要求，坚持运用法治思维和法治方式深化改革、推动发展。将各级领导班子推动法治建设情况，作为巡视巡察、审计重点内容，加大监督力度。严格落实法治建设年度检查、企业"依法合规经营"绩效考核等制度，进一步突出重点、注重实效，强化价值导向和政策激励。

（三）大力增强领导干部法治意识和能力。各级领导干部要带头学习贯彻习近平法治思想，坚持全面系统学、及时跟进学、深入思考学、联系实际学，更加自觉用习近平法治思想指导解决实际问题，不断提高运用法治思维和法治方式深化改革、推动发展、化解矛盾、维护稳定、应对风险能力。将学习掌握必备法律知识作为领导干部能力培养重要内容，进一步完善干部学法制度，根据岗位需要强化与工作密切相关的法律法规学习，在尊法学法守法用法上当表率。加强学习宣贯集团公司总部组织编印的领导干部法治知识"应知应会"手册。

三、优化依法治理体系，提升依法治理能力

（一）强化依法决策和履职保障。重大涉法事项履行党委研究讨论重大事项前置程序、执行董事决策程序时，将合法合规审查和重大风险评估作为必经环节，使依法合规成为决策的基本前提。落实总法律顾问列席党委会、执行董事会议参与研究讨论或审议涉及法律合规相关议题，参加总经理办公会等重要决策会议制度，将合法合规性审查和重大风险评估作为重大决策事项必经前置程序。涉及法律合规相关议题，非经法律合规论证不得提交讨论。

（二）完善对参股企业及多元投资主体企业依法管理。严格依据法律法规、国有资产监管规定，完善参股企业公司章程，明确股东权利义务、股东会定位与职权，规范议事决策方式和程序，完善运作制度机制，依法对参股企业规范行使股东权，严格按照公司治理结构，通过股东会决议、派出董事监事、推荐高级管理人员等方式行权履职，强化决议执行和监督，切实维护股东合法权益。

四、持续完善规章制度体系建设，提升规范管理能力

（一）持续完善公司制度管理模式。紧密围绕公司思路部署、总体要求和工作目标，牢固树立效益第一理念，突出高质量发展主题，持续完善规章制度"整体规划、归口管理、部门主导、统一规范"的管理模式，实现制度管理科学、规范、合规、高效。

（二）持续完善制度层级建设。持续完善公司"两个层级五个类别"的规章制度层级建设，严格按照集团公司要求，积极做好上位制度配套细化和补充，形成实施性规定和生产作业类制度，覆盖公司生产经营管理各方面各环节，实现制度上下贯通和相互衔接，更好地形成体系化、规范化、法治化的制度体系。

（三）持续完善制度审查审议机制。严格执行制度系统审查和集体审议机制，对管理内容涉及多个业务领域的综合性规章制度或涉及投资、资金、股权、人事、薪酬、对外交易、关联交易、安全环保等方面的重大规章制度，提交公司会议集体审议或由公司执行董事或党委书记决定采取传签方式审议。对专业性较强、业务性质单一的一般性规章制度，由公司业务分管领导组织集中审议或传签方式审议。工会负责依据国家有关法律法规的规定与程序，组织召开职工代表大会或代表团长联席会，对直接涉及公司职工切身利益的规章制度进行讨论、审议，使制度体现整体意志、全局利益；强化公司法律部门归口管理制度的职责，推进制度的统一发布，严格规范制度出口，保障制度制定的严肃性。

（四）持续强化制度执行。加强制度宣贯培训，公司机关各职能部门和所属单位应按照"谁制定谁培训"的原则，将规章制度培训纳入年度培训计划，员工入职培训、业务培训时应当将规章制度作为培训内容。各级领导干部应带头学习、贯彻规章制度，带头遵守规章制度，促进规章制度的有效执行。推进制度流程化，各规章制度归口管理部门要梳理本部门制度，对能够流程化的制度固化进业务流程，保障制度执行；强化制度执行监督，把制度制定和执行情况作为各项监督工作的主要内容，通过专业领域自查、内控测试、巡视巡察，促进制度的执行落地。

（五）持续强化制度改进。公司对违反、变通、规避制度的行为，按照规章制度违规处罚规定和集团公司违规违纪行为处分规定追究责任人员责任。公司对制度实施年度评价管理，每年末按国家、地方政府、集团（股份）公司、公司、所属单位统计整理，组织对规章制度进行效力评价，提出"有效""需修订""待废止"的意见，密切关注国内外相关立法动态，及时将法律法规和监管规定内化为公司内部规章制度。

五、优化合规管理体系，提升风险防控能力

（一）加强合规制度与体系建设。认真落实以集团公司《合规管理办法》为总纲的管理规范体系，以《诚信合规手册》为基础的行为规范体系，覆盖重点业务领域和事项的合规操作指引体系。持续优化合规制度，进一步明确合规管理职责，健全主要负责人负总责、总法律顾问牵头、法律部门归口统筹、相关部门协同联动的合规管理组织体系。加强配备专兼职合规管理员。积极贯彻合规管理体系国家标准，按照上级要求，推动开展合规管理体系认证。

（二）加强合规风险管控。在各领域各层面常态化开展风险隐患排查治理，针对共性风险通过提示函、案件通报、法律建议书等形式及时开展预警，有效防范化解。将重大合规风险作为防控重点，突出安全环保、市场竞争、财税金融、劳动用工、信息数据保护等重点领域和事项，严格管控措施，守住不发生重大违规事件的底线。建立健全覆盖业务全链条，从合规义务识别、风险评估、预防控制到违规事件报告和应对的全过程风险防控机制。进一步推进合规与业务深度融合，使合规要求进流程、到岗位，确保合规风险得到有效管控。加强对商业伙伴合规监管，强化合规尽职调查，宣贯传递公司合规方针政策，避免商业伙伴违规带来的风险。

（三）加强合规责任落实和监督检查。进一步落实"管业务管合规"原则，建立业务部门合规职责清单，确保合规风险防控责任有效落实。推进合规评价工作，将员工合规表现作为考核和选先评优前提条件和重要内容。落实重大法律合规风险事件报告制度，各单位发生重大法律合规风险事件，应当及时向公司报告。油田公司发生重大法律合规风险，及时向集团公司报告。严格依法合规经营考核，进一步优化考核指标办法，严考核硬兑现。充分发挥审计、纪检监察、巡视巡察、财务稽查等监督作用，完善"大监督"体系，形成依法合规监督合力。建立合规专项检查机制，按照上级要求重点对反垄断、经济制裁和贸易管制等违规事件进行调查处理。进一步完善违规举报制度和平台，对违规行为及时处理，严格责任追究，加大处罚力度。

（四）加强合规文化培育。持续开展全员合规培训，以员工合规意识和能力提升为目标，创新培训形式，加强督促落实，确保培训参与率、测试合格率达到100%。把合规内容作为管理人员培训和新员工入职培训的必备内容。加强各领域关键岗位合规专项培训，保障其清晰掌握合规要求，提高合规技能。落实合规管理上级培训下级要求，领导干部定期对直接管理人员进行合规提醒和风险提示。加强依法合规理念宣贯，利用各种媒介广泛开展法治合规宣传活动，大力宣贯"合规为先"理念，引导广大员工做到不合规的事不做、不合规的效益不要，使合规要求内化于心、外化于行，进一步营造诚信合规良好氛围。

六、优化法律支持体系，提升专业保障能力

（一）完善法律专业保障制度机制。健全法律环境分析应对制度，深入研究法律环境变化，从健全制度、强化管理等方面及时作出调整。落实法律审核制度，确保规章制度、经济合同、重要决策法律审核率100%，着力提升审核质量。健全重大项目法律全过程参与制度，强化法律部门深度参与各类重大项目法律尽职调查、方案筹划、商务谈判、法律文件拟定、执行跟踪等各环节的措施保障。

（二）强化重点事项法律支持保障。着力加强重大项目法律论证，坚持依法依规操作，严控法律合规风险。着力加强市场竞争涉法问题应对处理，准确掌握并熟练运用市场规则，提高市场营销、公平竞争能力水平。着力加强知识产权管理，完善专利、商标、商号、商业秘密等保护制度，坚决打击侵权行为，切实维护企业资产安全和合法权益。着力加强资源权属、安全环保、劳动关系等涉法问题应对，采取切实可行措施预防并化解争议，维护企业权益。

（三）不断提升法律专业保障工作质量。强化增值理念，始终以促进业务发展为出发点和落脚点，紧盯国企改革三年行动和"十四五"发展规划重点工作，提前研究可能出现的法律合规问题，拓展法律参与深度与广度，做细做实法律业务工作。强化能力提升，通过总结规律、制订指引、专家会商、经验共享等方式，持续加强法律专业保障能力建设，增强法律保障的专业性、精准性、实效性。强化协同联动，建立完善信息充分共享、重大事项及时报告等机制措施，增强业务部门与法律部门、企业和上级管理合力，共同提升法律专业保障能力水平。

七、优化合同管理体系，提升签约履约能力

（一）全面提升合同管理精细化水平。抓好合同文本审查、审批精细化。严格控制拆分项目、事后合同和问题合同，简化优化合同审批审查流程，提高审查审批效率。持续优化合同管理制度规范，健全完善机制流程，确保合同全过程运行规范受控、责任落实，切实做到差异化管控和闭环管理。

（二）持续提高合同签约质量和履约能力。完善合同全过程审查机制，确保法律人员全过程参与重大项目合同谈判和签约履约各环节，有效发挥对重大法律问题和法律合规风险的专业把关作用。认真做好新项目交易模式、风险防控研究，保障交易安全、交易质量。进一步提升合同履行质量，严格落实合同交底、履行确认、履约异常报告和变更解约等运行机制，不断提升依约履行的能力和效果。

（三）着力强化合同突出问题源头治理。完善部门协同联动机制，固化通报、约谈、重点帮扶、案例培训、合规风险提示、整改评估等工作举措，建立合同问题整改数据库，主动从理念意识、制度流程、监督管控等方面分析成因，查找隐患漏洞，继续强化源头治理，采取切实有效的治本措施，强化闭环管理，系统治理和责任追究，完善惩戒措施，夯实合同问题整改基础。

八、优化案件管理体系，提升依法维权能力。

（一）全面提升案件规范化管理水平。落实案件管理制度机制，强化统一管理、分级负责，各层级管理职责界面清晰并落实到位。严格落实案件申报制度，规范申报各类案件发案、处理、结案等信息以及重大案件和年度案件分析报告。完善和落实"一案一分析"制度，及时发现案件反映出的管理问题和风险隐患，有针对性地采取措施堵塞管理漏洞，有效实现"以案促管、以管创效"的管理目标。健全案件问题机制和工作流程，不断强化法律与监督部门协同联动，推动案件资源转化为管理资源。不断深化案件管理信息化、数据化和典型案例库建设，有效提升案件资源共享水平。

（二）持续强化未结案件处理。按照"减存量、控增量"的总体要求，不断加强争议纠纷的事前防范和协调处理，充分发挥业务部门、中介机构和司法机关的作用，采取切实可行的措施，通过源头防范和案前协商等方式，努力消除争议隐患、化解纠纷矛盾，最大限度避免争议纠纷转化为诉讼案件，力争实现新发案件控制在合理范围。积极处理各类未结案件，全面落实案件处理主体责任，完善法律部门和相关业务部门案件处理协同机制，努力推动案件妥善处理，最大限度维护企业权益。突出重大、历史遗留等疑难复杂案件处理，不断完善加强指导、专家会商、上下协同等措施，充分调动各方面资源，力争取得理想效果。

（三）不断加大依法主动维权力度。高度重视和积极应对各类案件处理，不得因擅自放弃、消极应对、怠于行使权利导致纠纷案件和企业利益受损。完善并落实法律风险评估应对机制，做到风险隐患早发现、早评估、早防范，避免转为纠纷案件或实际损失。严格纠纷处理过程管控，不得未经法律论证擅自对外作出承诺、出具书证或其他具有法律效力的书面文件。充分运用法律手段主动解决争议纠纷、债务追偿、权利保护等事项，确保我方诉求依法得到保护。主动加强与政府部门和司法机关沟通协调，及时反映企业诉求并有效行使企业知情权、申辩权、申诉权和监督权，切实维护企业生产经营秩序和合法权益。

九、优化工作组织体系，提升队伍专业能力

（一）加大企业法律专业人才培养力度。落实集团公司将法律人才培养纳入"人才强企工程"总体部署和具体要求，加强推动实施工作。全方位加强法律人员培训，着力提升法律人员专业素质和履职水平，鼓励、支持法律人员多途径参加业务培训，将知识转化为能力，将经验固化为水平。落实法律人员职责权限，确保作用发挥到位，满足公司发展需要。完善符合法律人员管理机制，将职业规划与公司发展相结合，拓宽法律人员职业发展通道，打通业务与法律人员流动渠道，形成重视人才、吸引人才、留住人才的良好制度氛围。

（二）加强法律工作机构建设。健全完善法律管理职能，形成兼具法律专业支持与法律管理，全面覆盖重点涉法事项，事前预防、事中控制、事后救济全过程发挥作用的职能体系。坚持按需定岗定编，探索通过多种渠道引入法律专业人员，确保满足发展需要。明确法律工作岗位序列，科学分类、精准评价，充分运用岗位标准化体系建设等多种手段，调动法律人员积极性主动性。

（三）加强法律队伍建设。按照"革命化、专业化、职业化、正规化"要求，加强思想政治教育，注重理念文化和团队精神建设，提升法律队伍思想政治素质、业务工作能力、职业道德水准，锻造一支"忠诚担当、团结奉献"的法律队伍。

十、完善保障措施

（一）进一步加强组织领导。充分发挥公司法治建设领导小组作用，将依法合规治企纳入"十四五"及中长期发展规划和年度计划统筹谋划、同步推进。企业制订完善进一步加强法治建设实施细则，提出目标任务，明确责任分工，细化工作措施。将法治建设经费纳入财务专项预算，并切实予以保障，确保各项工作有效开展。

（二）进一步强化对标提升。积极对标集团公司内部单位优秀实践，立足业务特点、发展阶段、管理基础等实际，有针对性地制订对标举措，确保目标量化、任务明确、措施有力。全面开展对标，努力补齐短板，不断推进法治企业建设。

（三）进一步提升数字化水平。应用法律管理信息共享平台，持续优化完善合同、案件、合规、制度等信息系统功能，充分运用新信息技术，促进法律管理从信息化向数字化升级，探索智能化应用场景，有效提高管理效能。推动法律管理系统与相关信息系统互联互通，运用信息化方式将法律审核、合规审查嵌入重大决策、重要业务管理流程，通过大数据等手段，实现法律合规风险在线识别、线上防控，促进业务数据相互融合、风险防范共同响应。

（四）进一步强化指导交流。定期组织调研督导，深入了解落实情况，检查评估实施效果，推动解决难点问题，动态改进提升。建立工作交流机制，聚焦重点难点，创新方式方法，增强交流实效。要进一步加强对所属基层单位法治建设的督促指导，通过加大考核力度、细化工作要求、定期开展调研等方式，推动目标任务落实到位。

加快推动60岁以上老年人接种新冠疫苗工作实施方案

港油〔2022〕123号

根据天津市委、市政府和滨海新区区委、区政府统一安排部署，为加快油田公司离退休人员和在职员工及配偶双方60岁以上直系亲属（以下统称老年人）疫苗接种工作，特制定本方案。

一、总体要求

坚持人民至上、生命至上，深入贯彻习近平总书记关于疫情防控工作的重要指示批示精神，充分认清老年人接种新冠病毒疫苗的重要性和紧迫性，坚持底线思维，加强组织领导，压实工作责任，配合属地政府积极推进老年人疫苗接种工作，努力实现应接尽接，确保油区免疫屏障更加科学、均衡、牢固。

二、接种范围

户口所在地为海滨街或实际常住地为海滨街的公司60岁以上离退休人员、公司在职员工及配偶双方的（岳）父母、（外）祖父母（简称四老人员）。

三、工作目标

1、符合以上范围的老年人，疫苗接种禁忌症鉴诊率100%。

2、6月底前，第一剂接种率不低于当前全人群接种率平均水平（91.2%）。全程接种脱漏率控制在5%以内，力争提前超额完成任务。

四、组织领导

公司成立老年人新冠疫苗接种工作领导小组和工作专班。

（一）领导小组

组　长：赵贤正

副组长：周立宏

成　员：公司领导班子成员

工作职责：定期听取老年人疫苗接种进度情况，统筹协调解决疫苗接种过程中的重大问题。

（二）工作专班

组　长：刘洪冬

副组长：李　强　佟　江

成　员：刘计超、杨铁刚、陆纪林、金宁、李淑平、杜昌同、韩军、李景印、韩玲玲、王毅。

工作职责：组织制定老年人新冠疫苗接种工作方案，阶段性推动接种工作进度，做好宣传动员、人员稳定、资源调配等工作。

（三）推动办公室

主　任：李　强

副主任：杜昌同

成　员：宋晓萌、韩军、李景印、韩玲玲、王毅、王泽军、各单位疫情防控主管领导、相关工作人员。

工作职责：组织开展人员摸排，框清人员底数，明确主体责任单位，定期通报、督促考核相关单位工作进度。协调推动60岁以上老年人新冠疫苗接种过程中的其他具体事宜。

五、工作安排

（一）广泛宣传动员（即日起—5月31日）

全员动员宣传，制作通俗易懂，喜闻乐见的宣传材料，利用公司网站、电视、微视频、在人员密集场所悬挂宣传标语、标牌、海报等多种方式，广泛动员宣传国家政策要求、老年人接种疫苗的意义和益处，让全体员工和老年人充分认识到接种疫苗对预防重症和死亡的效果。

所属单位门户主页均要建立专栏专页，所属单位主要办公场所、各单位管理的体育场馆、电影院、菜市场、超市等公共场所，宝石花物业公司管理的所有小区、离退休管理中心下属管理站均要采取悬挂标语、标牌、海报等方式进宣传动员。

牵头部门：企业文化处（党委宣传部、团委）

相关单位：工业服务公司、宝石花物业管理有限公司、离退休管理中心、所属各单位。

（二）全面排查摸底（5月23—5月31日）

开展"兜底翻"式大排查，全面精准掌握相关

人员信息，框清底数，做到不漏一户、不漏一人。

质量健康安全环保处组织各单位对本单位在职员工（所有用工形式）"四老人员"未接种疫苗人员进行全面摸排，各单位填报"在职员工四老人员未接种疫苗登记表"，5月30日前报质量健康安全环保处。联系人：高凤军，25927345。

离退休管理中心负责对离退休未接种疫苗人员进行全面摸排，并对排查出的"四老人员"按照在职员工所在单位、离退休人员（含离退休职工、偿解退休人员、离退休人员家属）按照原工作单位分别进行查重归类，形成各单位"在职员工四老人员未接种疫苗登记表"和"离退休人员未接种疫苗登记表"，分别发各单位进行动员，配合所在街道和社区上门鉴诊、接种。

以上人员排查范围为户口所在地为滨海新区或常住滨海新区的，其中户口所在地为海滨街或常住海滨街的，要单独成表填报。

上述排查于5月31日之前完成建档造册。

牵头部门：质量健康安全环保处

相关单位：离退休管理中心、所属各单位。

（三）分级包保到人（6月1—3日）

各单位对本单位在职员工"四老"人员和离退休未接种疫苗人员，要分层级包保到人，领导包员工，员工包老人，逐级包保、逐级动员，并将包保人相关信息填报在"在职员工四老人员未接种疫苗登记表"和"离退休人员未接种疫苗登记表"中，在6月3日前报质量健康安全环保处。联系人：高凤军，25927345。

牵头部门：质量健康安全环保处

相关单位：所属各单位。

（四）强力组织推动（6月4—30日）

对常住海滨街的相关老年人，包保人要主动上门开展动员宣传，入户发放《天津市老年人接种新冠疫苗的倡议书》，主动联系所在社区对未接种疫苗老人进行鉴诊，经鉴诊符合接种条件的，要动员签订《新冠病毒疫苗接种承诺书》，并由各责任主体单位和包保人及时联系所在社区，配合社区上门开展接种工作。经鉴诊有禁忌症无法接种的，要将鉴诊证明报各单位建档登记。

对常住滨海新区海滨街以外其他街道的，要进行电话动员宣传，具备条件的，上门动员宣传，切实做细、做实、做通老年人工作，积极配合所在街道和社区开展上门鉴诊和接种工作。

离退休管理中心、天津宝石花物业管理有限公司要明确各离退休管理站、各社区物业公司专门负责人、日常联系人和具体工作人员，并将相关信息在6月3日前由离退休管理中心分别发送到所属各单位，全力配合支持各单位上门动员、鉴诊、接种工作。

牵头部门：质量健康安全环保处、离退休管理中心、天津宝石花物业管理有限公司。

相关单位：所属各单位

（五）做好稳定工作

公司维护稳定办公室及时跟进关注疫苗接种工作进展，密切关注相关舆情信息，正面引导舆情舆论，及时化解工作矛盾，做好做通职工思想工作，确保舆情稳定。

牵头部门：维护稳定办公室

相关单位：所属各单位

六、保障措施

（一）明确责任主体

质量健康安全环保处全面牵头组织。所属各单位是在职员工"四老人员"和本单位离退休未接种人员的主体责任单位，负责具体推动、落实。离退休管理中心、工业服务公司（宝石花物业管理有限公司）按照分工全程配合支持。公司机关各部门由综合办公室牵头组织。

（二）强化组织领导

各单位要成立主要领导任组长的领导小组，成立工作专班或办公室，明确主管领导、日常联系人，明确包保领导和包保人，尽快组织动员，确保如期完成鉴诊和接种任务。

（三）定期通报进度

各单位每周五中午12点前，向质量健康安全环保处报送本周鉴诊和接种情况，公司将每周通报各单位工作进展情况。

（四）严格结果考核

油田公司将对各单位（部门）工作完成情况进行严格考核，对没有达到工作目标的单位进行通报批评，对考核结果纳入各单位年度HSE绩效考核指标刚性兑现。

附件：1. 天津市老年人接种新冠疫苗的倡议书
　　　2. 新冠病毒疫苗接种承诺书
　　　3. "在职员工四老人员未接种疫苗登记表"
　　　4. "离退休人员未接种疫苗登记表"

附件1　天津市老年人接种新冠疫苗的倡议书

广大老年朋友们：

当前全球新冠疫情仍处于大流行态势，国内部分省市接连发生新冠病毒奥密克戎变异株导致的本土聚集性疫情。3月1日至4月8日全国累计报告本土感染者247,660例，其中以无症状感染者和轻症患者居多，重症患者主要为有基础疾病的老年人。

从本次全国多个省市聚集性疫情看，菜市场、农村集市、红白事聚餐、老年活动室、商场超市、棋牌室等老年人聚集场所是疫情传播的高危场所。并且由于奥密克戎变异株传染性远高于其他变异株，因家庭成员、亲朋好友、护工等来往人员导致深居简出的老年人感染也占有很大比重。

最近在我国香港地区发生的奥密克戎变异株疫情暴发，死亡病例多数为年长者，没有接种新冠疫苗者病死率要远远高于接种新冠疫苗者，两者有十余倍的差距。监测研究显示，老年人仍是重症和死亡的高发人群，而且年龄越大，重症和死亡的风险越高。

目前我市累计接种新冠疫苗已超过3000万剂次，60岁以上累计接种近600万剂次，我市最大接种年龄为109岁，疫苗的安全性已经过充分验证，严重异常反应报告发生率低于百万分之一。

鉴于大量国内外研究均表明接种新冠疫苗可有效降低新冠肺炎重症和死亡风险，为了您的健康，建议您尽早完成新冠疫苗的全程接种。

保护您的健康是对您自身、家庭乃至全社会的一份责任。

附件2　新冠病毒疫苗接种承诺书

（居民身份证号：　　　　　　　　）

经国务院联防联控机制评估，我国疫情防控成功实践证明：最佳的免疫程序为"三剂疫苗接种"。新冠病毒疫苗对老年人群安全有效，目前我国接种最高年龄超110岁。老年人为易感人群且重症率较高，为保护您和家人的身体健康，我街（镇）会同接种队为您提供新冠病毒疫苗接种服务，并做出以下承诺：

1. 保障接种安全。由接种队鉴诊医师对您的身体健康情况进行科学评估，在确保接种安全的前提下，为您进行新冠病毒疫苗接种服务。

2. 保障及时救治。如您在接种后三日内出现身体不适，可电话联系我街（镇）或咨询接种医院。医疗机构将为您开通绿色通道，确保您得到及时有效的治疗。

3. 保障妥善处理。新冠病毒疫苗发生不良反应的概率极低，如您接种后出现严重不良反应，并不能排除与接种相关的，将由疾控部门组织专家进行专业鉴定，必要时将按照国家和本市相关规定给予补偿。

请您放心进行新冠病毒疫苗接种。

街道疫情防控指挥部联系人：
手机：
接种队所属医院：
手机：
滨海新区疫情防控指挥部
　　　　　　　　　2022年　月　日

附件3　在职员工四老人员未接种疫苗登记表

序号	职工姓名	所在二级单位	老人姓名	老人身份证号码	与员工关系	年龄	目前居住地	联系电话	未接种原因	包保人	包保领导	备注
1												
2												
3												
4												
5												

附件4　离退休人员未接种疫苗登记表

序号	姓名	身份证号	性别	年龄	未接种原因	孩子姓名	孩子所在单位	与老人关系	包保人	包保领导	备注
1											
2											
3											
4											
5											

大港油田公司专项奖励管理暂行办法

港油〔2022〕181号

第一章　总　则

第一条　为进一步规范专项奖励管理，完善与公司改革发展方向相适应，与年度重点工作任务相配套的专项奖励政策，有效发挥专项奖励的重点激励、精准激励和补充激励作用，根据集团公司《关于进一步规范专项奖励管理的通知》（中油人资〔2022〕40号）要求，结合公司管理实际，制定本办法。

第二条　专项奖励是指围绕贯彻落实公司发展战略且未纳入工效挂钩和业绩考核的重点工作、重大项目等，对做出突出贡献的少数员工给予的一次性特别奖励。公司层面专项奖励（以下简称公司专项奖励）包括油田公司专项奖励和集团公司专项奖励。

第三条　遵循的原则

（一）坚持突出核心业务、贡献导向的原则。

（二）坚持注重工作实效、精准奖励的原则。

（三）坚持强化过程激励、及时实施的原则。

（四）坚持符合上级要求、规范管理的原则。

第四条　本办法适用于公司各单位。

第二章　管理职责

第五条　人力资源处（党委组织部）是公司专项奖励管理工作的归口部门，负责组织制订修订公司专项奖励管理政策办法并监督实施，负责提出油田公司专项奖励立项实施意见，负责审核公司专项奖励发放结果，负责做好油田公司专项奖励效果评估、项目优化调整等工作。

第六条　公司专项奖励承办部门是公司各项专项奖励实施的具体负责部门，负责按公司要求制订修订所承办专项奖励的实施细则，负责按照实施细则组织分配奖金，负责组织专项奖励公示、规范专项奖励发放结果等工作。

第七条 各单位按公司要求负责组织向本单位员工发放专项奖励，负责做好本单位内部专项奖励相关工作。

第三章 油田公司专项奖励

第八条 油田公司专项奖励分为常设类专项奖励和一次性专项奖励两类。

第九条 常设类专项奖励包括科技创新奖励、质量安全环保节能奖励、油气勘探开发与新能源贡献奖励、改革与管理创新奖励、提质增效奖励、党建提升奖励、人才强企奖励共7项。常设类专项奖励项目设置、奖励额度由公司研究确定，项目设置原则上每三年动态调整一次，奖励额度相对固定、每年年初专门明确。实施程序：

（一）承办部门根据本办法制定所承办专项奖励的实施细则，明确奖励对象、奖励标准、管理程序等内容，经公司分管领导审核、主要领导审批后，送人力资源处（党委组织部）备案。

（二）承办部门在所承办专项奖励额度内，按照实施细则拟订当年专项奖励方案，提请公司分管领导审核、主要领导审批。

（三）承办部门组织专项奖励分配，按要求填写专项奖励分配明细及汇总表，对相关信息初审把关，并与奖励方案、审批意见等相关材料一并报人力资源处（党委组织部）。

（四）人力资源处（党委组织部）对专项奖励分配相关信息进行复核，承办部门组织开展两级公示。

（五）公示无异议后，承办部门签章专项奖励分配明细及汇总表并送人力资源处（党委组织部）备案，人力资源处（党委组织部）组织完成奖励发放。

第十条 一次性专项奖励主要奖励在常设类专项奖励以外，对在公司转型发展、体制机制调整、历史遗留问题处理等阶段性专项工作、特殊工作中做出突出贡献的少数单位和个人，各部门、各单位业务职责范围内的常规性工作不在奖励范围内。一次性专项奖励仅当年有效。实施程序：

（一）每年9月底前，承办部门向人力资源处（党委组织部）提出奖励申请，申请内容包含且不限于：申请事由、实施细则、奖励方案等。

（二）人力资源处（党委组织部）汇总奖励申请，结合工作贡献情况、奖励额度、奖励水平、年度公司专项奖励总额使用情况等，提出年度一次性奖励立项实施意见，报公司主要领导审批。

（三）承办部门组织专项奖励分配，按要求填写专项奖励分配明细及汇总表，对相关信息初审把关。

（四）人力资源处（党委组织部）对专项奖励分配相关信息进行复核，承办部门组织开展两级公示。

（五）公示无异议后，承办部门签章专项奖励分配明细及汇总表并送人力资源处（党委组织部）备案，人力资源处（党委组织部）组织完成奖励发放。

第十一条 油田公司专项奖励量化管控要求：

（一）年度专项奖励项目不超过10项，奖励总额原则上不超过当年工资总额的1%。

（二）除科技创新奖励、人才强企奖励以外，其他专项奖励项目的个人奖励标准原则上不得超过1万元。相同事由不得重复奖励，奖励金额就高执行。

（三）以公司文件形式下发的荣誉表彰，其个人奖励标准原则上不得超过0.5万元，且不得超过集团公司层级同类荣誉表彰奖励标准。

（四）中层领导人员个人当年所获专项奖励金额，累计不得超过公司同级别人员上年平均应发工资额度的10%。

（五）各专项奖励应向在专项工作中做出突出贡献的集体或个人发放，不得向与专项工作无关的其他人员发放，不得超奖励标准分配，否则对超出金额直接予以核减。

（六）除获得公司层级荣誉表彰、直接参与科研项目或课题研究以外，各专项奖励不得向油田公司机关部门、直属单位的员工发放。

第四章 集团公司专项奖励

第十二条 集团公司专项奖励指集团公司在工资总额内单列下达的专项奖励。实施程序：

（一）根据奖励来源情况，由承办部门按照集团公司相关要求拟定具体实施细则及奖励方案，提请公司分管领导审核、主要领导审批。

（二）承办部门组织专项奖励分配，按要求填写专项奖励分配明细及汇总表，对相关信息初审把关，并与奖励方案、审批意见等相关材料一并报人力资源处（党委组织部）。

（三）人力资源处（党委组织部）对专项奖励分配相关信息进行复核，承办部门组织开展两级公示。

（四）公示无异议后，承办部门签章专项奖励分配明细及汇总表并送人力资源处（党委组织部）备案，人力资源处（党委组织部）组织完成奖励发放。

第十三条 集团公司专项奖励量化管控要求：

（一）除科技创新、技能人才专项奖励和带名下达的专项奖励以外，其他专项奖励项目的个人奖励标准原则上不得超过1万元。对奖励分配中超出奖励标准的金额直接予以核减。相同事由不得重复奖励，奖励金额就高执行。

（二）如遇少数员工或个别部门奖励畸高、超出社会认知和员工接受程度的情况，公司将对奖励额度进行必要调控。

第五章 合规管理要求

第十四条 除有明确保密要求的奖励项目以外，专项奖励必须履行实质公示程序，公示内容应包括奖励事由、对象、金额等信息，执行过程中如遇问题则重新公示。

第十五条 当年实施的公司专项奖励，立项、审批、公示程序最晚应于10月底前完成。逾期未完成的，转下年度实施，占用下年度专项奖励项目和奖金额度。

第十六条 公司专项奖励从公司当年工资总额中列支，追加相关单位年度工资总额。

第十七条 对中层领导人员、公司级技术专家实施的公司专项奖励，设置奖励金额上限。

第十八条 公司专项奖励按税前标准下达，获奖个人应依法缴纳个人所得税。

第六章 各单位内部专项奖励

第十九条 公司各单位可结合本单位实际，根据本办法规定，严格制定本单位内部专项奖励管理办法，严格界定专项奖励范围，明确专项奖励管理程序，健全专项奖励跟踪评价和动态调整机制。

第二十条 各单位应坚持"少而精"的设奖原则，内部专项奖励数量应控制在8项以内。设立内部专项奖励后，不得再设立经理（厂长）奖励基金、嘉奖等具有专项奖励性质的奖励。

第二十一条 各单位应从严从紧控制专项奖励额度，原则上按每年不超过工资总额1.5%的比例进行控制。

第二十二条 各单位内部专项奖励不得向公司中层领导人员、公司级技术专家发放。

第二十三条 基层领导人员个人当年所获内部专项奖励金额，累计不得超过本单位同级别人员上年平均应发工资额度的10%。

第二十四条 除科技创新、技能人才专项奖励以外，各单位其他内部专项奖励的个人奖励标准原则上不得超过0.5万元。

第七章 附 则

第二十五条 本办法由人力资源处（党委组织部）负责解释。

第二十六条 本办法自下发之日起执行，暂行期限2年，《大港油田公司总经理奖励基金管理办法》（石油港字〔2018〕182号）同时废止。

索 引

使 用 说 明

一、本索引采用内容分析索引法编制。除大事记外,年鉴中有实质检索意义的内容均予以标引,以便检索使用。

二、索引基本上按汉语拼音音序排列,具体排列方法如下:以数字开头的,排在最前面;以英文字母打头的,列于其次;汉字标目则按首字的音序、音调依次排列,首字相同时,则以第二个字排序,并依此类推。

三、索引标目后的数字,表示检索内容所在的年鉴正文页码;数字后面的英文字母 a、b,表示年鉴正文中的栏别,合在一起即指该页码及左右两个版面区域。年鉴中用表格、图片反映的内容,则在索引标目后面用括号注明(表)、(图)字,以区别于文字标目。

四、为反映索引款目间的隶属关系,对于二级标目,采取在上一级标目下缩两格的形式编排,之下再按汉语拼音音序、音调排列。

A-Z

LWD 随钻测井技术首次应用　35a

A

安全环保　3b
安全生产　48
安全生产大检查　48a
安全生产大检查暨 QHSE 体系审核　57a
安全生产三年专项整治　49b

B

"百日整修"活动　71a
板桥油田　40a

C

财务管理　80
财务核算　82b
采油工程　44
采油工艺研究院　126
　　QHSE 管理　127b
　　采油院建成大港油田首家天津市企业重点实验室　129a
　　采油院王晓燕获"全国最美家庭"称号　129b
　　从严治党　128b
　　党建工作　129a
　　夺油上产　127a
　　攻关创效　127b
　　合规管理　128a
　　群团工作　129a
　　人才强企　128b
　　主题教育　128a
沧东孔二段页岩油 5 号平台效益开发试验　31b
测试公司　160
　　安全环保　160b
　　党建工作　161a
　　队伍建设　160b
　　基层建设　161b
　　健康管理　162a
　　经营管理　161b
　　科技创新　160b

· 227 ·

思想建设　161a

常规油井措施　41a

车务管理中心　181
  安全环保　181b
  党建工作　182b
  扭亏解困　182a
  提质增效　182a

成果转化　62b

城镇燃气专项整治　49a

埕107x1建成百吨区块　33b

埕海二区　40a

创新路东段大修改造竣工通车　68a

创新平台建设　64b

D

大港油田公司班子成员名录（表）　107

大港油田公司概况（表）　204

大港油田公司综述　2

大港油田集团有限责任公司资产情况　84a

大气污染防治工作　54b

大事记　23
  1月　24a
  2月　24b
  3月　24b
  4月　24b
  5月　25a
  6月　25b
  7月　25b
  8月　26a
  9月　26a
  10月　26a
  11月　26b
  12月　27a

党建工作　4b

党群工作　87

党员管理　88a

党组织建设　88a

档案管理　85

档案微视频制作　86a

地面工艺管理　66a

第二采油厂　136
  安全环保　136b
  风险合作　137a
  技术创新　137a
  民生普惠　137b
  人才培养　137b
  生产组织　136a
  提质增效　137a
  项目管理　136b
  油藏开发　137a
  政治建设　137b

第六采油厂　147
  安全环保　148b
  党建工作　148a
  提质增效　148b
  油气开发　147b

第三采油厂　138
  安全环保　139a
  采油三厂获油田公司4号嘉奖令　140b
  采油三厂累产油攀上新高度　140b
  采油三厂在集团公司首届技术技能大赛获佳绩　140b
  党建工作　140a
  队伍建设　139b
  改革转型　139a
  工艺技术　138b
  管理提升　138b
  基层党建　139b
  经营工作　138b
  民生保障　140a
  群团工作　140a
  文化建设　139b
  油田开发　138a
  政治建设　139b

第三方QHSE认证监督审核　57b

第四采油厂　141
  安全环保　144a
  产能建设　142a
  党建工作　144b
  电力工作　143a

电网建设　143b
工程工艺　142b
海上生产　144a
科技创新与成果　142a
企业管理　141b
人才强企　142a
油田开发　142b
重点项目建设　144a
第五采油厂　145
　　安全环保　146a
　　党建工作　147a
　　和谐稳定　147b
　　技术应用　146b
　　企业改革　146b
　　提质增效　146a
　　油气生产　146a
第一采油厂　134
　　安全管理　135a
　　党建工作　135b
　　工艺支撑　134b
　　企业管理　135b
　　提质增效　135a
　　油气开发　134b
　　油气勘探　134a
典型系统深化应用　63a
电力公司　172
　　安全管理　172b
　　电网建设　174b
　　队伍建设　174a
　　经营管理　173a
　　精细管理　173b
　　科技创新　174a
　　绿电发展　173a
　　企业文化　174b
　　疫情防控　174b
　　运行管理　173b
　　职工培训　174a
调剖调驱　44b
动火作业管理　51b
对标管理提升　77b

对外合作项目部　149
　　安全环保　149b
　　产能建设　150b
　　党建工作　151b
　　党员管理　152a
　　工程工艺　150b
　　合规业务　151b
　　技术创新成果　150b
　　经营管理　151a
　　精神文明建设　152a
　　勘探评价　150a
　　提质增效　151a
　　统战工作　152a
对外技术服务公司　168
　　HSE 管理　169a
　　安全巡察工作　169b
　　党建工作　169a
　　井筒工程质量监督工作　169b
　　员工培训　169a

E

二级物资采购　69a

F

发展目标对接　74a
法律风险防控　79a
法律咨询服务　79b
反腐败斗争　93a
房租减免　84b
分层注水　44b
分油田（重点油田）开发情况　39
风险管理　79a
服务职工工作　90a
辅助生产　65
附录　207

G

改革创新　3a

改革三年行动　77a
岗位建功　95b
港东油田　39a
港西油田　40b
高风险装置检测整改　49b
工会工作　88
工会自身建设　90b
工商登记管理　80b
工业服务公司　183
　　安全环保　183b
　　党建工作　184a
　　队伍建设　184a
　　工团组织　184b
　　经营管理　183a
　　企业文化　184b
　　市场开发　183b
　　维护稳定　185a
　　疫情防控　184a
　　重点工作　184a
公共事务服务中心　189
　　安全环保　190a
　　党风廉政建设　191b
　　党建工作　191b
　　队伍建设　191b
　　费用管理　193b
　　工会工作　191a
　　公共事务共办管理　192a
　　基层建设　190b
　　经营管理　192a
　　内控与风险管理　190b
　　企业文化　191a
　　社保医保　192b
　　生活待遇　192a
　　文化体育　193a
　　信访维稳　193b
　　信息化建设　193a
　　信息化建设　193a
　　政治待遇　192b
　　政治建设　190b
公有房屋督查　68a

共青团工作　95
共享服务　83b
固定资产投资完成情况（表）　205
固体废物合规管理　54a
关键少数履职　91b
关联交易　83a
管道完整性管理　66b
规范管理　71b
规划计划管理　74
规章制度管理　79b
国土空间规划　74b

H

海景大道南延工程全面启动　68a
海景大道南延切改工程　77a
海上建设项目合规管理　53a
海洋环境风险防控　55a
海洋石油安全风险专项治理　53a
海洋作业安全　52
合规采购　69b
合规督查　76b
合规监督　93b
合规治企　4a
合同全过程管理　78b
和谐稳定　4a
环境保护　53
环境风险管控　53b
环境卫生大清整　55b
环歧口勘探认知创新　32b
获奖成果明细表（表）　208
获省部级（区级）先进个人荣誉名录（表）　114
获省部级（区级）先进集体荣誉名录（表）　112

J

机构管理　104
机构设置及变动　105a
机构与人员　103
机械采油　44a

基本情况 2a
基层建设 98b
基层站队 HSE 标准化建设 57b
基础管理 60a，69a，71a，85a
基础设施保障 63b
基建工程 66
稽查工作 83b
计量工作 58b
纪检监察工作 91
技术监督 57
甲烷监测试点 55b
甲乙方联合创新管理 34a
监测与考核 59b
检测监督评价中心 162
  安全环保 163a
  队伍建设 163b
  服务保障 162b
  市场开发 162b
  数智化建设 163a
  提质增效 162b
  政治生态 163b 建功立业活动 89a
建设项目环境保护合规性管理 54a
健康促进工作 90a
交通安全 52a
交通安全监督检查 52b
交通防火 50
节能改造 59b
节能节水 59
津潍高铁工程 77b
经济技术研究院 132
  财务与合同管理 133b
  合规监督 133b
  审计管理 133a
  碳资产管理研究 133b
  提质增效 132b
  造价管理 133a
  招标与经济评价 133b
  咨询研究 132b
  资金结算 133a
经营管理 77

经营业绩考核 78a
井场用地规划 67b
井下作业公司 169
  安全环保 170a
  变革创新 170b
  党建工作 171a
  队伍建设 171a
  夺油上产 170a
  工团工作 172b
  经营管理 170b
  廉政建设 171b
  市场运营 170b
  维稳工作 172a
纠纷案件管理 80a

K

开发管理 41b
开发水平油藏 38a，38b，39b
勘探工作量 30
勘探管理 34
勘探开发研究院 124
  党建工作 126b
  民生安全 126a
  提质增效 125b
  油气开发 125a
  油气勘探 124b
勘探效益 30b
科技管理机制 64a
科技信息工作 62
科技与信息 61
科研成果获奖情况 208
科研成果质量提升 64b
孔店油田 40b
控投降本 71b
库存管理 69b
矿权工作成果 35a
矿权管理 35
亏损企业治理 78a

L

劳动保护工作　89b
劳动力管理　110a
老区效益建产　40a
历年原油、天然气产量构成情况　198
历年原油天然气产量和商品量及天然气外输量（表）　197
历年原油、天然气生产能力（表）　200
历年注水能力、注水量情况（表）　201
历年总产值、销售产值、增加值（表）　196
历年总投资工作量按大类分（表）　202
廉洁教育　91b
临时用地办理　67a
领导班子建设　105a
领导干部管理　105
领导干部管理及考核　105b
领导干部名录　106
领导干部培训　106a
绿色节能　71a
绿色矿山"回头看"复核检查　55a
绿色企业创建　55b

M

民生信访　100b
民主管理工作　89a
模式创新　70a

N

内部控制体系与风险管理　78
内供原油销售　76a
内控体系建设及运行评价　78b
能耗对标　59a
能耗对标（表）　59
年度经营指标完成情况　81a
年轻干部培养选拔　106b

P

排污许可和监测　54b

派驻监督　94a
培训管理　110b
破产企业档案管理　86b
普法和依法治理　80b

Q

歧口页岩油探评井试采　32a
企校合作　62b
企业管理　73
企业文化建设　99a
千米桥潜山风险勘探　32b
前期投资管理　75a
强化勘探全链条精益管控　34a
青年教育　95a
青年人才培养　96a
全员考核落实　48a
全员能力提升　48a
全员责任落实　48a

R

燃气与液化气业务移交　76a
人才开发中心　166
　博士后管理培养　167a
　创新技能培训　167b
　"蹲苗强骨"培育英才　168a
　高端引才引智　166b
　评价"选才定级"　167b
　提质增效促生产　168b
　引才优质完成　167a
　英才计划开展　167a
人才培养　86b
人事档案专审　85b
人事监督　88b

S

三次采油　45a
设备管理　70
社会保险管理中心　194

待遇调整　194b
　　健康知识竞赛　194b
　　社会保险支付和发放　194a
　　心血管疾病筛查　194b
　　援企惠企政策　194b
审计监督　94a
生态环境保护帮扶督察　55a
石油工程研究院　130
　　安全环保　131b
　　党建工作　132a
　　队伍建设　131a
　　合规治企　131b
　　技术支撑　130b
　　科技创新　130a
　　提质增效　131a
　　专项攻关　130b
试油工作量　30a
首批"揭榜挂帅"科技项目　62b
数智财务　81a
数智油田1.0建设初步完成　63a
税费管理　83a
思想引领　97a
思想政治引领工作　88a
所属二级单位党政主要领导名录（表）　108

T

探井工作量　30a
唐东9x2区块增储建产　33b
特殊类型油气层评价技术应用　34b
特殊时期消防风险管控　51a
特载　5
提质增效　3a
体系实施与运行　57a
体育健身工作　89b
天津储气库分公司　152
　　安全环保　153b
　　储气库建设　153b
　　党建工作　155a
　　冬季保供　153a
　　队伍建设　155b
　　经营工作　154b
　　科技工作　154a
天津工程职业技术学院　180
　　安全管理　180b
　　党建工作　181b
　　教育教学　180b
　　经营管理　181a
　　职工培训　180a
天然气公司　158
　　安全环保　158a
　　党建工作　159b
　　队伍建设　159b
　　技术创新　159a
　　生产运行　158a
　　市场开发　158b
　　提质增效　158b
　　外部市场　159b
　　重点项目　159a
天然气增产　41b
统计资料　195
统战工作　88b
投资规模管理　74b
投资效益管理　75a
土地公路管理　67
土地管理服务公司　185
　　HSE管理　186a
　　队伍建设　187a
　　反腐倡廉　187a
　　工团工作　187b
　　经营管理　186a
　　转型发展　185b
　　组织建设　186b
团组织建设　96b

W

外供原油市场化销　75b
王官屯油田　39b
危陋自建平房处理　67b

维稳信访工作　99
未上市业务发展规划　74b
文献　210
物质量管控　70b
物资调剂　70a
物资供销公司　176
　　安全管理　177b
　　采购管理　177a
　　仓储管理　177a
　　党建工作　178b
　　房屋场地移交　179b
　　刚性保供　176b
　　合规管理　177b
　　廉政建设　178b
　　门户网页 2.0 版本升级　179b
　　群团建设　179a
　　人力资源　178a
　　提质增效　176b
　　维稳安保　179a
　　武装保卫　179b
　　业务归核化　178a
　　疫情防控　177b
　　质量管理　177a
物资管理　69

X

先进个人　114
先进集体　112
先进集体和先进个人　111
现场安全监督管理　53b
项目带量采购　69a
项目管理　75b
"项目自建"和市场管理　78a
消防安全检查和隐患治理　51b
消防安全培训演练　50b
消防支队　163
　　安全管理　165b
　　党建工作　164a
　　党群工作　166a
　　队伍建设　164b
　　受理火警情况　164a
　　武装工作　165a
　　消防监督管理　164b
　　执勤战备管理　164b
　　装备管理　165b
　　综合治理　165a
消防重点部位分级管控　51a
协调沟通　77b
斜坡区认知创新　33a
新能源业务发展规划　74a
新闻文化中心　187
　　安全环保　189a
　　党建工作　189a
　　经营管理　188b
　　廉政建设　189b
　　内宣工作　188a
　　人才建设　189a
　　外宣工作　188a
　　文化体育　188b
　　新媒体工作　188b
新闻宣传　98a
信息化管理提升　63b
信息化建设　86a
信息中心　175
　　经营管理　175b
　　数智化技术应用　175a
　　数智油田建设　175a
　　外闯市场　175b
　　运维管理　175b
宣传培训　58b
宣传思想　96
巡查基础管理　92b
巡察全覆盖　92a

Y

羊二庄油田　39a
页岩油理论创新　31a
依法合规管理　79

遗留问题攻坚　68b
疑难复杂信访　100a
义务植树　55b
疫情防控　56b
疫情应对　86a
意识形态建设　97b
应急管理　50b
应急管理部专项督查　53a
迎接中央环保督察　54b
油气藏开发水平分类及开采情况　38
油气开发　2b，37
油气开发工程　43
油气开发重点工作及成果　40
油气勘探　2a，29
油气田开发情况　38
油田公司党委领导名录（表）　106
油田公司机关处室领导名录（表）　109
油田公司首席专家名录（表）　107
油田公司直属单位领导名录（表）　109
油田公司资产情况　84a
油田公司总经理班子成员名录（表）　107
油田公司总经理助理人员名录（表）　107
预算管理　81b
员工管理　110
员工健康管理　56b
原油运销公司　156
　　QHSE管理　157a
　　党建工作　157b
　　队伍建设　157b
　　工艺科技　156b
　　基础管理　157a
　　"两废"处理　156b
　　提质增效　156b
　　油品销售　156b
　　原油储运　156a

Z

枣园油田　39a
增收创效　68b

债务管理　83a
招标管理　70
招标评审与审批　70a
政企共建　67a
"政治护城河"任务　99b
直属企业　123
职称管理　110a
职工素质教育　89b
职业健康管理　56，56a
制度建设　76b
质量工作　58a
质量健康安全环保　47
中国石油驻天津地区企业协调组名录（表）　107
重大改革维稳　100a
重大科技专项验收　62a
重点任务推进　91a
重点项目协调　67a
重点油气站场评估整改　48b
主断裂带挖潜取得新成效　34a
主题教育活动　96b
主体责任落实　91a
主要勘探成果　31
主要生产能力状况（表）　205
主要业绩指标完成情况　74a
注气吞吐/驱　45b
注水工程　40b
专项监督　93b
专项治理　76b
专业技术人才队伍建设　110a
庄海潜山二叠系取得重要突破　33a
资本运营管理　78b
资产处置　84b
资产分类评价　84a
资产管理　84
资金管理　81b
自身建设　94b，101a
综合体系管理　57
综述　1，30，38
组织工作　88
组织机构现况　104a

编 后 记

《大港油田公司年鉴 2023》是大港油田公司 2008 年重组整合后的第 15 部年鉴，也是大港油田公司自 2000 年分离重组后出版的第 23 部年鉴。本卷年鉴秉承"坚守传统、与时俱进"的理念，在框架结构、基本内容与装帧风格等方面，继续沿用在多年编纂实践中探索总结出的成熟模式，并紧跟公司发展步伐，对部分内容进行调整变更，力求在保证固有特色的同时更好地体现年度特点。

在编写过程中，年鉴编辑部认真把握年鉴的资料性、工具性和实用性，努力做到语句通畅、脉络清晰、版式规范，使之更好地为读者服务，有效发挥工具书的功能。本卷年鉴的编纂完成，得益于公司领导层的高度重视与倾力协助，得益于机关各部门、公司各单位的大力支持与密切配合，得益于编纂人员的不懈努力与辛勤工作。在此，谨向上述人员表示崇高的敬意与深深的谢意。

尽管编辑人员作出了很大努力，但因其内容多、涉及面广、时间紧促、人手短缺等因素，本卷年鉴难免存在疏漏和不足，呈请读者批评指正。

《大港油田公司年鉴》编辑部
2023 年 12 月